AGOSTINO KARDINAL CASAROLI

Glaube und Verantwortung

+ Agostino Card. Casaroli

AGOSTINO KARDINAL CASAROLI

† 9.6.98

Glaube und Verantwortung

Ansprachen und Predigten

Herausgegeben von

Herbert Schambeck

DUNCKER & HUMBLOT · BERLIN

CIP-Titelaufnahme der Deutschen Bibliothek

Casaroli, Agostino:
Glaube und Verantwortung: Ansprachen und Predigten / Agostino Casaroli. Hrsg. von Herbert Schambeck. – Berlin: Duncker u. Humblot, 1989
ISBN 3-428-06750-9

Satz: Werksatz Marschall, Berlin 45
Druck: Berliner Buchdruckerei Union GmbH, Berlin 61
Printed in Germany

ISBN 3-428-06750-9

INHALTSÜBERSICHT

INHALTSVERZEICHNIS

II. Politik

VORWORT

Drei Anlässe sind es, welche es in diesem Jahr nahezu auftragen, in besonderer Weise an *Agostino Casaroli* zu denken: der zehnte Jahrestag seiner Ernennung zum Staatssekretär und seiner Kreierung zum Kardinal sowie die Vollendung seines 75. Lebensjahres. Das Zusammenfallen dieser drei besonderen Jubiläen ist ein willkommener Grund, die in den letzten Jahren von Agostino Kardinal Casaroli gehaltenen wichtigen Ansprachen und Predigten gesammelt zu veröffentlichen.

Die Aufgaben der Kirche, die Anliegen der Politik und die Probleme der internationalen Beziehungen unserer Zeit sind ebenso Inhalt dieser Sammlung wie die Darstellung von einzelnen Persönlichkeiten, welche für die Kirche wegweisend waren und denen sich Agostino Kardinal Casaroli nahe fühlt. Der Weg der katholischen Kirche nach dem Zweiten Vatikanischen Konzil sowie die Dialogs- und Friedensbemühungen des Heiligen Stuhls angesichts vieler Gegensätzlichkeiten in der Völkergemeinschaft und Bedrohungen der Menschen zählen zu den Hauptanliegen der einzelnen Beiträge. Sie vermitteln gleichzeitig einen Einblick in die jüngste Geschichte der Kirche und ihre bedeutendsten Repräsentanten, die Agostino Kardinal Casaroli kennt und darstellt.

Seit 1940 im päpstlichen Staatssekretariat, also nahezu ein halbes Jahrhundert für den Heiligen Stuhl tätig, hat Agostino Kardinal Casaroli fünf Päpste, nämlich *Pius XII.*, *Johannes XXIII.*, *Paul VI.*, *Johannes Paul I.* und *Johannes Paul II.* aus nächster Nähe erlebt und deren Pontifikate in zunehmendem Maße mitgeprägt. Zunächst viele Jahre auch Spezialist für Lateinamerika, später mehr für die Ostpolitik des Heiligen Stuhls zuständig, hat Agostino Kardinal Casaroli im letzten Jahrzehnt die weltweiten Bemühungen des gegenwärtigen Papstes mitgetragen. *Johannes Paul II.* nannte ihn selbst seinen „ersten und engsten Mitarbeiter“[1], der „für eine wichtige Seite in der Geschichte der heutigen Kirche verantwortlich gezeichnet hat: nicht vergessen sei sein kluges, offenes und mutiges Wirken beim Suchen neuer Auswege in schwierigen Situationen, immer im Dienst des Friedens in der Welt, der guten Beziehungen zwischen Staat und Kirche sowie vor allem des Heils der Seelen“[2].

---

[1] *Papst Johannes Paul II.*, Ansprache an die Pilger vom Castel San Giovanni zum goldenen Priesterjubiläum von Agostino Kardinal Casaroli vom 27. Mai 1987.

[2] *Papst Johannes Paul II.*, Ansprache an die Landsleute von Agostino Kardinal Casaroli zum 10. Jahrestag seiner Ernennung zum Staatsekretär vom 28. Juni 1989.

Wenngleich in den vielen Jahrzehnten des Wirkens Agostino Kardinal Casarolis seine diplomatischen und damit auch protokollarischen Aufgaben immer mehr zunahmen[3], ist er trotzdem — nahezu unberührt von seinen jeweiligen hervorragenden Postitionen — immer der um das Seelenheil seiner Mitmenschen besorgte Priester geblieben. Für ihn ist deshalb Diplomatie immer auch ein Anliegen der Seelsorge. Dieses pastorale Bemühen liegt allen diplomatischen Aktivitäten Agostino Kardinal Casarolis zugrunde; es äußert sich auch in seiner persönlichen Zeiteinteilung. Wie *Papst Johannes Paul II.* schon würdigend hervorgehoben hat, „auch mitten in sehr anspruchsvollen täglichen Pflichten ist er immer an erster Stelle Priester geblieben, zumal für seine geliebten Jugendlichen, für die er immer ganz da war"[4].

In dieser Sicht läßt die nähere literarische Beschäftigung mit der Persönlichkeit des Kardinalstaatssekretärs auch den Menschen und Priester in ihm erleben. Den einzelnen Beiträgen dieses Sammelbandes eignet daher auch ein besonderer Gesprächscharakter, der ihnen eine persönliche Note gibt.

Die Aufeinanderfolge der Päpste wird in den einzelnen Pontifikaten zumeist von einer solchen der Kardinalstaatssekretäre begleitet. So wie jeder Pontifikat durch den jeweiligen Pontifex sein eigenes Geschichte machendes Gepräge erhält, erfolgt dies auch durch die jeweiligen Kardinalstaatssekretäre. Es bleibt der Kirchengeschichte vorbehalten, die durch ihre Aufgaben in der Kirche abgestimmte Zusammenarbeit von Papst und seinem jeweiligen Kardinalstaatssekretär zu betrachten und auch zu sehen, wie sehr trotz der Unterschiedlichkeit der jeweiligen Persönlichkeiten ihre Tätigkeiten integrierend wirkten.

Glaube und Verantwortung bestimmen die Aufgabe des Petrusnachfolgers als Vicarius Christi und daher auch die seines Kardinalstaatssekretärs. Agostino Kardinal Casaroli hat dies in seinem Wirken besonders verdeutlicht; deshalb soll auch die Sammlung seiner Ansprachen und Predigten so betitelt sein.

Es mag ein Symbol für die weltweiten Friedensbemühungen Agostino Kardinal Casarolis sein, daß auch dieses Buch in Berlin erscheint, in jener Stadt, die durch die Politik geteilt ist, in der katholischen Kirche aber zu ihrer Einheit findet.

Der unvergeßliche Professor Dr. Dr. h. c. *Johannes Broermann* hat seit langem die Veröffentlichung auch auf den Heiligen Stuhl bezogener Bücher in seinem Verlag Duncker & Humblot ermöglicht. Es ist verdienstvoll, daß auch sein Nachfolger, Rechtsanwalt *Norbert Simon*, hierzu bereit ist.

---

[3] Siehe *Agostino Kardinal Casaroli,* Der Heilige Stuhl und die Völkergemeinschaft, Reden und Aufsätze, eingeleitet und herausgegeben von Herbert Schambeck, Berlin 1981.

[4] *Papst Johannes Paul II.,* Ansprache vom 28. Juni 1989.

Am Zustandekommen dieses Buches haben mich bei der Sammlung und Gliederung der Beiträge im Vatikan vom Staatssekretariat Mons. DDr. *Roland Minnerath,* heute o. Professor an der Universität Straßburg und Konsultor der Sektion für die Beziehungen mit den Staaten, sowie bei der Bilderauswahl Mons. Dr. *Luigi Ventura* unterstützt. Für bewährte Hilfe bei der Redaktionsarbeit habe ich o. Univ. Prof. Dr. *Heribert F. Köck*, derzeit Dekan der rechtswissenschaftlichen Fakultät der Universität Linz, zu danken. Dank sei auch für die Übersetzung der Texte Papst *Johannes Pauls II.* durch P. *Heinrich Drenkelfort SVD* in Rom und der einzelnen Beiträge Agostino Kardinal Casarolis durch Frau Mag. *Ursula Leutgöb* in Wien gesagt. Wertvolle Unterstützung habe ich beim Korrekturlesen, wie immer, durch meine Frau *Elisabeth* erfahren; ihr sei ebenso herzlichst gedankt wie *Dieter H. Kuchta* vom Verlag Duncker & Humblot für sein entgegenkommendes Bemühen bei der Herstellung dieses Buches.

Wien, am 28. August 1989

Herbert Schambeck

Papst Johannes Paul II

DER PAPST UND SEIN STAATSSEKRETÄR

1. Gruß der Pfarre!

Bei dieser erfreulichen Gelegenheit meiner Begegnung mit Euch, im Lichte des Fronleichnamfestes, möchte ich meinen herzlichen Gruß an den Herrn Pfarrer und seine Mitarbeiter richten, die mit Fleiß und Liebe in dieser christlichen Gemeinde von Castel San Giovanni wirken.

Die Geschichte dieser Gemeinde ist reich an Ereignissen und auch heute passiert hier viel Ermutigendes.

Ich weiß, daß aus dieser Gemeinde, auch vor nicht langer Zeit, eine ganze Schar Priester, darunter einige Bischöfe, und andere Menschen, die sich für ein heiligmäßiges Leben entschieden haben, Ordensmänner und Ordensfrauen, hervorgegangen sind: Das ist ein Zeichen für blühendes christliches Leben! Doch, Gott sei Dank, kann man dies nicht allein von Eurer Pfarre sagen, sondern auch von nicht wenigen anderen kirchlichen Gemeinden Eurer Region. So haben wir immer allen Grund, dem Herrn zu danken für die Gaben, die er Euch in reichem Maße zuteil werden ließ.

Diese schöne und zur Andacht einladende Pfarrkirche aus dem Mittelalter war Zeuge vieler religiöser Ereignisse, welche eng mit dem bürgerlichen Leben einer arbeitsamen und rechtschaffenen Gemeinschaft verbunden sind, die mit Recht auch heute auf ihre Vergangenheit stolz ist und voll Vertrauen in eine Zukunft blickt, die ihrer Tradition würdig ist.

Mein besonderer Gruß gilt auch den Mitgliedern des Pfarrgemeinderates, die mit guten und wertvollen Ratschlägen die Priester bei der Bewältigung der Probleme in der Pfarre unterstützen. Dem Pfarrgemeinderat obliegt es, besonderes Augenmerk auf das zu legen, was das gemeinschaftliche Leben innerhalb der Kirche fördert, damit das Volk Gottes wachse im Gehorsam gegenüber dem Wort des Herrn und in der Aufnahme der Botschaft des Glaubens.

Predigt anläßlich des Besuches in der Pfarrkirche San Giovanni Battista in Castel San Giovanni am 5. Juni 1988.

2. *Gruß den Priestern und Ordensfrauen!*

Ich grüße die Priester und die Ordensfrauen vom Val Tidone. Ich kann mir vorstellen, mit wieviel Aufmerksamkeit, Eifer und Besorgnis Ihr Euren Dienst verseht. Ihr seid gerufen, das Euch anvertraute Volk zu Gott zu führen. Dabei sollt Ihr Euch gegenseitig beraten und gemeinsam in Eurem Pfarrgebiet arbeiten, um die verschiedenen Lebenssituationen der Bevölkerung kennenzulernen und zu prüfen und jene Lösungsvorschläge zu unterbreiten, die, wenn sie überprüft und unter Umständen von der diözesanen Bischofssynode angenommen sind, vielleicht von Eurem Bischof als verbindlich erklärt werden.

Je beispielhafter und konsequenter Euer Leben ist, desto besser werdet Ihr mit Gottes Hilfe Eure häufig zerstreuten Zeitgenossen die Schönheit und Notwendigkeit eines im Glauben verwurzelten Lebens verstehen lassen. Pflegt und hütet Euer geistliches Leben, das Ihr als dem Herrn Jesus geweihte Menschen führt, um den Euch anvertrauten Menschen, die dem alten christlichen Glauben verhaftet sind, das Evangelium zu bringen: fühlt Euch verpflichtet, Euch dafür in erster Person und an vorderster Front einzusetzen.

3. *Gruß den Laien!*

Mir ist bekannt, daß in Eurer Pfarre Vereinigungen und zahlreiche kirchliche Gruppen entstanden sind, und das freut mich.

Ihr wißt — und so lehrt es auch das Konzil —, „daß der Herr Jesus sein prophetisches Amt nicht nur durch die Hierarchie erfüllt, die in seinem Namen und in seiner Vollmacht lehrt, sondern auch durch die Laien. Sie bestellt er deshalb zu Zeugen und rüstet sie mit dem Glaubenssinn und der Gnade des Wortes aus, damit die Kraft des Evangeliums im alltäglichen Familien- und Gesellschaftsleben aufleuchte". (Lumen Gentium, 12.)

4. *Gruß den Katecheten!*

Ein mit vielen Wünschen verbundener Gruß an die Katecheten! Möge Euer Glaube ein reifer Glaube sein, möget Ihr durch Euer Leben ein frohes Zeugnis ausstrahlen, damit es nicht dazu zu kommen braucht, daß die Euch anvertrauten Kinder sich von Christus abwenden, nachdem sie bereits die Sakramente empfangen haben, die sie in ein christliches Leben einführen wollen: Sie brauchen einen Halt, sie brauchen einen Freund, um als Heranwachsende den Versuchungen einer Welt, die oft so lebt, als gäbe es Gott nicht, entgegentreten zu können, ohne sich mitreißen zu lassen.

Meine Ermutigung, die voll Zuneigung und Hochachtung ist, gilt den Katecheten jedoch nicht nur im Hinblick auf die Kinder, sondern auch im Hinblick auf jene Jugendlichen, die sich auf diese Ehre vorbereiten. Mein größter Wunsch ist es, daß es immer mehr Gruppen Erwachsener, die sich der apostolischen Arbeit der Evangelisierung widmen, geben möge.

5. Gruß den Kranken!

Den lieben Kranken, die teilhaben an der Passion des Herrn, wünsche ich, daß sie im Kreuz Jesu den Beginn der Auferstehung sehen können.

Das heiligste Herz Jesu, das reich an Liebe und Barmherzigkeit ist, gebe Euch die Kraft, Euren Glauben auch in der Prüfung der Krankheit mit Intensität zu leben. „Euch alle, die Ihr leidet, bitten wir, uns beizustehen. Gerade Euch, die Ihr schwach seid, bitten wir, zu einer Quelle der Kraft für die Kirche und für die Menschheit zu werden". (Apostol. Schreiben Salvifici doloris, 31.)

6. Die Heimatpfarre des Kardinal-Staatssekretärs Casaroli

Brüder und Schwestern, die Ihr mit großer Freude den Nachfolger Petri empfangen habt, nehmt auch meine väterliche und herzliche Aufforderung an: Dieses Land, das viele Früchte christlichen Lebens und wertvolle Diener der heiligen Kirche hervorgebracht hat, unter ihnen auch meinen lieben Staatssekretär, Kardinal Agostino Casaroli, möge weiterhin Früchte und Werke für das Reich Gottes hervorbringen. Und an dieser Stelle muß ich nun, bevor ich den Segen erteile, kurz innehalten. Dieser Augenblick, da ich hierher in Eure Pfarrgemeinde kommen konnte, kommt mir sehr gelegen.

Es ist die Pfarrgemeinde, in der der Kardinal-Staatssekretär geboren wurde, in der er getauft, gefirmt und auch zum Priester geweiht wurde. Es ist seine Pfarre, er ist Frucht dieser Gemeinde. Vielleicht ziemt es sich nicht, einen Scherz zu machen, aber manchmal ist es doch erlaubt, und so möchte ich hinzufügen, daß dieser Besuch ohne Regen, ohne Wasser nicht denkbar gewesen wäre, denn der Herr hat gesagt, daß wir alle aus dem Wasser und aus dem Hl. Geist wiedergeboren werden müssen: das geschieht bei der Taufe. So empfängt uns also die Pfarrgemeinde, in der unser geliebter Kardinal Agostino Casaroli getauft wurde, mit dem Zeichen der Taufe, mit dem äußeren Zeichen, dem Wasser, dem Regen. Danke für dieses Wasser. Das Wasser bleibt jedoch nur das äußere Zeichen. Es ist der Hl. Geist, der einen Christen ausmacht, der einen reifen Christen kennzeichnet, einen Zeugen Christi; er ist es, der einen Priester, einen Bischof prägt. Und ich würde sagen, es ist der Hl.

Geist, der auch einen Staatssekretär, einen Kardinal, ausmacht und ihn der Kirche anbietet, so wie er jeden Christen durch das Sakrament der Taufe der Kirche anbietet, jeden gottgeweihten Menschen durch die Gelübde, jeden Priester durch die Priesterweihe, jeden Bischof. So bietet er in gewissem Sinn und auf besondere Weise der Kirche, dem Hl. Stuhl, der universalen Kirche einen Kardinal-Staatssekretär an.

Denn seine Aufgaben haben universalen Charakter, sie sind ganz spezifisch und gleichzeitig ziemlich umfangreich, denn er ist ja der Mitarbeiter des Papstes. Es scheint, als arbeite der Papst; hingegen ist es der Staatssekretär, der viel arbeitet.

So möchte ich also in dieser seiner Heimat- und Geburtspfarre, in der Pfarre, in der er alle Sakramente empfangen hat, dem Hl. Geist dafür danken, daß er der Kirche und insbesondere mir, als Bischof von Rom, diesen Menschen geschenkt hat, sein Charisma, seine Intelligenz, sein Verantwortungsbewußtsein — Kardinal Agostino Casaroli. Diese Pilgerfahrt zu seiner Geburtspfarre war nötig, um auch die Ursprünge seiner Fähigkeiten, seines Charakters, seines Gleichgewichts, seiner Ansichten kennenzulernen, denn, wie unser lieber Monsignore, der Herr Pfarrer, sagte, das ist gerade das, was die Leute dieser Pfarre und dieser Region kennzeichnet. Ich weiß nicht, ob das für die ganze Emilia-Romagna gilt, aber zumindest für die Bewohner von Piacenza und vor allem für diejenigen, die zur Pfarre Castel San Giovanni gehören.

So habe ich also, als ich in diese Kirche kam, dem Hl. Geist gedankt und um die Gaben gebetet, die der Hl. Geist Eurem Landsmann, Kardinal-Staatssekretär Agostino Casaroli, zuteil werden ließ. Ich habe darum gebetet, daß ihn diese seine Gaben, die ja Gaben des Hl. Geistes sind, begleiten, und daß sie auch die Kirche, den Hl. Stuhl, den Papst begleiten — auch in Zukunft.

Ich danke der Hl. Dreifaltigkeit, dem Vater, dem Sohn und dem Hl. Geist, für die Gnade der Taufe, die unser geliebter Kardinal-Staatssekretär empfangen hat und vertraue ihr diese Taufe an mit all ihren Früchten, für das Leben der Kirche von heute und auch der von morgen, bis die göttliche Vorsehung es uns einmal erlaubt, die spezifischen Früchte, mit denen dieser Mensch ausgestattet worden ist, zu genießen.

7. Abschlußsegen

Und nun, Ihr Lieben, die Ihr hier anwesend seid, möchte ich Euch zum Schluß meinen Segen erteilen in Gegenwart der anderen Kardinäle von Piacenza, die aber nicht die Ehre haben, hier in Castel San Giovanni geboren und getauft worden zu sein — auch in Gegenwart des Apostolischen Nuntius in Italien, der ebenfalls aus Piacenza stammt, aber auch nicht das Privileg besitzt, in Castel San Giovanni geboren worden zu sein, — auch in Gegenwart von Monsignore Bertagna und der anderen Vertreter der römischen Dikasterien, die alle nicht dieses Privileg haben: dieses Privileg steht allein Eurem Landsmann, dem Kardinal-Staatssekretär zu. Ich möchte Euch alle von Herzen segnen und lade Euch ein, mit großem Einsatz fortzufahren, das Haus Gottes, das Haus der Kirche, das Haus der Pfarre geistigerweise zu errichten. Die heilige Jungfrau, Mutter der Kirche, die ihr als Madonna del Popolo, Madonna des Volkes, verehrt, und die schon seit vielen Jahrhunderten Eure Häuser und besonders Eure Jugendlichen beschützt, stehe Euch bei in Euren Pflichten und lasse Euch wachsen in der Einheit, in der Zusammenarbeit und in der brüderlichen Liebe.

I. Kirche

DER NEUE CODEX IURIS CANONICI

Heiliger Vater!

1. Die Kundmachung des neuen CIC — eine Amtspflicht des Papstes

Mit der Promulgation der Apostolischen Konstitution „Sacrae disciplinae leges“ am 25. Jänner des Vorjahres haben Sie eine der wichtigsten Taten gesetzt, die die Sendung des Nachfolgers Petri, des immerwährenden Prinzips und sichtbaren Fundaments der Einheit der Kirche Gottes, mit sich bringen kann.

Mit einer Entscheidung von historischer Tragweite, einer jener Entscheidungen, die sich zutiefst auf das Leben des Volkes Gottes auswirken, haben Sie in einem jener — nennen wir sie „großen“ — Momente des zweitausendjährigen Bestehens der Kirche — zumindet für die römisch-katholische Gemeinschaft — jenes höchste „munus regendi“ ausgeübt, das Ihnen der Herr anvertraut hat „in aedificationem, non in destructionem“: um also als Sein Stellvertreter auf Erden und als Haupt des Kollegiums der Bischöfe das kirchliche Leben und das Wirken der Hirten und der Gläubigen zu leiten und in Einklang zu bringen, die, vereint durch das Band des Glaubens, der Hoffnung und der Liebe, „getauft in einem Geist“ (1 Kor. 12,13) und „Teilnehmer an dem einen Brot“ (1 Kor. 10,17), obgleich sie viele sind, durchdrungen und lebendig gemacht von einem Geist, einen Leib bilden: den Leib Christi.

In diesem feierlichen Augenblick, den zusammen mit Ihnen die ganze Kirche erlebt, welche hier von so vielen Eminenzen, Kardinälen, Bischöfen, Priestern, Ordensmännern und -frauen und Laien vertreten ist, und an dem auch die christliche und nicht-christliche Welt, vergegenwärtigt durch die Mitglieder des am Apostolischen Stuhl akkreditierten Diplomatischen Corps, und ganz besonders auch die Welt der juristischen und kanonischen Wissenschaft, teilnimmt, möchte ich mich bei einem besonderen Aspekt dieses Aktes aufhalten, was nicht im Gegensatz zu dem, was ich gerade gesagt habe, steht, sondern zu dessen Weiterentwicklung und Vertiefung dienen soll.

Ansprache an Papst Johannes Paul II. anläßlich der Promulgation des Neuen Codex Iuris Canonici. Vatikan, 4. Februar 1983.

Es ist eine Überlegung, die, so glaube ich, genau den Gedanken und Sorgen Eurer Heiligkeit entspricht. Durch die Promulgation des neuen Codex Iuris Canonici wollten Sie nämlich weniger den Akzent setzen auf die rechtmäßige Ausübung der vollen, unmittelbaren und universellen Gewalt bei der Leitung der Kirche, die Petrus und seinen Nachfolgern anvertraut ist. Sie beabsichtigten vielmehr, dadurch Ihrer Pflicht als Hirte der Universalkirche nachzukommen.

Christus hat nämlich Petrus und seine Nachfolger feierlich mit dem Auftrag betraut: Pasce agnos meos! Pasce oves meas!

Aufgrund dieses Auftrages gilt das munus pascendi gregem Dei, das sich an alle Bischöfe richtet, für den Papst und erstreckt sich auf die ganze Kirche, das heißt, auf die Gläubigen und Hirten. Er ist eine Mission, die in einem einzigen Begriff seine gesamte Verantwortung und Macht zusammenfaßt.

Die große Familie Gottes zu weiden heißt nämlich, es ihr an der Nahrung der Wahrheit nicht fehlen zu lassen, mit einem Lehramt, das allen ihren Mitgliedern die notwendige Sicherheit für ein Engagement bietet, das ihr ganzes Leben in der Gegenwart und in der Ewigkeit umfaßt; es bedeutet, ihr die notwendigen Mittel für ihre Heiligung sicherzustellen, aber auch, sie auf ihrer irdischen Reise entlang eines oft unsicheren und mit Gefahren übersäten Weges zu führen, damit sie immer treu „veluti sacramentum seu signum et instrumentum intimae cum Deo unionis totiusque generis humani unitatis"(L. G. 1) ist und damit sie immer treu „fructus salutis hominibus communicet" (ib. 8).

2. Hirtenamt und Liebesdienst

In diesem vielfältigen pastoralen Amt als Lehrer, Priester, Leiter setzen Sie, Heiligkeit, großzügig Ihr Pontifikat ein.

Und in diesem höchst pastoralen Zusammenhang wollten Sie, Hl. Vater, das von jenem anderen großen Seelenhirten, Papst Johannes XXIII., beschlossene Werk zu Ende führen, das von Ihrem Vorgänger Papst Paul VI. begonnen und ziemlich weit vorangebracht und nach dem kurzen Pontifikat Papst Johannes Pauls I. Ihren Händen anvertraut worden ist.

Dieses Werk wurde im Sinne des Hirtenamtes konzipiert, das allerdings auch der vorhergehenden kanonischen Gesetzgebung nicht fremd war; und in diesem Sinne wurde es von Ihnen vervollständigt.

So muß die Kirche den nunmehr revidierten und erneuerten Codex Iuris Canonici sehen und verstehen; so muß sie ihn akzeptieren; so leben und anwenden: das heißt, als einzigartigen Ausdruck des pastoralen Dienstes, den der Oberhirte in Erfüllung der ihm vom „Pastor magnus ovium" (Hebr.

13,20) anvertrauten Sendung und mit der Gewalt, die eine solche Sendung ihm verleiht, für sie erbringt.

Und da der Auftrag „pascendi gregem Dei" als Antwort auf die dreifache Liebesbezeugung, die Christus von Petrus verlangte, und in ihm von all jenen, die seine rechtmäßige Nachfolge antreten würden, gegeben wurde und er ihr gleichsam untergeordnet ist, nimmt die Ausführung dieses Auftrages eher den Charakter eines Liebesdienstes als den einer Oberherrschaft an.

Diesen Charakter — den Charakter eines Liebesdienstes — anerkennen, bedeutet aber gewiß nicht, auf irgendeine Weise den bindenden Wert des Codex nicht anzuerkennen oder zu schmälern, seinen Wert als nicht nur ethische, sondern auch rechtliche Norm zu erfassen. Es führt nur dazu, das, was wir seine „Seele" nennen könnten, besser zu verstehen: jene Seele, die dem Recht in der Kirche seinen eigenen und einzigartigen Charakter verleiht. Dieses Recht ist dazu da, Leben und Aktivität einer spirituellen und zugleich sichtbaren Gemeinschaft zu regeln, in der alle Menschen Brüder sind und sich der gleichen Würde als Kinder Gottes erfreuen und Erben derselben Verheißung sind, eine Gemeinschaft, die aber dennoch hierarchisch geordnet ist, mit „Amtsträgern, die mit heiliger Vollmacht ausgestattet sind, damit alle, die zum Volke Gottes gehören, ... in freier und geordneter Weise sich auf das nämliche Ziel hin ausstrecken und so zum Heile gelangen" (L. G. 18).

3. Freiheit und Verantwortung

Wohlgeordnete Freiheit.

Freiheit und Verantwortung.

Freiheit der Kinder Gottes, die jedoch seinem Gesetz unterworfen sind, wie es von der Kirche vorgeschlagen, authentisch interpretiert und im Bedarfsfall konkret interpretiert wird.

Verantwortung gegenüber der Gesellschaft, das heißt, der gesamten Kirche, deren Glieder wir sind, und gegenüber der, ebenso wie gegenüber den anderen Glaubensbrüdern, jeder Pflichten hat: Hierarchie, Klerus, Mitglieder der Institute des geweihten Lebens und der Gesellschaften apostolischen Lebens, Laien.

Wie es also den einzelnen Gläubigen gestattet ist zu verlangen, daß ihre Rechte in der Kirche anerkannt und respektiert werden, hat jeder von ihnen auch die Pflicht, die eigene Verantwortung zu erkennen und ihr nachzukommen.

Der Codex Iuris Canonici hat also die Aufgabe, einerseits die rechtmäßige Freiheit und die Rechte, die den Mitgliedern der kirchlichen Gemeinschaft zustehen, und andererseits das Gemeinwohl dieser nämlichen Gemeinschaft gemäß ihrer menschlich-göttlichen Natur und der Sendung, die Gott ihr anvertraut hat, zu definieren und zu schützen.

4. *Die mühevolle Arbeit am neuen CIC*

Es war sicher nicht einfach, nach über 65 Jahren seit der Promulgation des Pios-Benediktinischen Codex für unsere Zeit ein rechtes Gleichgewicht zwischen diesen beiden Forderungen zu finden, und zwar so, daß die volle Treue zu den unveränderlichen Prinzipien der göttlichen Verfassung der Kirche bewahrt bleibt, und zugleich die von der Theologie durchgeführte vertiefte Reflexion und mehr noch die Lehren des II. Vatikanischen Konzils auf dem Gebiet der Ekklesiologie gebührend berücksichtigt werden: ohne es zudem zu verabsäumen, in diesem Zusammenhang auch neue Situationen und neue Gefühle des christlichen Volkes in Betracht zu ziehen.

Um mit einer so anspruchsvollen Aufgabe fertigzuwerden, haben Ihre Vorgänger und auch Sie selbst, Hl. Vater, in einer ersten Phase den gesamten katholischen Episkopat zur Zusammenarbeit aufgerufen und später dann eine höchst glaubwürdige und repräsentative Kommission mit Mitgliedern des Episkopates und Ihrer Kurie, sowie anerkannte Experten einberufen. Auf der Basis von Erfahrungen im pastoralen Dienst oder bei der Leitung der Kirche und im Bereich der juristisch-kanonischen Wissenschaft, wurde so der Entwurf methodisch ausgearbeitet und schließlich Eurer Heiligkeit vorgelegt und von Ihnen mit genauer Sorgfalt und offenem Herzen geprüft und durchgesehen, bevor Sie ihn annahmen und, versehen mit dem Siegel Ihrer obersten Gewalt, als einheitliche Gesetzessammlung vorstellten, die das Leben und Wirken der römisch-katholischen Kirche in Zukunft leiten und regeln soll.

Diese hat also ihren neuen Codex, wie ihn in nicht allzu ferner Zeit — so hoffen wir — auch die katholischen Kirchen des Ostens haben werden.

Eine große Arbeit ist vollbracht. Ihr Ergebnis ist eine juristisch und pastoral großzügige Gesetzgebung, die, wie Eure Heiligkeit in der Apostolischen Konstitution der Promulgation betont hat, indem sie den Charakter eines Hoheitsaktes annimmt, mehr noch als das Echo, die Wirklichkeit des gemeinsamen Eifers des gesamten römisch-katholischen Episkopats in sich trägt.

Nun muß die Kirche auf diesen Ihren Eifer und den Ihrer Brüder im Episkopat reagieren.

5. Vom Wert des Rechts

Unsere erste Antwort muß ohne Zweifel ein erneuertes Bewußtsein — oder gegebenenfalls eine Bewußtwerdung — nicht nur der Gesetzmäßigkeit, sondern auch der Notwendigkeit und pastoralen Nützlichkeit des Rechtes in der Kirche sein. Das Bewußtsein also, daß die von einigen gewollte übertriebene Gegenüberstellung von Kirche als Gemeinschaft der Gnade und Liebe und Kirche als Institution, von Charisma als innerer Gabe des Hl. Geistes und äußerer Autorität, von Geist und Buchstabe, verbunden mit der Ablehnung des Gesetzes zum Vorteil der Freiheit „qua Christus nos liberavit" (Gal. 5,1), eine einheitliche Zusammensetzung in einer höheren Synthese finden kann und muß, getreu dem wahren Wesen der Kirche, wie sie ihr göttlicher Begründer gewollt hat, und was Papst Paul VI. so ausdrückte: „Die Kirche des ‚Rechtes' und die Kirche der ‚Nächstenliebe' sind eine einzige Wirklichkeit, deren inneres Leben durch ein äußeres Zeichen, jenes der juristischen Form, dargestellt wird." (L'Osservatore Romano, 17.-18. September 1973.)

Unter diesem Gesichtspunkt muß die Kirche die Anforderungen verstehen, welche der neue Codex an sie und an ihre Mitglieder stellt: die magna disciplina Ecclesiae, von der Sie, Hl. Vater, einen Ausdruck Ihres Vorgängers Johannes Paul I. übernehmend, zu Beginn Ihres Pontifikates sprachen, ist eine kirchliche Regelung, die sich auf die Liebe und das Evangelium gründet: sie bedeutet nicht Einschränkung, sondern größere Freiheit der Kinder Gottes, sie unterdrückt nicht die Gaben und Charismen, sondern schützt und leitet deren Anwendung zum größeren Wohlergehen der Kirche; sie gewährleistet die Gerechtigkeit im Frieden und widersetzt sich der Willkür; sie hilft, den „ordo ecclesialis" als äußere Struktur zu bewahren, jenen „ordo iuridicus", von dem Sie vor nicht allzu langer Zeit sagten, daß er bezweckt, den Frieden innerhalb der Gemeinschaft zu sichern: „quod ut fiat, ea pax erit caritas" (AAS, 72 [1980] 1103 Nr. 6).

6. Den neuen Codex anwenden!

Die zweite Antwort — sie ergibt sich aus der ersten — ist die Bereitschaft aller zur treuen und überzeugten Beachtung der neuen kanonischen Gesetzgebung.

Die lange Zeit, die die Revision des Pio-Benediktinischen Codex erforderte und die Anstöße zur Erneuerung seitens des II. Vatikanischen Konzils, die allerdings nicht immer richtig verstanden und von einigen bereits als Verhaltensmaßstäbe aufgefaßt wurden, die das noch geltende kanonische Gesetz nicht berücksichtigten, bewirkten das Aufkommen eines Gefühls der Unsicherheit in der Kirche in bezug auf das Gesetz, wenn nicht sogar die Tatsache, daß die Gesetze einfach nicht beachtet wurden, was ein Nachlassen der Disziplin und nicht immer sehr glückliche Experimente zur Folge hatten, die zuweilen geduldet oder zumindest nicht streng beurteilt wurden.

Nun muß die kirchliche Gemeinschaft ihre volle Einheit nicht nur im Glauben und in der Liebe, sondern auch in der kanonischen Ordnung wiedererlangen, die willig angenommen worden ist als direktes Mittel zur Garantie des geregelten Ablaufes des Lebens und Wirkens des Volkes Gottes in der Welt in dieser historischen Stunde seines langen Weges, und somit als Mittel zur Intensivierung seiner Fähigkeiten bei der Evangelisierung und bei seinem Dienst.

7. Die Durchführung des neuen CIC

Hoffen wir also, daß alle Gläubigen — angefangen bei denen, die in der Kirche besondere Verantwortung in Führung und Orientierung tragen — gegenüber dem neuen Codex Iuris Canonici die Haltung eines pflichtbewußten Engagements einnehmen und ihn als Geschenk Ihres pastoralen Eifers betrachten und Ihnen mit dessen treuer Befolgung antworten.

Die Bischöfe verpflichtet der Codex dazu, in ihren Einzelkirchen die genaue Befolgung der gemeinsamen Ordnung der ganzen Kirche zu fördern, da auch sie — wie es im Kanon 392 des neuen Codex heißt — Verantwortung zum Schutz der Einheit der universalen Kirche tragen. Ihnen fällt dann auch die Aufgabe zu, bald mit der Revision der Diözesangesetze zu beginnen, damit sie durch die Anpassung an die allgemeine Gesetzgebung den Geist und die Prinzipien, die vom II. Vatikanischen Konzil hervorgehoben wurden, besser widerspiegeln; und sie müssen den Teil dieser Gesetzgebung vervollständigen, welcher der Zuständigkeit der einzelnen Hirten oder Bischofskonferenzen vorbehalten ist.

Heiliger Vater!

Abschließend möchte ich Ihren Wunsch auch zu dem meinen machen: „Facit Deus ut gaudium et pax cum iustitia et oboedentia hunc codicem commendent“: damit auch er zu einem neuen Aufblühen der Kirche beitrage, während sie sich dem 1950. Jahrestag ihres Entstehens aus dem Erlöserblut Christi und der Ausgießung des Hl. Geistes am Pfingsttag nähert!

KIRCHE UND KULTUR NACH DEM ZWEITEN VATIKANISCHEN KONZIL

Der wunderbare Palazzo della Cancelleria und dieser Saal, den Giorgio Vasari für Kardinal Allessandro Farnese mit Fresken bemalt hat, sind ein würdiger und eindrucksvoller Rahmen für die internationale Begegnung von Künstlern und Kunstakademien. Hier erlebt man eine Seite Geschichte wieder, die während des Pontifikats eines großen Papstes geschrieben wurde.

Paul III. hatte Michelangelo gerufen, damit er in der Sixtinischen Kapelle das Letzte Gericht male, das ein malerisches Manifest der Gegenreformation sein sollte; die Vorbereitungen für das Konzil von Trient waren damals gerade im Gang. Der Papst rief auch Tiziano Vecellio in den Vatikan, um sich von ihm, der über eine faszinierende Kunstfertigkeit verfügte, inmitten seiner Neffen porträtieren zu lassen.

Hier spürt man den Unterschied zwischen der künstlerischen Ausdrucksweise der Renaissance und der Zeit von heute.

1. Der Dialog zwischen Kirche und Künstlern

Auch auf diesem Gebiet sind Dialog und Verständigung zwischen zwei so weit voneinander entfernten Epochen vielleicht nicht einfach.

Aber man hat auch den Eindruck, daß eben dieser Dialog zwischen der Kirche, die über Jahrhunderte hinweg die Kunst in ihren mannigfaltigen Ausdrucksweisen gefördert hat, und der Welt der Künstler, zu lange schon verarmt und fast ganz abgebrochen ist, obwohl er einst schon so lebendig und reich an Früchten war.

Das ist es, was Papst Paul VI. bei einer denkwürdigen Begegnung mit der großen Familie der „Künstlermesse" am 7. Mai 1964 in der Sixtinischen Kapelle so bedauerte. Er tat dies in einer leidenschaftlichen Rede, die aufgrund der Inhalte und der Form so typisch für ihn war. Der Papst lud die Kirche und die Künstler ein, beide Seiten mögen für sich ihr Gewissen erforschen im Hinblick auf die Ursachen und die jeweilige Verantwortung für die von ihm so bedauerte Situation; er beendete seine Ansprache mit dem

---

Ansprache auf dem Internationalen Treffen der Künstler und Kunstakademie, Rom, Palazzo della Cancelleria, vom 18. Februar 1984.

Vorschlag, wieder Freundschaft zu schließen, das Bündnis wieder zu erneuern.

Das war während der turbulenten Zeit des Zweiten Vatikanischen Konzils. Die gesamte Kirche machte zu dieser Zeit gerade so viele „Gewissenserforschungen" mit einer fast strengen Ehrlichkeit und mit Begeisterung. Sie hatten den Zweck, das Antlitz der Kirche und ihr Handeln dem gewöhnlich sehr kritischen und nicht selten ungerechten Auge der modernen Welt gegenüber klarer in der von ihrem Schöpfer gewollten wesentlichen Schönheit darzustellen, die oft aber hinter vielen Schichten verborgen ist und entstellt wird durch „Verkrustungen", die aber nicht von ihr selbst stammen, sondern von den Menschen, aus denen sie besteht. Auf diese Weise sollte die Kirche zahlreiche Dialoge mit der Gesellschaft wieder aufnehmen oder intensivieren (und manchmal auch erst beginnen) können, mit einer Gesellschaft, die zwar in vielen Teilen den christlichen Namen und das zutiefst christliche Erbe beibehalten hat, mit der einen Dialog aufzunehmen sich aber dennoch — auch im alten Europa, in der Neuen amerikanischen, romanischen oder angelsächsischen Welt — überhaupt nicht als einfach und vielversprechend erwies.

Der Dialog mit der Kultur oder besser mit den verschiedenen kulturellen Ausdrucksformen nahm in den Anliegen und Ansichten des Zweiten Vatikanischen Konzils einen besonderen Platz ein.

In der Konstitution „Gaudium et spes" über „Die Kirche in der Welt von heute" ist ihm ein eigenes Kapitel mit dem Titel „Über die Förderung des kulturellen Fortschritts" (G.S. Teil II, Kap. II) gewidmet. Der sakralen Kunst und der Kirchenmusik hat das Konzil in der Konstitution über die Liturgie besondere Aufmerksamkeit geschenkt.

2. Der Wert der Kultur

Im übrigen knüpfte das Zweite Vatikanische Konzil damit an ein uraltes Anliegen und an einen uralten Wunsch an, die immer gegenwärtig und wirksam waren, auch wenn und auch dort, wo dieser Dialog zu stocken und manchmal abzubrechen schien.

Seit jeher hat die Kirche nämlich ihre Achtung für die Kultur bekundet: Sie brachte auch zum Ausdruck, daß sie sich Hilfe und Unterstützung von ihr erwartet, da die Kirche eine organische, eine gleichsam fundamentale Beziehung zwischen der Kultur und dem Christentum, d. h. zwischen dem Christentum und dem Menschen, dem Menschen in seinem eigentlichen Menschsein sieht.

Das Zweite Vatikanische Konzil wies darauf hin, daß die menschliche Person „keinen echten Standard erreichen kann, wenn nicht mittels der

Kultur“ (GS. 35). Die Kultur ist die Art und Weise, wie die Person sich ausdrückt und verwirklicht; sie ist nicht bloß Zierde, sondern volle Verwirklichung der menschlichen Möglichkeiten.

Die Wertschätzung und das besondere Interesse der Kirche für die Kultur fanden erst kürzlich ihren sichtbaren Ausdruck in der Einsetzung des päpstlichen Rates für Kultur, der am 20. Mai 1982 von Papst Johannes Paul II. angekündigt wurde.

Die wesentliche Verbindung zwischen Person und Kultur verleiht letzterer einen einheitlichen und zugleich historisch differenzierten Charakter. In ihr inkarniert sich der Mensch aller Zeiten und aller Breitengrade, er inkarniert sich im Reichtum all dessen, was ihm mit den anderen Erdenbewohnern gemein ist, und im Reichtum all dessen, was Teil des historischen Zeitraumes und des kulturellen Erbes ist, in dem er lebt. Er inkarniert sich auch insofern, als darin etwas ihm Eigenes, ganz Persönliches enthalten ist.

Das gilt in besonderer Weise für diejenigen, die man „Menschen mit Kultur“, gebildete Menschen nennt. Noch mehr — sofern das überhaupt möglich ist — gilt dies für den Künstler: einem Menschen, der eifersüchtig seine Individualität hütet, auch wenn er einer „Schule“ (ohne die er ja schwer auskommen könnte) angehört und obwohl er immer dem Einfluß der Zeit, in der er lebt, und des kulturellen, geistigen und künstlerischen Umfeldes, in dem er sich bewegt, unterliegt. Er unterliegt diesem Einfluß, ist aber immer fest entschlossen, sich nicht von ihm beherrschen zu lassen und der Schöpfung seines Geistes „seinen“ Stempel aufzudrücken, der dazu beitragen soll, die Wirklichkeit, deren Kind er ist, in irgendeiner Form zu verändern.

3. Die Freiheit der Kunst

Die Kunst strebt nach schöpferischer Freiheit und verteidigt diese, und sie ist immer weniger dazu bereit, sich von außen einschränken zu lassen.

Die Kirche anerkennt die Größe des schöpferischen Bemühens des Menschen. Sie sieht darin einen wesentlichen und unveräußerlichen Teil seines Genius, der an sich die Spuren des Schöpfergottes trägt.

Der ausgesprochene Individualismus, der Sinn für das Neue, für noch nicht gemachte, auch risikoreiche Erfahrungen setzen den Künstler sicherlich der Gefahr aus, von seiten derer, die ihn sehen, hören und beobachten, nicht verstanden zu werden. Es ist möglich, daß er dadurch in Schwierigkeiten gerät mit jenen, die sich an ihn wenden, weil sie seine Hilfe brauchen, mit ihm zusammenarbeiten wollen, die sich aber leicht dazu hinreißen lassen, ihm ihre eigenen Maßstäbe oder zumindest die eigenen Ansprüche zu unterbreiten, wenn nicht sogar aufzuzwingen, die nicht immer oder zumindest nicht ausschließlich oder vorwiegend künstlerischer Natur sind.

Es ist eine alte Geschichte. In der langen und fesselnden Geschichte der Kunst hat diese Dialektik zwischen großen Künstlern und großen Mäzenen, auch wenn sie hart und unbequem war, zu großartigen Ergebnissen geführt. Und wir können sagen, daß in dieser schwierigen, mehr oder weniger „natürlichen Selektion“ sich die wahre Kunst als echter Ausdruck von Kultur schließlich doch durchsetzt.

Das eigentliche Problem der Kunst und der Kultur im allgemeinen liegt also darin, daß sie echte Kunst, wahre Kultur sein soll.

4. Kunst und Religion

Werfen wir nun einen Blick auf die sogenannte „sakrale“ oder religiöse Kunst im weitesten Sinn. Das war über einen großen Zeitraum hinweg, im Mittelalter und auch noch in der Renaissance fast gleichbedeutend mit Kunst im allgemeinen, und wenn der Künstler ehrlich ist, muß er eingestehen, daß sie ihm unerschöpfliche Auswahlmöglichkeiten, viel Raum für Inspiration und Freiheit bietet.

Mehr als in anderen Bereichen kann der Künstler hier von sich selbst sprechen, von seinen Gefühlen, von dem, was ihn antreibt und dem, was ihn im Innersten schmerzt; und wenn er es, um ein für unseren Fall passendes Beispiel zu nennen, versteht, sich auf die Sprache der Geschichte jenes wunderbaren Abenteuers, des Christentums, einzulassen, das menschlich und zugleich übernatürlich, für den Einzelnen wie für eine ganze Gemeinschaft geschaffen, nach innen und zugleich nach außen gerichtet ist, kann es ihm gelingen, die eigene Leidenschaft mit dem Lebensgefühl unzähliger Menschen zu verbinden und so Gefühle, geistiges Empfinden und auch Ideen und Ziele auszudrücken und hervorzurufen, die bei weitem über sein eigenes Ich, über seine eigene Existenz hinausgehen: und dadurch verwandelt sich seine persönliche Biographie in die Biographie einer ganzen Gesellschaft.

5. Die Sendung der Künstler

Der Künstler unserer Tage kann und muß sich als Erbe nicht nur der ausdrucksvollen Darstellung, sondern vor allem der inneren Fülle empfinden, die die großartigsten Kunstwerke geschaffen hat, die dem Menschen von heute noch immer zur Freude und zu geistiger Nahrung gereichen. Erbe deshalb, weil er es versteht, die Lehren der Vergangenheit in dankbarer Demut anzunehmen und weil er den Auftrag spürt, eine künstlerische und kulturelle Verpflichtung, die alt und zugleich immer neu ist, weiterzutragen, indem er den Bedürfnissen der Menschen aller Zeiten und aller Orte gerecht wird.

Die Kirche ihrerseits fährt fort, von den gebildeten Menschen, von Euch Künstlern eine Hilfe zu erwarten, die sie heute wie in der Vergangenheit als sehr nützlich, ja mehr noch, als unerläßlich erachtet.

Wie könnte man es verabsäumen, an jene Botschaft zu denken, die der Papst und die Väter des Zweiten Vatikanischen Konzils am 8. Dezember 1965, als ihre Arbeiten beendet waren, an Euch gerichtet haben:

„Ihr alle, Ihr Künstler, die Ihr verliebt seit in die Schönheit und für sie arbeitet ...: wenn Ihr Freunde der wahren Kunst seid, dann seit Ihr unsere Freunde"!

„Vor langer Zeit schon hat sich die Kirche mit Euch verbündet... Ihr habt ihr geholfen, die göttliche Botschaft in die Sprache der Formen und Figuren zu übersetzen, die unsichtbare Welt sichtbar zu machen."

„Heute wie gestern braucht Euch die Kirche ..."

„Die Welt, in der wir leben, bedarf der Schönheit, um nicht in Verzweiflung zu verfallen. Die Schönheit — genau so wie die Wahrheit — erfüllt die Herzen der Menschen mit Freude ... Erinnert Euch immer daran, daß Ihr die Hüter der Schönheit in der Welt seid".

„Hüter der Schönheit in der Welt"! Liebe Künstler, meine lieben Freunde, wurde Euch je etwas Schöneres und Erhebenderes gesagt?

Schönheit der Natur, Schönheit des Menschen: vom Geist verwandelter Leib. Schönheit Gottes und der unsichtbaren Welt.

Die Kirche bittet Euch, die Ihr die Schönheit verehrt und sie der Welt anbietet, ihr zu helfen, jene Stiege zu erbauen, die, wie es im Traum des Jakob gezeigt wird, Himmel und Erde miteinander verbindet.

An Euch liegt es, neue Ausdrucksformen zu finden, die die Menschen unserer Zeit bewegen und überzeugen.

6. Christliche Kunst

Liebe Künstler, liebe Mitglieder berühmter Kunstakademien! Ja, Ihr — wie auch andere gebildete Menschen — seid bevorzugte Partner der Kirche.

Seit zweitausend Jahren fahrt Ihr fort, ihr die ganze Kraft Eures Talents und die Stärke Eures Genies anzubieten, um auf eindringliche Weise das Geheimnis des menschlichen Lebens in seiner Größe wie auch in seiner Bedenklichkeit auszudrücken, den Durst des Menschen nach dem Absoluten, sein Bedürfnis nach Schönheit, sein Fasziniertsein vom Transzendenten, das zwar manchmal verborgen, doch nie gänzlich begraben ist im menschlichen Körper, den Christus zu verwandeln und zu retten kam, indem er unsere menschliche Gestalt annahm. Durch die Fleischwerdung dessen, der, dem ausdrucksstarken Wort Papst Johannes Paul II. in seiner ersten Enzyklika „Redemptor Hominis" zufolge, einer von vielen Milliarden und dennoch der Eine ist, wurde der ganze Mensch umgewandelt — Körper und Seele.

Wer kann etwas von der unerschöpflichen Quelle der Inspiration sagen, die Christus für den Künstler ist, vom Geheimnis der Verkündigung an über Leiden und Kreuz bis hin zur Auferstehung? Um nicht noch weitere Namen aufzuzählen, die uns in den Sinn kommen, genügt es für uns heute, den seligen Bruder Angelico anzurufen, dessen Fest, welches vom Heiligen Vater eingeführt wurde, Ihr in dieser Woche begeht.

Die Religion, die die Kultur von ihren Ursprüngen über die Jahrtausende hinweg in ihrem Werden begleitet, findet ihren höchsten Ausdruck in Christus, der im Vater und im Hl. Geist das Alpha und das Omega, Anfang und Ende, und zugleich der Weg, die Wahrheit und das Leben ist.

„Es stimmt, daß der Weg der Kultur der Weg des Menschen ist, und auf diesem Weg begegnet er dem Einen, der in sich die Werte aller Kulturen vereinigt und dem Menschen aller Kulturkreise offenbart, wer der Mensch ist." So die Worte Johannes Paul II. in Lagos (AAS, Bd. LXXIV 1982, S. 616)

Dank Eurer genialen Kunst ladet Ihr die in die Schönheit verliebten Menschen ein, sich mit Hilfe der eindrucksvollen Kraft des Bildes dem im Sichtbaren verborgenen Unsichtbaren zu öffnen.

Heute wie nie zuvor ist es die Berufung der Künstler, die Schönheit auszustrahlen, die inmitten der Dunkelheit der Materie wie ein Licht ist.

In der unruhigen Zeit nach dem Konzil hatte es die Botschaft der Künstler sicherlich manchmal schwer, sich einen Weg zu bahnen. Die Erschütterung der kulturellen und sozialen Strukturen wirkte sich auch auf die Fähigkeit aus, das Schöne wahrzunehmen. Doch nach jeder Nacht dämmert ein neuer Morgen heran. Und Euer Bemühen bezeugt den gerade auch durch die Schwierigkeiten stets wieder aufblühenden, erneuerten Willen, den Glanz der Schönheit in jener Epiphanie aufleuchten zu lassen, die jedes wahre Kunstwerk ist.

Der Mensch, der seit jeher fasziniert ist von der Schönheit der Dinge und Menschen, erahnt, daß nicht alles nach außen Sichtbare das Wesen, das Sein ausmacht, und daß das Geschaffene tief in sich etwas birgt, das mehr ist, als das Geschöpf wahrnehmen kann. Der Künstler bringt die Botschaft vom Sichtbaren und zugleich Unsichtbaren zum Ausdruck, die Sehnsucht nach einer Welt, wie sie vor dem Sündenfall war, und die Vorahnung einer Welt, wie sie nach dieser irdischen sein wird, die Vorahnung der künftigen Fülle, in der die aus der Vergänglichkeit, aus Tod und Sünde Geretteten leben werden.

Niemand zweifelt daran, daß das christliche Geheimnis mit seinen biblischen Lehren vom ursprünglichen Paradies, vom Sündenfall, vom Drama der Auferstehung und der Verheißung der Vollendung in Christus, der alles in sich zusammenfaßt, auch heute eine unerschöpfliche Quelle der Inspiration für das, wenn auch stark gewandelte, Empfinden der Menschen unserer Zeit ist.

Liebe Freunde, fahrt fort, die Botschaft dieser Schönheit zu verkünden, besingt sie und schenkt so der leidgeprüften und sorgenvollen Welt zumindest einen Widerschein ihrer erlösenden Freude.

In den Fresken von Vasari, die uns hier umgeben, sind lauter Gleichnisse dargestellt. Die Kunst, und vor allem die christliche Kunst, liebte die Gleichnisse schon immer: vom Mittelalter bis heute haben die Künstler gespürt, daß Klugheit, Gerechtigkeit, Stärke, Besonnenheit ein Gesicht haben, und sie haben verstanden, daß die menschlichen Tugenden, als Grundlage des Lebens und der Geschichte, von den übernatürlichen Tugenden des Glaubens, der Hoffnung und der Liebe Licht und Kraft schöpfen müssen, um wirklich große Tugenden zu sein. Dies ist eine Sprache des Glaubens, eine Sprache, die dem Evangelium entstammt. Vom Evangelium selbst aus gelangt der Künstler zum Menschen, und zwar durch die Werke der Barmherzigkeit: dem gegenüber, der Hunger oder Durst hat, der fremd, im Gefängnis, im Krankenhaus ist oder zum Friedhof begleitet wird. Gott und der Mensch, das sind die beiden Fixpunkte, von denen ich vorher sprach: der Weg des Menschen zu Gott, Gottes Herabkommen zu den Menschen durch die Fleischwerdung. Über uns befindet sich die größte Gemäldesammlung, die existiert und die über die ganze Welt verbreitet ist. Es handelt sich um Darstellungen von Maria, der Jungfrau und Mutter. Die irdische Mutterschaft erhält ihren vollen Wert, wenn sie in sich das Licht trägt, das aus dem Stall von Bethlehem kommt.

Liebe Künstler! Die Kirche wendet sich an Euch, nicht um Euch in ein unzugängliches Mysterium hineinzudrängen, sondern als Freund, der auf dem langen Weg Eure Fragen und Probleme und Eure Antworten teilt, so wie Jesus es damals mit den Emmausjüngern gemacht hat. Zahlreich sind Eure Fragen, zahlreich Eure Antworten; zahlreich sind aber auch die Fragen und Antworten der Kirche: es geht um die Geschichte, um Verständnis, um die Liebe, die sie immer bewiesen hat für Euren Kampf im Dienst am geistlichen Leben, an der Kultur, an der Schönheit, die das Leben erhaben macht und uns den Vorgeschmack auf die nichtgeschaffene Schönheit gibt.

DER HEILIGE STUHL UND DIE SLAWENMISSION

1. Cyrill, Method und der Hl. Stuhl

Als Method von Saloniki im Laufe des Jahre 869 Rom verließ, wo er Papst Hadrian II. vom großen Werk der Christianisierung der slawischen Völker berichtet hatte, trug er in seinem Herzen einen großen Schmerz und zugleich eine große Freude.

Konstantin-Cyrill, sein jüngerer Bruder und Weggefährte bei seinem Streben nach klösterlichem Leben und bei seiner missionarischen Tätigkeit, hatte in der Ewigen Stadt seinen langen irdischen Weg beendet. Sein Leib, der schon damals verehrt wurde, ruhte neben den sterblichen Überresten von Clemens I., dem zweiten Nachfolger des Apostels Petrus, welchen Cyrill und Method selbst vom Chersones, wohin er nach seiner Verfolgung verbannt worden war, nach Rom gebracht hatten.

Method kehrte gestärkt von den Worten seines sterbenden Bruders zu seinem alten Arbeitsgebiet zurück: „Siehe, wir haben miteinander das selbe Schicksal geteilt, sind den gleichen Weg gegangen; ich falle nun am Ende meiner Tage auf dem Schlachtfeld. Du ... gib deinen Lehrauftrag nicht auf." (VM 7)

Papst Hadrian II. hatte die Lehren und die Kriterien des Evangelisierungswerkes der beiden Brüder als gültig und orthodox anerkannt und Method zum Erzbischof von Sirmium ernannt und bestimmte ihn zugleich zu seinem Legaten und stellte ihn als „Mann von vollkommener geistiger Reife und rechtem Glauben" vor (VM 8).

Ein zweites Mal, etwa zehn Jahre später, sollte Method nach neuerlichen Anschuldigungen und harten Widerständen, durch die er auch den Kerker kennenlernte, von seiten des Bischofs von Rom, Johannes VIII., Anerkennung finden und verteidigt werden.

2. Die Stadt Sirmium

Heute gedenken wir dieser fernen Ereignisse vereint mit Papst Johannes Paul II., dem Bischof, der auf dem Stuhl Petri sitzt und durch sein Gebet und

Predigt anläßlich des 1100. Jahrestages des Todes des Heiligen Method. Djakovo (Jugoslawien), 3. Juli 1985.

seinen ergebenen Gesandten mitten unter uns ist, und feiern den 1100. Jahrestag des Todes von Method, dem Erzbischof von Sirmium. Wir tun dies in den Diözesen von Djakovo und Sirmium, von denen letztere das Erbe der alten sirmischen Hauptstadt ist, deren Ursprünge auf die ersten Jahrhunderte der Kirche zurückgehen.

Sirmium steht würdig neben den großen Städten des Römischen Reiches, nicht nur, weil sie einen interessanten Teil der Geschichte dieses Reiches gesehen und miterlebt hat, sondern mehr noch, weil ihre Erde in den ersten Jahrhunderten des Christentums mit dem Blut so vieler Glaubenszeugen getränkt worden ist; dazu gehören der Heilige Bischof Irenäus, der zu Beginn des 4. Jh. sein Leben für „das Volk" hingegeben hat, „das in der Kirche Gottes in Sirmium lebt" (Acta S. Irenei), und sein Diakon, der Heilige Märtyrer Demetrius, der der Stadt Srjemska Mitrovica seinen Namen gab; die im Römischen Kanon erwähnte Heilige Märtyrerin Anastasia, die im 4. Jh. in dieser Diözese geboren wurde und hier ihr Martyrium erlebt hat; der Heilige Eusebius, Bischof von Cibalae (dem heutigen Vinkovci) und besonders der Heilige Lektor Polio. Im 4. und 5. Jh. existierte hier eine blühende Kirche, die das religiöse Zentrum der ganzen römischen Provinz Pannonien war. Trotz der Bedrohung durch den Arianismus, der sich für einige Zeit in der Diözese ansiedelte, blieb die Fackel der Orthodoxie hier immer brennen und war stärker.

3. Die Kirche von Rom und die Slawen

Im 7. und 8. Jh. kamen slawische Völker in dieses Land: Kroaten, Slowenen, Serben, Mazedonier und andere Südslawen, die in diesem Teil Europas eine dauerhafte Bleibe fanden. Die Kirche von Rom umfing mit mütterlicher Liebe die neuen Völker, von denen dann besonders die slowenischen und kroatischen Katholiken dem Apostolischen Stuhl Petri immer sehr treu blieben. Wie könnten wir vergessen, daß erst vor kurzem die kroatische Kirche mit großen religiösen Veranstaltungen, welche im Vorjahr in Zagreb und im Marienheiligtum Marija Bistrica ihren Höhepunkt fanden, ihr 1300 jähriges Bestehen feierte?

Die Südslawen aber haben auf besondere Weise den christlichen Einfluß gespürt, als auf dem historischen Gesichtsfeld die zwei großen Apostel Cyrill und Method erschienen, die die besten Jahre ihres Lebens der Evangelisierung und Inkulturation der Völker opferten, die zwischen Makedonien und der Moldau, zwischen Kroatien und Polen lebten.

4. Die Slawenmission Cyrills und Methods

Diese beiden Lehrer, „Söhne des Orient, beheimatet in Byzanz, Griechen aufgrund ihrer Nationalität, Römer aufgrund ihrer Mission und Slawen aufgrund ihres Apostolates" (Pius XI., 1927, 95), haben allen slawischen Völkern ein neues religiöses und kulturelles Gesicht gegeben. Wir aber wollen heute hier besonders die Verdienste dieser beiden heiligen Brüder für jene Völker hervorheben, die zum heutigen südslawischen Raum gehören.

Nachdem sie schon mit der Übersetzung der liturgischen Bücher und der Heiligen Schrift ins Altslawische mit den glagolitischen Schriftzeichen begonnen hatten, begaben sich Cyrill und Method im Jahre 863 auf Einladung des moldauischen Fürsten Ratislaw in slawische Gebiete. Auf ihrer Reise von Groß-Moldau nach Rom, um dort ihr Werk gegen die Anfechtungen, denen sie unterworfen waren, zu verteidigen, machten sie beim slowenischen Fürsten Kocelj in Balaton Halt, der sie mit großer Begeisterung empfing. Ihr Aufenthalt aber wurde zu einer echten Missionierung, die ein halbes Jahr dauerte und sich für das slowenische Volks als äußerst fruchtbringend erwies. Anstatt der üblichen Geschenke, die Fürst Kocelj den beiden Lehrern anbieten wollte, verlangten diese die Freilassung von ungefähr 900 Gefangenen, die so später wahre Boten und Vorläufer der zukünftigen Evangelisierung ihrer Gebiete wurden. Fürst Kocelj vertraute außerdem den beiden Brüdern 50 Schüler an, die sie in den slawischen Schriftzeichen unterweisen sollten, und die dazu bestellt waren, das Evangelium zu verkünden und die Liturgie in der Volkssprache der Slowenen zu feiern.

5. Große Schüler

Als der hl. Method dann mit der päpstlichen Zustimmung zur Liturgie in altslawischer Sprache und mit dem päpstlichen Segen für das vorangegangene Evangelisierungswerk als Erzbischof aus Rom zurückkehrte, gründete er in Pannonien, genaugenommen in dieser Diözese, wieder einen neuen kirchlichen Orden und stellte die kulturellen Einrichtungen jener Zeit wieder her.

Nachdem der große Missionar im Jahre 885 in Groß-Moldau gestorben war, erlitten seine Schüler, die von dort vertrieben wurden, verschiedene Schicksale. Einige flüchteten nach Slowenien, andere nach Mazedonien und Bulgarien, einige nach Südkroatien, wo sich die glagolitische Schrift und die altslawische Sprache in der Liturgie in einigen Diözesen bis zum heutigen Tag erhalten haben.

Die bekanntesten und verehrtesten Schüler der Heiligen Cyrill und Method, die Brüder Kliment und Naum, haben einen wichtigen Beitrag zur

Gründung der Kirche von Ochrida geleistet. Der hl. Kliment, Bischof dieser Stadt, und der hl. Naum setzten die missionarische Tätigkeit ihrer Lehrer fort und riefen sowohl eine kirchliche Aktivität als auch eine Bildungsaktivität ins Leben.

Durch die verschiedenen Schüler breitete sich das Werk von Cyrill und Method auch auf die anderen slawischen Völker aus.

6. Cyrill und Method als Patrone Europas

Ihr Name lebt für immer fort. Ein wertvolles Erbe sind ihre Nachkommen (vgl. Sir. 44,14 und 11). Die Namen Cyrill und Method sind auch außerhalb der slawischen Welt lebendig, vor allem seit der große Papst Leo XIII. ihren liturgischen Kult auf die gesamte katholische Kirche übertrug. Es war im Jahre 1880: genau 1000 Jahre, nachdem sein Vorgänger Johannes VIII., wie ich oben erwähnte, die von den beiden heiligen Brüdern eingeführte missionarische Erneuerung aufs Neue bestätigt hatte.

Auf religiösem, kirchlichem wie kulturellem Gebiet erhebt sich vor uns ihr Erbe. Ihr Stempel ist weiterhin dem so großen Teil des europäischen Kontinents aufgedrückt, der aus den Familien der slawischen Völker besteht. Aus gutem Grund wollte deshalb Papst Johannes Paul II., 100 Jahre nach der Entscheidung Papst Leos XIII., die zwei Apostel und Lehrer jener Völker als Patrone Europas an die Seite des hl. Benedikt stellen.

Eine Geste, die, wie der Papst ausdrücklich betonte, beabsichtigt, auch trotz der gerechtfertigten oder manchmal unvermeidlichen Unterschiede die Annäherung und erhoffte Einheit der europäischen Völker zu fördern, die Erben von so verschiedenen und kulturell und geistig so reichen Zivilisationen sind, wie vor allem der griechisch-römischen, der fränkisch-germanischen und der slawischen. Wir können nicht anders, als uns den Wunsch des Papstes zu eigen zu machen, der, da er selbst — als erster in der langen Reihe der römischen Päpste — aus einem slawischen Land stammt, auf besonders innige Weise die Sehnsucht nach einer harmonischen Verschmelzung von alten und neuen Werten verspürt, die einander ergänzen anstatt einander gegenüberstehen und ausschließen, und die den vollständigen Fortschritt des alten Kontinents und der gesamten Menschheitsfamilie fördern können und sollen.

7. Die kirchliche Einheit zwischen Ost und West

Die Erinnerung an das Leben und Evangelisierungswerk der Heiligen Cyrill und Method führt uns in eine Epoche der Kirchengeschichte zurück, in der christlicher Osten und Westen einander anerkannten und als Teile der einen heiligen katholischen Kirche in voller Einheit standen.

Sie kamen aus Konstantinopel und fanden in Rom Verständnis, Verteidigung, Zustimmung, Unterstützung und Ermutigung. Sie scheinen sich vor unseren Augen als Symbol der Einheit und Einladung zu deren Wiederherstellung zu erheben.

In dieser würdevollen Feier zum Gedenken an den Erzbischof Method und seinen Bruder Cyrill, bei der nicht nur die unmittelbaren Erben ihrer mühevollen missionarischen Tätigkeit, sondern auch bedeutende Vertreter anderer Nationen, Kulturen und Sprachen zugegen sind, kann das ökumenische Streben nicht fehlen.

Von diesem Streben spricht auch schon diese wunderbare Kathedrale, die Bischof Josip Juraj Strossmayer, der sich so verdient gemacht hat um die Verbreitung des cyrill-methodischen Kultes unter den südslawischen Völkern, erbauen ließ. Und zwar — so wie es über dem Haupteingang geschrieben steht:

„Zur Ehre Gottes,
Für die Einheit der Kirchen,
Für die Eintracht und Liebe seines Volkes.“

Möge der barmherzige Herr durch die Fürsprache der Heiligen Cyrill und Method die volle Einheit der christlichen Kirchen wiederherstellen und allen Völkern Europas und der Welt dauerhaften Frieden schenken.

Mögen die heiligen Slawenapostel über ihrem geistigen Erbe wachen, damit es — und so lautet die Lobrede Papst Johannes' VIII. auf den Erzbischof Method — fortfahre, in den Jahrhunderten das „Credo nach der evangelischen und apostolischen Lehre, wie die Heilige Römische Kirche es lehrt und wie es von den Vätern überliefert wurde, zu singen“.

WER SINGT, BETET DOPPELT

Der Prophet Jesaja, der im Geiste den Tempel sah, schreibt: „Ich sah den Herrn. Er saß auf einem hohen und erhabenen Thron ... Seraphim standen über ihm ... Sie riefen einander zu: ‚Heilig, heilig, heilig ist der Herr der Heere. Von seiner Herrlichkeit ist die ganze Erde erfüllt'." (Jes. 6,1-3)

1. Der Lobgesang der Kirche als mystischer Leib Christi

Diesen „Ausruf", der in den Jahrhunderten fortlebt, hat die Kirche als einen „Gesang" verstanden und stellt ihn auch als solchen dar. Und während die versammelte Gemeinde in freudiger Erwartung der mystischen Erneuerung des erhabenen Ereignisses unserer Erlösung ist, wendet sich der Priester im zentralen Teil der Eucharistiefeier mit folgenden oder ähnlichen Worten an Gott: „... deshalb singen wir mit den Engeln und Erzengeln ... mit den Scharen des himmlischen Heeres das Lob seiner Herrlichkeit ohne Ende: ‚Heilig, heilig, heilig ...'"

Auf diese Weise wird durch die Kirche, die mystischer Leib Christi, fleischgewordenes Wort Gottes ist, jener Lobgesang auf Erden fortgesetzt, den der Sohn von Ewigkeit her im Heiligen Geist an den Vater richtet. (LC 1)

2. Die Teilnahme des Menschen am Lobpreis Gottes

Der Mensch, der zum Leben der Gnade erhoben wurde und diese nach dem Sündenfall durch das Erlöseropfer Christi wiedererlangt hat, ist aufgerufen, an diesem geheimnisvollen und freudvollen Lobgesang teilzunehmen.

Diese Teilnahme verwirklicht sich vor allem im ganzen Leben des Menschen: heute Einmütigkeit im Glauben, morgen Einmütigkeit im Schauen; erst Einmütigkeit in der Hoffnung, dann in der Freude; Einmütigkeit in der Nächstenliebe, die auf Erden beginnt und niemals abnehmen wird.

Diese Teilnahme zeigt sich auch im Gebet, das einmal Anbetung, ein anderes Mal Lob, Dank, Flehen oder ein Ausdruck der Reue ist, oder oft auch alles zugleich.

Ansprache anläßlich des Internationalen Kongresses der Scholae Cantorum. Vatikan, 28. September 1985.

Und wenn das Gefühl inniger, die Teilnahme am ewigen Lob Christi lebendiger wird, wird das Gebet des Christen auf fast natürliche Weise zum Gesang. Und zum Gesang wird auch das gemeinschaftliche Gebet der Kirche, so, daß nach den Worten der Konstitution „Sacrosanctum Concilium" (112) „der mit dem Wort verbundene gottesdienstliche Gesang einen notwendigen und integrierenden Bestandteil der feierlichen Liturgie ausmacht": besonders bei der erhabenen Feier des Meßopfers, bei der der Zelebrant in der Fülle seines Priesteramtes zusammen mit Christus, dem Hohenpriester, und auch die Gemeinschaft der Gläubigen, die in dem für sie bestimmten Ausmaß am königlichen Priestertum ihres Herrn und Meisters teilnimmt, durch ihre Anbetung und Liebe Gott die höchste Ehre erweisen.

3. Die liturgische Funktion der Scholae Cantorum

Die Schola Cantorum hat in der Liturgie eine Funktion von einzigartigem Charakter und einzigartiger Bedeutung inne: sie ist Vertreterin und treibende Kraft des im Gebet versammelten Volkes Gottes. Wie das Meßbuch (Allgemeine Einführung, 63) anführt, „übt sie einen eigenen liturgischen Dienst unter den Gläubigen aus".

Die Mitglieder der Schola Cantorum dürfen niemals diese fundamentale Richtlinie vergessen: „Das Ziel der Kirchenmusik ist die Ehre Gottes und die Heiligung der Gläubigen." Das sind die Worte der schon erwähnten Konstitution (112), und sie unterstreichen ihre besondere Mission als Diener — ich meine als „Priester" — der Kirchenmusik, was auch Verantwortung bedeutet.

4. Der lebendige Mensch als Lobpreis Gottes

„Ehre Gottes", „Heiligung der Gläubigen" sind zwei Arten der Wirklichkeit, ich sage nicht, gegensätzliche, aber auch nicht nebeneinandergestellte, sondern: „Ehre Gottes ist der lebendige Mensch". Dieser wundervolle und sehr bekannte Ausspruch des hl. Irenäus (Adv. Haer. IV,20,7) veranlaßt uns zu ernstem Nachdenken.

Lebendiger Mensch heißt — in der vollen Bedeutung des Wortes — geheiligter Mensch: ein Mensch, der im höchstmöglichen Ausmaß das Leben der Gnade lebt, das Teilhabe am Leben Gottes ist.

5. Das „gute" Singen

Wie könnt Ihr, die Ihr hier zu den Scholae Cantorum aus aller Welt gehört und ihre Vertreter seid, Euren Dienst — Eure „Mission" — der Heiligung des

Ratifikation der Konvention über die Missionen zwischen dem Heiligen Stuhl und Bolivien, Vatikan, 1. Februar 1958; von links nach rechts: Mons. Giuseppe de Marchi, Mons. Agostino Casaroli, Erzbischof Antonio Samoré, Sekretär der 1. Sektion des Staatssekretariates, Pro-Staatssekretär Erzbischof Domenico Tardini, Botschafter von Bolivien Emilio Sarmiento Caruncho, Mons. Giovanni Battista Scapinelli di Léguigno, P. Leonida Sanchez und Mons. Venerio Mazzi.

Der neuernannte Kardinalstaatssekretär Jean Villot sowie von links nach rechts Amleto Kardinal Cicognani, Mons. Giovanni Benelli, Mons. Agostino Casaroli sowie hinter ihm Mons. Achille Silvestrini, Vatikan, 5. Mai 1969.

Volkes Gottes ausüben, welche zusammen mit der Ehre Gottes die eigentliche Zielsetzung der Kirchenmusik ist? Die Antwort kann banal erscheinen und doch ist sie in ihrer Einfachheit von tiefgründiger Wahrheit: indem Ihr gut singt!

Gut unter dem musikalischen Gesichtspunkt. Gut unter dem Aspekt des „Heiligen", vielmehr des „Liturgischen", welches das Kennzeichen der Kirchenmusik ist.

Das alles sind Fragen, über die Ihr sicherlich oftmals nachgedacht habt. Eure Musik muß schön sein, auch wenn sie nicht immer notgedrungen von erhabener künstlerischer Qualität sein muß; auch wenn sie manchmal oder sehr oft einfach und, wie man zu sagen pflegt, „Volksgesang" ist. Sie muß Musik sein, welche den Zuhörer zu Frömmigkeit, Meditation und Gebet führt und ihm darin eine Stütze ist.

Wer hat noch nicht die Erfahrung gemacht — die der hl. Augustinus machte und beschrieb (Conf. X,X) — wie sehr eine schöne, gut vorgetragene Musik bewegen und berühren kann und wie sehr ein tiefes Gefühl dazu geeignet ist, uns eine Wahrheit oder eine Aufgabe, die die Vernunft oder der Glaube fordern, „spüren" und lieben zu lassen.

Habt also keine Zweifel über die Wirksamkeit und Bedeutung des „liturgischen Dienstes" (S. C. 29), den in der Kirche auszuüben Ihr aufgerufen seid. Diese Überzeugung soll jedoch auch immer mehr Euer Bewußtsein im Hinblick auf die Verantwortung, die auf Euch lastet, stärken.

6. Die religiöse Komponente

Diese Verantwortung betrifft in erster Linie die geeignete Vorbereitung der Mitglieder der Scholae Cantorum. Eine künstlerische und technische Vorbereitung, die Euer Kongreß in diesen Tagen zweifellos berücksichtigt hat. Eine liturgische Vorbereitung, die ebenfalls in die Diskussion über die berufliche Vorbereitung mit einfließt.

Ein noch tieferer, ja ich würde sagen, ein grundlegender Aspekt darf jedoch nicht übersehen werden, im Gegenteil, er muß besonders hervorgehoben werden: die religiöse Vorbereitung. Die Musik, der Gesang werden schwerlich zu Gebet und führen schwerlich zu Gedanken, Gefühlen, zu geistigen Vorsätzen, wenn derjenige, der sie vorträgt, nicht selbst vom gleichen Geist beseelt ist.

Die alte benediktinische Formel „Mens concordet voci" ist nicht nur ein asketischer Ratschlag für das Wohlergehen jener, an die er gerichtet ist, sondern er ist das Geheimnis der, laßt es mich einmal so sagen, „apostolischen" Wirksamkeit Eures „liturgischen Dienstes".

Auf diese Weise kann die Kirchenmusik wahrlich ihr Ziel erreichen: „die Ehre Gottes und die Heiligung der Gläubigen“. Und erlaubt mir noch als Aufforderung und Wunsch hinzuzufügen: Eure Heiligung und die Heiligung all jener, die wie Ihr versuchen, die Menschen durch Musik und Gesang zu Gott zu führen!

KIRCHENMUSIK GESTERN, HEUTE UND MORGEN

Wir begehen heute den 75. Jahrestag der kanonischen Errichtung des Päpstlichen Institutes für Kirchenmusik durch den hl. Papst Pius X.

Es ist dies ein Ereignis von besonderer Bedeutung, das es verdient, daß man seiner in Dankbarkeit gedenkt. Der Blick zurück in die Vergangenheit darf uns jedoch nicht davon abhalten, in die Zukunft zu schauen. Und so sind wir eingeladen, über die Ziele dieser verehrungswürdigen Einrichtung nachzudenken. Diese Ziele müssen aber in einem größeren Zusammenhang als lediglich im Hinblick auf die Musik gesehen werden und können nur im Blick auf das Ganze gewürdigt werden, wobei die globale Reform der Liturgie, die von Papst Sarto ausging, berücksichtigt werden muß. Dieser Papst, ein großer Seelsorger, hat mit aller Kraft die Erneuerung des kirchlichen Lebens in Gang gebracht und mit Hartnäckigkeit weitergeführt, indem er aus den zutiefst darin verborgenen Quellen schöpfte.

I. Die Gründung des Papstes Pius X.

Ein Blick zurück wird es uns erlauben, die immer offensichtlichere Bedeutung dieser Erneuerung auch für unsere Zeit zu verstehen. Dieser heilige Papst wollte die Kraft des sakramentalen Lebens wieder in das Bewußtsein der Gläubigen rufen und die Feier der Liturgie ihrer Sorge anvertrauen; nicht, um einem ästhetischen Anspruch Genüge zu tun, sondern um eine der tragenden Säulen der Kirche zu stärken, bevor der Wirbelsturm der Kriege und das Abhandenkommen alles Geistigen, wovon unser Jahrhundert heimgesucht wurde, auch das Haus Gottes in seinen Grundfesten erschüttern würden.

Sein Wahlspruch war: "Omnia instaurare in Christo". Dieses Wort, das der hl. Paulus an die Epheser (Eph. 1,10) richtete, bedeutet nicht nur: alles in Christus wiederherzustellen und zu erneuern, sondern auch: alles in Christus, der allein unser Haupt und unsere Kraft ist, zu vereinen.

Der Papst begann seine ethische „Aufrüstung" bei der Liturgie der Mysterien Christi, bei den Sakramenten und beim Wort Gottes. Seine erste

---

Eingangsworte zum 75. Jahrestag der Gründung des päpstlichen Instituts für Kirchenmusik. Rom, 8. November 1986.

Sorge galt dem Wort, gleich danach aber wandte er sich voll Liebe der liturgischen Musik, dem gesungenen Wort also, zu. Er betonte, daß die Kirchenmusik als Teil der Liturgie gesehen wird, ja gesehen werden muß, wodurch sie teil hat an deren göttlichem Inhalt und an deren Würde. Als Konsequenz davon muß der liturgische Gesang in seiner Form und Ausübung dem Geist und der Natur der Liturgie entsprechen.

In diesem Sinn schlug Papst Pius X. den gregorianischen Gesang als Modell vor, der von den Mönchen von Solesmes wiederentdeckt und der Tradition getreu neu belebt wurde. Was diese Gesangsform in besonderer Weise „liturgisch" macht, ist die Einheit von Wort und Musik, die sich darin verwirklicht. Die Melodie steht im Dienste des Wortes: sie paßt sich seiner Tonstruktur und seiner liturgischen Funktion an, und dort, wo der Text sich dazu eignet, interpretiert und verstärkt sie auf charismatische Weise seinen Inhalt. Die gesamte Kirchenmusik muß getragen sein von der Bereitschaft, dem im Wort enthaltenen Geist zu dienen, in der Gestalt, in der sie sich äußert, nämlich als Ton. Sie muß deshalb das sein, was in der Liturgie das Wort ist: Gebet der Kirche, Opfer des Lobes, das zu Gott erhoben wird, Verkündigung und Darstellung der Geheimnisse der Erlösung, derer die Kirche während des liturgischen Jahres gedenkt und deren Zentrum das heilige Opfer ist.

Wir müssen uns bewußt sein, daß auch die Kirchenmusik, als äußeres, klangliches Kleid der Liturgie, prophetische Verkündigung des Wortes Gottes sein muß, das im Gebet, im Vortrag des liturgischen Vorstehers oder durch sie im Gesang der Solisten und des Chores widerhallt. Sie ist dazu gerufen, die innere Macht dieses Wortes zu offenbaren, indem sie sich zum Werkzeug im Dienste der göttlichen Mission der Kirche macht und lebendiges Zeugnis ihres Glaubens und ihrer Liebe wird.

Sie muß — auf der Ebene des Wortes und des Tones — zum Abbild jener erlösenden Wirklichkeit werden, die im sakramentalen Zeichen des Opfers für alle, die daran teilnehmen, gegenwärtig und verständlich wird.

II. Die Liturgie als Richtschnur der Kirchenmusik

Aus der Liturgie — mit deren Texten und Handlungen die Kirchenmusik so innig verbunden ist — gehen also die Richtlinien für einen Kirchenmusiker und seine Ausbildung hervor, sowie auch die Anforderungen, die an ihn gestellt sind.

1. Die wahre liturgische Haltung

Die Berufung zum Dienst an der Kirchenmusik betrifft den ganzen Menschen, den betenden Menschen und den Künstler mit seinem Talent und seiner Bildung.

Auf dem kleinen und zierdelosen Chor der Kirche San Domenico in Assisi lesen wir folgende Worte: „Non vox, sed votum,non musica cordula, sed cor; non clamans, sed amans cantat in aure Dei". Das heißt aber überhaupt nicht, daß Gott nur an einem nicht kunstvollen Gesang Gefallen finden würde. Diese Worte weisen vielmehr auf das lebendige Erdreich hin, aus dem die Kirchenmusik immer wieder neu hervorsprießen muß, auf den Glauben und auf die Liebe: caritas fide formata. Sie treibt den Komponisten und den Vortragenden dazu an, sich mit all ihren Möglichkeiten einzusetzen, also auch dazu, jede für eine entsprechende Ausbildung notwendige Anstrengung auf sich zu nehmen.

Die Gegenwart Gottes, die der liturgischen Feier erst ihre wahre Dimension verleiht, erfordert von den Priestern, daß sie ihren Dienst „mit Furcht und Ehrfurcht" im Geiste der Regel des hl. Benedikt versehen, das heißt nicht zum Vergnügen oder aus Selbstgefälligkeit, sondern mit reinem Herzen und in selbstloser, treuer Liebe. So gesehen verlangt die Feier der Liturgie strenge Disziplin von Körper und Geist. Diese Haltung schlägt sich in der Musik nieder, auch wenn auf diese Weise dem künstlerischen Ausdruck Grenzen gesetzt werden, was die Wahl der Mittel betrifft; Grenzen, die im übrigen schon allein der gute Geschmack verlangt. Sie betreffen nicht das Streben nach technischer Perfektion, das aber immer begleitet sein muß vom Bemühen, das Geistige durchscheinen zu lassen. Deshalb kann man sich nur darüber freuen, daß das Päpstliche Institut für Kirchenmusik nun, da es in die Räumlichkeiten der Abtei San Girolamo verlegt wurde, nicht mehr nur Schulzentrum sein wird, sondern auch ein Ort, an dem in einer eigenen Kirche lebendige Liturgiefeiern abgehalten werden. Dies war nämlich ein großes Anliegen Papst Johannes Pauls II., der bei dieser Gelegenheit sagte: „Die Liturgie, an der die Person in ihrer Gesamtheit teilnimmt, sei daher die primäre Sorge bei der Ausbildung all derer, die Kirchenmusiker werden wollen." (Ansprache vom 21. November 1985.)

Das Jubiläum der Gründung Eures Institutes möge wirklich, dem Wunsch des Hl. Vaters entsprechend, „der Beginn eines neuen Abschnittes seines Bestehens sein".

2. Die Ausbildung in Kirchenmusik

Auf diesem geistigen Fundament wird man mit Geduld und Kompetenz jenes Studien- und Ausbildungsprogramm erstellen und verwirklichen können, das der Hl. Vater in der eben erwähnten Ansprache anläßlich der Einweihung des neuen Sitzes des Institutes kurz umrissen hat.

Der Papst hob die traditionellen Hauptfächer — Gregorianischer Gesang, klassische Polyphonie, Orgel — hervor und bezeichnete sie als „echten Lobpreis des Glaubens" und als „reinen Lebenssaft", der die europäische Musik in ihrer künstlerischen und geistigen Entwicklung genährt hat. In diesem Zusammenhang muß man selbstverständlich auch den Geist des Glaubens erwähnen, der in den großen Werken der Vergangenheit von den Großtaten Gottes kündet, und zwar dank des Wirkens von Menschen, die sicherlich in ihrer Zeit verhaftet, aber erfüllt waren von Glauben und künstlerischer Kreativität, welche sich in den ihnen eigenen musikalischen Formen ausdrückten.

Es ist unmöglich, hier und jetzt das breite Spektrum der westlichen Kirchenmusik bis in die Details zu untersuchen und in angemessener Weise darzustellen. Doch trotz der häufigen Veränderungen von Form und Stil, denen sie im Laufe ihrer Geschichte unterlag, ist in ihr immer derselbe Glaube an das Evangelium und an das Erlöserwerk Christi lebendig. Man kann der Liturgie von heute und somit dem Menschen diese erlösenden und heiligenden Reichtümer nicht vorenthalten.

3. Kirchenmusik als Form der Anbetung

Damit wir uns unserer Verantwortung, nämlich das kostbare Erbe zu erhalten, das uns seit vielen Jahrhunderten anvertraut ist, entsprechend bewußt werden können, ist es nicht nur nötig, den zukünftigen Kirchenmusiker in die Grundlagen der Musik, in die komplexe Welt der musikalischen Formen einzuführen. Es ist auch nötig, daß er durch seine Beziehung zur liturgischen Kunst und seine theoretische wie praktische Vertrautheit mit ihr, „die Ohren des Herzens" für ihre geistige Botschaft zu öffnen weiß.

Die Kraft, die wir aus dem Glauben schöpfen, scheint auf den ersten Blick nichts mit Musik zu tun zu haben, da sie kein musikalisches „Material" liefert. Aber denken wir daran, daß Gott ewige Harmonie, Zentrum und Quelle aller Schönheit ist. Kann denn unser Eintauchen in die Geheimnisse unseres Glaubens nicht vielleicht auch jene Energien wiedererwecken, durch die die Kirchenmusik geschaffen und sozusagen zu einer Art Inkarnation des Wortes Gottes wurde? „Lumen de lumine"; so bezeichneten die Theoretiker des Mittelalters die Beziehung zwischen Kontrapunkt und Cantus firmus. In diesem Begriff sahen sie das Kennzeichen und die Grundlage ihrer Arbeit nicht nur in musikalischer, sondern auch in religiöser Hinsicht. Konkret heißt das: Die Eucharistie vergegenwärtigt den Tod und die Auferstehung Christi. In ihrem Mittelpunkt steht die Anbetung. Dementsprechend muß der Anbetungscharakter auch Mittelpunkt der Liturgie sein.

Daraus hat sich in 2000 Jahren Christentum die Liturgie ja entwickelt. Auch in ihrer heutigen Form bietet sie der Kreativität genügend Raum für die konkrete Gestaltung der Umgebung, in der die Liturgie gefeiert wird, des liturgischen Dienstes, insbesondere was die Verkündigung des Wortes Gottes betrifft, und der Kirchenmusik, die in ihrem Ausdruck an den Inhalt und die Anforderungen der heiligen Handlung gebunden ist, ob es sich nun um Chor, Volksgesang oder Orgelmusik handelt. Wichtig ist, daß wir nie vergessen, daß in der Liturgie Christus selbst handelt und betet; Er, der Gekreuzigte und Auferstandene, ist wahrhaftig gegenwärtig. Was könnte für die Kirchenmusik mehr maßgebend sein als folgendes Wort des hl. Ambrosius: „Christus in ecclesia cantat", ein Motto, das Thema des VIII. Internationalen Kongresses für Kirchenmusik in Rom war.

Der Reichtum der Kirchenmusik, der sich, dem ausdrücklichen Wunsch des Zweiten Vatikanischen Konzils entsprechend, aus diesem Glauben entwickelte, muß gewahrt bleiben und mit besonderer Sorgfalt gefördert werden: es ist eine Pflicht, der sich ein Institut für liturgische und musikalische Ausbildung nicht entziehen kann.

III. Die östliche Kirchenmusik

Zum Erbe der Universalkirche gehört auch die Musik der östlichen Liturgien. Das Päpstliche Institut für Kirchenmusik wird in Zukunft dafür Sorge tragen müssen, die genaue Kenntnis dieser geistigen und künstlerischen Reichtümer zu fördern.

Wie sagte doch Igor Strawinsky: Dieses kostbare musikalische Erbe „ist nicht lebloses Zeugnis einer Zeit, die nunmehr der Vergangenheit angehört. Es ist vielmehr eine lebendige Kraft, die die Gegenwart antreibt und bereichert. Auf diese Weise ist die Tradition Garant für die Kontinuität der schöpferischen Fähigkeit".

Kunstwerke studieren heißt immer, sie im Hinblick auf ihre organische Entwicklung zu untersuchen. Diesbezüglich ist ihr Geist, nicht aber ihr Stil entscheidend.

Wer es versteht, in der Musik die göttliche Ordnung des Kosmos zu sehen, der begreift sie als Abbild des Schöpfergedankens Gottes, als heilige

Handlung, und verehrt sie deswegen. Im gläubigen Bewußtsein, daß die Doxa Theou, die Ehre Gottes, in der Liturgie des Opus Dei inter nos gegenwärtig wird, wurden in der reichen Musiktradition der östlichen wie auch der westlichen Kirchen Werke geschaffen, die denjenigen, der an der Liturgiefeier teilnimmt, durch die Schönheit zur Begegnung mit Gott, mit seiner Ehre, führen wollen. Es geht hier nicht allein um ästhetisches Empfinden, sondern um die Erfahrung der Nähe Gottes.

Es ist die Frömmigkeit einer vom Glauben gewandelten Welt, welche in der Musik, mit der die Kirche die hl. Handlung bekleidet, ihren Ausdruck sucht. Banalität und Trivialität haben hier keinen Platz; der Ort, an dem die Liturgie gefeiert wird, ist heilig und erfordert Anbetung, denn hier wird das Erlöserwerk Christi, der die Liturgie des Himmels und die Liturgie der Erde vereint, gegenwärtig.

IV. Die musikalische Inkulturation

Ein im Dienste der Universalkirche stehendes wissenschaftliches Institut für Kirchenmusik sieht sich heutzutage mit vielfältigen Kulturen konfrontiert. Der Hl. Vater betont, daß „das neue Kulturempfinden und — zuvor noch — eine wirklich katholische Sicht der Kirche es verlangen, Herzen und Geist für die Musik der nichteuropäischen Kulturen zu öffnen". (Ansprache vom 21. November 1985.)

Euer Institut hat mit der Schaffung eines Lehrstuhls für Ethnomusikologie eine der wichtigsten Aufgaben übernommen. Es müssen alle zur Erforschung der verschiedenen Musikstrukturen der Welt notwendigen Mittel vorhanden sein, um die große Problematik der Inkulturation mit fundierter Kenntnis der Dinge und nicht auf dilettantische Art in Angriff nehmen zu können.

Die grundlegende Definition der Kirchenmusik, die das Zweite Vatikanische Konzil aus dem Motuproprio des hl. Pius X. vom 22. November 1903 entnommen hat, und zwar, daß die Kirchenmusik wesentlicher Bestandteil der Liturgie ist, ist auch heute noch das entscheidende Kriterium für die Zulassung von Musik zur Liturgie, welchem Kulturkreis auch immer sie angehören mag.

V. Die Bedeutung des lateinischen Gesanges

Vergessen wir jedoch in diesem Zusammenhang nicht, daß das Zweite Vatikanische Konzil trotz seiner Offenheit gegenüber den verschiedenen Muttersprachen und den entsprechenden musikalischen Traditionen verlangt, daß allen Gläubigen die Möglichkeit geboten werde, die Meßgesänge auch in lateinischer Sprache auszuführen. Dies entspringt der Überzeugung, daß die Universalität des lateinisch gesungenen Gregorianischen Gesangs — jene Universalität, die vom hl. Pius X. und seinen Nachfolgern betont wurde — ein Element ist, das die ganze Kirche vereint und nur schwer ersetzbar ist.

Deswegen hat der in diesem Sinne vom VIII. Internationalen Kongreß für Kirchenmusik in Rom einstimmig angenommene Wunsch heute den Wert einer dringenden Verpflichtung unserer einen, heiligen, katholischen und apostolischen Kirche gegenüber.

VI. An der Berufung arbeiten

An die Teilnehmer des Kongresses gewandt, bemerkte Papst Johannes Paul II., daß die Würde der Musik bei der liturgischen Handlung „eine echte Berufung des Kirchenmusikers erfordert. Und wenn er großzügig auf diese Berufung antwortet, wird er auch die Kraft finden, die harte Verpflichtung, die das Studium dieses Faches mit sich bringt, auf sich zu nehmen".

Das Studium ist hart, daran besteht kein Zweifel. Aber ich glaube, es ist auch Quelle innerer Freude, denn — so sagte der Papst —: „es ist darauf ausgerichtet, mit Hilfe des breiten Spektrums der Töne das Göttliche auszudrücken".

Ich möchte mir erlauben, Euch in diesem Bemühen, in dieser Anstrengung zu ermuntern. Macht weiter mit Mut, mit Ausdauer und mit Begeisterung, die Euch inspiriert. Und zum Schluß meiner Ansprache darf ich Euch noch viel Freude wünschen!

1000 JAHRE UKRAINISCHE KIRCHE

1. Die Evangelisierung Ost-Europas

Vor genau tausend Jahren, im Jahre 988, während der Herrschaft von Großherzog Vladimir, ereignete sich Großes in Kiew. Ich meine damit die Taufe der Einwohner von Kiew im Fluß Dnjepr. Anläßlich dieses wichtigen Gedenktages „singt die Kirche der heiligen Apostel Peter und Paul", um mit den Worten unseres Hl. Vaters Papst Johannes Pauls II. in seiner Botschaft „Magnum Baptismi Donum" zu sprechen, „und die gesamte katholische Kirche der Heiligsten Dreifaltigkeit Hymnen voll Dankbarkeit und Lobpreis für dieses unschätzbare Geschenk".

Die Taufe kennzeichnet den Beginn der Evangelisierung Ost-Europas und sogar der Gebiete jenseits des Urals. Die christliche Identität der osteuropäischen Völker hat, ebenso wie ihr kulturelles Selbstverständnis und ihre Geschichte, ihren Ursprung in diesem bedeutsamen Ereignis. Mit der Taufe Vladimirs wurde der Staat Kiew und sein Volk hineingenommen in den Einflußbereich europäischer Kultur und Zivilisation. Ein Chronist jener Tage verstand sofort die Bedeutung dieses großen Ereignisses und machte folgende Bemerkung: „Was alt und überholt ist, ist vergangen; alles Kommende wird neu sein."

2. Die Träger der Evangelisierung

Dieser feierliche Taufakt geschah nicht unvermittelt, sondern war das Ergebnis eines Prozesses, der schon fast 120 Jahre früher begonnen hatte. Verläßlichen historischen Quellen zufolge geschah die Christianisierung des Volksstammes Rus' bereits im Jahre 867, aber aus politischen Gründen konnte sich die neue Religion nicht durchsetzen. Die Flamme des christlichen Glaubens verbreitete sich anfangs nicht auf der Krim, in Tmutorokan oder im Land der Weißkroaten, die durch die Heiligen Cyrill und Method bekehrt worden waren. Auch die Versuche der hl. Prinzessin Olga, das Christentum im Stamme Rus' von Kiew einzuführen und zu verbrei-

---

Predigt an die ukrainischen Katholiken der USA anläßlich der 1000. Wiederkehr des Tages der Taufe des Kiewer Rus'. St. Patrick's Kathedrale, New York, 28. Mai 1988.

ten, blieben erfolglos. Dennoch schufen all diese Versuche günstige Voraussetzungen für das Handeln von Prinz Vladimir von Kiew, dem Sohn Svyatoslavs und Enkel der hl. Olga. Er ging als „der Große" in die Geschichte ein. Für die Kirche ist er „Isapostolos", was soviel wie „den Aposteln gleich" bedeutet. Seine Zeitgenossen nannten ihn „die Neue Sonne".

3. *Das Werk Vladimirs und Jaroslavs*

Der hl. Vladimir ließ sein Volk in einer von der göttlichen Vorsehung bestimmten Zeit taufen, als sich nämlich die christliche Kirche als die Eine und Ungeteilte von Ost nach West ausbreitete.

Von Byzanz übernahm er die liturgischen Riten und Zeremonien, blieb aber gleichzeitig im Bewußtsein seiner Stellung und Verantwortung, bis zum Ende treu in der Einheit der katholischen Kirche und bemühte sich, freundschaftliche Beziehungen zwischen dem Hl. Stuhl und seinem Staat zu pflegen. Auch nach dem Schisma von 1054 fuhren viele Prinzen seiner Familie fort, die Gesandten des römischen Papstes ehrenvoll aufzunehmen und unterhielten brüderliche Beziehungen mit anderen katholischen Gemeinschaften und Staaten.

Der Kirchenbau war, wie die Chronik bezeugt, ein großes Anliegen Prinz Vladimirs: „Im Jahre 989 entschloß sich Vladimir, eine Kirche zu Ehren der Heiligsten Mutter Gottes zu errichten und ließ dazu Künstler aus Griechenland kommen. Er begann den Bau in Kiew, und als er vollendet war, sandte er Priester aus der Stadt Korsum dorthin, um den Gottesdienst zu leiten. Und er sprach: „Dieser Kirche vermache ich ein Zehntel meiner Güter und meiner Städte." Er verlieh dieser Kirche den Namen der Gottesmutter, aber im Volk hatte sie einen anderen Namen: Dort nannte man sie „Zehntel" in bezug auf das Geschenk des zehnten Teils seines Reichtums.

Bald nach der Taufe wurden Schulen gegründet, und das Erziehungswesen breitete sich aus, wie die Chronik bestätigt. Wir lesen: „Der Vater alldessen ist Vladimir. Er pflügte das Land und bebaute es, d. h.: er erleuchtete es mit dem Christentum. Und sein Sohn Jaroslav säte die Worte der Bücher aus." Sie übersetzten nicht nur die heiligen Schriften und liturgischen Texte aus dem Griechischen in die slawische Sprache, sondern auch die slawische Literatur, die Apokryphen und Reden. Später entstand dann mit dem „Diskurs über Recht und Gnade" des Metropoliten Hilarion und dem Heldenepos „Das Lied von Igors Heer" eine eigenständige Literatur. Bis heute zeugen die architektonischen Monumente dieser Zeit mit ihren Mosaiken und Fresken vom hohen künstlerischen Niveau im Staate Kiew. Das goldene Zeitalter des Christentums im Volksstamm Rus' von Kiew wurde unterbrochen durch die

Invasion der Mongolen und Tartaren, die in Osteuropa bis nach Ungarn und Schlesien einfielen.

4. *Große Persönlichkeiten der ukrainischen Kirchengeschichte*

Die Länder der heutigen Ukraine wurden verwüstet, aber der Kirche gelang es, Stand zu halten und sie stärkte auch weiterhin den Glauben des Volkes. Aus den kirchlichen Hierarchien gingen großartige Persönlichkeiten hervor, so beispielsweise Isidor, Metropolit von Kiew, der beim Konzil von Florenz eine aktive und führende Rolle übernahm, weiter der Metropolit Gregor beim Konzil von Konstanz, gefolgt von anderen bis hin zur Synode von Brest 1596, wo der gesamte metropolitische Bischofsitz von Kiew und mit ihm die ukrainischen und weißrussischen Völker ihre Einheit mit dem Apostolischen Stuhl erneuerten.

In der Konstitution Magnus Dominus et laudabilis nimis dankte Papst Clemens VIII. Gott für diese große Gnade der Einheit im Glauben und der Gemeinschaft im Hl. Geist. Obwohl diese Einheit von ihrem Beginn an mit dem Blut der Märtyrer bezahlt war, wurde der katholische Glaube dadurch überaus gefestigt. Dennoch war das Schicksal der Union ziemlich ungewöhnlich, denn nur außerhalb des Zarenreiches blühte das katholische Leben der Ukraine mehr als 150 Jahre lang froh und friedlich bis zum letzten schrecklichen Weltkrieg.

Im Jahre 1807 wurde der metropolitische Bischofsitz von Halych wiederhergestellt und für immer mit dem Bischofsitz von Lwow vereinigt. Diese kirchliche Provinz wuchs derart stark an, daß die beiden Metropoliten Michael Levytzkyj und Sylvester Sembratovych aufgrund ihrer großen Weisheit und ihres Eifers bei der Führung der ihnen anvertrauten Herde und aufgrund ihrer großen geistlichen Tugenden und besonderen Verdienste zu Kardinälen ernannt wurden.

5. *Die ukrainische Kirche in der Diaspora*

Als in der Folge der großen Wirtschaftskrise am Ende des 19. Jahrhunderts viele Ukrainer in die Vereinigten Staaten emigrierten, ernannte der hl. Papst Pius X. im Jahre 1907 einen Bischof für sie. Dasselbe passierte später in Kanada und in der Folge auch in anderen Kontinenten, so daß heute eine Million ukrainischer Katholiken ihren eigenen Großerzbischof, zwei metropolitische Erzbischöfe, elf Bischöfe, die die Erzbistümer leiten, zwei Hilfsbischöfe und zwei Bischöfe in Ruhestand haben. Und ihre orthodoxen Brüder und Schwestern mit ihren eigenen Bischöfen und Priestern leben Seite an Seite mit ihnen in Harmonie und Liebe.

6. Die Katholizität der ukrainischen Kirche

Anläßlich der Tausendjahrfeier des Christentums, das mit dem hl. Vladimir und der Taufe des Volksstammes Rus' von Kiew begonnen hat, richtete Seine Heiligkeit Papst Johannes Paul II. in seiner Botschaft Magnum Baptismi Donum an die ukrainischen Katholiken die folgenden Worte: „In diesem in der Geschichte einer Kirche, die in den letzten Jahrzehnten von so viel Unglück geplagt wurde, so außergewöhnlichen Augenblick möchte ich erneut bekräftigen, daß ihre katholische Dimension sowie ihre besonderen Eigenschaften alle Hochachtung verdienen. Das verlangt die brüderliche Liebe; das verlangt die Berufung zur Ökumene in den hl. Brüdern Cyrill und Method, die durch ihr Beispiel daran erinnern, daß jedes Mitglied der Gläubigen das Recht hat, in seiner oder ihrer Tradition und in der Identität des Volkes, dem er oder sie angehört, anerkannt zu werden."

„Von ganzem Herzen drücken wir unsere Hoffnung aus, daß euch in der Zukunft die Freude gewährt sein möge, zu sehen, daß Mißverständnisse und gegenseitiges Mißtrauen bezwungen werden, und daß das Recht jeder Person auf ihre eigene Identität und ihren Glauben voll und ganz anerkannt wird. Niemand soll glauben, daß die Zugehörigkeit zur katholischen Kirche unvereinbar sei mit dem Gut des Heimatlandes und mit dem Erbe des hl. Vladimir. Möge die große Zahl eurer Gläubigen sich freuen an der Freiheit des Gewissens und am Respekt vor ihrem religiösen Recht, Gott, vielen verschiedenen Traditionen entsprechend, in ihrem eigenen Ritus und mit ihren eigenen Hirten öffentlich zu verehren."

„Der Hl. Stuhl empfindet eine besondere Zuneigung zu eurer Kirche, die im Laufe der Geschichte so oft ihre Verbindung mit Rom unter Beweis gestellt hat, wobei der Prüfstein des Märtyrertums nicht ausgeschlossen war. Aus diesem Grund wird die Hauptfeierlichkeit anläßlich des tausendjährigen Bestehens eurer Kirche in der Diaspora in Rom stattfinden."

7. Die 1000-Jahr-Feier in den USA

In den Vereinigten Staaten lebende Ukrainer werden zu diesen Feierlichkeiten nach Rom kommen. Inzwischen feiern sie aber hier, in der St. Patrick's Cathedral in „Washingtons freiem Land", wie euer Dichter Taras Shevchenko es beschreibt. Mit euch feiern auch eure Brüder und Schwestern im Glauben, die Katholiken lateinischen Ritus. Unsere orthodoxen Brüder und Christen anderer Gemeinschaften schlossen sich ebenfalls dieser Feier an, in echt ökumenischem Geist und als eine Bekundung ihrer Solidarität und Liebe.

Deshalb ist es für mich eine besondere Freude, alle hier anwesenden Bischöfe, Priester, Ordensmänner und -frauen zusammen mit dem Kardinal-

Erzbischof von New York zu begrüßen. Die Kirche Amerikas verdient einen besonderen Dank für die große Unterstützung, die sie vielen Kirchen des Ostens, Europas, Asiens und Afrikas im Hinblick auf die Befriedigung materieller Bedürfnisse zukommen läßt.

8. Die eine Kirche in verschiedenen Traditionen

Die 1000-Jahrfeier des Christentums im Volksstamm Rus' von Kiew erfüllt unsere Herzen mit Freude, denn wir sehen ganz deutlich, daß das Christentum im slawischen Volk das Erbe einer Zeit ist, in der die Kirche noch in voller Einheit lebte.

Dieses Erbe ist und bleibt tiefer und stärker als jede Trennung. Beide Traditionen — die östliche, die von Konstantinopel ausgeht und die westliche, die von Rom kommt — wurden aus dem Schoß der einen Kirche geboren, und dies selbst vor dem Hintergrund verschiedener Kulturen. Diese Verschiedenheit wird, wenn ihre Charakteristiken richtig verstanden werden, ganz bestimmt beide religiösen Traditionen und die Kultur Osteuropas sowie der ganzen Welt bereichern. Sie ist eine gute Grundlage für die erwünschte geistige Erneuerung, nach der wir alle streben, für die Bemühungen um einen echten Frieden in der Welt mit wahrer Freiheit für die Einzelnen, die Gemeinschaften und Völker.

Wir sind heute hier zusammengekommen und flehen um den Schutz der heiligsten Jungfrau Maria. Wir beten zu Gott dem Allmächtigen, dem Vater des Lichts, um Frieden in der Welt, wir bitten um das Wohlergehen der Hl. Kirchen Gottes und um die Rettung aller, damit die geistige Saat, die der hl. Vladimir und die hl. Olga gesät haben, weiterhin wachsen als Träger der Kultur, der Liebe und Ordnung auf der Grundlage des Gesetzes Gottes und gestärkt durch seine Gnade und durch seine Liebe zur Menschheit. Amen.

ÜBER RELIGIONS- UND GEWISSENSFREIHEIT IN DER SOWJETUNION

1. Worte des Grußes

Im Namen Seiner Heiligkeit Papst Johannes Paul II. überbringe ich mit tiefempfundener Sympathie Seiner Heiligkeit, dem Patriarchen Pimen, dem Hl. Synod, den Bischöfen, Priestern und allen Gläubigen der russisch-orthodoxen Kirche die Grüße der Kirche von Rom und nehme aufrichtigen Anteil an ihrer Freude anläßlich der Tausendjahrfeier der Taufe des Volksstammes Rus von Kiew.

Die Teilnahme von staatlichen Behördenvertretern und Vertretern mehrerer internationaler Organisationen an dieser Begegnung — ich grüße sie alle mit Ehrerbietung — zeugt von der einzigartigen Bedeutung eines Ereignisses, das über seine große religiöse Tragweite hinaus im kulturellen und sogar im zivilen Leben der Völker Folgen hatte und weiterhin hat, welche von der vor tausend Jahren an den Ufern des Dnjepr erfolgten Taufe betroffen sind, und deren Erbe sich in der Folge bis jenseits des Ural in das nördliche Asien und bis an den Pazifik verbreitete.

2. Das Phänomen des Christentums

Wer im Geiste der Offenbarung der Bibel und des Evangeliums in der Entwicklung alles Geistigen, das die Menschheit schon jahrtausendelang und in den verschiedenen Kontinenten erlebt, die Gegenwart einer Hand sieht, welche über die Fähigkeiten und den Willen der Menschen hinausgeht, für den hat das „Phänomen“ Christentum Wurzeln und Umrisse, die mit gewöhnlichen historischen Kriterien nicht faßbar sind.

Sein Begründer war nicht nur „ein gewisser Jesus, der gestorben ist, von dem seine Jünger aber behaupten, er lebe“ (vgl. Apg. 25,19), wie der römische Statthalter Festus, Nachfolger von Pontius Pilatus, welcher Jesus ums Leben gebracht hatte, diesen auf eher einschränkende Weise beschrieb. Für den Gläubigen ist Jesus von Nazareth das Licht und das Leben der Welt. Seine

---

Ansprache anläßlich des Staatsaktes im Bolschoi-Theater. Moskau, 10. Juni 1988.

Jünger erhielten von ihm den Auftrag, dieses Licht und dieses Leben in alle Teile der Welt zu tragen, und sie erfüllen ihre Mission genauso, wie damals vor tausend Jahren der Volksstamm Rus von Kiew, nicht aus eigener Kraft, sondern durch das göttliche Wirken des Hl. Geistes.

Natürlich beurteilen jene, die diese Sicht des Glaubens nicht teilen, das Christentum, wie es sich in der Geschichte und in der Gegenwart zeigt, anders.

Vor allem die Sicht, die das Christentum von sich selbst und von der Welt hat, steht in deutlichem Gegensatz zu dem, was wir als eine der charakteristischen Hypothesen des modernen Menschen ansehen: nämlich, daß die menschliche Vernunft, da sie von der immanenten Rationalität des Wirklichen ausgeht und all deren Folgen zur Entfaltung bringt, dazu berufen sei, das Mysterium aus seinem Gesichtskreis zu verbannen, so wie die aufgehende Sonne an ihrem Zenith den Schatten verschwinden läßt, in dem die Ängste und Hoffnungen des Menschen verborgen sind, der noch nicht vom Zauber des Transzendenten befreit ist.

Jedenfalls ist alles Religiöse und besonders das Christentum immer noch von unbestreitbarer Aktualität. Es zieht die Aufmerksamkeit des Historikers auf sich, ohne daß es ihm möglich wäre, sich ihm zu entziehen, und es kann von niemandem außer acht gelassen werden, der die Verantwortung hat, sich, was den Alltag der Völker und ihre Wünsche und Ziele für die Zukunft betrifft, mit der Realität zu konfrontieren.

Der Wirklichkeitssinn des Staatsmannes erfordert dies. Und auch die Achtung vor dem Menschen verlangt es.

3. Die Bedeutung der Gewissensfreiheit

Im Laufe der Zeit wurde die Gewissensfreiheit des Individuums immer mehr anerkannt. Das Gewissen schützt den Menschen vor jenen Zwängen, die versuchen würden, ihn zu hindern oder einzuschränken, seine religiösen Überzeugungen zum Ausdruck zu bringen — was sein gutes Recht ist — und dementsprechend zu handeln.

Die moderne Welt hat sich unaufhörlich immer mehr vom alten Grundsatz „cuius regio, illius et religio“ (d. h. von der Vormachtstellung des Staates gegenüber der Religion) entfernt und die Notwendigkeit erkannt, diese Freiheit durch immer geeignetere gesetzliche Formen zu sichern. Sie ist — auf Weltebene oder auf regionaler Ebene — Gegenstand nicht nur von nationalen Gesetzesvorschriften, sondern auch von internationalen Vereinbarungen geworden, die darauf abzielen, eine Art gemeinsamer „Philosophie“ der Beziehungen zwischen Staat und Religion festzusetzen.

Besuch im Weißen Haus, Washington D. C., 15. Dezember 1981; von links nach rechts: Vizepräsident George Bush, Präsident Ronald Reagan und Kardinalstaatssekretär Agostino Casaroli.

Kardinalstaatssekretär Agostino Casaroli empfängt den Bundespräsidenten der Bundesrepublik Deutschland, Prof. Dr. Karl Carstens, und Frau Dr. Veronika Carstens während des offiziellen Besuchs im Vatikan am 28. Oktober 1982.

Diejenigen, welche an Verhandlungen und Diskussionen zur Findung von gegenseitig annehmbaren Lösungen teilgenommen haben, wissen, wie heikel und empfindlich dieses Thema ist, denn es treffen gegensätzliche Ansprüche aufeinander, die sehr oft auch miteinander rivalisieren.

4. Die Kirche in der Sowjetunion

Die Tatsache, daß zum Anfang der Tausendjahrfeiern der Taufe des Volksstammes Rus von Kiew die Stellung und die Rolle der Kirche in jener Gesellschaft, die aus der Oktoberrevolution von 1917 hervorgegangen ist, nun öffentliche und positive Anerkennung gefunden haben, ist Grund zur Zufriedenheit und zum Vertrauen in die Zukunft.

Ihre Bedeutung ist der Aufmerksamkeit der Öffentlichkeit, die aufgrund von zahlreichen früheren Erfahrungen noch unsicher und skeptisch ist, nicht entgangen. In unseren Augen erlangt diese Tatsache eine Bedeutung, die über die russisch-orthodoxe Kirche hinausgeht, mit der wir uns nur aufrichtig freuen können; sie gibt uns Hoffnung, daß ein neuer Geist die gesamten Beziehungen des sowjetischen Staates zur Religion im allgemeinen belebt, ebenso in bezug auf die Ankündigung, daß „zur Zeit ein neues Gesetz über die Gewissensfreiheit in Ausarbeitung ist, welches auch die Interessen der religiösen Organisationen berücksichtigen wird" (Erklärung des Generalsekretärs Michail Gorbatschow gegenüber dem Patriarchen von Moskau und ganz Rußland am 29. April 1988; vgl. Nowosti, XXII. Jahrgang, Nr. 41, 6. Mai 1988).

Ich wünsche mir, daß, dank der eröffneten neuen Perspektiven, die russisch-orthodoxe Kirche und die anderen religiösen Gemeinschaften in der UdSSR — von denen es mir gestattet sei, jene zu erwähnen, die in voller Einheit mit Rom stehen — imstande sein mögen, nicht nur ihre Aktivität auf geistigem Gebiet besser auszuüben, sondern auch auf ihre Art und Weise einen immer wirksameren Beitrag zur Entwicklung der großen sowjetischen Gesellschaft im Bereich der Kultur, des moralischen Lebens und eines harmonischen Zusammenlebens zu leisten.

Diesem Wunsch füge ich noch einen bei, der sicherlich der Hoffnung entspricht, die in dieser Stunde der Freude in den Herzen aller hier Anwesenden ist: die Hoffnung auf einen echten und sicheren Frieden in der Welt — eine Antwort auf die Sehnsucht der Völker und eine Aufgabe, die sich allen Menschen guten Willens stellt.

II. Politik

DER DIALOG ZWISCHEN KIRCHE UND WIRTSCHAFT

Es ist mehr als ein Zufall, daß dieser Kongreß wenige Tage vor Beginn der außerordentlichen Bischofssynode in Rom stattfindet. Die Bischofssynode wird sich 20 Jahre nach Abschluß des Zweiten Vatikanischen Konzils mit dem Geist und der Verwirklichung dieses für die Kirche so bedeutsamen Ereignisses befassen. Zu den großen Dokumenten dieses Konzils gehört die Pastoralkonstitution über „Die Kirche in der Welt von heute", in der wesentliche Aussagen zu dem Thema gemacht werden, das Sie sich für diesen Kongreß gewählt haben: Kirche und Wirtschaft in der gemeinsamen Verantwortung für die Entwicklung der Weltwirtschaft. Sie werden verstehen, daß ich in meinem Einleitungsvortrag bewußt auf die Beziehung zwischen dem Thema Ihres Kongresses und dem Zweiten Vatikanischen Konzil eingehen werde.

1. Das positive Grundverhältnis des Zweiten Vatikanischen Konzils zu den Fragen der Wirtschaft und Gesellschaft

Das Zweite Vanikanische Konzil ist das erste Konzil in der Geschichte der Kirche, das eine ausdrückliche Lehre über das Verhältnis von Kirche und Welt, insbesondere auch über das Verhältnis von Kirche, Wirtschaft und Gesellschaft entwickelt hat. Natürlich stand auch in diesem Konzil der unmittelbare religiöse Auftrag der Kirche und ihre darauf bezogene innere Struktur: Man denke nur an die drei grundlegenden Konstitutionen über die Kirche, über die Offenbarung und über die Liturgie oder etwa an die Dekrete über die Bischöfe, über die Priester, über das Laienapostolat. Aber während der Beratungen der einzelnen Sitzungen wurde es immer klarer, daß dieses Konzil in seinem Bestreben um eine zeitgerechte Erneuerung der Kirche auch ihr Verhältnis zur Welt, zu Wirtschaft und Gesellschaft neu formulieren müsse. Im Dekret über das Laienapostolat gab es diesem Bemühen die theologische Grundlage, indem es sagte: „Das Erlösungswerk Christi zielt an sich auf das Heil des Menschen. Es umfaßt aber auch den Aufbau der gesamten zeitlichen Ordnung. Darum besteht die Sendung der Kirche nicht

---

Vortrag im Rahmen des Kongresses „Kirche und Wirtschaft in der Verantwortung für die Zukunft der Weltwirtschaft" an der Universität Urbaniana. Rom, 21. November 1985.

nur darin, die Botschaft und Gnade Christi den Menschen nahezubringen, sondern auch darin, die zeitliche Ordnung mit dem Geist des Evangeliums zu durchdringen und zu vervollkommnen" (Nr. 5). Und in der Pastoralkonstitution „Die Kirche in der Welt von heute" fährt das Konzil fort: „Dabei bestimmt die Kirche kein irdischer Machtwille, sondern nur dies eine: unter Führung des Geistes, des Trösters, das Werk Christi selbst weiter zu führen, der in die Welt kam, um von der Wahrheit Zeugnis zu geben; zu retten, nicht zu richten; zu dienen, nicht sich bedienen zu lassen" (Nr. 3).

Die folgenden Ausführungen beschränken sich bewußt auf die wesentlichen Aussagen des Zweiten Vatikanischen Konzils über die zeitliche Ordnung des wirtschaftlichen Lebens, weil dies unmittelbar das Anliegen Ihres Kongresses ist.

Eine Aussage der Pastoralkonstitution „Die Kirche in der Welt von heute" formuliert eine entscheidende Grundüberzeugung des Zweiten Vatikanischen Konzils. Es heißt dort: „Heute steht die Menschheit in einer neuen Epoche ihrer Geschichte, in der tiefgreifende und rasche Veränderungen Schritt um Schritt auf die ganze Welt übergreifen (Nr. 4) ... So vollzieht die Menschheit einen Übergang von einem mehr statischen Verständnis der Ordnung der gesamten Wirklichkeit zu einem mehr dynamischen und evolutiven Verständnis" (Nr. 5). Das Konzil ist weit davon entfernt, diese Dynamik zu verurteilen, sondern sieht gerade darin auch im Raum der Wirtschaft eine Herausforderung und Aufgabe.

Es geht dabei von zwei empirischen Tatsachen aus: von der Tatsache der raschen Bevölkerungsvermehrung und von der Tatsache der steigenden Bedürfnisse der Menschen. Das Konzil beurteilt diese beiden Tatsachen keineswegs negativ, sondern als eine Aufgabe, die es zu bewältigen gilt, und zwar durch zwei Maßnahmen: erstens durch eine bessere Indienstnahme der Erde und ihrer Möglichkeiten, allerdings ohne sie zu gefährden und zu zerstören; zweitens durch eine bessere Zusammenarbeit und eine bessere Organisation der Wirtschaft als eines gesellschaftlichen Prozesses. Das bedeutet zugleich eine doppelte Initiative: eine Initiative in wissenschaftlich-technischer Hinsicht, aber ebenso eine Initiative auf der zwischenmenschlichen und organisatorischen Ebene. Es ist nicht Aufgabe der Kirche und des Konzils, dafür konkrete Anweisungen zu geben. Sie verfügt, wie schon die Sozialenzyklika „Quadragesimo anno" sagte, in technischer Hinsicht über keine Kompetenz. Entscheidend aber ist die grundsätzlich positive Aussage des Zweiten Vatikanischen Konzils, daß die wirtschaftliche Initiative viel mehr ist als ein bloß technischer Vorgang, sondern daß sie gerade im Hinblick auf die Dynamik der modernen Menschheit eine sittliche Forderung und einen sittlichen Auftrag darstellt.

2. Besorgnisse und Anfragen

Gerade weil die moderne Wirtschaft vor so großen Aufgaben steht und weil ihr heute Mittel zur Verfügung stehen, die früher unbekannt waren, ist es verständlich, daß das Zweite Vatikanische Konzil in der Tradition der Soziallehre der Kirche auch seine tiefe Besorgnis über mögliche Fehlentwicklungen und offenkundige Gefahren ausspricht.

Eine erste Besorgnis formuliert das Zweite Vatikanische Konzil folgendermaßen: „Nicht wenige Menschen scheinen, besonders in wirtschaftlich fortgeschrittenen Gegenden, von der Wirtschaft nahezu beherrscht zu werden, so daß fast ihr ganzes persönliches und gesellschaftliches Leben durch eine ökonomische Gesinnung geprägt wird, sowohl in Nationen, die eine kollektivistische Wirtschaftsverfassung haben, als auch in anderen" (Nr. 63). Hier spricht das Zweite Vatikanische Konzil von einer Gefahr, die Papst Johannes Paul II. sowohl in seinem Rundschreiben „Redemptor hominis" als auch in „Laborem exercens" als durchaus gegeben bezeichnet. Sie besteht darin, daß die hochentwickelte moderne Industriewirtschaft das materielle Interesse der Menschen so steigert und das gesellschaftliche Leben so sehr von den angeblichen wirtschaftlichen Notwendigkeiten abhängig macht, daß die für die Entfaltung des gesamten Menschen und die für ein menschenwürdiges gesellschaftliches Leben notwendigen anderen Werte und Ziele in den Hintergrund gedrängt werden. Es ist klar, daß die Wirtschaft als solche diese gesamtmenschlichen und gesellschaftlichen Werte und Ziele nicht selber erzeugen und vermitteln kann. Aber sie kann dazu beitragen, daß diese Werte und Ziele verdrängt werden oder an gesellschaftlicher Gestaltungskraft verlieren. Das gilt keineswegs bloß für die Industrieländer, sondern genauso für die Entwicklungsländer.

Das Konzil formuliert diese Problematik sehr deutlich, indem es sagt: „Die fundamentale Sinnhaftigkeit der Produktion liegt nicht in einer bloßen Steigerung des Ausstoßes an produzierten Gütern, auch nicht im Gewinn oder in der Erzielung einer Machtstellung, sondern im Dienst am Menschen, und zwar am ganzen Menschen, wobei Rücksicht zu nehmen ist auf die Rangordnung seiner materiellen Bedürfnisse und auf die Erfordernisse seines intellektuellen, sittlichen, geistigen und religiösen Lebens" (Nr. 64).

Eine zweite Besorgnis hängt damit eng zusammen. Sie läßt sich kurz in der Frage nach der Rolle des arbeitenden Menschen im Wirtschaftsprozeß zusammenfassen. Das Zweite Vatikanische Konzil ist weit davon entfernt, soziale Utopien zu vertreten. Es weiß nur zu gut, daß Arbeit mit Mühe verbunden ist und daß sich der Vollzug der Arbeit an Gesetzmäßigkeiten zu orientieren hat, die sowohl von der Materie als auch von den Notwendigkeiten der Arbeitsteilung vorgegeben sind. Das galt zu allen Zeiten und gilt in besonderer Weise in einer hochspezialisierten Industriewirtschaft. Trotzdem sagt das Zweite Vatikanische Konzil: Ursprung und Ziel des wirtschaftlichen Prozesses ist der Mensch, und zwar nicht nur in dem Sinn, daß er an dem Ergebnis der Wirtschaft seinen berechtigten Anteil erhält, sondern auch in dem Sinn, daß er im wirtschaftlichen Handeln selber Mensch bleibt und — wie es „Laborem exercens" formuliert — mehr Mensch wird. Das Zweite Vatikanische Konzil würde ihr sowohl vom Evangelium als auch von der menschlichen Gesamtüberzeugung geprägtes Menschenbild verleugnen, wenn es nicht auf die Gefahr hinwiese, daß der Mensch in seinem Arbeitsvollzug an seiner Persönlichkeit verkümmert und an Mitverantwortung verarmt. Es ist hier auch nicht die Aufgabe der Kirche und des Konzils, konkrete Anweisungen zu geben, wie das sittliche Ziel des „mehr-Mensch-werdens" in und durch die Arbeit verwirklicht werden kann. Vor möglichen Utopien wurde bereits gewarnt. Aber ebenso will das Zweite Vatikanische Konzil davor warnen, die Gestaltung und den Ablauf der Wirtschaft ausschließlich den technischen Zweckmäßigkeiten und organisatorischen Rationalitäten zu überlassen. „Die menschliche Arbeit, die in der Erzeugung und Verteilung von Gütern sowie in der Bereitstellung von Dienstleistungen betrieben wird, überragt alle übrigen Elemente des wirtschaftlichen Lebens, die ja nur instrumentalen Charakter haben" (Nr. 67).

Eine dritte Besorgnis des Zweiten Vatikanischen Konzils berührt direkt das eigentliche Thema dieses Kongresses: die Verantwortung für die Entwicklung der Weltwirtschaft. Wie bereits erwähnt, geht das Konzil in seinen wirtschaftsethischen Aussagen von zwei Tatsachen aus: von der Tatsache der ungeheuren Leistungsfähigkeit der modernen Industriewirtschaft auf der einen Seite und von der Tatsache der wachsenden Verflechtung und Abhängigkeit der am Wirtschaftsprozeß Beteiligten auf der anderen Seite. Diese beiden Tatsachen weisen aus sich heraus auf ein Ziel hin, das, wie die Pastoralkonstitution „Die Kirche in der Welt von heute" sagt, darin besteht, daß „die bestehenden und oft noch zunehmenden, mit individueller und gesellschaftlicher Diskriminierung verbundenen wirtschaftlichen Ungleichheiten sobald wie möglich aus der Welt geschafft werden" (Nr. 66). Und das Konzil fügt als Begründung hinzu: „Gott hat die Erde mit allem, was sie enthält, zur Nutzung für alle Menschen und Völker bestimmt, so daß die geschaffenen Güter allen nach Recht und Billigkeit zufließen können" (Nr. 69).

Die Besorgnis des Zweiten Vatikanischen Konzils besteht vor allem darin, daß die Möglichkeiten, die der heutige wirtschaftlich-technische Fortschritt bietet, nicht ausreichend dafür eingesetzt werden, daß der Hunger beseitigt und — wie das Konzil wörtlich sagt — den Entwicklungsländern jene Hilfsmittel angeboten werden, „die es ihnen gestatten, sich selbst zu helfen und zu entwickeln" (Nr. 69). „Unsere Zeitgenossen empfinden diese Ungleichheiten mit immer lebhafterem Bewußtsein: denn sie sind überzeugt, daß die umfassenden technischen und wirtschaftlichen Möglichkeiten, deren sich die heutige Welt erfreut, diesen unseligen Zustand verbessern können und müssen" (Nr. 63).

Das Zweite Vatikanische Konzil gibt sich keiner Täuschung hin, daß die Verwirklichung dieses Ziels nur stufenweise und in einem harten Bemühen geschehen kann. Es weist ausdrücklich darauf hin, daß dazu auch in den Entwicklungsländern selber tiefgreifende Veränderungen vollzogen werden müssen, und sagt wörtlich: „Man muß sich davor hüten, irgendwelche Gewohnheiten für völlig unveränderlich zu halten, wenn sie den neuartigen Erfordernissen unserer Zeit nicht mehr entsprechen" (Nr. 69). Auf der anderen Seite aber warnt das Konzil ebenso eindringlich davor, die Lösung der Entwicklungsproblematik primär darin zu sehen, die Wirtschaftsformen und die Wirtschaftsgesinnung der Industrieländer einfach hin auf die Dritte Welt zu übertragen.

3. *Erkenntnisse und Aufgaben der Zukunft*

Aus dem grundsätzlich positiven Verhältnis des Zweiten Vatikanischen Konzils zu den Fragen von Wirtschaft und Gesellschaft und aufgrund der angeführten Besorgnisse lassen sich im Geist dieses Konzils einige Aufgaben formulieren, die gerade im Hinblick auf die Entwicklung der Weltwirtschaft in die Zukunft weisen und auch im Mittelpunkt der Diskussionen dieses Kongresses stehen werden. Ich möchte mich dabei auf einige grundsätzliche Aussagen beschränken, die in die unmittelbare Zuständigkeit der Kirche gehören.

Erstens: Das Vatikanische Konzil spricht ausdrücklich von den der Wirtschaft eigenen „Methoden und Gesetzmäßigkeiten" (Nr. 64). Das heißt mit anderen Worten: Es wäre töricht zu glauben, daß in der Wirtschaft alles möglich wäre, daß man an sie jede Art von Forderungen stellen könne, auch solche utopischer Art. Die Sozialenzyklika „Quadragesimo anno" betont, daß die Wirtschaftsgesetze anzeigen, „welche Zielsetzungen möglich, welche nicht möglich sind" (Nr. 43). Das Zweite Vatikanische Konzil anerkennt die Existenz solcher Wirtschaftsgesetze, und die Soziallehre der Kirche bestätigt diese Aussage. Sie gelten nicht nur für die Gestaltung der innerstaatlichen Wirtschaft, sondern auch und um so mehr für die Verwirklichung der Weltwirtschaft.

Zweitens: Das gleiche Vatikanische Konzil betont, daß diese Wirtschaftsgesetze nicht automatisch das Ziel der Wirtschaft verwirklichen und damit sozusagen die letzte Instanz des wirtschaftlichen Handelns darstellen. Sie müssen vielmehr „im Rahmen der sittlichen Ordnung" verstanden und soweit wie möglich aktualisiert werden, das heißt, innerhalb von Werten und Zielen, die nicht mehr allein dem wirtschaftlichen Handeln entnommen werden können, sondern aus einem größeren Kontext stammen. Darum sagt „Quadragesimo anno“: „Aus der gleichen Sachgüterwelt sowie der Individual- und Sozialnatur des Menschen entnimmt sodann die menschliche Vernunft mit voller Bestimmtheit das von Gott dem Schöpfer der Wirtschaft als Ganzem vorgesteckte Ziel“ (Nr. 42). Das heißt mit den Worten des Zweiten Vatikanischen Konzils: Dienst am Menschen, und zwar am ganzen Menschen und an jedem Menschen. Das wirtschaftliche Handeln ist daher immer in seinem gesamtmenschlichen Kontext zu sehen.

Drittens: Dieser gesamtmenschliche Zusammenhang ist keine statische Größe, sondern unterliegt der gesellschaftlichen Dynamik. Diese ist, wie das Konzil sagt, heute durch die wachsende Einheit und Solidarität aller Menschen und Völker gekennzeichnet. Darum wird die Verwirklichung der Bedarfsdeckung der gesamten Menschheit zum sittlich-verpflichtenden Rahmen, in dem sich die der Wirtschaft eigenen „Methoden und Gesetzmäßigkeiten“ zu aktualisieren haben. Es sei noch einmal betont: Dieses Ziel unterliegt nicht der freien Willkür, sondern ist im Kontext der heutigen Welt der Wirtschaft verpflichtend vorgegeben.

Viertens: Daraus ergeben sich für die nationalen Wirtschaften und für die Verwirklichung der Weltwirtschaft eine Reihe von Konsequenzen. Im Sinn der Soziallehre der Kirche kann diese Weltwirtschaft nie im Sinn einer zentralverwalteten und allbeherrschenden Kollektivwirtschaft verstanden werden, sondern einzig in der subsidiären, aber solidarischen Zuordnung von nationalen und regionalen Wirtschaftseinheiten. Dies wird eine Reihe von einschneidenden organisatorischen Maßnahmen erfordern, die sowohl von den industrialisierten Ländern als auch von den Entwicklungsländern große Opfer verlangen.

Fünftens: Diese Opfer und Verzichte aber können nicht zuerst durch organisatorische Maßnahmen erzwungen werden. Es braucht dazu wesentlich den breiten Konsens und die Bewußtseinsbildung der Solidarität. Die Soziallehre der Kirche hat die Zuständereform immer eng mit der Gesinnungsreform verbunden. Hier liegt eine große Aufgabe der Religion und der Kirche. Sie will heute nicht nur die sittlichen Ziele und die ethische Verantwortung aufzeigen. Sie will auch ihren Beitrag zur Bewußtseinsveränderung leisten, und das nicht nur in den industrialisierten Ländern, sondern auch in der Dritten Welt. Dazu aber braucht sie ganz wesentlich den Dialog mit jenen Kräften und Instanzen, die für die Verwirklichung der großen Menschheitsziele von heute die unmittelbare Verantwortung tragen: mit den Menschen der Wirtschaft, und zwar sowohl mit den Arbeitgebern wie mit den Arbeitnehmern in den Industrieländern sowie in den Entwicklungsländern. Diesen Dialog hat das Zweite Vatikanische Konzil vor zwanzig Jahren eröffnet.

Dieser Kongreß im zwanzigsten Jahr nach Abschluß des Konzils will diesen Dialog neu aufgreifen und weiterführen.

Sechstens: Sie werden auch auf diesem Kongreß zu keinen Patentlösungen kommen. Es werden Meinungsverschiedenheiten und Diskussionen über die konkrete Verwirklichung der fast übermenschlichen Aufgabe auftreten. Das ist durchaus möglich und in der Pastoralkonstitution „Die Kirche in der Welt von heute" direkt vorgesehen. Aber lassen Sie sich dadurch nicht entmutigen. Was heute dringend nottut, ist die Überwindung der Resignation und der Mut zur Initiative. Vergessen wir nicht, was die Sozialenzyklika „Quadragesimo anno" schon vor mehr als fünfzig Jahren gesagt hat: Die schärfste Verurteilung „verdient der Leichtsinn, der um all dieses unbekümmert Zustände weiterbestehen läßt, die den fruchtbaren Nährboden berechtigter Unzufriedenheit abgeben und so der angestrebten Weltrevolution Schrittmacherdienste leisten" (Nr. 112).

Dieses Wort hat auch für die Welt von heute volle Bedeutung. Ich freue mich herzlich über Ihre Initiative und wünsche dem Kongreß einen erfolgreichen Verlauf und den besonderen Segen Gottes.

VOM WESEN UND WERT DER KATHOLISCHEN SCHULE

Ich habe die Ehre und die Freude, mit der Zustimmung der verantwortlichen Organisatoren einige einleitende Worte zu diesem Round Table zu sprechen, der es sich in einer Zeit der allgemeinen Schulreform zur Aufgabe gemacht hat, die mit der katholischen Schule zusammenhängenden Probleme zu erörtern. Mein respektvoller Gruß gilt dem Herrn Außenminister Giulio Andreotti und den hochgeschätzten Rednern, die sich bereit erklärt haben, einen ihrem jeweiligen Sachgebiet entsprechenden Beitrag zu dieser Begegnung zu leisten, wodurch ihr Gewicht, ihre Bedeutung garantiert ist. Ich grüße außerdem die Priester, Ordensmänner, Ordensfrauen und Laien, die hier zusammengekommen sind, um ihre Erfahrungen auszutauschen und nützliche Impulse für ihr Wirken unter den jungen Menschen zu bekennen. Auch wenn es mir nicht möglich sein wird, das Fortschreiten der Arbeiten mitzuerleben, so war es mein Wunsch, Sie wenigstens zu Ihrer Initiative zu beglückwünschen und zu ermuntern.

1. Die Bedeutung der Schule überhaupt

Hochgeschätzte, liebe Freunde!

In der Schule von heute wird die Gesellschaft von morgen aufgebaut. Dieser sicherlich oft gebrauchte Satz beschreibt eine Tatsache, die in Wirklichkeit geschichtlich gesehen noch nicht sehr alt ist: Im Altertum kannte man noch keine allgemeine Schulbildung. Der Zugang zu den Wissensquellen war ein nur wenigen vorbehaltenes Privileg. Erst in der modernen Welt wurde die Schule zu einer Einrichtung von allgemeiner Bedeutung für die menschliche Reifung der jungen Generation. Heute kann man mit Recht sagen, daß die Schule durch ihren tiefgreifenden Einfluß auf die gesamte Jugend in noch ausgeprägterer Weise als in den vergangenen Jahrhunderten die Orientierung der Gemeinschaft bestimmt, in die sie sich, wenn sie einmal erwachsen ist, verantwortungsbewußt einfügt.

Gewiß, es fehlen auch nicht andere „Stimmen", welchen die junge Generation ihr Gehör schenkt und die ihre Entscheidungen beeinflussen: Massen-

---

Ansprache auf dem Treffen im „Cinema Verdi" aus Anlaß des Festes der Katholischen Schule von Parma. Parma, 11. Oktober 1986.

medien, Mode, Gruppen, Bewegungen usw. haben besonders in den letzten Jahren gezeigt, daß sie einen derart großen Einfluß auf die Jugend ausüben können, daß mancher schon von einer Art „Schule neben der Schule“ spricht. Trotz dieser Feststellung darf man jedoch nicht vergessen, daß die Schule im wahren Sinne ihre privilegierte Stellung im Prozeß der Formung der Jugendlichen beibehält, sei es aufgrund ihrer markanten Präsenz in ihren verschiedenen Entwicklungsphasen, sei es aufgrund ihrer besonderen Fähigkeit, sie zur Suche, zu kritischer Reflexion und verantwortungsvollen Entscheidungen zu führen.

Man kann daher sehr gut verstehen, daß die Behörden, die sozialen Kräfte und vor allem die Familien selbst an der Institution Schule lebhaftes Interesse zeigen und sich bemühen, ihr gutes Funktionieren zu gewährleisten, und zwar auf die Art und Weise, die sie für geeignet halten, um die harmonische Entwicklung jener zu begünstigen, welche ihre ersten Schritte auf ihrem Lebensweg tun.

2. Schule und Kirche

Dieses Interesse wird auch von der Kirche geteilt. Sie, die im Menschen — wie der Hl. Vater es ausdrückt — „den ersten und wesentlichen Weg“ ihres Engagements sieht, kann sich gegenüber der Realität der Schule und dem, was sie für das Wachsen und Reifen des Menschen bedeutet, nicht gleichgültig verhalten. Sie kann es nicht aufgrund des eigentlichen Wesens ihrer Mission. Das bestätigte mit treffenden Worten auch das Dokument über „Die katholische Schule im heutigen Italien“, das am 25. August 1983 von der Italienischen Bischofskonferenz herausgegeben wurde. Dort heißt es: „Die Kirche ist beauftragt, die Frohe Botschaft, die zur Vollendung der vollen Würde und Freiheit des Menschen führt, zu verkünden und zu verkörpern. Deshalb steht sie seit jeher jenen Erfahrungen und Einrichtungen aufmerksam und besorgt gegenüber, in denen, wie im Falle der Schule, die Menschheit von morgen Gestalt annimmt und sich die Welt der Zukunft abzeichnet“ (Nr. 1).

Also weder Machthunger, weder politisches Kalkül, noch Gewinn- oder Prestigesucht, sondern allein das Wissen um die eigene Pflicht und der damit verbundene Wunsch, sie zu erfüllen, veranlassen die Kirche, das Recht zu fordern, eigene Schulen „jedweden Wissenszweiges, jedweder Art und Stufe“ (Can. 800 C.I.C.) zur Erziehung der Jugend zu errichten. Im Bewußtsein, daß „nur im Geheimnis des fleischgewordenen Wortes das Geheimnis des Menschen sich wahrhaft aufklärt“ (Gaudium et Spes, 22), und mit dem Wunsch, mit so vielen wie möglich die Reichtümer dieser vollen Wahrheit zu teilen, verspürt sie — mehr noch als das Recht — die Pflicht, schulische Einrichtungen zu fördern, deren Unterricht und Erziehungsplan die Grundsätze der christlichen Botschaft über den Menschen und dessen transzendente Bestimmung widerspiegeln.

3. *Schule und Familie*

Dabei war sie immer davon überzeugt, auch dem ursprünglichen Recht des Jugendlichen und der Familie, sich frei zu entscheiden, entgegenzukommen; die Familie ist dazu berufen, jedes neue Leben aufzunehmen und für dieses Leben hauptverantwortlich zu sein. Dem Staat, der auf diesem Gebiet ebenfalls so wichtige Pflichten und dementsprechende Rechte hat, fällt auch die Aufgabe zu, geeignete Strukturen zur Verfügung zu stellen, damit dem Recht der Familie in angemessener Weise entsprochen wird.

Der Christ kann sich nur darüber freuen, zu sehen, daß dieser Grundsatz im wesentlichen in die italienische Verfassung aufgenommen ist, welche das Recht und die Pflicht der Eltern, die Kinder zu unterrichten und zu erziehen (Art. 30), die daraus folgende Freiheit der Schule (Art. 33), den Pluralismus der Institutionen als Ausdruck der verschiedenen sozialen Gruppierungen und als eine Form der Teilnahme am Aufbau der Gesellschaft (Art. 2) anerkennt.

4. *Die katholische Schule*

Die katholische Schule möchte nicht im Widerspruch zur staatlichen Schule stehen oder sich als eine Alternative verstehen. Sie will vielmehr bei der anspruchsvollen Aufgabe mitwirken, die junge Generation auf ihre Zukunft vorzubereiten. Das heißt, sie möchte an einem öffentlichen Dienst mitarbeiten, der von höchstem sozialen Allgemeinwert ist.

Diesbezüglich schreiben die italienischen Bischöfe in dem schon erwähnten Dokument: „Die Tatsache, daß sich die Katholiken als Staatsbürger für die Unterstützung der Freiheit der Schule engagieren, ist keine Forderung nach einem Privileg, sondern Ausübung — gemeinsam mit den anderen Menschen der staatlichen Gemeinschaft — des ursprünglichen Rechtes der aktiven Teilnahme am Aufbau der Gesellschaft“ (Nr. 12ff.).

Die katholische Schule ist in erster Linie eine Schule, das heißt, ein Ort, wo der Schüler zu aktiver und — in gewisser Weise — kreativer Suche nach der Wahrheit erzogen und in die Welt des humanistischen und wissenschaftlichen Wissens eingeführt wird. Jedes dafür geeignete Hilfsmittel wird in Betracht gezogen; und selbstverständlich weiß sie um die Nützlichkeit von Beiträgen jeder gesunden pädagogischen und didaktischen Methodik. Das, was die katholische Schule kennzeichnet, ist die aus dem Evangelium Christi resultierende christliche Tendenz bei der Erziehung und in bezug auf die Menschen, das Leben und die Geschichte. Der spezifische Zweck, den eine solche Schule verfolgt, ist die Heranbildung von Menschen, welche fähig sind, persönliche Erlebnisse und Erlebnisse anderer Menschen christlich zu bewerten und sich dafür einzusetzen, daß die Wirklichkeit auf die Ziele des Evangeliums hin ausgerichtet wird.

Dieser „Erziehungsplan", der jeden echten menschlichen Wert anerkennt und aufnimmt, schließt den Dialog mit den anderen Erziehungsanschauungen nicht aus, sondern fördert ihn vielmehr. Der Christ ist sich nämlich, wie der hl. Thomas, bewußt, daß: „Omne verum a quocumque dicatur a Spiritu Sancto est" (Comm. in IV Sent. Lib. I, d. 19, q. 5, a. 2). Dazu schreiben die italienischen Bischöfe sehr schön, daß die katholische Schule, „um ihren eigenen Erziehungsplan auszuarbeiten, sich mit den kulturellen Strömungen unserer Zeit auseinandersetzen muß, sie im Lichte des Glaubens sehen und von ihnen die kulturellen, pädagogischen und didaktischen Gesichtspunkte übernehmen muß, die den Dialog ermöglichen und der eigenen Berufung entsprechen" (Nr. 25).

5. *Die Sinnfrage*

Es könnten und müßten noch viele andere Dinge gesagt werden, ich beschränke mich jedoch nur auf zwei Überlegungen:

a) Die Suche nach der Wahrheit ist kein Selbstzweck. Sie ist darauf ausgerichtet, eine Antwort auf die fundamentalen Fragen des Lebens zu finden. Die Schule muß den Jugendlichen helfen, die Frage nach dem Sinn des Lebens zu lösen. Angesichts eines solchen Problems können die katholischen Erzieher nicht unberührt bleiben: gewiß, sie zwingen die Jugendlichen zu nichts; aber sie dürfen es nicht verabsäumen, ihnen mit frohem Vertrauen die Botschaft Christi zu verkünden, welche die endgültige und befriedigende Antwort auf die Fragen des unruhigen Herzens der Menschen ist.

b) Eine Wahrheit, die nicht darauf abzielt, im Leben Gestalt anzunehmen, ist eine unfruchtbare und zur Bedeutungslosigkeit verurteilte Wahrheit.

Die katholische Schule muß deshalb Laien heranbilden, die verantwortungsbewußt die Aufgabe übernehmen können, die zeitlichen Dinge christlich zu beseelen, wie das Zweite Vatikanische Konzil wiederholt empfohlen hat (s. Lumen Gentium, 31; Apostolicam Actuositatem, 7; Ad Gentes, 21, usw.). Nur durch den Beitrag ihres großzügigen und kreativen Einsatzes wird es nämlich möglich sein, die Herausforderungen anzunehmen, die die heutige Gesellschaft all jenen stellt, die sich zum Evangelium bekennen, und mit dem Aufbau jener „Gesellschaft im Zeichen der Liebe" zu beginnen, welche Papst

Paul VI — fast mit prophetischer Intuition — allen Menschen guten Willens vor Augen stellte.

6. Abschlußwunsch

Das Thema, das Sie nun behandeln werden, ist sehr interessant und verdient eine aufmerksame und profunde Prüfung, welcher Sie es mit Ihrem Fachwissen zweifellos unterziehen werden.

Ich wünsche Ihnen eine gute und erfolgreiche Arbeit und drücke die Hoffnung aus, daß die katholische Schule hier in Parma, dank auch dieses Round Table, neues Wachstum erfahre, indem sie die eigenen institutionellen Ziele immer mehr verfolgt und zugleich durch den Dienst, den sie der staatlichen Gemeinschaft erweist, die bürgerliche Freiheit und die Festigung des demokratischen Lebens unseres Landes fördert.

VON DER VERANTWORTUNG DES AGRARIERS

Als ich die Einladung zur Eröffnung des akademischen Jahres an Eurer Fakultät annahm, wurde ich gefragt, ob ich mich lieber darauf beschränken möchte, während der Meßfeier am Morgen einige Worte zu sagen oder ob es mir angenehmer wäre, auch während der anschließenden Eröffnungssitzung zu Euch zu sprechen.

Ich habe mich zu letzterer Möglichkeit entschlossen, um noch etwas länger mit Euch sprechen zu können, ohne jedoch Eure Geduld zu sehr in Anspruch nehmen zu wollen.

Der Grund dafür war, daß es mir angebracht schien, in der Begegnung, die mir mit Euch angeboten worden war, zwei Gesichtspunkte zu erörtern: einen religiösen und einen, ich möchte sagen, sozialen: beide stehen in Zusammenhang mit der besonderen beruflichen Ausbildung und später mit der Tätigkeit, die Ihr für Euer Leben gewählt habt, als Ihr Euch an der Landwirtschaftlichen Fakultät eingeschrieben habt.

Der erste Gesichtspunkt war logischerweise Teil der hl. Messe.

Jetzt möchte ich nur den zweiten behandeln, den sozialen, der zugleich auch ein ethischer Gesichtspunkt ist:

1. Die soziale Dimension der Landwirtschaft

Ich will mich hier natürlich nicht auf jene Aspekte der Moral beziehen, welche ganz allgemein jede Tätigkeit eines freien und verantwortungsbewußten Menschen in seinem persönlichen, familiären und sozialen Leben betreffen; auch nicht auf jene Aspekte, welche ebenfalls ganz allgemein die Ausübung jedes beliebigen Berufes angehen (nämlich Ehrlichkeit, Verantwortungsgefühl im Beruf, Fleiß, Gerechtigkeit in den Arbeitsverhältnissen und — was besonders die Studenten betrifft —: Engagement in der gebotenen Erwerbung von Bildung und technischen Kenntnissen, welche notwendig sind, um den gewählten Beruf in angemessener und verantwortungsvoller Weise ausüben zu können).

Ich habe vielmehr die ethische Dimension jener Probleme vor Augen, die ganz speziell die Landwirtschaft in ihrer umfassenden Bedeutung betreffen;

Vortrag zur Eröffnung des akademischen Jahres an der Landwirtschaftlichen Fakultät der Katholischen Universität vom Heiligen Herzen in Piacenza. 5. November 1986.

wir könnten also sagen, in ihrer sozialen Dimension, und zwar auf nationaler, internationaler und weltweiter Ebene.

Auch wenn die produktive menschliche Tätigkeit, die dazu bestimmt ist, den verschiedenen Bedürfnissen der Menschheit nachzukommen und den Fortschritt zu fördern, eine solche Dimension nicht enthält, so erweist sich diese doch von besonderer Bedeutung auf dem Gebiet jener Tätigkeit, welche den eigentlichen Lebensunterhalt der menschlichen Familie zum Gegenstand hat, und wird also — aus gutem Grunde — als der primäre Sektor der wirtschaftlichen Tätigkeit angesehen.

Die möglichen Auswahl- und Entscheidungskriterien in bezug auf die Produktion, die Verteilung, die Festlegung von vordringlichen Zielsetzungen, die Techniken selbst und ihre Entwicklung usw. bringen auf diesem Gebiet Verantwortung mit sich, die nicht ausschließlich technischer Natur, sondern zusammen mit dieser besonders auch von ethischer Natur ist.

2. Die Verantwortung trifft jeden

Nun kann spontan und nicht zu Unrecht ein Einwand erhoben werden: Die Verantwortung, die ich angedeutet habe, bezieht sich auf eine Ebene, die normalerweise nicht den Gelehrten und den Landwirt und noch weniger — zumindest heute noch — den Studenten betrifft, sondern vielmehr den Politiker, das Regierungsmitglied, die zuständigen nationalen und internationalen Entscheidungsgremien.

Ich glaube aber trotzdem, daß jeder von Euch, welche persönlichen Ziele oder beruflichen Aussichten er auch haben mag, sich bemühen muß, sein Engagement im Studium und in der Ausbildung — heute — in der Arbeit — morgen — im größeren Zusammenhang jener Funktion zu betrachten, die der Landwirtschaft in der Gesamtheit der menschlichen Tätigkeiten zukommt. Eine unersetzbare Funktion von einzigartiger Bedeutung und Würde.

Unter anderem wird Euch dadurch bewußt werden, daß Ihr in mehr oder weniger großem Ausmaß Teilnehmer und Verwalter eines sozialen Dienstes seid, der einer Mühe Sinn und Würde verleiht, die oft nur als ein — sicherlich legitimes — Mittel angesehen wird, um sich den Lebensunterhalt zu verdienen, oder als „dankbarer" Beruf, wie man zu sagen pflegt, wegen seiner interessanten Aspekte, was Forschung, Experimente und Anwendung betrifft. Aber das wäre eine zu enge Sicht, eine fast beschämende Haltung.

3. Der Gegenstand der Verantwortung

Ich sagte: sozialer Dienst.

Sein Zweck besteht nämlich darin, um es vielleicht sehr vereinfachend auszudrücken, den Mitgliedern der Menschheitsfamilie, allen ihren Mitgliedern genügend Nahrung sicherzustellen.

Das ist das erste Problem von ethischer Bedeutung, das sich seit jeher der Landwirtschaft stellt. Es geht über den unmittelbaren Bedarf des Individuums, der Familie oder der Gruppe hinaus und übersteigt auch bei weitem das Interesse, das die mächtige Triebfeder des menschlichen Mühens ist. Es ist ein Problem, das sich nun in eine Herausforderung verwandelt hat, und es ist die Pflicht der modernen Landwirtschaft — wenn es mir erlaubt ist, eine so vielschichtige und zergliederte Wirklichkeit, wie sie die Landwirtschaft in der Welt darstellt, sozusagen zu personifizieren — ihr zu begegnen und sie zu bewältigen.

Es ist eine ethische Pflicht, welche die christliche Moral ihrerseits bekräftigt und welche das Lehramt der Kirche zum Gegenstand ihres Unterrichts macht und gemacht hat, der immer eindringlicher und deutlicher wurde, je größer und komplexer die Probleme wurden, die mit diesem Pflichtgebot zusammenhängen.

Zu den wichtigsten diesbezüglichen Stellungnahmen gehören jene von Papst Pius XII., welche er bei verschiedenen Anlässen abgegeben hat, z. B. in der Italienischen Vereinigung der Kleinbauern (am 15. November 1946, am 18. Mai 1955, am 11. April 1956), (Reden und Radioansprachen VIII, 301-309; AAS 1955, 497-500; AAS 1956, 277-282), auf nationalen und internationalen Kongressen oder vor der Generalversammlung der FAO (am 2. Juli 1951 und am 10. November 1955. Reden und Radioansprachen, XIII, 195-201; AAS 1956, 53-57). Diese Reflexionen haben sich in großem Maße in der Enzyklika Papst Johannes XXIII. „Mater et Magistra" (1961) niedergeschlagen, welche heuer 25 Jahre alt wird. Sie wurden später in der Konstitution „Gaudium et spes" und in der Enzyklika Papst Pauls VI. über den Fortschritt „Populorum progressio" (1967) wiederaufgenommen. Auch in neuerer Zeit schnitt Papst Johannes Paul II. dieses Thema wieder an, als er im Juli 1979 vor der von der FAO veranstalteten Weltkonferenz über die Landwirtschaft und die Entwicklung des ländlichen Raumes, und am 13. November 1983 bei der XXI. Konferenz derselben Organisation (Unterweisungen von Papst Johannes Paul II., II, 2, 50-53 und IV, 2, 622-627) sowie bei der internationalen Tagung zum Thema „Wissenschaft und Technologie gegen den Hunger in der Welt" am 7. Oktober 1983 (ebd. VI, 2, 717-719) sprach.

4. Die Bedeutung der Landwirtschaft

Eine der größten Sorgen des Lehramtes der Kirche betrifft die Bejahung und die Verteidigung der Würde, der Rechte und rechtmäßigen Interessen der Landwirte und des bäuerlichen Sektors allgemein und in bezug auf die anderen Produktionszweige, denen gegenüber die Landwirtschaft schwächer und weniger geschützt erscheint. Diesem Punkt widmet sich ein großer Teil des Kapitels, in welchem „Mater et Magistra" sich mit der Landwirtschaft befaßt.

Die Enzyklika jedoch schenkt auch dem, was sie „Berufung" oder „Mission" der Landwirtschaft nennt, nicht weniger Aufmerksamkeit. Da heißt es: „Die Landwirte können bei den Bestrebungen zur Besserung und Hebung der landwirtschaftlich-bäuerlichen Welt mit Fug und Recht verlangen, daß ihr Bemühen von der staatlichen Gewalt gestützt und ergänzt werde, wenn auch sie selbst sich aufgeschlossen zeigen und aufgeschlossen sind gegenüber den Forderungen des Gemeinwohles und beitragen zu seiner Verwirklichung." (Mater et Magistra, 133.).

Das Gemeinwohl! Es ist ein Bedürfnis, das sich von der nationalen zur internationalen Gemeinschaft erstreckt, wobei die unterdrücktesten und unterentwickeltsten Gebiete besonders berücksichtigt werden. Die Basis ist in diesem Zusammenhang ein konstanter Grundsatz der Soziallehre der Kirche, der in „Gaudium et spes" (69) so formuliert wird: „Gott hat die Erde mit allem, was sie enthält, zum Nutzen aller Menschen und Völker bestimmt; darum müssen diese geschaffenen Güter in einem billigen Verhältnis allen zustatten kommen; dabei hat die Gerechtigkeit die Führung, Hand in Hand geht mit ihr die Liebe."

5. Solidarität tut not!

Dieser Grundsatz, den wir Solidarität nennen können, stößt nicht nur auf den Egoismus einzelner Personen, eines ganzen Sektors und einer ganzen Nation, sondern auch auf objektive Schwierigkeiten, die nicht leicht zu überwinden sind und deshalb den guten Willen und die Umsichtigkeit der verantwortlichen Berufe und Behörden erfordern.

Die Schwierigkeiten, die schon in den einzelnen Ländern beträchtlich sind, werden jedoch immer größer, wenn es um die Zusammenarbeit mehrerer Länder geht, auch wenn diese durch ähnliche Strukturen und gemeinsame Interessen miteinander verbunden sind (man denke an die Agrarpolitik der Länder der Europäischen Gemeinschaft), und sie werden ungeheuer groß, je mehr man die Entwicklungsländer in die Überlegungen miteinbezieht.

Hier begegnen wir beängstigenden Problemen:

— in erster Linie der Herausforderung des Hungers, der da und dort unvorhergesehen auftritt, aber, was noch schlimmer ist, auch heute noch ganze Völker unseres Planeten gleichsam strukturbedingt heimsucht;
— dann dem Problem der Unterentwicklung und der Armut, die am Mangel des Lebensnotwendigen, d. h. der Nahrung, gemessen werden;
— und schließlich der Aufrechterhaltung von wirtschaftlichen und sozialen Strukturen, die den erfolgreichen Kampf gegen die Armut, die Isolierung und die Abhängigkeit der bäuerlichen Welt außerordentlich erschweren.

6. Die Probleme in der Dritten Welt

Es ist nicht unmöglich, in ausreichendem Maße Solidarität und Großzügigkeit von seiten der anderen zu erfahren, wenn es darum geht, Notständen, Naturkatastrophen oder Zeiten besonderer Schwierigkeiten, z. B.: Trockenheit oder Überschwemmungen, zu begegnen. Die wahren Probleme treten jedoch dann auf, wenn permanent schwierige Situationen einer Region oder eines ganzen Kontinents bewältigt werden müssen.

Dabei muß man bedenken, daß der Kampf um die Ernährung einer vor allem in der Dritten Welt konstant wachsenden Menschheit gewonnen werden kann und muß, und zwar nicht so sehr durch Hilfe von außen — und sei diese noch so gut organisiert —, sondern indem man, wie man zu sagen pflegt, „vor Ort“ Maßnahmen ergreift. Bilaterale oder multilaterale Hilfe und Zusammenarbeit von außen und vor allem seitens der internationalen Organisationen müssen darauf ausgerichtet sein, die Schaffung geeigneter Bedingungen für die Produktion und Verteilungsstrukturen im Lebensmittelbereich zu fördern. Dies verlangt jedoch grundlegende Veränderungen, die wiederum Konsens, politischen Willen und die Fähigkeit erfordern, auf friedliche Weise neue soziale Beziehungen zu schaffen, denen eine gerechte Verteilung der Reichtümer und der Verantwortung zugrunde liegt.

Es ist gefährlich, nur allgemein über das Problem der Landwirtschaft in der Dritten Welt zu sprechen, denn die Gegebenheiten sind von Land zu Land verschieden und sind jedesmal zutiefst mit dem äußerst sensiblen sozialen Gleichgewicht verbunden. Es fehlt aber auch nicht an einigen allgemeingültigen Faktoren, die man sich vergegenwärtigen muß, um mit der notwendigen Flexibilität globale Lösungsmöglichkeiten von weltweit auftretenden Problemen zu planen.

Im Jahre 1979 hielten die Vereinten Nationen eine „Weltkonferenz über die Agrarreform und die Entwicklung des ländlichen Raumes“ ab, an die Papst Johannes Paul II., wie ich schon sagte, sein Wort gerichtet hat. Dabei definierte er die Entwicklung im ländlichen Raum als Prozeß der sozio-ökonomischen Veränderung, der geeignet ist, die notwendigen Veränderungen der traditionellen Gesellschaft vorzunehmen und ein Wirtschaftswachstum zu ermöglichen, wodurch Elend, Arbeitslosigkeit und Ungerechtigkeiten schrittweise beseitigt werden können. Gleichzeitig hob er den Begriff „Self-reliance" hervor, d. h. die Notwendigkeit einer Entwicklung von innen her, die nicht von außen gesteuert ist und nicht nach Modellen abläuft, die auf die soziale und kulturelle Situation bestimmter Völker nicht anwendbar sind. Im selben Jahr veröffentlichte der Hl. Stuhl auch ein Dokument über das „Self-Reliance-Konzept" (Päpstliche Kommission „Justitia et pax", Dokument: Self-Reliance: Compter sur soi, 15. Mai 1978).

7. Fortschritt und Friede

Ohne sich anmaßen zu wollen, in das Gebiet der technischen Abläufe und konkreten Verwirklichungen einzugreifen, das denen vorbehalten ist, die in Theorie und Praxis mit großer Verantwortung und verdienstvoll darin arbeiten, hört die Kirche nicht auf, an das Gewissen der Menschheit zu appellieren und — sowohl drängend als auch ermutigend — jene Grundlinien aufzuzeigen, die sozusagen das „moralische Skelett" der Antwort bilden, die die Kirche im Namen der Solidarität und des Friedens, auf die Herausforderungen, mit denen sie konfrontiert ist, geben muß.

Ja, im Namen des Friedens.

Denn die Intuition Papst Pauls VI., daß der neue Name des Friedens „Fortschritt" ist, erweist sich auch weiterhin als zutiefst wahr: Fortschritt aller Völker zu einem Lebensstandard, der, was man leider noch nicht überall erreicht hat, nicht nur dem Existenzminimum, sondern auch dem rechten Empfinden von Würde und Gleichheit entspricht, das immer mehr in das Gewissen der Menschen eindringt. Dieser Fortschritt erfordert von den einen eine mutige Anstrengung, um nach oben zu kommen, von den anderen erfordert er die Fähigkeit, auf privilegierte Positionen zu verzichten und eine Hilfe anzubieten, die frei ist von egoistischen Berechnungen und verschleierten neo-kolonialistischen Bestrebungen.

Dies sind keine Aussprüche großmütiger Idealisten. Es ist die Anerkennung einer Wirklichkeit, die schon der alte Augustinus von Hippo hervorgehoben hat, als er den Frieden als „Tranquillitas ordinis" definierte: die Ruhe — der Friede also —, welche einhergeht mit einer Situation, in der die Beziehungen zwischen Bürgern, sozialen Gruppen, Klassen und Nationen auf der Basis eines Gleichgewichts begründet und aufrechterhalten werden, das die Frucht einer Gerechtigkeit ist, die auch über sich hinausgehen kann, um zur Brüderlichkeit zu werden.

Meine Freunde!

Möget Ihr in Eurem Studium, in Eurem Beruf stets das Bewußtsein bewahren können, daß Ihr berufen seid, wie Soldaten — als Vorposten oder als Nachhut — eine schöne und notwendige Schlacht zu schlagen: die Schlacht um Brot und Frieden.

ZUR ETHIK DES UNTERNEHMERS

1. Freude über die Wiederkunft des Herrn

Dieser 3. Adventsonntag unterscheidet sich, obwohl er in der vorweihnachtlichen Bußzeit liegt, durch die Freude, von der er gekennzeichnet ist. Man nennt ihn „Gaudete-Sonntag“ nach den ersten Worten der Eingangsantiphon im alten lateinischen Text: „Freuet euch im Herrn“; denn auch wenn die Zeit des Wartens sich hinzieht und Betrübnis sich breit macht, erahnt man doch schon in nicht allzu großer Ferne das Licht der Erfüllung der Verheißung: „Der Herr ist nahe“.

Die Einladung, uns zu freuen, gilt für den Advent, der uns in der Liturgie Jahr für Jahr die langen Jahrhunderte, die dem Kommen des Erlösers vorangingen, wiedererleben läßt. Es gilt für jeden Advent, der für die Gläubigen die Erwartung des Kommens Christi ist, des Siegers über das Böse und über den Tod, über Ungerechtigkeit und Unglück — die Erwartung seines Kommens in Herrlichkeit am Ende der Zeiten. Seines Kommens aber auch heute, in der Stille — wenn auch noch unvollständig und unvollkommen.

„Spe gaudentes“ — fröhlich in der Hoffnung —, das ist das Motto jedes echten Christen auch in den Nöten, die das Leben mehr oder weniger für alle bereithält: „in tribulatione patientes“.

2. Die Freude in Liebe weitergeben

Wir müssen versuchen, diese Freude, die im Glauben gründet und von der Hoffnung genährt wird, anderen in Liebe weiterzugeben. Das ist unsere Aufgabe als Christen, und wir müssen sie erfüllen in dem Maß und in der Form, die für uns möglich sind.

Auch Ihr, als Christen, könnt dem, der neben Euch ist, zumindest durch das Beispiel Eures Verhaltens helfen, in der Hoffnung, jenes Glück zu leben, das ewig währt und dem verheißen ist, der es versteht, Gott zur Mitte seines Lebens zu machen — nicht mit Worten, sondern mit Taten, ganz praktisch.

Predigt anläßlich des Beginns des neuen sozialen Jahres des katholischen Unternehmerverbandes Italiens (UCID) in der Basilika der Heiligsten Apostel. Rom, 13. Dezember 1987.

Und das Beispiel dessen, der aktiv mitten im Leben und dessen Problemen steht, kann oft viel wirksamer sein als das Beispiel dessen, der sich, weil es seine Berufung ist, den Problemen des künftigen Lebens widmet.

Deshalb kann ich Euch nicht genug aufmuntern, Euch immer auf diese Möglichkeit zu besinnen, die für Euch auch eine Verantwortung darstellt.

3. Das zukünftige Leben schon hier gestalten

Eure Aufgabe ist aber damit nicht erschöpft. Ich meine Eure Aufgabe als Menschen, die sich nicht nur zum Christentum bekennen, sondern ihre spezifische Tätigkeit als Unternehmer in christlicher Gesinnung verrichten wollen. Eine Tätigkeit, die, so könnte man sagen, ganz auf irdische Ziele ausgerichtet ist, auf unwesentliche Ziele, die als solche weit von der vom Evangelium geforderten Sorge um das Reich Gottes entfernt sind.

Wir wissen jedoch, daß zwischen dem künftigen Leben und dem Leben hier auf Erden keine Trennung besteht, wodurch sie nicht mehr miteinander vereinbar wären, so daß dem Menschen, insbesondere dem Christen, nichts anderes übrig bliebe, als sich für eines der beiden Leben zu entscheiden. Dies ist eine Radikalität, für die viele Heilige wahrhaft Zeugnis gaben und noch immer geben. Ihr Verhalten erinnert uns an einige Grundwahrheiten, die der Mensch nur allzu gern vergißt. Die Radikalität eines Franz von Assisi, die Radikalität von Eremiten wie des hl. Antonius oder des hl. Bruno, die Radikalität eines Petrus von Alcántara, eines Giuseppe B. Labre oder eines Jean Marie Vianney — um nur einige Menschen aufzuzählen, die, so könnte man sagen, schon von ihrer körperlichen Hülle befreit sind —, wirft auf dramatische Weise einige Fragen in uns auf, die das Evangelium stellt, und die wie Reste einer zwar respektierten, aber praktisch unbeachteten Lehre im Raum zu stehen scheinen: Was nützt es dem Menschen, wenn er die ganze Welt gewinnt, wenn er dann sein Leben verliert?

Es ist aber auch dasselbe Evangelium, das in gewisser Weise eine Verbindung schafft zwischen dem ewigen Leben und der Art und Weise, wie wir unser zeitliches Leben gestalten: Ich war hungrig und Ihr habt mir zu essen gegeben, ich war durstig, ohne Kleider, ich hatte kein Haus, ich war krank, ich habe meine Freiheit verloren und Ihr habt mir geholfen: Kommt, Ihr Gesegneten meines Vaters! Oder: Ihr habt mich meinem Leid und meinem Schicksal überlassen: weg von mir, Ihr Verfluchten. Ich war und bin gegenwärtig in meinen Brüdern; wenn Ihr ihnen helft, helft Ihr mir, wenn Ihr sie im Stich laßt, laßt Ihr mich im Stich.

Den Bedürftigen Brot, Kleider, ein Haus geben. Das läßt vermuten, daß man das, was nötig ist, hat oder sich beschafft, um die anderen — unsere Brüder und in ihnen Christus — daran teilhaben zu lassen!

Ihr beginnt, die Verbindung oder besser gesagt, die mögliche Verbindung zwischen dem Evangelium und der Produktion von Gütern und der Bereitstellung von Dienstleistungen vorauszusehen. Ohne Produktion kann es keine Verteilung geben, auch wenn es — leider — möglich ist, Güter zu produzieren, ohne sie im Sinne des Evangeliums zu verteilen.

4. Unsere Aufgabe: die gerechte Gesellschaftsordnung

So dargestellt, erscheinen die Dinge natürlich sehr, ja sogar zu vereinfacht. Es lohnt sich, sie zu vertiefen und ein wenig eingehender zu analysieren, auch wenn sie Euch schon hinreichend bekannt sind.

In erster Linie sagen, oder besser, bestätigen wir, daß die Suche nach dem Reich, das Christus zu verkünden gekommen ist, nach jenem Reich, um dessen Kommen wir jeden Tag im Gebet, das Jesus uns gelehrt hat, flehen, nach jenem Reich, das in seiner Vollkommenheit nicht nur Reich der Heiligkeit und der Gnade, sondern auch Reich der Gerechtigkeit, der Liebe und des Friedens sein wird, „den Eifer bei der auf das diesseitige Leben ausgerichteten Arbeit nicht abschwächen darf, sondern ihn vielmehr vermehren muß ... Obschon der irdische Fortschritt eindeutig vom Wachstum des Reiches Gottes zu unterscheiden ist, so hat er doch große Bedeutung für das Reich Gottes, insofern als er zu einer besseren Ordnung der menschlichen Gesellschaft beitragen kann".

Das sind Worte des Zweiten Vatikanischen Konzils aus der Pastoralen Konstitution „Gaudium et spes" (Nr. 39), in der den verschiedenen Aspekten des sozialen und wirtchaftlichen Lebens ein eigenes Kapitel gewidmet ist.

Die menschliche Gesellschaft neu, besser ordnen. Das ist das vom Konzil angezeigte Ziel, auf das die Tätigkeit des Christen im zeitlichen Leben ausgerichtet sein soll: die menschliche Gesellschaft so ordnen, daß schon hier und jetzt in größtmöglichem Ausmaß und auf bestmögliche Art und Weise jenes Ideal der Gerechtigkeit, der Gleichheit, des legitimen und friedlichen Wohlstandes verwirklicht werden kann, für das der Mensch geschaffen wurde; sie so ordnen, daß der Mensch sich voll und ganz verwirklichen kann unter jenem neuen Himmel und auf jener neuen Erde, die uns die Offenbarung ankündigt und die alle Menschen, oft auch unbewußt, erwarten.

Dieses Leben jedoch, das wir „das" Leben nennen, darf nicht nur erwartet werden. Es bedarf auch der Vorbereitung. Das ist für jeden von uns die Bedingung für unsere Zukunft: Wir werden in das Reich Gottes gelangen, wenn und in dem Maß, in dem wir es — wenn wir es können — schon heute, wenn auch unvollständig, in uns und unter uns zu verwirklichen verstehen.

Morgen, am Ende der Zeiten, wenn die lange Geschichte der Menschheit auf unserem alten Planeten zu Ende geht, wird dieses Reich Geschenk sein. Heute ist es Eroberung.

5. *Ethik und Wirtschaft*

Deswegen ist die „auf das diesseitige Leben ausgerichtete Arbeit“, von der Gaudium et spes spricht, in den Augen des Christen nicht bloß erlaubt, sondern notwendig und — als Ganzes gesehen — sogar eine Pflicht. Sie kann sogar von einigen — und das wäre wünschenswert — als menschliche und christliche Mission gesehen und verrichtet werden. Vorausgesetzt natürlich, daß durch die Sorge um die zeitlichen Dinge nicht die ewigen vergessen werden und daß die Arbeit nicht als eine technische Angelegenheit vorangebracht wird und die moralischen Aspekte dabei vernachlässigt werden. Vielmehr sollte ihnen der Vorrang gegeben werden, der ihnen zusteht.

Diesbezüglich darf nicht vergessen werden, daß — und ich zitiere wieder Gaudium et spes — „die fundamentale Zweckbestimmung (der wirtschaftlichen Entwicklung) weder in der vermehrten Produktion noch in der Erzielung von Gewinn oder Ausübung von Macht besteht, sondern im Dienst am Menschen, und zwar am ganzen Menschen ... Das gilt für jeden einzelnen Menschen, für jede Gruppe“ (Gaudium et spes, Nr. 64).

Es ist dies eine Anschauung, die für viele noch immer idealistisch — es handelt sich ja um ein Ideal —, ja sogar irreal erscheint.

Die Kirche ihrerseits beharrt jedoch auf ihrem Standpunkt. Dies zeigte sich auch, als Papst Johannes Paul II. erst kürzlich zu den Teilnehmern eines von den italienischen Bischöfen organisierten Treffens im November 1986 sprach: „Es muß immer wieder eindringlich gesagt werde“, sagte der Papst, „daß die Wirtschaft zutiefst an die Ethik gebunden ist, die das universelle Maß für das echte Wohl des Menschen ist“ (Oss. Rom. 21/XI/1987). „Man kann die wirtschaftlich-technologische Effizienz nicht von der sozialen Effizienz trennen“ (ebd.).

6. *Die Situation des Unternehmers*

Der Unternehmer befindet sich somit zwischen Anforderungen, die oft einander zu widersprechen scheinen. Da ist einerseits die Wirtschaft, die eigenen Gesetzen zu folgen scheint und die denjenigen, der sich ihr entgegenstellt oder entzieht, zu erdrücken droht, und da sind andererseits die Gebote des sittlichen Gewissens, die sich nicht nur auf die Ehrlichkeit im Handeln und im Konkurrenzkampf beziehen, sondern auf die überwiegend sozialen

Ziele der Wirtschaft hinweisen. Das ganze wird dann noch erschwert durch den Wettkampf mit anderen Kräften, deren Handeln und Sorge sich nicht an ethischen Maßstäben orientiert.

Der Papst sieht sehr wohl „die komplexen Fragen, die auf diesem Gebiet aufkommen", und er „ist sich bewußt, daß ausgewogene Antworten gegeben werden müssen, die die gerechtfertigten Anforderungen der Wirtschaft nicht unterbewerten" (ebd.).

7. Die Rolle der UCID

Diese Antworten können nicht von einzelnen Menschen gegeben werden. Sie können viel eher das Ergebnis gemeinsamen Nachdenkens und Handelns der Verantwortlichen auf politischer wie wirtschaftlicher Ebene sein.

Die UCID bietet ihrerseits ihre wertvolle und freiwillige Mitarbeit an, was die Ideen und — aufgrund der Tätigkeiten ihrer Mitglieder — die Fakten betrifft. Der kürzlich abgehaltene Kongreß, der unter dem Thema „Zukunft und Beschäftigung" stand, ist ein Beweis dafür.

Ich wünsche mir, daß dieser Kongreß einen wertvollen Beitrag geben kann, angesichts eines Problems, das Italien nicht weniger als andere Länder bedrückt — denken wir nur an die vielen Jugendlichen, die dichtgedrängt an der Schwelle zur Arbeitswelt stehen —, wobei Arbeit hier im umfassendsten Sinn zu verstehen ist. Arbeit, die, wie Johannes Paul II. in seiner oben genannten Ansprache sagte, „immer mehr als Gut betrachtet werden muß, das man teilen muß" (ebd.).

Ihr als Christen, als Unternehmer, könnt einer Welt, die oft durch viele Umstände zu Pessimismus angehalten wird, Hoffnung bringen; auch was diese Seite im Buch des Lebens betrifft, die wir mutig beschreiben müssen — zwar inmitten von Kämpfen und Schwierigkeiten, aber mit dem Vertrauen auf die Hilfe Gottes und die sittlichen Fähigkeiten des Menschen — in der Erwartung des Kommens des Reiches Gottes in seiner ganzen Fülle.

WERT UND GEFAHR DES FERNSEHENS

1. Die Weihnacht der hl. Klara

„In jener weihnachtlichen Stunde, in der die ganze Welt zusammen mit den Engeln wegen des neugeborenen Kindes jubiliert, machten alle Töchter sich auf den Weg zum Ort des Gebetes zur Mette und ließen die von Krankheiten geplagte Mutter Klara allein zurück.

Sie begann an das Jesuskind zu denken und war betrübt darüber, daß sie nicht am Lobgesang teilnehmen konnte. Seufzend sagte sie zu ihm: ‚Oh Herr, hier bin ich also — allein zurückgelassen für Dich!' Und siehe, auf einmal drang das wunderbare Konzert aus der Kirche des hl. Franziskus auch an ihr Ohr.

Sie hörte die Brüder Jubelpsalmen singen, sie folgte den Melodien der Sänger, sie hörte sogar den Klang der Instrumente …

Und sie war sogar würdig, die Krippe des Herrn zu sehen, was ein noch größeres Wunder war."

So ist in aller Einfachheit auf einer Seite der „Fioretti" das Leben (oder besser gesagt die Legende) der hl. Jungfrau Klara von Assisi beschrieben.

2. Telekommunikation heute

Seit jener Weihnacht des Jahres des Herrn 1252 sind viele Jahrhunderte vergangen.

Heute ist es den Menschen möglich — und zwar nicht mehr aufgrund eines wunderbaren Eingreifens des Göttlichen, sondern dank der mühevollen Entdeckung und Beherrschung jener Kräfte und Fähigkeiten, die Gott im Geschaffenen verborgen hat —, alles direkt mitzuerleben; nicht nur über eine so kurze Distanz wie zwischen dem Hause der hl. Klara und der Kirche des hl. Franziskus, sondern weit über die Grenzen einer Stadt, eines Landes und die Unendlichkeit der Meere hinweg.

Radio und Fernsehen sind relativ neue Errungenschaften, die aber in kurzer Zeit und gewissermaßen mit Gewalt die Welt in Besitz genommen

---

Predigt anläßlich des 30. Jahrestages der Proklamation der hl. Klara von Assisi zur Patronin des Fernsehens. Basilika der hl. Klara. Assisi, 14. Februar 1988.

haben. Sie breiten ihr Reich immer mehr aus, auch in den unwegsamsten, abgeschlossensten und rückständigsten Teilen der Welt. Sie durchbrechen und überwinden alle noch so starken technischen und politischen Schranken und zwingen der Menschheit neue Lebens- und Gesellschaftsformen auf.

Diese einfache Episode von Weihnachten des Jahres 1252 hat sich als Beginn oder als ein unbemerkter Vorbote dessen gezeigt, wohin der wissenschaftliche und technische Fortschritt den Menschen unter vielen Mühen führen sollte.

Deshalb erklärte Papst Pius XII., angeregt von der franziskanischen Atmosphäre in Assisi, die hl. Klara zur Patronin „televisifici inventi", wie er sagte, zur Patronin aller Tätigkeiten im telekommunikativen Bereich, würden wir sagen. Dadurch fand auch das christliche Empfinden derer, die auf diesem Gebiet arbeiten, seinen Ausdruck.

Das diesbezügliche Dokument ist datiert mit dem 14. Februar 1958. Ein glücklicher Umstand erlaubt es uns, den 30. Jahrestag dieses Ereignisses gerade im Rahmen jener hl. Messe zu feiern, die vom italienischen Fernsehen an jedem Sonntag und an jedem gebotenen Feiertag für die Gläubigen übertragen wird. Dadurch ist es möglich, daß sich für diejenigen, die wegen Krankheit oder aus einem anderen Grund zu Hause bleiben müssen, in gewisser Weise das Wunder wiederholt, das der hl. Klara in der Einsamkeit ihres Krankenzimmers so viel Trost gebracht hat.

3. Die Patrone des Fernsehens

Eigentlich hat derselbe Papst einige Jahre davor, im Jänner 1951, den Erzengel Gabriel, „der dem Menschengeschlecht die so sehr herbeigesehnte Botschaft vom Heil gebracht hat", zum himmlischen Patron „jener Techniken" erklärt, „die es den Menschen erlauben, anderen Menschen augenblicklich schriftliche Botschaften zu schicken, miteinander über Ätherwellen zu sprechen und die Ereignisse in fernen Ländern auf dem Bildschirm direkt mitzuerleben" (Enzyklika „Miranda Prorsus").

Die wirklich einzigartige Besonderheit jenes Kommunikationsmittels, des Fernsehens, und die Besonderheit seiner Probleme, wobei nicht zuletzt die ethischen Probleme zu nennen sind, haben Papst Pius XII. dazu bewogen, es unter den besonderen Schutz einer Heiligen zu stellen, einer Heiligen, die zwar vor langer Zeit gelebt hat, uns aber dennoch lieb und teuer ist, einer Heiligen, die mit ihrem leuchtenden Namen und mit der Klarheit des franziskanischen Geistes, nach dem sie lebte, die große Bedeutung der Sorge um die Moral ausdrückt. Diese Sorge um die Moral sollte — und dies war ein ständiger Wunsch des Papstes — das Handeln all derer kennzeichnen, die ein Werkzeug in Händen haben würden, das den Geist vor allem der Jugendlichen in neuer Form und sehr stark beeinflussen konnte, und zwar im Guten wie im Schlechten.

4. Chancen und Gefahren der modernen Massenkommunikation

Im Guten wie im Schlechten.

Die Päpste, die sich mit den modernen Kommunikationsmitteln beschäftigt haben — angefangen mit Pius XII., einem echten Pionier auf dem Gebiet des Radios —, und das Zweite Vatikanische Konzil haben diese Ambivalenz in der immer weiter voranschreitenden sowohl quantitativen als auch technischen Entwicklung dieser wunderbaren Errungenschaften des menschlichen Geistes immer stark betont.

Staunen, Hoffnungen und Ängste sind die hauptsächlichen Beweggründe für die Haltung und die Stellungnahme der Kirche und des Hl. Stuhls dem Aufkommen und der fast ungestümen Verbreitung der neuen Wirklichkeiten gegenüber, die nun bereits den ganzen Erdball wie ein Netz von Tönen und Lichtern umspannen. Sie dringen mit der Unmittelbarkeit des Wortes und des bewegten Bildes bis in die einsamsten Wälder und in unendliche Weiten, die für andere Botschaften nur schwer zugänglich sind und überschreiten sogar die Grenzen unseres Planeten.

Heute stehen uns Möglichkeiten offen, die früher undenkbar waren: z. B. was die Information, aber auch deren Mißbrauch betrifft, Möglichkeiten, Kultur zu verbreiten, aber auch sie zu verraten, beispielsweise auf dem Gebiet der Geschichte, der Philosophie, selbst auf dem Gebiet der Wissenschaft; Möglichkeiten, durch die Kunst den Geist zu erheben, und gleichzeitig aber auch Möglichkeiten, die Kunst zu mißbrauchen, was der Aufruf zur künstlerischen Freiheit, die keine moralischen Grenzen kennt, manchmal rechtfertigen möchte; Möglichkeiten zur Unterstützung bei der Erziehung der Jugendlichen und besonders der Kinder; Möglichkeiten aber auch, sie auf subtile Weise negativ zu beeinflussen, besondes auf dem Gebiet Freizeit und Unterhaltung: dies gilt vor allem für das Fernsehen, wo der Einfluß von Wort und Bild „noch verstärkt wird von dem in der Familie herrschenden Gefühl der Geborgenheit und des Vertrauens", so Papst Pius XII. In der Familie ist dadurch vieles sozusagen griffbereit, wozu vor allem die Jüngeren außerhalb des familiären Rahmens entweder aufgrund von sozialen Bedingungen oder aufgrund von gesetzlichen Verordnungen schwer Zugang hätten.

Daher versteht man die Besorgnis der Päpste und der anderen Seelsorger und ihren eindringlichen Aufruf zur Verantwortung angesichts der Ernsthaftigkeit der Gefahren, den sie sowohl an die öffentliche Hand richten, wo es um deren Kompetenz und Möglichkeiten geht, als auch an die „Fernsehleute", die auf verschiedenen Ebenen arbeiten, sowie an die „Konsumenten", angefangen bei den Eltern und Erziehern.

5. Das Fernsehen als wichtiges Informationsmittel

Das Fernsehen ist ganz gewiß einer der Bereiche, in dem die Freiheit des Menschen — aufgrund der vielen Verlockungen — den stärksten Belastungsproben ausgesetzt ist: Der Mensch sollte seine Wahl derart treffen, daß er nicht Opfer seiner eigenen großartigen Errungenschaften und deren möglichen Mißbrauchs wird, sondern sich ihrer für das Gute bedienen kann.

Und gerade weil das Fernsehen so viele großartige Möglichkeiten, dem Menschen zu dienen, bietet, möchte ich heute, am Tag, an dem wir der hl. Klara gedenken, den Blick auf die wahre Bestimmung dieses unseres Begleiters im Alltag, der nicht mehr aus unserem Leben wegzudenken ist, werfen; auch weil es die Pflicht verlangt, heute all jenen Anerkennung auszusprechen, die, in Italien und anderswo, im Bereich des Fernsehens tätig sind und sich bemühen, dieser Bestimmung gerecht zu werden mit ihrem großen fachlichen Können, mit ihrem Wissen um die eigene soziale Verantwortlichkeit, mit ihrem Unternehmungsgeist, der manchmal auch Kühnheit und Mut verlangt.

Wie könnten wir vergessen, welchen Gefahren die Kameraleute und Berichterstatter nicht selten ausgesetzt sind, um der Öffentlichkeit pünktlich Informationen liefern zu können, damit die Menschen, die oft verworrenen aktuellen und geschichtlichen Ereignisse in den verschiedenen Teilen der Welt sozusagen persönlich miterleben können.

Es ist dies eine Möglichkeit, die in einem Großteil der modernen Länder nun bereits zu den täglichen Gewohnheiten und Notwendigkeiten eines ganz gewöhnlichen Bürgers gehört.

Aber die Information ganz allgemein, nicht nur jene hinsichtlich dessen, was sich Tag für Tag in der Welt ereignet, bedarf unbedingt der Objektivität, der Vollständigkeit und soll eine Einstellung ausdrücken, die viel mehr die Verständigung und Brüderlichkeit, als Aversion oder Haß zwischen Völkern, sozialen Schichten, Rassen, politischen oder ideologischen Blöcken fördert.

Darin liegt eine große Verantwortung; es ist aber auch ein einzigartiges Mittel, um den Frieden zu fördern und die großen Probleme der Gegensätze, Konflikte und Kriege zu bekämpfen.

6. Das Fernsehen als Sozialisierungsmittel

Nachrichten, Sendungen, die uns historische Ereignisse wieder ins Gedächtnis rufen, vor allem Zeiten, die uns noch nahe sind und von deren Folgen wir heute noch leben, verantwortungsvolle und genaue Darstellung von Ursache-Wirkung-Zusammenhängen sind nicht der einzige Bereich, in dem das Fernsehen — sowie auch das Radio und die anderen Massenmedien — dazu dienen kann und muß, die letzten Reste der Spannungen abzubauen und bessere Bedingungen für eine Verständigung, d. h. eine Psychologie des Friedens, zu schaffen.

Auch Sendungen, deren Ziel und Zweck es ist, Völker und Länder mit ihrer Geschichte und Kultur einander näherzubringen und gegenseitiges Verständnis und Sympathie zu wecken, dienen dem friedlicheren Zusammenleben von Völkern verschiedener Herkunft und Tradition, die aber zu einer großen Familie vereint sind und die alle Ruhe und gegenseitige Hilfe brauchen, um der Menschheit jenen materiellen und geistigen Fortschritt zu garantieren, der von Gott für diejenigen vorgesehen ist, die alle in gleicher Weise seine Kinder sind.

7. Das Fernsehen als Bildungsmittel

Und dann ist da noch das grenzenlose Gebiet der Wissenschaften.

Hier schreitet der moderne Mensch — zwar unter tausenden Schwierigkeiten und nicht gerade wenigen Niederlagen — von Sieg zu Sieg. Wenn er schon nicht Akteur in diesem Schauspiel ist, möchte er zumindest wissen; und vor allem die Jugendlichen gehören zu den Wißbegierigsten. Diesem Bedürfnis kommen die allgemeinen Programme entgegen, die das Fernsehen reichlich bietet und deren Themenkreise sich bis zu den wichtigsten Fragen über den Menschen und das Universum erstrecken. Sie verdienen eine besondere Wertschätzung und Förderung: vorausgesetzt natürlich, daß sie gekennzeichnet sind von wissenschaftlicher Präzision und Ernsthaftigkeit und von jener Objektivität, die unter anderem nicht davon absehen kann, die Bedürfnisse eines echten und erleuchteten Glaubens gebührend zu berücksichtigen und zu respektieren.

8. Fernsehen und Freizeit

Was wäre dann noch zu sagen über den uns vom Fernsehen eröffneten Blick auf die faszinierenden Schönheiten, die die Natur und die Kunst dem Menschen großzügig bieten? Es geht hier nicht nur um die Schönheit von Malerei, Bildhauerei, Architektur, sondern auch um Musik, Schauspielerei, Theater: diesen Bereich aus dem breiten Spektrum der Dienste, die das Fernsehen uns erweist, dürfen wir nicht vergessen. Er dient der Erweiterung des Horizontes, aber auch dazu, schmerzliche Momente der Einsamkeit angenehm und sinnvoll zu verbringen: hier denke ich besonders an die kranken und alten Menschen, an die langen Winterabende in einsamen und unwegsamen Gebieten.

Und selbstverständlich müssen wir auch von Freizeit- und Unterhaltungsprogrammen sprechen, auf die bei den verschiedenen Fernsehsendern sehr viel Zeit entfällt.

Die Tatsache, daß die Kirche berechtigterweise darauf besteht, daß man auf diesem Gebiet, wie auch auf allen anderen, die erzieherischen und moralischen Anforderungen stets bedenkt, unterstreicht die Wichtigkeit, die sie diesen — vom kulturellen und wissenschaftlichen Standpunkt aus betrachtet — unbedeutenderen Formen zuerkennt, die leichter zu mißbrauchen sind und sich besser zur Ausbeutung, hinter der oft nicht gerade edle Absichten stehen, eignen. Aber auch sie können dazu dienen, die Menschen aufzurichten.

9. Fernsehen als religiöses Medium

Ist die Kirche vielleicht naiv, wenn sie diese ihre Überzeugungen kundtut und die Verantwortlichen im TV-Bereich aufruft, ihre Aufforderung anzunehmen, sich verantwortlich zu fühlen, sich bewußt zu sein, daß ihnen gleichsam eine Mission übertragen wurde? Wenn wir heute der hl. Klara, ihrer himmlischen Schutzpatronin, gedenken, so möchte sie die Fernsehleute daran erinnern, daß diese Mission sich nicht darauf beschränkt, Sendungen religiösen Charakters, z. B. dieser hl. Messe, großen kirchlichen Ereignissen, den Reisen des Papstes, verschiedenen Begegnungen und Glaubensgesprächen und ähnlichem, oder Sendungen zur moralischen Orientierung einen gebührenden und ausreichenden Platz einzuräumen, sondern das gesamte Spektrum ihrer beruflichen Tätigkeit betrifft, die im Dienste des Menschen stehen muß, des Menschen in seiner Gesamtheit, in all seinen Dimensionen.

Dies ist ein Appell, der sich vor allem an die Katholiken richtet, jedoch niemanden ausschließt, der sich dieses ethischen Pflichtgebotes von höchstem gesellschaftlichen Wert bewußt ist.

Es ist eine Herausforderung und es ist ein Akt des Vertrauens.

Wir vertrauen es der Fürsprache der Jungfrau von Assisi an, „deren Name Klara ist und deren Leben von einer großen Klarheit geprägt war". So schreibt ihr erster Biograph über sie (Thomas von Celano, Leben I,I, Kap. 8). Und zusammen mit ihr, die in gewisser Weise die Vertreterin all derer ist, die sich des Fernsehens bedienen, und mit den Klosterfrauen der ganzen Welt, die in Gedanken mit uns vereint sind, die wir hier den 30. Jahrestag der Ernennung der hl. Klara zur Schutzpatronin feiern, danken wir Gott für dieses so wunderbare Werkzeug, das in die Hände der Menschen gelegt wurde. Und wir bitten ihn, daß diese es immer für das Gute und niemals für das Schlechte zu benützen verstehen mögen.

III. Internationale Beziehungen

DIPLOMATIE ALS DIALOG FÜR DEN FRIEDEN

Ich freue mich, Ihnen, Exzellenz, die am Hl. Stuhl akkreditierten Missionschefs vorzustellen. Es sind heute morgen nicht alle gegenwärtig, da einige, wie Sie wissen, ihre Residenz in anderen Hauptstädten haben, davon genau sieben in Bonn.

Es sind Botschafter, Gesandte oder Geschäftsträger — Vertreter von über 90 Ländern aller kulturellen und religiösen Anschauungen und mit sehr unterschiedlicher Bedeutung, die alle daran interessiert sind, regelmäßige Beziehungen mit dem Hl. Stuhl zu unterhalten.

Hier, am alten Sitz der römischen Päpste, ist also in gewisser Weise ein beträchtlicher Teil der weltweiten Familie der Nationen versammelt: ihnen allen — miteingeschlossen auch jene, die noch nicht hier vertreten sind — gilt die Achtung, die Wertschätzung, ja die Zuneigung des geistlichen Oberhauptes der großen katholischen Familie, die in allen Teilen der Erde verbreitet ist, auch wenn in nicht wenigen Ländern der Katholizismus oder sogar das Christentum nicht stark oder manchmal offen gesagt sehr wenig vertreten sind.

In diesem Part des „Konzerts der Nationen" hat Ihr Land einen besonderen Platz. Die Bundesrepublik Deutschland hat nämlich von Anfang an, einer alten Tradition folgend, mit dem Hl. Stuhl ungetrübte und fruchtbringende diplomatische Beziehungen unterhalten, welche auf feierlichen Konkordatsabkommen oder anderen Übereinkommen basieren, die die Verhältnisse zwischen Kirche und Staat in der Bundesrepublik und in verschiedenen ihrer Länder regeln.

Dies trifft auch für andere Staaten zu, einschließlich einiger, in denen die katholische Religion nicht die stärkste Religion ist.

Über die bilateralen Beziehungen hinaus, die von Staat zu Staat verschieden und je nach den historischen Gegebenheiten und Situationen unterschiedlich geregelt sind, existiert jedoch für alle Staaten, die mit dem Hl. Stuhl Beziehungen unterhalten, eine ganze Reihe gemeinsamer, sehr wichtiger Interessen.

Vorstellung des Diplomatischen Corps anläßlich des Besuches des Präsidenten der Bundesrepublik Deutschland, Prof. Dr. Karl Carstens. Vatikan, 28. Oktober 1982.

So haben ihre Vertreter die Möglichkeit, hier die großen Ziele ihrer jeweiligen Regierungen in bezug auf den Weltfrieden und in bezug auf die größten Probleme der Menschheit vorzubringen, die ihre Länder und die internationale Gemeinschaft betreffen. Und sie können hier beim Hl. Stuhl Zeugen seines selbstlosen Wirkens im Dienste des Friedens, der Entwicklung, der Achtung der Menschenrechte, der Freiheit und der geistigen Bedürfnisse der Völker werden. Der Dialog betrifft lebenswichtige Fragen unserer Zivilisation, und die Diplomaten sind überzeugt davon, diesbezüglich hier — in einer gelösten und weltoffenen Atmosphäre — Aufnahme, ein offenes Ohr und Ermunterung zu finden.

Wie alle anderen Länder hat auch die Bundesrepublik Deutschland diese Erfahrung gemacht und macht sie noch immer, und ich kann Ihnen versichern, Herr Bundespräsident, daß der Hl. Stuhl den Dialog und die Zusammenarbeit mit Ihrem Land auf diesem Gebiet sehr schätzt.

Ich bin außerdem sicher, für alle hier Anwesenden zu sprechen, wenn ich vor Ihnen den Respekt und die große Wertschätzung zum Ausdruck bringe, die sie alle der deutschen Kultur entgegenbringen. Sie wissen auch um die Offenheit den internationalen Problemen gegenüber, von der Ihre Landsleute geprägt sind, um ihr besonderes Verständnis für jeglichen Einsatz für den Frieden, was mit ihrer geographischen Lage zusammenhängt; sie wissen um ihr kreatives und mutiges Engagement im Streben nach Fortschritt und um ihren Beitrag zur Entwicklung der weniger begünstigten Länder durch das gemeinsame Wirken von Staat und kirchlichen Gemeinschaften.

Wir alle hier drücken unsere aufrichtigen Glückwünsche aus für das Wohlergehen und den Wohlstand des deutschen Volkes und für den, der heute das Schicksal der Bundesrepublik Deutschland lenkt. Ich freue mich, im Namen des gesamten diplomatischen Corps, sowie im Namen meiner Mitarbeiter und vor allem in meinem eigenen Namen das alles hier vor Ihnen, Herr Bundespräsident, der Sie uns die Ehre Ihres Besuches erweisen, sagen zu können.

DER HEILIGE STUHL UND DIE BUNDESREPUBLIK DEUTSCHLAND

Aufrichtig danke ich Ihnen — und auch dem verehrten Herrn Botschafter — für dieses Festessen, das Sie anläßlich Ihres offiziellen Besuchs im Vatikan hier in den vertrauten Räumen der Deutschen Botschaft beim Heiligen Stuhl mir zu Ehren geben. Diese freundliche Ehrenbezeugung nehme ich um so lieber entgegen, als sie letztlich der Person des Heiligen Vaters gilt. Sie ist mir eine weitere willkommene Gelegenheit, Ihnen und Ihrem Land, das Sie als Staatsoberhaupt auf so würdige Weise vertreten, meine aufrichtige Wertschätzung zu bekunden. Der deutschen Kultur fühle ich mich in verschiedenen Bereichen besonders verbunden und verfolge die politischen und gesellschaftlichen Geschicke Ihres Volkes nicht nur mit großem persönlichem Interesse, sondern seit vielen Jahren auch von Amts wegen: zunächst als Sekretär und nun als Präfekt des Rates für die Öffentlichen Angelegenheiten der Kirche sowie als Staatssekretär Seiner Heiligkeit.

Die Bundesrepublik Deutschland, aus den Trümmern einer verhängnisvollen Verirrung erstanden, hat in den drei Jahrzehnten ihres Bestehens einen großen, weltweit anerkannten Weg zurückgelegt — und das auf der soliden Grundlage einer Verfassung, die in den unveräußerlichen Menschenrechten ihre Wurzeln hat. Sie ermöglichte die so erfolgreiche innere wirtschaftliche und soziale Entwicklung und hat Ihr Land zu einem in der ganzen Welt geachteten Förderer des friedlichen Zusammenlebens der Völker gemacht.

Wie der Heilige Vater schon in seiner Ansprache heute morgen hervorgehoben hat, bietet Ihre Verfassung zugleich den geeigneten Rahmen für eine glückliche Regelung der Beziehungen von Staat und Kirche in Ihrem Land. Der der Kirche vom Grundgesetz zuerkannte Status einer Körperschaft des öffentlichen Rechts gewährleistet ihr jenen Freiheitsraum, dessen sie bedarf, um ihren Auftrag in der Gesellschaft wirksam und umfassend zu erfüllen: den Auftrag zum Dienst für Gott und für die Menschen, zur Verkündigung und zum tätigen Vollzug der Botschaft Christi, zur Seelsorge und Caritas, zum Wirken im Kreis der Gemeinde und zum deutlichen Bekenntnis in der Öffentlichkeit des Gemeinwesens. Kirche und Staat sind voneinander unabhängig und arbeiten doch vertrauensvoll zusammen im gemeinsamen Dienst

---

Tischrede während des vom Präsidenten der Bundesrepublik Deutschland, Professor Dr. Karl Carstens, in Rom am 28. Oktober 1982 zu Ehren von Kardinal- Staatssekretär Agostino Casaroli gegebenen Festessens.

am Menschen und an der Gesellschaft. Sie achten und unterstützen einander in ihrem jeweiligen besonderen Aufgabenbereich. Die deutsche verfassungsrechtliche Regelung der Beziehungen von Staat und Kirche ist ein Werk politischer Klugheit und Mäßigung. Sie atmet den Geist der Verständigung, des Ausgleichs und der Toleranz.

Es ist mein aufrichtiger Wunsch, daß das gute Einvernehmen zwischen Staat und Kirche in Ihrem Land zu beiderseitigem Nutzen und zum Wohl der Bürger sich weiter fruchtbar entfalte und auch durch Ihren heutigen Besuch, sehr verehrter Herr Bundespräsident, noch vertieft und gefestigt werde.

Wie das Verhältnis von Staat und Kirche so können auch die Beziehungen der Bundesrepublik Deutschland zum Heiligen Stuhl als ausgezeichnet betrachtet werden. Sie gründen auf der gegenseitigen Achtung, auf der Rücksichtnahme auf ihre jeweiligen Handlungsmöglichkeiten in den ihnen zustehenden Bereichen, die jedoch gemeinsamen oder sehr verwandten Zielen dienen, auf einem durch die Erfahrung gefestigten Vertrauen, auf dem Willen zu einer loyalen Zusammenarbeit.

Ich möchte hier nur an die Sorge um den Frieden erinnern, die den Heiligen Stuhl und Ihr Land verbindet, an seine gemeinsame Verteidigung gegen die Gefahren, die immer bedrohlicher zu werden scheinen; an die Förderung der Sicherheit und der Zusammenarbeit zwischen den Völkern, in Europa und überall in der Welt, an den Einsatz für eine rechtverstandene Abrüstung, die mit Umsicht, aber auch mit Entschlossenheit durchgeführt werden muß; an die Hilfeleistungen für die jungen Nationen im Kampf gegen Hunger und Krankheit in der Welt.

Es ist mir eine besondere Freude, dieses alles vor Ihnen, sehr verehrter Herr Bundespräsident, in diesem familiären und zugleich festlichen Rahmen feststellen und bekräftigen zu können. Indem ich zusammen mit den anwesenden Gästen nun auf Ihr persönliches Wohl das Glas erhebe, erbitte ich dem ganzen deutschen Volk Wohlergehen und dauerhaften Frieden in Freiheit und Gerechtigkeit.

„PACEM IN TERRIS“ UND „POPULORUM PROGRESSIO“

Ich möchte vor allem den Organisatoren dieser Tagung herzlich dafür danken, daß sie mich zur Teilnahme eingeladen haben: Zur Teilnahme durch meine Anwesenheit und, wenn möglich, auch durch einen Vortrag.

So lautet der Brief, den mir Seine Exzellenz Monsignore Manfredini, damals Bischof von Piacenza (einer Diözese, die ihm, so bin ich überzeugt, auch weiterhin am Herzen liegen wird, auch nachdem er sein neues so viel bedeutendes und beanspruchendes pastorales Arbeitsgebiet übernommen haben wird), und der ehrwürdige Rektor der Katholischen Universität S. Cuore, Professor Lazzati, gesandt haben. Und während der erste Punkt — meine Anwesenheit — mich besonders wegen jenes Gefühls der Zuneigung, das mich mit meinem Geburtsort verbindet, reizte, und keine andere Schwierigkeit bestand, als vom Hl. Vater um die Erlaubnis zu bitten, kurz vom üblichen Arbeitsplatz fernbleiben zu dürfen, und diese Erlaubnis auch zu erhalten, so verursachte der zweite Punkte — ein möglicher Beitrag — sehr wohl einiges Zögern in meinem Herzen wegen all dem, was ich schon in bezug auf die Sachkenntnis und das Ansehen der Teilnehmer an dieser Tagung und in bezug auf das hohe wissenschaftliche Niveau der auf dem Programm stehenden Vorträge wußte, und was mir später noch klarer wurde.

Ich dachte mir jedoch, daß man sich hier von mir keinen Vortrag fachlicher Natur erwarten würde, sondern eher eine einleitende Überlegung zu den großen inspiratorischen Prinzipien der beiden päpstlichen Dokumente, welcher die Tagung würdig zu gedenken beabsichtigt, und das in einer Stadt und in einem Land, die sicher würdig sind, diese Tagung und ihre Teilnehmer aufzunehmen.

I. Johannes XXIII.: Pacem in terris

20 Jahre sind nicht viel, um in einem historischen Überblick die Auswirkungen jener Stimme zu bewerten, welche sich am 11. April 1963 im Zentrum der katholischen Welt erhob, jedoch auch über die wenn auch weiten Grenzen der Kirche von Rom hinaus an alle Menschen guten Willens gerichtet war.

Vortrag zur Eröffnung der Studientagung „Der Fortschritt der Völker ist der neue Name des Friedens“. Piacenza, 7. April 1983.

Es war das erste Mal, daß sich ein Papst an die ganze Welt wandte. Zwei Jahre vorher hatte ein anderes feierliches Dokument von Johannes XXIII. mit dem Titel „Mater et Magistra" ebenfalls auch außerhalb der katholischen Welt starken Widerhall gefunden und sich in jene Serie von Sozialenzykliken eingereiht, die mit „Rerum novarum" begonnen hatte und an deren 70. Jahrestag sie also erinnern sollte.

Johannes XXIII. stand schon vor dem Ende seines kurzen, aber arbeitsintensiven Pontifikats. Weniger als zwei Monate später sollte er im Alter von 82 Jahren seinen irdischen Weg beenden. Er war ein alter Mann. Seine Stimme jedoch, ebenso wie sein Geist und sein Herz besaßen noch — verbunden mit der Weisheit eines Menschen, der lange gelebt hatte — die Frische und Begeisterung der Jugend.

Die Welt war aufgerüttelt. Aufgerüttelt war auch ihr Gewissen. So offensichtlich war die Aufrichtigkeit des Papstes, seine Besorgnis um die große Menschheitsfamilie, die der Gefahr eines Zerbrechens jenes unstabilen Gleichgewichts ausgeliefert war, das sich seit 1945 „Friede" nannte, sein Engagement, der Welt — wie in einem Testament des Vaters an seine von Unverständnis, Mißtrauen und Haß entzweiten Kinder — den wahren Weg zum wahren Frieden aufzuzeigen.

„Pacem in terris"! Diese Worte erinnerten an einen vor vielen Jahrhunderten in einem verlassenen Winkel des riesigen Römischen Reiches erklungenen Wunsch, als Kaiser Augustus das Schwert wieder in die Scheide steckte, „Toto orbe in pace composito": es war ein Friede, der mit einem Übergewicht an Waffen und einer größeren und erfolgreicheren militärischen Stärke durchgesetzt worden war, begleitet von einem wenigstens in den Regelungen und Gesetzen und nicht immer — vielleicht eher selten — in den Taten anerkannten Sinn für das Recht.

Der in Bethlehem ersehnte und in der Enzyklika von Papst Johannes XXIII. vorgesehene Friede besaß die Kennzeichen, Wurzeln und verschiedenen Garantien, die sicherlich nicht im Gegensatz zu jenen der kurzen „pax romana" stehen.

1. Der Friede als Frucht der guten Ordnung

Mit der dem Menschen eigenen Einfachheit und ruhigen Sicherheit warf die Enzyklika von Anfang an eine Frage auf, die in der Soziallehre der Kirche ihren traditionellen und wichtigen Platz hat, die jedoch in ihrem ganzen Reichtum an Inhalt und Folgen nicht von allen, ich sage nicht, akzeptiert, sondern verstanden wird: „Der Friede kann nur dann begründet und gesichert werden, wenn die von Gott festgesetzte Ordnung gewissenhaft beobachtet wird" (Nr. 1).

Diese Behauptung setzt einerseits die Gewißheit voraus, daß es eine Gesamtheit objektiver Normen gibt, welche die Wahl und die Übereinstimmung der Menschen übersteigen; und andererseits die Überzeugung, daß der Mensch nach seiner freien Wahl diese Ordnung beobachten oder nicht beobachten kann. Ihre Beobachtung ist die unumgängliche Bedingung für den Frieden; man könnte sogar sagen, daß eine solche Beobachtung nicht so sehr als Folge den Frieden hat, sondern selbst der Friede ist. Ihre Nicht-Beobachtung führt unvermeidlich zu jener „Unordnung unter den einzelnen Menschen wie unter den Völkern, wie wenn die Beziehungen, die sie untereinander verbinden, nur mit Gewalt geregelt werden könnten“, wie die Enzyklika feststellt (Nr. 43): das heißt, daß diese Beziehungen „mit denselben Gesetzen, die den Kräften und irrationalen Elementen des Universums eigen sind“ (Nr. 4), geregelt werden müssen oder können.

2. Der Friede als moralische Pflicht

Der Mensch hingegen ist ein mit Vernunft und Willen bedachtes Wesen, und die Gesetze, die sein Tun und Handeln als Mensch bestimmen, sind in seinem Bewußtsein verankert: sie sagen nicht, was er „ist“, sondern was er „sein muß“.

Die Begriffe Gewissen, moralische Pflicht, Freiheit des Menschen, sind heute zweifellos Allgemeingut: nicht viele Philosophen würden es wagen, sie zu verneinen; und in den sozialen Beziehungen kommt man praktisch immer auf sie zurück.

Ich fürchte jedoch, daß es wenige gibt, die wirklich davon überzeugt sind, daß durch die Berufung auf das moralische Gesetz, auf die Pflichten des Gewissens tatsächlich wirklich ruhige und zufriedenstellende Beziehungen unter den Menschen und sozialen Gruppen, in und unter den Staaten, ganz abgesehen von der Internationalen Gemeinschaft als Ganzes, gesichert werden können.

Es ist allerdings wahr, daß vor allem seit der Allgemeinen Erklärung der Menschenrechte (1948) die Internationale Gemeinschaft, erschüttert von der noch lebendigen Erinnerung an die Grausamkeiten des Zweiten Weltkrieges, nicht aufgehört hat, mit einer ganzen Reihe von Deklarationen und Konventionen, die darauf abzielen, alles Unglück zu beseitigen, das sie in großem Maße entehrt hat, Konflikten vorzubeugen.

Aber im Grunde bleibt weiterhin das Gefühl tief verwurzelt, daß der gute Wille der Menschen nur am Rande den Lauf der Dinge zu lenken vermag, und daß in jedem Falle der wahre Schutz der eigenen Rechte für die Staaten im Besitz einer ausreichenden Stärke besteht, und darin, diese zu verteidigen und andere vom Versuch sie zu verletzten abzuschrecken.

Das gegenseitige tiefe Mißtrauen, verbunden mit den unvermeidlichen Meinungsverschiedenheiten bei der Bewertung der eigenen Rechte und der Rechte der anderen, nährt dieses Gefühl; und während niemand es wagen würde, sich dem Grundsatz, daß die Gewalt der Vernunft über die Gründe der Gewalt herrscht, zu widersetzen, erscheint dies nicht mehr als ein wahscheinlich niemals erreichbares Ideal zu sein.

3. *Gegen das Gleichgewicht des Schreckens*

Dieser Gefühlszustand zeigt sich in einer tragischen und logischerweise eloquenten Art besonders im Streben nach Sicherheit. Dies wiederum überträgt sich auf ein krampfhaftes Bemühen, das Kräftegleichgewicht zu erreichen und aufrechtzuerhalten: und das führt in Wirklichkeit fast unvermeidlich zu jenem Rüstungswettlauf, der heute eine der unerträglichsten Belastungen der Weltwirtschaft und tatsächlich eine der ernsthaftesten und konstantesten Bedrohungen des Friedens darstellt, den man auf diese Weise erhalten möchte. So, daß das Problem, wie man den Frieden erhalten kann, auch im Zusammenhang mit dem unstabilen Gleichgewicht der furchtbaren modernen Waffen in seiner ganzen tragischen und ungelösten Schwere wieder auftaucht.

Es wäre wünschenswert, daß der 20. Jahrestag der Enzyklika „Pacem in terris" dazu beitrage, die Menschheit wiederum zum Nachdenken zu bringen, ob die realistischere Antwort auf die Fragen, die ein solches Problem aufwirft, nicht gerade in dem, was als „Ideal" erscheint, zu finden wäre: das heißt, auf der Ebene der „Versittlichung" — das heißt der „Rationalisierung„ — des sozialen Lebens auf der Basis der bekannten, in der Enzyklika ausgesprochenen vier Worte, als Fundament einer korrekten und friedfertigen Beziehung unter den Menschen und politischen Gruppen: Wahrheit, Gerechtigkeit, Liebe und Freiheit.

Gewiß, die Kirche verschließt nicht die Augen vor der Wirklichkeit, vor der Situation, in der wir uns befinden. Erst vor kurzem hat Papst Johannes Paul II. in der Botschaft anläßlich der 2. außerordentlichen Sitzung der UNO-Vollversammlung zum Thema Abrüstung (Juni 1982) anerkannt, daß „unter den gegebenen Bedingungen eine auf dem Gleichgewicht beruhende Abschreckung sicher nicht als Selbstzweck, sondern als eine Etappe auf dem Weg zu einer schrittweisen Abrüstung noch für moralisch annehmbar gehalten werden kann".

„Aber", so heißt es weiter, „um den Frieden zu sichern, darf man sich nicht einmal mit einem Minimum zufriedengeben, das ja doch immer der Gefahr einer Explosion ausgesetzt ist".

Danach bezog sich der Papst auf den Vorschlag, eine „öffentliche Autorität“ (Nr. 137) einzurichten, was „Pacem in terris“ für eine moralische Notwendigkeit, für eine Folge des weltweiten Ausmaßes, das die Probleme in bezug auf das „Gemeinwohl“ angenommen hatten, hielt.

4. Eine Utopie verwirklichen!

Das kann leicht als eine etwas vereinfachende und in jedem Falle utopische Lösung erscheinen. Niemandem entgehen nämlich die Schwierigkeiten, die sich ihrer Verwirklichung entgegenstellen; und in der Tat empfahl die eben zitierte Botschaft das Zurückkommen auf faire, geduldige und ununterbrochene Verhandlungen „als einzige realistische Lösung“.

Aber à propos „Utopie“! Hier möchte ich wiederholen, was ich schon bei einer anderen Gelegenheit im Hinblick auf die Einheit Europas sagte, und dabei die Ansicht eines Wissenschaftlers und Staatsmannes, des ehemaligen italienischen Staatspräsidenten Luigi Einaudi, zitieren: „Utopie“ (oder besser „Vielleicht-Utopie“) nannte sie Einaudi und fügte hinzu, daß Europa — und dasselbe galt logischerweise auf breiter Ebene für die gesamte Menschenwelt, die vor die neue Dimension des Atomkrieges gestellt war — nur die Wahl habe zwischen Utopie oder Tod.

Einaudi (eine angesehene Stimme unter vielen nicht minder angesehenen und verantwortungsvollen Stimmen) sah „den Feind Nr. 1 der Zivilisation, des Wohlstandes — und heute müssen wir hinzufügen, selbst des Lebens der Völker — im Mythos von der absoluten Souveränität der Staaten“. „Dieser verhängnisvolle Mythos“, sagte er, „ist der wahre Erzeuger der Kriege“.

„Eine sicher vereinfachte Analyse, die jedoch ziemlich viel Wahres enthält“, schloß ich. (Vgl. „Der Hl. Stuhl und Europa“, Konferenz am 20. 1. 1972 in Mailand am Institut für Studien der internationalen Politik[ISPI], veröffentlicht in „Relazioni Internazionali“, Nr. 7 vom 12. Februar 1972.)

II. Paul VI.: Populorum progressio

In der Enzyklika „Mater et Magistra“ hob Johannes XXIII. hervor, daß „das vielleicht größte Problem unserer Zeit das der Beziehungen zwischen den wirtschaftlich entwickelten und den in wirtschaftlicher Entwicklung begriffenen Staaten ist“. Seither wurde das Problem sehr schnell noch gravierender und aktueller, weil ständig zahlreiche neue Länder die Unabhängigkeit erlangten.

Das Thema des Fortschritts war Gegenstand der Überlegungen des Zweiten Vatikanischen Konzils, welches in der pastoralen Konstitution „Gaudium et spes" (Nr. 64) hervorhob: „Die fundamentale Zweckbestimmung besteht aber weder in der vermehrten Produktion als solcher noch in Erzielung von Gewinn oder Ausübung von Macht, sondern im Dienst am Menschen, und zwar am ganzen Menschen im Hinblick auf seine materiellen Bedürfnisse, aber ebenso auch auf das, was er für sein geistiges, sittliches, spirituelles und religiöses Leben benötigt."

Das Problem des Fortschritts — des Individuums und der Völker —faszinierte den Geist und erweckte die pastorale Sorge jenes anderen großen Papstes, Paul VI. Ihn beängstigte in ganz besonderer Art das Problem der Völker, „die dem Hunger, dem Elend, den endemischen Krankheiten, der Unwissenheit zu entrinnen suchen; die umfassend an den Früchten der Zivilisation teilnehmen wollen ... ; die sich entschieden ihrer vollen Entfaltung zuwenden" (Populorum progressio Nr. 1).

Das Ergebnis seiner Überlegungen war die Enzyklika „Populorum progressio", welcher Ihre Tagung zum Abschluß der Feier zum 15. Jahrestag ihrer Veröffentlichung am 26. März 1967 besondere Aufmerksamkeit schenken will.

Das Thema des Fortschritts ist natürlich mit jenem des Friedens verbunden. Selbst das Thema dieser Tagung erinnert daran: „Der Fortschritt der Völker ist der neue Name des Friedens."

1. Friede und Entwicklung

Die Absicht des Papstes war es, an alle „einen feierlichen Aufruf zu gemeinsamem Werk in Fragen der Entwicklung, einer umfassenden für den Menschen, einer solidarischen für die Menschheit zu richten" (Nr. 5). „Umfassende Entwicklung" bedeutet für den Papst: „die Förderung des einzelnen Menschen und des ganzen Menschen" (Nr. 14), ebenso wie jedes Volkes und der gesamten Menschheit.

Die Aussage des Konzils übernehmend, betonte Paul VI. mit Bestimmtheit, daß „Entwicklung nicht einfach gleichbedeutend ist mit wirtschaftlichem Wachstum" (ebd.): sie ist also nicht gleichbedeutend mit „mehr haben", sondern mit „mehr sein".

„Mehr haben ist also weder für die Völker noch für den Einzelnen das letzte Ziel der Entwicklung", betont der Papst, „wenn es zum höchsten Wert wird, der dem Menschen den Blick nach oben versperrt" (Nr. 19).

„Das Streben nach Besitz" ist legitim und, im Gegenteil, notwendig, wenn es jedoch ausschließlich wird, „verhindert es das innere Wachstum des Menschen" (ebd.).

2. *Entwicklung des Menschen und aller Menschen*

Der Mensch, der Mensch in seiner Gesamtheit — als ein dem Hunger, der Krankheit, dem Elend ausgesetzter Körper, als ein von Unwissenheit und Unterdrückung, von fehlender Achtung seiner Würde bedrohter Geist — der Mensch muß im Mittelpunkt jeder auf die Entwicklung bezogenen Theorie und Tätigkeit stehen. So „hat jedes Programm zur Steigerung der Produktion nur so weit Berechtigung, als es dem Menschen dient“ (Nr. 34).

Die Enzyklika beinhaltet eine Überlegung, welche besonders die Intellektuellen unserer Zeit betrifft und deren Verantwortung erfordert: „Die Entwicklungshilfe braucht immer mehr Techniker. Noch nötiger freilich hat sie weise Menschen mit tiefen Gedanken, die nach einem neuen Humanismus Ausschau halten, der den Menschen von heute sich selbst finden läßt.“ (Nr. 20)

Die Besorgnis in der Frage der Entwicklung des „ganzen Menschen“ ist in der Enzyklika „Populorum Progressio“ immer mit der Besorgnis in der Frage der Entwicklung „aller Menschen“ verflochten. „Die volle Entwicklung des Menschen kann nur in einer solidarischen Entwicklung der Menschheit geschehen“: so beginnt der 2. Teil der Enzyklika, der genau diesem letzten Aspekt gewidmet ist (Nr. 43).

Wie könnte es anders sein, wenn ein so großer Teil der Menschheitsfamilie gezwungen ist, unter unmenschlichen Bedingungen zu leben? Wie der Papst sagt, manchmal in „Situationen, deren Ungerechtigkeit zum Himmel schreit“ (Nr. 30).

Das moralische Gewissen und auch das Wissen um die Gefährlichkeit einer solchen Situation auch für jene, die nicht davon betroffen sind, drängen die Menschheit dazu, sie zu bewältigen: mit Mut, Entschlossenheit und mit einer klaren Sicht des Problems und dessen möglichen Lösungen. „Die zu großen wirtschaftlichen, sozialen und kulturellen Unterschiede unter den Völkern rufen Spannungen und Zwietracht hervor und bringen den Frieden in Gefahr“ (Nr. 76). Das ist jedoch nicht der einzige Grund, der jeden Menschen und vor allen anderen die für das Schicksal der Nationen Verantwortlichen aufrütteln soll. „Die Völker, die Hunger leiden, bitten die Völker im Wohlstand dringend und inständig um Hilfe“ (Nr. 3): dieser Satz, der „effektvoll“ erscheinen mag, der jedoch eine effektive Wirklichkeit widerspiegelt, ist auch noch nach 16 Jahren gültig, als Papst Paul VI. ihn in die Welt setzte „als ein Schrei der Angst“, und „jeden Einzelnen“ aufruft, „dem Hilferuf seines Bruders in Liebe zu antworten“ (ebd.).

III. Die heutige Aufgabe der Wissenschaftler

Während jedem Staatsmann, jedem Mitglied der Menschheitsfamilie, insbesondere den Christen, jener Teil überlassen ist, der ihm zukommt, habt Ihr Wissenschaftler die spezifische Aufgabe, die objektiven Ursachen einer solch ungerechten und besorgniserregenden Situation herauszufinden und die möglichen Korrekturmechanismen zu untersuchen.

Man könnte nämlich sagen, daß Gesetze und wirtschaftliche Strukturen, die als entwicklungsfreundlich untersucht oder angesehen werden, paradoxerweise das Gegenteil bewirken. Besonders unter so ungleichen Bedingungen, wie sie zwischen den entwickelten Ländern und den Entwicklungsländern herrschen, „kann die Spielregel der freien Marktmechanik also für sich allein die internationalen Beziehungen nicht regieren" (Nr. 58), stellt „Populorum progressio" fest.

Wenn „das Entwicklungswerk kühne, bahnbrechende Umgestaltungen, drängende Reformen verlangt" (Nr. 32), so müssen diese in jedem Fall auch wirtschaftliche und soziologische Gesetze berücksichtigen, die, obwohl sie keine „eisernen" Gesetze sind, dennoch Widerstände erzeugen und nicht weniger Weisheit als Mut erfordern. „Eine unbedachte Agrarreform kann ihr Ziel verfehlen", bemerkt die Enzyklika „Populorum progressio" (Nr. 29), „eine übereilte Industrialisierung kann Strukturen zerschlagen, die noch notwendig sind, und zugleich soziales Elend schaffen, ein Rückschlag für die Menschheit".

Das bedeutet, daß der Beitrag von Experten, fähigen Denkern und Geistesmenschen wichtig und notwendig ist — gerade in dieser Zeit, in der es zu einer Katastrophe kommen könnte oder diese vorbereitet wird —, die aber dazu aufgerufen sind, den friedlichen Fortschritt der Menschheit zu sichern.

In der Anerkennung der höchsten Verantwortung, die Ihnen allen, die hier anwesend sind, auf diese Weise zukommt, erlaube ich mir, Sie dazu zu ermutigen, daß Sie es immer verstehen mögen, die wissenschaftliche Strenge mit der Wärme des Herzens zu vereinen: damit Ihr engagierter wie notwendiger Beitrag das Wesen und die Großzügigkeit „einer Antwort in Liebe" (vgl. „Populorum progressio") besitzt (Nr. 13); ich möchte Sie auffordern, niemals zu vergessen, daß der Mittelpunkt Ihrer Studien, Ihrer Sorgen als Wissenschaftler, der Mensch sein muß, der Mensch in seiner umfassenden Würde; daß „die wahre Entwicklung", um neuerlich die Worte der Enzyklika „Populorum progressio" zu gebrauchen, „für den Einzelnen und für die Völker der Weg von weniger menschlichen zu menschlicheren Bedingungen ist" (Nr. 20).

Mit dieser Sicht des „Menschen", die über jedwede ökonomische oder rein technische Sicht der „Entwicklung" hinausgeht, möchte ich Ihnen eine gute Arbeit wünschen, die dazu dient, den Ideenreichtum und die Fülle der

Kardinalstaatssekretär Agostino Casaroli bestätigt das Promulgationsdekret des Codex Iuris Canonici am 25. Jänner 1983 im Vatikan. Zu seiner Linken Erzbischof Rosalio José (heutiger Kardinal) Castillo Lara.

Kardinalstaatssekretär Agostino Casaroli bestätigt die Ratifikationsurkunde zum Konkordat des Heiligen Stuhls mit der Republik Italien am 18. Februar 1984 in der Villa Madama in Rom; rechts Ministerpräsident Bettino Craxi.

gesellschaftlichen Veränderungen, die in den beiden Enzykliken, derer diese Tagung gedenken möchte, enthalten und vielleicht noch verborgen sind, noch mehr ans Licht zu bringen.

DER HEILIGE STUHL UND DER FRIEDE

1. Krieg und Friede — ein Hauptproblem der Menschheit

Über den Frieden wird immer wieder und seit langem, überall und bei so vielen Gelegenheiten, auf so verschiedene Weise und in so unterschiedlichen Tonarten gesprochen, daß einer vernünftigerweise fürchten muß, zumindest als nicht sehr originell zu erscheinen, wenn er ein so breit erforschtes Thema behandelt, zu dem etwas zu sagen, was nicht schon wiederholt gesagt wurde, schwierig scheint.

Auch zu den Erklärungen und Aktivitäten des Hl. Stuhls in bezug auf den Frieden und für den Frieden ist viel gesagt worden, besonders aufgrund des Echos, das die Worte und Handlungen jenes Mannes finden, der seit fünf Jahren den Stuhl Petri innehalt: Papst Johannes Paul II.

Doch das Problem von Krieg und Frieden ist so bedeutsam und wichtig — vor allem heute; mit seinem lastenden Gewicht der Angst und mit den Hoffnungen und Befürchtungen so vieler Millionen von Männern und Frauen kann es niemals banal erscheinen, wenn es nur mit dem Ernst behandelt wird, den es verdient. Ich meine, wenn es nicht rhetorisch oder einseitig, sondern objektiv und im Bemühen, konkret zu werden, behandelt wird, wie sich das für einen Gegenstand gebührt, der von lebenswichtiger Bedeutung für alle Völker und die ganze Menschheit ist. Schöne Worte und erhabene Gefühle reichen da nicht aus. Was erforderlich ist, sind Klarheit des Verstandes und Willensstärke (obwohl man leider erkennen muß, daß auch diese nicht immer genügen, um Kriege zu verhindern und den Frieden zu sichern; sie sind nicht immer ausreichend, gewiß, aber man kann niemals auf sie verzichten).

Ich möchte also diese Gelegenheit benutzen, die mir diese angenehme und bedeutsame Begegnung bietet, um zu versuchen, Ihnen irgendwie die Haltung des Hl. Stuhls zum Problem von Krieg und Frieden darzulegen, das sich heute mit einer unmittelbaren und dramatischen Dringlichkeit stellt, die keine Epoche der älteren und jüngeren Geschichte der Menschheit jemals kennengelernt hat, ja vielleicht nicht einmal erahnt hat.

Ansprache bei der Verleihung der Ehrendoktorwürde in Literaturwissenschaften durch die Jesuiten-Universität in San Francisco am 18. November 1983.

Ich brauche wohl nicht eigens zu betonen, daß das, was ich zu sagen habe, keine offizielle Erklärung des Hl. Stuhls ist, sondern nur längst bekannte Dinge.

2. Das Wirken des Hl. Stuhls im Bereich Krieg und Frieden

Das Wirken des Hl. Stuhls auf dem Gebiet von Krieg und Frieden entfaltet sich im wesentlichen in drei Richtungen:

1) auf der Ebene der Sittenlehre, die die katholische Kirche — wie übrigens auch andere christliche Kirchen und Gemeinschaften — als eine ihrer spezifischen und grundlegendsten Aufgaben und Pflichten betrachtet;

2) in der Beeinflussung und Orientierung der öffentlichen Meinung, besonders unter den Katholiken, durch die nachdrückliche Aufforderung zur Reflexion, zum Gebet, zum richtigen Gebrauch der Rechte und Möglichkeiten der Bürger als einzelne und als Gemeinschaft für den Frieden zu wirken (wie auch auf anderen Gebieten, wo sich die Politik im weitesten Sinne des Wortes mit der Moral verbindet);

3) im direkten Tätigwerden bei den Entscheidungszentren der Regierungen und internationalen Organisationen, und zwar sowohl als anerkannte moralische Kraft von weltweiter Bedeutung wie auch als Inhaberin eines legitimen Platzes in der internationalen Gemeinschaft: diese letzte Tatsache ermöglicht es dem Hl. Stuhl, im direkten Kontakt mit den beteiligten Parteien und stets unter dem sittlichen Aspekt, in dem er kompetent ist, konkret in Fragen bezüglich Krieg und Frieden einzugreifen. Diese Fragen sind immer schwierig und komplex, auch wenn es scheinen könnte, sie beträfen nur „kleinere" Probleme.

3. Die Auffassung der letzten Päpste

Dokumente, in denen der Hl. Stuhl und direkter die Päpste ihre Gedanken zu den Problemen des Friedens dargelegt haben, gibt es in großer Zahl; nicht alle von ihnen besitzen dasselbe Niveau und dieselbe Bedeutung wie die von mir genannten Lehräußerungen.

Wenn wir uns auf unsere jüngere Zeit beschränken und beim Pontifikat Pius' XII. beginnen, müssen wir besonders seine verschiedenen Weihnachtsansprachen im Rundfunk erwähnen, in denen er versucht hat, trotz des zeitlichen Abstandes zwischen ihnen eine systematische „Friedenslehre" zu entwerfen in Antwort auf die durch den Zweiten Weltkrieg und die Nachkriegszeit entstandene neue Situation mit ihrer entsprechenden Entwicklung in Zeiten politischer Spannungen und neuer Aufrüstung.

Man kann sagen, daß zumindest für den Mann auf der Straße, aber auch in der öffentlichen Weltmeinung die klaren Analysen Pius'XII. und seine wiederholten Appelle, in denen gewiß auch Erschütterung mitschwang, irgendwie überschattet wurden von der strahlenden, warmen und zugleich sachlichen Klarheit der Worte Johannes' XXIII., insbesondere in der Enzyklika „Pacem in terris", deren Erscheinungsdatum sich zum 20. Mal jährt.

Das Pontifikat Pauls VI. ist besonders reich an Lehranstößen und Entwicklungen mit zahlreichen öffentlichen und diplomatischen Interventionen für den Frieden in einer Welt, die zunehmend der Gefahr ausgesetzt war, die Schrecken des letzten großen Krieges zu vergessen und sich von der Logik leiten zu lassen, die trotz des erklärten Willens zur Abrüstung schrittweise zu der quantitativ und qualitativ ungeheuren Aufstockung gegeneinander gerichteter Waffenpotentiale geführt hat.

Nicht zu vergessen ist, daß unter der großen Pastoralkonstitution des Zweiten Vatikanischen Konzils Gaudium et spes zuerst die Unterschrift Pauls VI. steht, und ebenso ist seine Ansprache vor der Vollversammlung der Vereinten Nationen vom 4. Oktober 1965 zu nennen, dann die Enzyklika Populorum progressio mit der bekannten Feststellung, daß „Entwicklung der neue Name für Frieden ist"; die verschiedenen Botschaften und Predigten zu den jährlichen Weltfriedenstagen, durch die er die Gewissen der Menschen aufrütteln und das Volk zum Dienst am Frieden ermutigen wollte. Diese wiederholen sich seit dem 1. Januar 1968 zu jedem Jahresbeginn. Die jährlichen Begegnungen mit dem beim Hl. Stuhl akkreditierten Diplomatischen Corps boten ihm Gelegenheit, immer wieder auf ein Thema zurückzukommen, das so eng mit den höchsten Funktionen der Diplomatie verbunden ist. Seine letzte große Intervention gegen das Gespenst des Krieges war die feierliche Botschaft, die er an die zu einer Abrüstungssondersitzung einberufene UNO-Vollversammlung richtete (27. Mai 1978). Knapp zwei Monate später beendete Paul VI. sein arbeitsreiches Leben.

Nach dem kurzen Pontifikat Johannes Pauls I. hat sein Nachfolger Johannes Paul II. die intensive Aktivität Pauls VI. in Lehre und Engagement für die Sache des Friedens wieder aufgenommen und weitergeführt. Wie Paul VI. hat der derzeitige Papst sein Wort im Oktober 1979 an die Vollversammlung der Vereinten Nationen gerichtet. Als im Juni 1982 die zweite Sondersitzung über die Abrüstung zusammentrat, richtete er an sie eine ausführliche und wohlüberlegte Botschaft. Wie Paul VI. wendet er sich am Weltfriedenstag an die ganze Menschheitsfamilie.

Sein Besuch in Hiroshima und Nagasaki im Februar 1981 bot ihm eine einzigartige Gelegenheit, die ganze Welt feierlich vor der Gefahr eines atomaren Holokaust zu warnen. Johannes Paul II. hat auch versucht, das Gewissen der Männer und Frauen der Wissenschaft im Hinblick auf ihre Verantwortung auf diesem Gebiet zu wecken, und hat sich des wertvollen Beitrages ihrer Erfahrungen und ihrer Ideen bedient. Es genügt, hier an die jüngste Ansprache vom 12. November an die Päpstliche Akademie der Wissenschaften zu erinnern, in der der Papst „in diesem ersten Augenblick der Geschichte ... die Liebe zu dem Wissen, das den Frieden aufbaut", gefordert hat.

4. Die vom Hl. Stuhl im Bereich von Krieg und Frieden vertretenen Grundsätze

Wenn wir nun aus der soeben angeführten umfangreichen „Literatur" die wesentlichen Grundlinien der Stellung des Hl. Stuhls in der fraglichen Materie ableiten wollen, könnten wir sie, so meine ich, in einigen grundlegenden Punkten zusammenfassen, die natürlich genauer definiert und entwickelt werden müssen:

1) Der Friede ist eines der höchsten Güter für die Menschheit.

2) Der Friede ist notwendig.

3) Der Friede ist möglich.

4) Der Friede ist eine Pflicht.

5) Der Friede hat verschiedene unerläßliche Voraussetzungen oder Vorbedingungen. Insbesondere kann der wahre Frieden niemals ohne wahre Gerechtigkeit aufgebaut werden, in der die unermeßlichen Reserven der Welt für alle Völker und zum Wohl der Menschheit verwendet, anstatt zur Herstellung von Waffen mißbraucht werden.

6) Aufs engste verbunden mit dem Problem des Friedens ist das der Rüstung. Der Rüstungswettlauf und das Ausmaß, das er in den verschiedenen Teilen der Welt erreicht hat — besonders was die Großmächte und die zugehörigen Blockbildungen betrifft —, stellen

a) ein Übel (besonders im Hinblick auf die Verwendung des Menschenpotentials und die Materialreserven) und

b) eine sehr ernste Gefahr für den Frieden dar.

7) Eine gesonderte Betrachtung erfordert mit absoluter Dringlichkeit das Problem der Kernwaffen. Sie verlangen eine besonders erschöpfende und ernste Prüfung einer ganzen Reihe von allgemeinen und spezifisch ethischen Problemen, die diese Waffen dem menschlichen und christlichen Gewissen stellen. Tatsächlich war die Sorge der Päpste in den letzten Jahrzehnten —

und sie standen dabei nicht allein — tief gekennzeichnet von dem Auftauchen dieser neuen Situation, die die herkömmlichen Lehren über den Krieg in Frage stellt. Sie hat sie aber nicht das Problem der Existenz anderer besonders grausamer und schädlicher Waffen wie der chemischen, bakteriologischen und biologischen vergessen lassen.

8) Es ist daher die sittliche Pflicht jedes einzelnen, im Rahmen der jeweiligen Verantwortlichkeiten alles zu tun, um stufenweise, aber ohne Verzug eine tatsächliche Abrüstung, besonders auf dem Gebiet der Kernwaffen zu erreichen: eine vollständige Abrüstung von seiten aller Nationen, natürlich in ausgewogener Weise und mit der gegenseitigen Garantie der notwendigen Kontrollen — das ist es, was die Päpste erhoffen.

9) Das Problem der atomaren und nichtatomaren Abrüstung kann tatsächlich und darf grundsätzlich nicht, auch wenn es vorrangig und dringlich ist, als eine Frage für sich betrachtet werden; mit ihm ist das Problem des Friedens, das viel weiter reichende Verflechtungen und Forderungen nach sich zieht, nicht erschöpfend beantwortet. Es gibt keine realen Erfolgsmöglichkeiten, wenn für die Lösung der Fragen, die Völker und Länder entzweien oder entzweien können, keine anderen Wege als die des Krieges gefunden werden können. Allgemeiner gesagt, es kann keine Abrüstung geben, wenn die internationalen Beziehungen nicht auf gegenseitigem Vertrauen und einer Zusammenarbeit basieren, die zur Überwindung oder zumindest zur Korrigierung der Kluft zwischen reichen und armen Ländern führt, indem sie die Entwicklung aller Völker, als Mitglieder der einen großen Menschheitsfamilie, die im Guten und im Bösen untrennbar miteinander verbunden und voneinander abhängig sind, fördert.

Ohne Anspruch auf Vollständigkeit zu erheben, scheint mir dieser kurze Abriß einigermaßen getreu die wesentlichen Linien des Denkens wiederzugeben, das man in der Lehre und in den Erklärungen der uns zeitlich am nächsten liegenden Päpste findet.

5. Ist die Auffassung des Hl. Stuhls unrealistisch?

Lehre und Praxis Johannes' XXIII., Pauls VI. und Johannes Pauls II. im Bereich von Frieden, Abrüstung und internationaler Zusammenarbeit waren und sind Gegenstand positiver Stellungnahmen aus sehr verschiedenen, oft einander entgegengesetzten Lagern.

Das Wort dieser Päpste, das von Abermillionen von Menschen, auch Nichtkatholiken, mit so großem Respekt aufgenommen wurde, ist wiederholt von Politikern und Staatsmännern als in hohem Maße „inspiriert“ anerkannt und gepriesen worden.

Man kann fragen, ob sie es auch für „realistisch" genug halten.

Das Wort „Realismus" läßt sehr verschiedene Bedeutungen und Interpretationen zu. Diejenigen, die sich primär mit dem sittlichen Aspekt des Problems beschäftigen und diesem mit Recht vor jeder anderen Betrachtung den Vorrang geben, empfinden instinktiv eine gewisse Furcht vor diesem Wort: als ob „Realismus" dazu führe, im Widerspruch nicht nur zu einem sentimentalen und abstrakten Idealismus, sondern auch zur Anerkennung des Vorrangs der sittlichen Werte im Urteil und den daraus folgenden Handlungen zu stehen.

Man würde jedoch Politikern, Staatsmännern und anderen Verantwortlichen für das öffentliche Leben, die tagtäglich mit der Realität schwieriger und komplexer Probleme, einschließlich jener, die die Sicherheit der jeweiligen Länder betreffen, konfrontiert werden und in diesem Sinne sozusagen zu einem strengen und wachsamen Realismus „verurteilt" sind, Unrecht tun, wollte man ihnen von vornherein und unterschiedslos eine verminderte Empfänglichkeit für die sittlichen Forderungen zur Last legen; so als akzeptierten sie eine früher verbreitete Idee, die sich heute niemand ausdrücklich zu unterstützen bereit fände, nämlich, daß die sittlichen Normen für den einzelnen Gültigkeit haben, während die Staaten ausschließlich vom Gesetz der Selbstverteidigung und des Sieges im „Kampf ums Dasein" regiert werden.

Es ist verständlich, daß sie eine gewisse, wenn auch unausgesprochene Ratlosigkeit empfinden können gegenüber der Behauptung, die Erhaltung des Friedens, die Vermeidung von Kriegen sei immer möglich, wenn auch schwierig: oder, was dasselbe ist, die notwendigen Bedingungen, um Frieden zu erreichen, ließen sich immer verwirklichen.

An eine wohlbekannten Stelle der Enzyklika Pacem in terris werden vier Werte, die sich aus den Forderungen des Moralgesetzes für die Beziehungen zwischen Völkern und Staaten ergeben, aufgeführt und dargelegt: Wahrheit, Gerechtigkeit, echte Solidarität und Freiheit. Diese werden von den Nachfolgern Johannes' XXIII. wieder aufgegriffen und weiterentwickelt. Gewiß wäre dort, wo diese Bedingungen erfüllt sind, eine friedliche und harmonische internationale Koexistenz gesichert; aber wie läßt sich erreichen, daß Völker und Staaten — die sich durch Herkunft, Geschichte, Macht und Interessen so stark voneinander unterscheiden — sich überall und immer an jene sittlichen Normen halten, daß sie nicht jene tranquillitas ordinis (Ruhe der Ordnung) zerstören, in der nach dem hl. Augustinus der Friede besteht? Selbst die Gerechtigkeit, die erste Vorbedingung für die Erhaltung des Friedens zwischen den Nationen — Opus iustitiae pax! (Der Friede ist das Werk der Gerechtigkeit) —, wird eine Konfliktquelle, wenn die Arroganz eines Staates gegenüber einem anderen eine gerechtfertigte Reaktion der angegriffenen Seite auslöst.

Johannes XXIII. war sich dieser Schwierigkeit sehr wohl bewußt. Und er empfahl als Lösung die Einsetzung einer politischen Gewalt, die in der Lage ist, „ihre Wirksamkeit über den ganzen Erdkreis zu erstrecken“ (Nr. 137), und „voll und ganz unparteiisch“ ist (Nr. 138).

6. Die Notwendigkeit einer Weltautorität

Der Wunsch nach Einrichtung einer „von allen anerkannten internationalen öffentlichen Autorität, die mit entsprechender Machtbefugnis ausgestattet werden soll, um allen Völkern Sicherheit, Einhaltung der Gerechtigkeit und Respektierung der Rechte zu garantieren“, wurde auch vom Zweiten Vatikanischen Konzil (Gaudium et spes, Nr. 28) und von Paul VI. in seiner Ansprache an die Vereinten Nationen (Nr. 3) ausgesprochen. Die Idee bildete gleichsam eine Konstante in der Haltung des Hl. Stuhls und der katholischen Kirche — aber nicht nur dieser — zur Friedensfrage.

Aber eine solche Lösung scheint vorläufig noch weit entfernt und sehr schwierig zu sein; wobei die Tatsache nicht vergessen werden sollte, daß auch dort, wo eine höhere Autorität errichtet wurde, wie es die Staatsgewalt in einem Land ist, es nicht immer gelingt, kämpferischen Auseinandersetzungen zwischen Bürgern und sozialen Gruppen oder selbst Revolten gegen die Autorität des Staates selbst zuvorzukommen. Auch nicht das Wirken der verschiedenen internationalen Organe, einschließlich der UNO, die nichtsdestoweniger mit der aufrichtigen Unterstützung des Hl. Stuhls rechnen können. Vorläufig stellt sich also das Problem, was in einer Situation getan werden kann, in der die Erfüllung der Bedingungen, die den Frieden zwischen den verschiedenen Staaten oder Machtblöcken sicherstellen können, dem guten Willen der Parteien und ihrer Fähigkeit oder Unfähigkeit anheimgestellt bleibt, ihre Differenzen auf friedlichem Weg beizulegen, auch weiterhin in seiner ganzen Schärfe.

7. Die Lehre vom bellum iustum heute

Eben aufgrund dieser nur zu oft unüberwindlich erscheinenden Schwierigkeiten wurde die Überzeugung von der Legitimität des bewaffneten Einsatzes noch nicht aufgegeben, wenn dieser notwendig scheint, „um die Völker rechtmäßig zu verteidigen“, wie es in Gaudium et spes (Nr. 79) heißt. Das ist die klassische Theorie vom „gerechten Krieg“, die Prinzipien, die oft benutzt werden, um verschiedene Aspekte des Problems zu unterscheiden, und die auch der Hl. Stuhl im Grundsatz nicht absolut und bedingungslos verwerfen kann, solange die Menschheit über kein anderes wirksames Mittel verfügt, für die Wahrung der Gerechtigkeit in den Beziehungen zwischen den Völkern zu sorgen.

Im Grundsatz, habe ich gesagt, und das heißt unter den strengen Bedingungen, die die Päpste seit Beginn des Ersten Weltkrieges unaufhörlich und immer nachdrücklicher unterstrichen haben. Insbesondere ist es erforderlich, daß in jedem Fall sämtliche möglichen ehrlichen, beharrlichen und hochherzigen Bemühungen um eine friedliche Lösung, auch mit Hilfe der Verbündeten und der bestehenden internationalen Verfahrensweisen ausgeschöpft werden. Es muß eine gewisse Proportion bestehen zwischen dem zu verteidigenden Guten und den Übeln des Krieges unter den konkreten Gegebenheiten jedes einzelnen Falles.

Diese letzte Bedingung hat im Hinblick auf den ständigen Fortschritt bei der Entwicklung der neuen Waffen größeres Gewicht gewonnen. Das gilt vor allem für die Atomwaffen mit ihren schrecklichen Möglichkeiten, Zerstörung und Leiden zu verbreiten, die über den aktuellen Konflikt der Waffen weit hinausreichen. Diese Tatsache, die bestätigt wird durch die tragische Erfahrung von Hiroshima und Nagasaki sowie durch die Feststellungen der Wissenschaft selbst, die durch ihre Unerbittlichkeit noch beeindruckender sind als die Emotionen der Massen, löst Angst aus und appelliert an unser Verantwortungsbewußtsein. All das zwingt uns, wie ich schon gesagt habe, die traditionellen Bewertungskriterien einer gründlichen Revision zu unterziehen, einer Revision, die der Schwierigkeit, manche würden sagen, der Unmöglichkeit Rechnung trägt, die ungeheuren Kräfte unter Kontrolle zu halten, die der Mensch entfesseln kann, die zu bändigen und nach seinen Wünschen und in Übereinstimmung mit seinem Gewissen zu lenken, er aber anscheinend nicht in der Lage ist.

Die besonderen Probleme und der Schrecken, der von den Atomwaffen und ihrer raschen und immer bedrohlicheren Entwicklung ausgelöst wurde in einem Wettlauf, der kein Ende zu haben scheint, haben uns den Schrecken anderer Waffen und anderer Kriege vergessen lassen, zu denen es seit dem Ende des Zweiten Weltkrieges in vielen Teilen der Welt gekommen ist und die immer größere Verheerungen und Zerstörungen anrichten.

Diese Situationen sind nicht nur höchst ungerecht gegenüber dem davon betroffenen Volk, sie sind auch äußerst gefährlich: denn ein begrenzter Krieg, besonders an gewissen strategischen Punkten rund um den Erdball, kann immer ausgedehntere Verwicklungen auslösen, die eventuell zu einem Konflikt von regionaler oder weltweiter Tragweite führen.

8. Das besondere moralische Problem der Atomwaffen

In jedem Fall ist es begreiflich, daß die Angst, die die immer bedrohlichere Stationierung von Atomwaffen auslöst, die in der Lage sind, einen Großteil des Lebens auf der Erde oder wenigstens in weiten Regionen — wie heute z. B. in Europa — zu zerstören, viel größer ist als die von anderen Vernichtungs- und Todeswerkzeugen ausgelöste, die im Vergleich dazu, was Umfang und Folgen betrifft, weniger schrecklich erscheint.

Wissenschaftler warnen vor den Folgen eines Atomkrieges. Männer der Kirche untersuchen angstvoll die vielen sittlichen Probleme, vor die der eventuelle Einsatz solcher Waffen nicht nur das religiöse und christliche, sondern das menschliche Gewissen stellt. Massenbewegungen bilden sich gegen die atomare Gefahr, Politiker und Staatsmänner fragen sich, was zu tun sei.

Der Hl. Stuhl seinerseits hat diese umfassende Problematik zum Gegenstand ständiger Aufmerksamkeit gemacht (ohne deshalb jene Fragen beiseite zu stellen, die andere Waffenarten, z. B. die schon erwähnten bakteriologischen und biochemischen Waffen, betrifft).

Die Stellungnahmen Pius' XII., Johannes' XXIII., Pauls VI. und Johannes Pauls II. betonen erneut, wenn auch auf einer quantitativ und qualitativ höheren Ebene, so könnte man sagen, die Grundsätze, die gegenüber allen Rüstungssystemen und besonder den gefährlichsten unter ihnen gelten.

Während als wesentlicher Bezugspunkt bestehen bleibt, was vom Zweiten Vatikanischen Konzil feierlich erklärt worden ist, nämlich daß „jede Kriegshandlung, die auf die Vernichtung ganzer Städte oder weiter Gebiete und ihrer Bevölkerung unterschiedslos abstellt, ein Verbrechen gegen Gott und gegen den Menschen ist“ (Gaudium et spes, Nr. 80), sind die Auswirkungen und Folgen eines Atomkrieges in jedem Fall derartig, daß sie jeden Gedanken, auf sie zurückzugreifen, verbieten. Sie würden in der Tat eine Art von kollektivem Selbstmord sein — trotz der unternommenen Bemühungen, Schäden und Folgen dadurch einzuschränken, daß die Kernwaffen präziser konstruiert und ihre Auswirkungen begrenzter werden.

9. Das sog. Gleichgewicht des Schreckens

Über diesen Punkt scheint andererseits allgemeine Übereinstimmung zu bestehen. Ebenso scheint es eine allgemeine Übereinstimmung darum zu geben, daß die Kernwaffen, die zum ersten Mal eingesetzt wurden, um einen langwierigen Krieg zu gewinnen, nunmehr, da die Wissenschaft und die Technik diese Waffen gegnerischen Nationen oder Bündnisblöcken zur Verfügung stellen, produziert und aufgestockt werden können, nicht um eingesetzt zu werden, sondern um ihren Einsatz von der anderen Seite zu verhindern und ihm zuvorzukommen. Manche Leute meinen, Atomwaffen bezeichneten das Ende der Epoche des Krieges: des Krieges in Großbuchstaben, wenn auch nicht der „begrenzten" Kriege. Da die Menschheit ja nicht den kollektiven Selbstmord wünschen kann, wird sie gezwungen sein, nach Wegen der Koexistenz, vielleicht des Friedens, zu suchen.

Trotz dieser These oder dieser Hoffnung bleibt jedoch das ernste menschliche und moralische Problem der Gefahr, daß solche Waffen, weil sie vorhanden sind, in einem bestimmten Augenblick auch eingesetzt werden können.

Und es bleibt das unter dem moralischen Gesichtspunkt nicht minder ernste Problem bestehen, wie man reagieren soll, wenn eine der Seiten Ziel eines atomaren Angriffes wird: den Angriff erwidern und sich mit denselben selbstmörderischen Waffen „verteidigen"?

Und wie soll man sich verhalten im Falle eines Angriffs mit überwiegend konventionellen Waffen oder sogar mit biochemischen und bakteriologischen Genocidwaffen?

Das Spektrum des eventuellen Übergangs von der „Abschreckung" zum Einsatz schließt auch andere Hypothesen ein.

Diese erscheinen immer unwahrscheinlicher, je ernster die internationalen Spannungen werden und je mehr einander feindliche Nationen und Blöcke ihre eigene Sicherheit oder ihre für lebenswichtig gehaltenen Werte gefährdet sehen.

Die Gesamtheit dieser Probleme ist weiter Gegenstand ernster und sorgfältiger Untersuchung und Diskussion nicht nur von seiten der Politiker, der Experten und der öffentlichen Meinung, sondern insbesondere von Moraltheologen und ganzer Bischofskonferenzen in verschiedenen Teilen der Welt.

Hoffnung und Traum der Menschheit ist die Befreiung vom Alptraum eines drohenden atomaren Holokaust, der auf ihr lastet wie eine Rache an denen, die die rätselhaften Geheimnisse des innersten Aufbaues der Materie dadurch verletzt haben, indem sie ihre unvorstellbaren Kräfte entfesselten. Die fortgesetzten Massendemonstrationen in verschiedenen Teilen der Welt sind sicher Ausdruck des innersten Empfindens der Völker, auch wenn sie bisweilen von Einseitigkeiten oder unbegründeten Simplifizierungen belastet sein können.

10. Die moralische Verantwortung des Menschen

Wir alle wissen, daß an der gegenwärtigen Situation nicht die Wissenschaft die Schuld trägt, die für ihre Erfindungen zu bewundern und in ihrer Arbeit zu ermutigen ist, sondern der Mißbrauch, den der Mensch mit wissenschaftlichen Errungenschaften treiben kann.

Mehr als um ein Problem der physikalischen Kräfte — so furchterregend sie in ihrer Entfesselung sein mögen — geht es hier um ein sittliches Problem: das Problem der Weisheit und des Willens.

Dass heißt, nur der freie Mensch, der trotz der Bedingungen, denen er von den Kräften oder Widerständen der physikalischen Welt, die er entdeckt hat, unterworfen wird, Herr seiner Entscheidungen ist, ist derjenige, der über seine Zukunft und über die Zukunft der Erde, die ihm als Wohnstätte übergeben worden ist, entscheiden kann und muß.

Der Mensch: ein kleines und unermeßlich großes Wesen, schwach und zugleich fähig, Kräfte zu beherrschen, die unendlich größer sind als er! Der Mensch: der König das Alls!

Die Päpste werden nicht müde, an seine Souveränität zu erinnern und sie zu betonen im Gegensatz zu den immer wiederkehrenden Versuchungen, von einer Würde, die zugleich eine fast erschreckende Verantwortung darstellt, mehr oder weniger deutlich abzudanken.

Aber wenn man „Mensch" sagt, meint man in Wirklichkeit „Menschen": Millionen und Milliarden von Männern und Frauen, die in voneinander verschiedenen, zu oft einander feindlichen ethnischen und politischen Gruppen zusammengeschlossen sind.

Auf sie alle verteilt sich die gemeinsame Verantwortung.

11. Das Problem der atomaren Abschreckung

So stellt sich wiederum das Problem, wie man eine gemeinsame Willensharmonie gewährleisten kann, um die gemeinsame Vernichtung zu vermeiden.

Berücksichtigt man die ihr zur Verfügung stehenden Möglichkeiten, so scheint die Menschheit vorläufig keine andere Wahl zu haben als den Weg der Vereinbarung und den der Angst oder Abschreckung.

Die Atomwaffe wird geradezu als die typische und wirksamste „Abschreckungswaffe" angesehen, die es heute gibt.

Manche zögern nicht, ihr das „Verdienst" zuzuschreiben, nahezu vier Jahrzehnte lang den Ausbruch eines neuen Weltkrieges verhindert zu haben.

Tatsächlich hätte die Kernwaffe, wenn sie Monopol einer einzigen Macht geblieben wäre, dieser gestatten können, unangefochten über die ganze Welt zu herrschen. Nachdem sie aber auch in den Besitz anderer gekommen ist, zerstört sie jeden Traum von absoluter Vorherrschaft, außer vielleicht über eine Erde, die zur Wüste geworden ist, und das könnte eine Ermutigung dazu sein, nach einem vernünftigen Übereinkommen zu suchen.

Natürlich ist die atomare Bedrohung nicht das einzige Mittel der Abschreckung: doch sie scheint jene Mittel zusammenzufassen und zu symbolisieren, die seit den ersten Tagen des unruhigen Menschenlebens in Gesellschaft in ihren verschiedenen Formen einen Bestandteil unserer Geschichte ausgemacht haben. Diese Bedrohung unterstreicht in ihrer Radikalität die essentielle Vernunftwidrigkeit einer Beziehung zwischen Menschen und Völkern, die nicht auf dem Vorrang von Recht und Gerechtigkeit — die oft auf der Seite des Schwächeren stehen —, sondern auf dem Vorrang der Stärke gründet, die nicht weniger oft den unterstützt, der im Unrecht ist die anderen unterdrücken will, wie es im Buch der Weisheit heißt: „Unsere Stärke soll bestimmen, was Gerechtigkeit ist; denn das Schwache erweist sich als unnütz" (2, 11).

Die Kirche und die Päpste treten immer für eine Weise des Zusammenlebens ein, die auf der gegenseitigen Verpflichtung zur loyalen Respektierung des Rechts und der Gerechtigkeit gründet. Aber angesichts einer Wirklichkeit, die sich unglücklicherweise erst nach langer Zeit ändern kann, räumen sie ein, daß der Rückgriff auf eine bedingte Abschreckung als Mittel zur Verteidigung der eigenen Sicherheit und zum Widerstand gegen einen ungerechten Angriff und somit als Mittel der Vorbereitung der Veränderung der Situation, die die Abschreckung vorläufig gerechtfertigt, nicht verworfen werden kann.

Jeder kennt die Feststellung Papst Johannes Pauls II. in seiner Botschaft an die 2. außerordentliche Abrüstungskonferenz der Vereinten Nationen vom 14. Juni 1982: „Unter den gegenwärtigen Bedingungen kann eine auf dem Gleichgewicht beruhende Abschreckung — natürlich nicht als ein Ziel an sich, sondern als ein Abschnitt auf dem Weg einer fortschreitenden Abrüstung — noch für moralisch annehmbar gehalten werden" (Nr. 8; in: O. R. dt. vom 30. 7. 82, S. 11).

Die Feststellung besitzt allgemeinen Charakter, und was die konkreten Möglichkeiten zur Anwendung dieser Abschreckung betrifft, muß man sich an die bekannten Prinzipien der Sittenlehre halten: unter gebührender Berücksichtigung dessen, was auf dem Spiel steht, das heißt der Werte, die in Gefahr sind und die es zu schützen gilt.

Die Abschreckung verlangt an sich kein mathematisches „Gleichgewicht" der Kräfte oder des Schreckens, da sich diese auch auf andere Weise als wirksam erweisen kann. Aber praktisch wird das Gleichgewicht heute von beiden die Menschheit trennenden Blöcken für notwendig gehalten. Auf der anderen Seite ist das Prinzip des politischen oder militärischen Gleichgewichtes ein klassisches Element in den Beziehungen zwischen Staaten und Bündnissen; und jeder Versuch, das Gleichgewicht zum eigenen Vorteil zu zerstören, wird als sicheres Zeichen des Wunsches nach Übermacht ausgelegt.

Aber — so warnte Paul VI. in seiner Botschaft an die erste Abrüstungskonferenz der Vereinten Nationen (6. Juni 1978) — „die dem Streben nach dem Gleichgewicht der Kräfte innewohnende Logik treibt jeden der Gegner zum Versuch, sich ein gewisses Maß an Überlegenheit zu verschaffen aus Angst, einmal in eine benachteiligte Lage zu geraten" (in: Wort und Weisung, 1978, I. Teil, S. 222). Diese Logik führt statt zu tatsächlichem Gleichgewicht zu nachfolgendem Ungleichgewicht — oder zumindest zur Angst davor —, was bei der Suche nach Wiederherstellung des Gleichgewichtes eine Eskalation auslöst, die wachsende Ausgaben und steigende Gefahren hervorruft.

12. Zwei Ziele gemeinmenschlicher Bemühungen: Abrüstung und Fortschritt

Die Abschreckung kann nach päpstlicher Lehre jedenfalls nicht als „Ziel an sich" betrachtet werden: sie hat ihrer Natur nach provisorischen und sozusagen instrumentalen Charakter. So, wie sie das Schlimmste verhüten will, so muß sie dazu dienen, Zeit zu geben für die Suche nach Einvernehmen und Verständigung, die nicht nur auf sittlicher Ebene, sondern auch jener der wirklichen Interessen der Völker und der Menschheit, die, so würde ich sagen, eine „realistisch ideale" Bedingung für das Leben des Menschen in Gesellschafdt darstellen. Ein Ideal, dem immer näher zu kommen wir uns alle Mühe geben müssen.

Das Einvernehmen hat in der Auffassung der Päpste zwei Ziele. Das erste, das man als negativ bezeichnen könnte, ohne daß diese Definition ihr etwas von ihrer vitalen Bedeutung nehmen würde, ist die Beseitigung oder wenigstens Begrenzung der Mittel, die dem Menschen für den Krieg dienen und ihn irgendwie dazu ermutigen könnten: mit anderen Worten: die Abrüstung.

Die Erklärungen und Botschaften der letzten Päpste zu diesem Gegenstand sind durch ihre Zahl und ihre Eindringlichkeit einer der beredtesten Beweise ihrer Sorge um die Verhinderung blutiger Konflikte zwischen den Völkern.

Die eindringliche Aufforderung und Ermutigung zum ehrlichen Dialog, ohne sich davon erschöpfen oder entmutigen zu lassen, betrifft hauptsächlich diese erste Bedingung, um den Gefahren für den Frieden zuvorzukommen. Das letzte Beispiel dafür ist das Schreiben, das Papst Johannes Paul II. am 26. Oktober 1983 an den Präsidenten der Vereinigten Staaten und an den Vorsitzenden des Präsidiums des Obersten Sowjets der Sowjetunion gerichtet hat, um sie zu zwingen, trotz der großen Schwierigkeiten die Genfer Gespräche über den Abbau der strategischen Waffen (START) und über die Mittelstreckenraketen (INF) nicht abzubrechen. Wie der Hl. Stuhl, unter Verbleiben auf der ihm eigenen streng religiösen und sittlichen Ebene, das Abkommen über die Nichtweiterverbreitung von Kernwaffen unterstützt hat und ihm beigetreten ist, so nimmt er nun an den Vorbereitungssitzungen der „Konferenz über Maßnahmen zur Stärkung von Vertrauen und Sicherheit und Abrüstung in Europa" teil, die im Januar 1984 in Stockholm stattfinden soll.

Aber wie auf dieses „negative" Ziel, ja in einer weiteren historischen Sicht richtet der Hl. Stuhl darüber hinaus seinen Blick auf die positiven Aspekte des Friedens, der nach den Worten des Zweiten Vatikanischen Konzils „nicht darin besteht, daß kein Krieg ist" (Gaudium et spes, nr. 78).

Der Freiraum, der durch die Hoffnung, daß es keinen Krieg gibt, geschaffen wurde, muß gefüllt werden durch das Zusammenwirken für das gemeinsame Wohl und den Fortschritt; dafür sollen die ersparten Energien und Mittel eingesetzt werden, vor allem aber die Hochherzigkeit und der Opfergeist, für die die Menschheit so oft glänzende Beispiele auf den Schlachtfeldern gegeben hat.

Den echten Frieden zu gewinnen verlangt nicht weniger Tüchtigkeit und nicht weniger Einsatz, als einen Krieg zu gewinnen.

Der Fortschritt aller Völker, ein gerechteres und konstruktiveres Verhältnis zwischen entwickelten Nationen und Entwicklungsländern, zwischen Nord und Süd, zwischen Staaten mit unterschiedlichem politischen und sozialen Regime, sind Gegenstand der Aufmerksamkeit und Handlungsweise des Hl. Stuhls: in diesem Geiste wünschte der Hl. Stuhl mit allen Rechten und Verantwortlichkeiten an der Konferenz von Helsinki über Sicherheit und Zusammenarbeit in Europa teilzunehmen.

13. Für einen internationalen Dialog

Wir alle wissen um die Schwierigkeiten des Dialogs über die Abrüstung oder die Suche nach politischen Lösungen für die Probleme, die die Völker entzweien, oder die Sicherstellung einer harmonischen internationalen Zusammenarbeit. Die Komplexität und die Schwierigkeit der Probleme, die nahezu unlösbar miteinander verknüpft sind und vitale Rechte und Interessen, tiefreichende Gefühle und festverwurzelte Überzeugungen berühren, bilden bereits ein Hindernis, das nur zu oft als praktisch unüberwindlich erscheinen mag.

Andererseits verlangt der Dialog Aufrichtigkeit, Offenheit, Verständnisbereitschaft, entschiedenen und geduldigen Willen, wie Papst Johannes Paul II. in seiner Botschaft zum Weltfriedenstag 1983 ausführte. Er verlangt vor allem, daß es jeder Seite gelingt, Vertrauen in die Offenheit und den guten Willen der anderen Seite zu haben: was — zumindest heute —aufgrund unüberwindlicher ideologischer Gegensätze nahezu unerreichbar scheint.

Zur Erleichterung des Dialogs zwischen den Regierungen kann sicherlich viel getan werden durch die Unterstützung oder den Druck einer öffentlichen Meinung, die sich selbst im Verständnis und in der Hochherzigkeit gegenüber anderen geübt hat, die empfänglich ist für die Bedürfnisse der Benachteiligten und sich nicht in nationalistische Egoismen oder rassische und kulturelle Vorurteile einkapselt.

Daher die Bedeutung der Erziehung zum Frieden: eine Aufgabe von primärer Wichtigkeit für den einzelnen und für die Gesellschaft. Die Päpste haben sie immer zu einer der wichtigsten Sorgen ihres Lehramtes gemacht — das sich über die Grenzen der Kirche hinaus an alle Menschen wendet, die fähig sind, die Stimme des Gewissens zu hören, die ihnen das Lehramt deuten will. Das ist ein guter Teil ihres Dienstes an den Söhnen und Töchtern der Kirche. Und da es letzten Endes darauf ankommt, daß die Menschen zu „Friedensstiftern" erzogen werden, ist es dringend geboten, daß in allen höheren Bildungsinstitutionen, besonders in den katholischen Schulen und Universitäten, der Friede studiert wird und die Friedensforschung immer mehr ein integraler Bestandteil des Engagements und Beitrags der Katholiken in der akademischen Welt wird.

Der Dialog benötigt oft Vermittler: natürlich nicht immer in dem technischen Sinn, den dieses Wort im internationalen Recht besitzt.

Der Hl. Stuhl seinerseits entzieht sich nicht der Pflicht, im Rahmen seiner besonderen Natur und seiner Möglichkeiten Hilfe zu leisten.

Sein Interesse an der Sache des Friedens ist so vital, daß weder Schwierigkeiten noch Enttäuschungen den Hl. Stuhl an seinem Willen zum Dienst an der Menschheit oder an einzelnen Ländern hindern können.

14. Der Friede ist ein „Geschenk Gottes"

Alles, was ich zu sagen versucht habe, kann nicht die tief religiöse und gleichsam „prophetische" Tonart wiedergeben, die die Interventionen der Päpste im Bereich der Friedensproblematik auszeichnet, das tiefe Empfinden, das ihr Bemühen begleitet, die Glaubensstärke und Wärme ihrer Hirtenliebe, die Forderungen des sittlichen Gewissens und des göttlichen Gesetzes, die Prinzipien, die die Beziehungen zwischen den Menschen, den sozialen Klassen, Völkern und Staaten leiten sollen. Desgleichen vermittelt es nicht die geradezu schmerzliche Spannung, um Gerechtigkeit, die Grundrechte des Menschen und der Nationen, ihre Freiheit und Würde mit der Notwendigkeit, den Frieden zu retten, in Einklang zu bringen, besonders in der Situation, in der sich die Welt im Atomzeitalter befindet. Nach einer vieltausendjährigen Geschichte sieht sich die Menschheit heute tatsächlich der Gefahr ihrer Selbstvernichtung gegenübergestellt.

Kardinalstaatssekretär Agostino Casaroli und der Präsident der Republik Italien, Professor Dr. Francesco Cossiga, während dessen offiziellen Besuch im Vatikan am 4. Oktober 1985.

Kardinalstaatssekretär Agostino Casaroli während seiner Ansprache zum 40. Jahrjubiläum der UNO vor deren Generalversammlung am 18. Oktober 1985 in New York.

Von der angstvollen Warnung Pius' XII. am Vorabend des Zweiten Weltkrieges: „Mit dem Frieden ist nichts verloren, mit dem Krieg kann alles verloren sein", bis zum Ruf Pauls VI. vor der Vollversammlung der Vereinten Nationen: „Kein Krieg mehr, nie wieder Krieg!"; von der ergreifenden Verteidigung des Friedens durch Johannes XXIII. bis zu den eindringlichen Appellen Johannes Pauls II. gegen die Atomgefahr und über die Notwendigkeit eines konstruktiven Dialogs zwischen den Völkern und den Führern der Nationen: all das sagt uns, wie sehr die weltweite Friedenssehnsucht im Herzen der Päpste Widerhall und Stimme findet. „Der Friede auf Erden, nach dem alle Menschen zu allen Zeiten sehnlichst verlangten" — mit diesen Worten beginnt die Enzyklika Pacem in terris.

Diese Sehnsucht findet besonderen Ausdruck in der eindringlichen Aufforderung der Päpste zum Gebet: denn der Friede ist ein „Geschenk Gottes".

Aber weil dieses Geschenk „uns anvertraut" ist (Botschaft zum Weltfriedenstag 1982), weist der Hl. Stuhl ebenso nachdrücklich auf die konkrete Verantwortlichkeit aller hin.

Der Hl. Stuhl erinnert alle daran, daß es nicht genügt, lautstark den allgemeinen Wunsch nach Frieden hinauszuschreien, sondern daß es der Zusammenarbeit bei der Verwirklichung der Bedingungen bedarf, die den Frieden möglich machen.

An alle, insbesondere an die Gläubigen, richten die Päpste und die Kirche unaufhörlich die dringende Aufforderung zur „Umkehr". Sie mahnen warnend, daß Haß, Ungerechtigkeit, Konflikte und Kriege das „soziale" Ergebnis der Tatsache sind, daß sich der Mensch von der von Gott gewollten sittlichen Ordnung losgesagt hat, d. h. dem Ergebnis dessen, was in der christlichen Sprache „Sünde" genannt wird.

Der Sieg über die Sünde ist die Erlösung. Der Sieger ist Christus, der Erlöser.

Daß ihn alle Menschen, in jedem Teil der Welt, in jedem Kontinent kennenlernen — das ist der Wunsch der Päpste und der Kirche, deren erste Diener sie sind. Christus sollen alle hören, ihm sollen alle folgen.

Denn sie wissen, daß er ebenso wie das Leben der Welt auch der „Friedensfürst" (Jes 9, 5) ist, ja, „unser Friede" (Eph 2, 14): „der von allen Völkern Ersehnte" (Hag 2, 8 — Vulgata). Amen.

KIRCHE, STAAT UND PLURALISTISCHE GESELLSCHAFT

Die Handlung, die wir eben vorgenommen haben, stellt das Ziel eines langen Weges dar.

Die lange Dauer der Verhandlungen bezüglich der Revision des Konkordates, die das italienische Parlament bereits seit dem 5. Oktober 1967 wünschte und mit der effektiv im Oktober 1976 begonnen wurde, ist allein schon ein Zeichen dafür, wie komplex die Suche nach einem von beiden Seiten akzeptierbaren Gleichgewicht zwischen verschiedenen — wenn nicht manchmal sogar konträren — Bedürfnissen ist, die sich einerseits auf die neue Verfassung des italienischen Staates berufen und andererseits auf alte Prinzipien der Verfassung der Katholischen Kirche und des Kirchenrechtes und auf den neuen Geist des Zweiten Vatikanischen Konzils.

Wenn es möglich war, das vorliegende Dokument betreffend die Revision des Konkordates vom 11. Februar 1929 zu unterzeichnen — und zwar, indem man an den Prinzipien festhielt, gleichzeitig aber auch die geänderte Situation berücksichtigte —, so ist das zurückzuführen auf die von beiden Seiten stets bewiesene entsprechende Bereitschaft.

Nun wird dieses Dokument der Prüfung durch die Geschichte und viel mehr noch durch das tägliche Leben unterzogen.

An dieser Stelle möchte ich auf Art. 7 der italienischen Verfassung und auf das Zweite Vatikanische Konzil verweisen und an etwas erinnern, was als sein Kernpunkt, als sein inspirierendes Prinzip betrachtet werden kann: Der Staat und die Katholische Kirche sind — jeder seinem Stand entsprechend — unabhängig und souverän. Beide setzen sich ein für die Zusammenarbeit zur Förderung des Menschen und des Gemeinwohls. Das Konkordat soll als Werkzeug zur Förderung der harmonischen Ausübung dieser zweifachen Souveränität verstanden werden, die auf gemeinsamem Boden erfolgt und Menschen betrifft, die Gläubige der Katholischen Kirche und zugleich Staatsbürger sind. Es erfüllt diese Aufgabe, indem es Gelegenheiten zu Zusammenstößen oder Hindernisse vermeidet, ja mehr noch, indem es die gewünschte Zusammenarbeit beim gemeinsamen Dienst am Menschen fördert.

Ein Werkzeug der Einigkeit, nicht des Vorrechts.

Erklärung zur Unterzeichnung der Revision des italienischen Konkordates gegenüber Ministerpräsidenten Bettino Craxi. Rom, Villa Madama, 18. Februar 1984.

Die Anerkennung so bedeutender sozialer Wirklichkeiten, wie es die Religion und die Katholische Kirche in Italien nicht nur historisch gesehen, sondern auch gegenwärtig sind, kann nämlich nicht als Privileg betrachtet werden. Damit möchte ich aber nichts von dem wegnehmen, was in einer pluralistischen Gesellschaft den Menschen anderer Religionsbekenntnisse oder anderer ideologischer Überzeugungen zusteht, denen ebenfalls in diesem Augenblick mein respektvoller und — wenn es mir gestattet ist — mein herzlicher Gruß gilt. Es werden auch diejenigen nicht fehlen, die sich fragen, ob wohl die vorliegende Revision des Konkordates dieser Wirklichkeit ausreichend gerecht wird.

Das heute unterzeichnete Abkommen definiert nicht die rechtlichen Beziehungen zwischen dem Staat und der Katholischen Kirche in Italien — weder in deren Gesamtheit, noch in deren Einzelheiten. Es sieht in einigen spezifischen Punkten weitere ergänzende Übereinkünfte mit dem Hl. Stuhl oder mit der italienischen Bischofskonferenz vor. Es hindert auf jeden Fall die Katholiken Italiens nicht daran, sich bei der Ausübung ihrer bürgerlichen Rechte im Rahmen einer gesunden demokratischen Dialektik um die Definition der vom Abkommen nicht berücksichtigten Punkte zu bemühen.

Sehr verehrter Herr Ministerpräsident, nehmen Sie meine große Wertschätzung für das aktive Wirken Ihrer Regierung sowie der vorangegangenen Regierungen entgegen, von denen ich jene erwähnen muß, deren Präsident 1976 der Herr Außenminister Andreotti war. Ohne ihr Wirken wäre es nicht möglich gewesen, dieses Ziel zu erreichen.

Der Herr segne Italien, das italienische Volk und alle, die die Verpflichtung und die Ehre haben, sein Schicksal in Händen zu halten.

HERAUSFORDERUNGEN DER MODERNEN WELT

Es ist wohl kaum nötig zu erklären, daß über das von mir für diese Ansprache vorgeschlagene Thema mehr gesagt werden könnte, als dies heute meine Absicht ist und es die realen Möglichkeiten erlauben, denn die „Herausforderungen der modernen Welt" sind so zahlreich, daß es, wollte man sie alle anführen, viel mehr Zeit in Anspruch nehmen würde, als ich heute Abend von Ihrer Aufmerksamkeit verlangen kann.

Es ist also nötig, daß ich unter den vielen „Herausforderungen der modernen Welt" einige, die wichtigsten, auswähle, gewissermaßen jene, die den Wohlstand, den Fortschritt, das Leben der Menschheit direkter betreffen und die im unmittelbaren Verantwortungs- und Handlungsbereich des Hl. Stuhls liegen.

1. Der Hl. Stuhl als Mitglied der internationalen Gemeinschaft

Für diese Probleme interessiert sich der Hl. Stuhl nicht nur als religiöse Einrichtung (als Zentralorgan einer Kirche: der katholischen Kirche), sondern auch, von einigen wenigen Ausnahmen abgesehen, als anerkanntes Mitglied der Internationalen Gemeinschaft. Als solches ist er gleichberechtigt den anderen souveränen Mitgliedern der Gemeinschaft und nimmt teil an ihren Einrichtungen und Aktivitäten, und zwar immer im Rahmen seiner Eigenschaft als spirituelle und moralische „Gewalt", wenn man diesen Begriff gebrauchen will. Man denke nur an die volle Teilnahme des Hl. Stuhls an der Konferenz für Sicherheit und Zusammenarbeit in Europa und an seine Präsenz, wenn auch nur als Beobachter, bei den verschiedenen Versammlungen der Vereinten Nationen und ihrer Büros.

Man kann sagen, daß die Aktivität der Päpste in den verschiedensten Bereichen des internationalen Lebens in den letzten Jahrzehnten zugenommen hat und viel mehr Aufnahme findet, auch bei Staaten und in Bereichen, die der katholischen Kirche früher gleichgültig oder feindlich gegenüberstanden. Und dies ohne Zweifel dank des Ansehens, das die katholische Kirche und ihre Institutionen weltweit reichlich genießen. Das bedeutet für den Hl. Stuhl mehr als eine Ehre. Es bedeutet erhöhte Verantwortung.

Vortrag vor dem „Empire Club Canada". Toronto, 14. September 1984.

Hinsichtlich der obengenannten Probleme befindet sich der Hl. Stuhl gewissermaßen in einer privilegierten Stellung: da er keine eigenen politischen, territorialen, militärischen und wirtschaftlichen Interessen verteidigen muß, ist es ihm möglich, die Herausforderungen, die sich der Menschheit stellen, und ihre Folgen objektiver zu betrachten. Gleichzeitig aber muß er sich davor hüten, konkrete und oft extrem komplexe Situationen mit zu theoretischen und vereinfachenden Kriterien zu bewerten und zu beurteilen. Er muß sich auch bemühen — und das ist nicht immer leicht —, in seinem Urteil so ausgewogen wie möglich zu sein, auch wenn seine bilateralen Beziehungen mit den verschiedenen Seiten vielleicht sehr unterschiedlich sind: mehr oder weniger freundschaftlich mit den einen, unbefriedigend oder sogar schlecht mit den anderen; er muß bereit sein, die Bedürfnisse und Verhaltensweisen der einen wie der anderen mit gleicher Objektivität zu betrachten und zu bewerten und mit allen einen offenen Dialog aufrechtzuerhalten — zumindest mit all jenen, die dem zustimmen.

2. Friede und Abrüstung

Mag es auch wenig originell scheinen, ich kann nicht umhin, das Problem des Friedens und die damit verbundenen Probleme der Abrüstung und der internationalen Entspannung an die erste Stelle der Herausforderungen zu setzen, denen sich die moderne Welt gegenübersieht. Diese Probleme gehören nicht nur zu den größten Sorgen und Ängsten der Menschheit unserer Tage, sondern bestimmen und bedingen praktisch auch die anderen Probleme, die die moderne Zeit ihr stellt, und deren mögliche Lösungen.

Krieg oder Frieden: durch die immer zahlreicher werdenden Vernichtungswerkzeuge, die der wissenschaftlich-technologische „Fortschritt“ in die Hände des Menschen gelegt hat, stellt vor allem seit dem Beginn des Atomzeitalters diese Alternative heutzutage eine echte Frage von Leben oder Tod für die Menschheit dar, indem sie sie zur Verwendung grundlegend neuer militärischer und politischer Termini sowie dazu zwingt, sich über die Anwendung ethischer Prinzipien auseinanderzusetzen.

Die mehr oder weniger ausgeglichene Verbreitung der Atomwaffen in den gegenwärtigen oder möglichen gegnerischen Lagern verleiht dem Problem tragische und zugleich paradoxe Dimensionen.

Man verkündet es von den höchsten Lehrstühlen und man denkt es, wo man es nicht aussprechen will: in der Situation, die auf diese Weise entstanden ist, kann ein Atomkrieg nicht gewonnen werden. Deshalb ist es die logische Folge, daß man ihn gar nicht erst führt. Und das ist gewiß etwas Positives, auch wenn darin Negatives enthalten ist: Die nukleare „Straffreiheit“ kann uns nämlich dazu ermutigen, andere Abenteuer — Kriege oder Übergriffe — auszuprobieren.

Auf jeden Fall werden die Atomwaffen aufbewahrt, weiterentwickelt und perfektioniert, um einerseits eine unsichere Gleichheit aufrechtzuerhalten, die auf fast fatale Weise dazu drängt, nach immer fortgeschrittenerem Gleichgewicht zu suchen: nicht so sehr, um selbst die Waffen einzusetzen, sondern um andere davon abzuhalten. Obwohl man diese „Abschreckung“ für eine Garantie hält, stellt allein schon die Tatsache, daß so schreckliche Vernichtungswerkzeuge existieren und verwendet werden können, eine konstante Gefahr für Katastrophen dar, auf die Wissenschaftler und Massenmedien immer wieder hinweisen, in der Hoffnung, alle, und vor allem die verantwortlichen Führungskräfte, zum Nachdenken anzuregen.

Vor allem seit der Zeit des Ersten Weltkrieges schenkt der Hl. Stuhl den Themen Krieg, Frieden, Waffen und deren Gebrauch größte Aufmerksamkeit. Er näherte und nähert sich ihnen in erster Linie unter dem Aspekt der moralischen Prinzipien. Angefangen von den Weihnachtsbotschaften im Radio und anderen Botschaften von Pius XII. bis hin zur bekannten Enzyklika Johannes' XXIII. „Pacem in terris“, zu den äußerst zahlreichen Ansprachen und Botschaften Pauls VI. und des heutigen Papstes Johannes Pauls II. — vor allem jene zu den jährlichen Weltfriedenstagen und die an die UNO gerichteten —, all dies sind feierliche und wohldurchdachte Beiträge, die, zusammen mit den Lehren des Zweiten Vatikanischen Konzils, einen echten „Corpus“ von Lehren größter Wichtigkeit für ein so komplexes und heikles Gebiet darstellen, die auch die Episkopate vieler Nationen ihrerseits zu erforschen und zu erläutern suchen.

In diesem Zusammenhang genügt es zu unterstreichen, daß die Päpste zwar die Wirksamkeit und das — in gerechtfertigten Grenzen gehaltene — Erlaubtsein der Abschreckung als Mittel zur Vorbeugung des Übels der Kriege anerkennen, es aber für noch notwendiger halten, das hohe Gut „Friede“ zu garantieren, und die Bedingungen dafür ins Licht zu rücken und darauf zu bestehen: Friede, der, will er echt und dauerhaft sein, nicht losgelöst sein kann von der Gerechtigkeit und der Achtung der Rechte der Völker.

3. Die Bemühungen des Hl. Stuhls um den Frieden

Der Hl. Stuhl versucht auch, seinen Möglichkeiten entsprechend, zusammen mit den theoretischen Lehren auch sein Handeln in den Dienst des Friedens zu stellen.

Botschaften an die Staatsoberhäupter, öffentliche Appelle, Aufrufe zum Gebet, zur „Liebe zum Wissen, das den Frieden aufbaut“, wie es Johannes Paul II. vor der Päpstlichen Akademie der Wissenschaften so schön ausdrückte, Wachrütteln der Gewissen und öffentlichen Meinung ..., all das sind Mittel, derer er sich bedient, um beizutragen, die Gefahr der Konflikte zu bannen, um ihr Ende zu erbitten und zum Dialog und zu Friedensverhandlungen aufzurufen. Der Libanon, der mittlere Osten, der Iran und der Irak gehören zu den Ländern, die seit kurzem Gegenstand seiner besonderen Sorge sind, die sich auf diese Weise ausdrückte.

Diese ganze öffentliche Aktivität ist nur — um es wieder etwas originell auszudrücken — die Spitze eines Eisberges, dessen Größe zu einem guten Teil verdeckt bleibt von jener Zurückhaltung, die üblicherweise, vor allem beim Hl. Stuhl, mit dem diplomatischen Handeln einhergeht, das sich meistens in Kontakten auf verschiedenen Ebenen äußert — in Kontakten mit den höchsten Verantwortlichen des öffentlichen Lebens und mit deren Vertretern.

Die äußerst zahlreichen Begegnungen des Papstes und seiner direktesten Mitarbeiter mit Staatsoberhäuptern, Regierungschefs, Außenministern oder anderen hohen Verantwortlichen von Regierungen oder Internationalen Organisationen entgeht der breiten Öffentlichkeit nicht, auch wenn die Themen, die behandelt werden, gewöhnlich nicht an die Öffentlichkeit dringen und noch weniger die eventuellen Ergebnisse, die selten unmittelbar und aufsehenerregend sind, sondern dazu dienen sollen, künftige Entscheidungen zu begünstigen, zu fördern und vorzubereiten. Die Gesamtheit der offiziellen Beziehungen, die der Hl. Stuhl mit über 100 — von vielen kleineren bis zu einigen größeren — Ländern und mit Internationalen Organisationen unterhält, bietet ihm die Möglichkeit, sei es im Vatikan oder in den verschiedenen Hauptstädten, ständig und auf diskrete Weise Dialog zu führen. Dabei geht es sicherlich oft um Fragen bilateralen Interesses; es passiert jedoch selten, daß man nicht von der Besorgnis und der Verantwortung des Hl. Stuhls und vieler Staaten im Hinblick auf Frieden oder Krieg auf regionaler oder weltweiter Ebene spricht.

Beim geduldigen und unermüdlichen Aufbau von Beziehungen und des Dialogs geht der Hl. Stuhl von jenem Prinzip aus, das Papst Johannes Paul II. in seiner Botschaft zum Weltfriedenstag 1984 so ausdrückte: „Der Krieg ist in sich irrational ..., und das ethische Prinzip der friedlichen Beilegung der Konflikte ist der einzige Weg, der des Menschen würdig ist." Schon Pius XII. hatte am Vorabend des Zweiten Weltkrieges gewarnt: „Nichts ist verloren mit dem Frieden, mit dem Krieg jedoch kann alles verloren sein."

Das zeigt, wie überzeugt und entschieden der Hl. Stuhl sich für den Frieden und die Friedensverhandlungen einsetzt — überall und ganz besonders angesichts der Gefahren einer Auseinandersetzung zwischen den beiden sogenannten Supermächten und den entsprechenden Blöcken. Dabei versucht er, den guten Willen mit Verstand und jenem gesunden Realismus zu vereinen, der den edelsten Idealen am besten dient: der Hl. Stuhl weiß nämlich, daß echter und dauerhafter Friede nicht nur mit Gefühlen aufgebaut werden kann, sondern mit einem starken, von der Vernunft erleuchteten Willen, d. h. mit einem klaren ethischen Bewußtsein, das gepaart ist mit einer ebenso klaren Kenntnis der Wirklichkeiten, zwischen denen es notwendig ist, sich zu bewegen.

Die wahre, schwierige, aber essentielle Herausforderung unserer Zeit besteht darin, den Verzicht auf den Einsatz militärischer Gewalt in Einklang zu bringen mit der Wahrung der Freiheit und Würde der Völker und dabei nicht nur die Kriege zu vermeiden, in denen mit Waffen gekämpft wird, sondern den „Krieg, den man Frieden nennt".

Worin besteht die Wirksamkeit des Handelns des Hl. Stuhls auf diesem Gebiet?

Normalerweise sind die Menschen angetrieben von der Hoffnung auf Vorteile oder von der Furcht: das ist eine alte Erfahrung, für die man keinen Machiavelli benötigt. Auf dem Gebiet der materiellen Interessen hat der Hl. Stuhl sowohl in bezug auf die Hoffnungen als auch in bezug auf die Ängste wenig bzw. nichts zu bieten. Er weiß aber, daß die Menschen und Völker auch nicht unempfänglich sind für die Stimme der Vernunft und der moralischen Pflicht: vor allem nachdem Erfahrungen wiederholt gezeigt haben, daß die wahren und dauerhaften Interessen der Nationen zutiefst verbunden sind mit der Achtung des internationalen Rechtes und der Moral. Man kann nämlich behaupten, daß die auf politischem Gebiet so schwache und auf militärischem Gebiet völlig wehrlose Stimme des Hl. Stuhls fast auf der ganzen Welt respektvolles Gehör findet, wenn sie dazu einlädt, die internationalen Beziehungen nicht nur mit dem Maß der Stärke zu messen, sondern vor allem mit dem Maß der Vernunft und des Rechts.

Und man kann hoffen, daß, je unwahrscheinlicher militärische Siege heute aufgrund des Gleichgewichts der Kräfte werden, man um so mehr auf diese Stimme hört — zum Vorteil für die Menschheit.

4. Das Entwicklungsproblem

Nicht weniger wichtig und auch nicht weniger dramatisch ist eine weitere Herausforderung, mit der die moderne Welt sich konfrontiert sieht: die Entwicklung der Völker und die sogenannte Nord-Süd-Beziehung.

Der entwickeltere Teil der Welt sieht mit Besorgnis, wie auf bedrohliche Weise die Zahl und die Bedürfnisse der Völker, in denen Hunger herrscht, wachsen. Glücklicherweise handelt es sich dabei nicht immer um den echten Hunger, auch wenn dieser leider noch in verschiedenen Teilen der Welt Millionen Opfer fordert; es handelt sich auch um Probleme wie Elend, Krankheiten, Analphabetismus, kulturelle Rückständigkeit, um Situationen, die einen großen Teil der Menschheit zu einem menschenunwürdigen Dasein nötigen.

Das immer stärker verbreitete Wissen um die verschiedenen Lebensbedingungen der anderen Völker; das Gefühl oder die Überzeugung, zugunsten anderer ausgebeutet worden zu sein oder zu werden, die Reaktion auf die Nachrichten über die enormen und immer noch steigenden Ausgaben für militärische Zwecke gegenüber den relativ geringen Bereitstellungen für die sogenannte Entwicklungshilfe: all dies nährt Verhaltensweisen, die von Vergeltung und Feindschaft geprägt sind, was eine echte Bedrohung der internationalen Ruhe und des Friedens darstellt.

In seiner dem „Fortschritt der Völker“ (1967) gewidmeten Enzyklika hat Papst Paul VI. einen wohlbekannten Satz geprägt: „Fortschritt ist der neue Name des Friedens“.

Es waren die Überzeugung einer moralischen Verpflichtung und die Liebe den ungeheuren Massen gegenüber, die noch immer Opfer der Unterentwicklung sind, die den Papst dazu drängte, die Notwendigkeit des menschlichen Fortschritts und die Wege dorthin zu verkünden. Seine Enzyklika, die in gewissem Sinn die Magna Charta der diesbezüglichen päpstlichen Anschauung bleibt, ist wie ein Echo des evangelischen „Misereor super turbas“. Sie wollte an das Gewissen und an eine weltweite Zusammenarbeit zugunsten der weniger begünstigten und weniger fortgeschrittenen Völker appellieren. In diese Richtung gingen die zahlreichen Beiträge der Päpste und der Päpstlichen Studienkommission „Justitia et Pax“, die zusammen mit dem Päpstlichen Rat „Cor unum“ die Organisation bildet, deren spezifische Bestimmung es ist, die Inhalte von „Populorum progressio“ weiterzuentwickeln und die Aktionen des Hl. Stuhls im Bereich der Entwicklung zu konkretisieren.

Was die konkreten Aktionen betrifft, so wäre es unmöglich und ungerecht, die Aktion für Völker in Notsituationen zu vergessen, die der Hl. Stuhl und die katholische Kirche auf sehr breiter Ebene und mit unvergleichlicher Großzügigkeit traditionsgemäß durchführt, und zwar nicht nur unter dem Gesichtspunkt der Evangelisierung, sondern für einen kulturellen und gesundheitlichen Fortschritt und für den allgemeinen Wohlstand. Als neuere konkrete Beispiele möchte ich die Errichtung des Fonds „Populorum progressio“ für Lateinamerika (1967) und die von Johannes Paul II. für die Sahel-Zone ins Leben gerufene Stiftung erwähnen: diese will Beitrag und Modell für einen Kampf der Bürger gegen Trockenheit in weiten Gebieten Afrikas sein.

Während die Päpste auch auf diesem Gebiet fortfahren, in ihrer prophetischen Rolle auf die Probleme hinzuweisen und die Menschen zu ermutigen, wissen sie sehr wohl um die Schwierigkeit des Werkes, zu dem sie die Internationale Gemeinschaft aufrufen. So wie für den Frieden, genügen auch für den Nord-Süd-Dialog guter Wille und Großzügigkeit allein nicht: gefordert sind Weisheit und klare, mit Weitblick gefällte Entscheidungen, die sich nicht führen lassen von propagandistischen Vereinfachungen, die das Gefühl ansprechen, und die auch nicht der Versuchung verfallen, den schwächeren Gesprächspartner politisch oder ideologisch zu konditionieren.

Die Überstellung von Mitteln von Norden nach Süden ist keine einfache mechanische Operation. Man muß nämlich sagen, daß es genauso wenig nützt, wenn man Geld hat und nicht weiß, wie man damit umgeht[1], als wie wenn man wüßte, was man damit macht, es aber nicht hat[2]. Da den Entwicklungsländern eine entsprechende Vorbereitung auf dem Gebiet der Technik und des Managements fehlt, wären sie unfähig, auch wenn ihnen enorme Geldbeträge zur Verfügung gestellt würden, diese in wirtschaftlich lebensfähige Projekte umzuwandeln, die wirklich dazu dienen würden, die Unterentwicklung nach und nach zu überwinden.

Nicht weniger als das Problem des Friedens erfordert die Herausforderung der Entwicklung und des Nord-Süd-Dialogs Bewußtsein, Großzügigkeit, Mut und weitblickende Weisheit seitens der reichen und der bedürftigen Völker, damit diesen auf ihrem legitimen Weg zu einem menschenwürdigen Leben geholfen werden kann.

Die internationale Zusammenarbeit auf diesem Gebiet kann sich nicht auf eine, wie man zu sagen pflegt, Verteilung der Gelder — und sei sie auch gerecht — beschränken. Sie muß darum bemüht sein, den notleidenden Völkern effektiv zu helfen, sich auch die modernen Techniken anzueignen und jenen Manager-Habitus zu erlangen, den andere Völker in einem jahrhundertelangen Prozeß erworben haben. Dabei müssen aber — und das ist einer der wichtigsten Aspekte dieser Herausforderung — die Würde, die Unabhängigkeit und die ethische und geistige Identität der Völker, denen geholfen wird, gewahrt bleiben. Auf diesem Gebiet tragen alle Verantwortung, so wie auch die Interessen und Vorteile allen gemein sind.

Diese Aufgabe ist schwierig. Aber es ist eine Herausforderung, die es wert ist, angenommen zu werden — bis zum Sieg!

5. Das Drogenproblem

Unter den noch verbleibenden Herausforderungen, die die moderne Welt zu kennzeichnen scheinen, gibt es eine, die niemanden, und schon gar nicht den Hl. Stuhl, gleichgültig lassen kann. Ich denke an die wachsende Verbreitung der Drogen, nicht so sehr als individuelles Problem, als vielmehr als

[1] Money with out know-how.

[2] Know-how with out money.

Massenproblem und in gewisser Weise epidemisches Problem; und noch mehr — wenn gewisse Behauptungen und Vermutungen stimmen — als neue mögliche Waffe im Kampf gegen Völker und Systeme, die zusätzlich zu den klassischen oder modernen Waffen oder an deren Stelle verwendet wird: mit dem erschwerenden Umstand, daß, während diese eher als Werkzeuge zur vorbeugenden Abschreckung angesehen werden, die Droge als Angriffs- und Zerstörungsmittel vor allem im Hinblick auf die Jugendlichen dienen würde oder könnte.

Wenn ich auf dieses Problem nicht näher eingehe, so nicht, weil ich es nicht als schwerwiegend erachte — es ist, würde ich sagen, nicht weniger schwerwiegend als die nukleare Bedrohung —, sondern weil mir nicht bekannt ist, daß der Hl. Stuhl, der die Initiativen zur Vorbeugung und Abhilfe auf diesem Gebiet sicherlich sehr fördert und unterstützt, bis jetzt direkt dazu Stellung bezogen oder spezifische offizielle Aktionen gesetzt hätte im Hinblick auf die Hypothese, daß die Droge systematisch als Mittel des internationalen Kampfes eingesetzt wird. Es handelt sich allerdings um ein Thema, das entsprechend ernsthaft und eingehend betrachtet und studiert werden muß, in Anbetracht des Umfangs und der Gemeingefährlichkeit dieses Phänomens und seiner verschiedenen Ausformungen, die es bereits gibt, oder die noch zu erwarten sind.

6. Die prometheische Versuchung

Ich für meinen Teil möchte mich eher auf eine Herausforderung beziehen, die mir für die Gegenwart und Zukunft der ganzen Menschheit besonders wichtig erscheint. Es ist die gefährliche Herausforderung, die ich als „prometheisch" bezeichnen möchte, und der die moderne Welt ausgesetzt ist aufgrund ihrer wunderbaren und berauschenden Errungenschaften.

Die immer größere und profundere Kenntnis der Natur, die den Menschen umgibt, und die Tatsache, daß er sich immer mehr zum Herrn ihrer Kräfte gemacht hat, vermitteln ihm ein Gefühl der Macht und Selbstgenügsamkeit, die ihn dazu verleiten kann, sich wirklich für den Herrn der Welt, für den Herrn seiner selbst zu halten und eine Herrschaft von außen abzulehnen, auch wenn diese Gott hieße.

Prometheus, dem es gelingt, Zeus einen Funken jenes Feuers zu entreißen, mit dem er seine Nächte erhellen, vor der Kälte und dem Angriff der wilden Tiere fliehen und das Eisen für seinen Gebrauch biegen kann! Das scheint der Prototyp des modernen Menschen zu sein, der nun, nach jahrhundertelangem Studieren und Experimentieren, nach gefährlichen Abenteuern, tragischen Niederlagen und herrlichen Siegen, immer mehr in die in der Materie verborgenen Geheimnisse eindringt und sich nach und nach vieler in ihr versteckter Energien bemächtigt; er hat sich befreit aus der alten Sklaverei, die ihn an die Erde fesselte, und stieg immer weiter hinauf, bis er den Kosmos eroberte; er entdeckte die Geheimnisse des Lebens, und durch kühnere Eingriffe gelingt es ihm, ihren natürlichen Lauf derart auszurichten — oder zu stören —, daß er bis zu den entweihenden Versuchen der „Gentechnologie" am menschlichen Körper selbst gelangt.

So kann der Mensch glauben, er habe nun endlich auch sein eigenes Schicksal in Händen.

Außer dem Phänomen eines theoretischen Atheismus, der in nicht wenigen Ländern eine Art Staatsreligion geworden ist, kennt die moderne Welt die, vor allem in den entwickelteren Ländern und auch bei vielen, die sich nicht als Atheisten betrachten, oft auch sogar bei den Christen stark verbreitete, praktische und manchmal auch theoretische Ablehnung eines göttlichen Gesetzes, das über dem Menschen steht: besonders die Ablehnung jenes „natürlichen Gesetzes", in dem die christliche Tradition die Stimme Gottes erkannte und erkennt.

Das zeigt sich besonders deutlich in den Problemen, die das Leben und die Bevölkerung betreffen.

Abgesehen von dem, der die Existenz Gottes und folglich auch die Existenz einer höheren ethischen Ordnung leugnet, machen wir die Erfahrung, daß der moderne Mensch leicht dazu neigt, zu glauben, daß es ihm, seiner Intelligenz, seinen Möglichkeiten und Fähigkeiten einzuschreiten, zusteht, solche Probleme in die Hand zu nehmen und zu lösen: und zwar, indem er nach „rationalen" Kriterien plant und mit Mitteln interveniert, die Wissenschaft und Technik ihm zur Verfügung stellen, wobei er auf diesem Gebiet ein positives oder natürliches göttliches Gesetz nicht anerkennt.

Die mit dieser Haltung konfrontierten Päpste der modernen Zeit haben ganz klar eine Lehre aufgestellt, die die Existenz der Probleme zwar nicht leugnet, was ihre Lösung betrifft, jedoch objektive Grenzen und Wege angibt, mit denen Theorien und weit verbreitete und vertretene Praktiken im Kontrast stehen, welche offiziell, mit beachtlichen Mitteln und von großen Autoritäten vorgeschlagen und manchmal aufgezwungen werden.

Ich habe nicht die Absicht, mich bei diesem Problem aufzuhalten. Ich möchte nur betonen, daß diese, von mir als prometheisch bezeichnete Herausforderung, die die Basis für zahlreiche Verhaltensweisen ist, die im Gegensatz zur traditionellen Moral stehen, vom Hl. Stuhl als nicht weniger bedeutend betrachtet wird als die Herausforderung des Friedens und des Fortschritts der Völker. Nicht nur, weil seine Lehrgewalt und die Ablehnung einer für die katholische Kirche existentiellen Lehrtradition auf dem Spiel stehen, sondern weil der Hl. Stuhl überzeugt ist, daß diese Ablehnung für die Menschheit von heute und noch mehr für jene von morgen Konsequenzen haben wird, die der moderne Mensch, der geübt ist im wissenschaftlichen Denken, in rationalen Vorhersagen, sich vorzustellen scheinbar nicht imstande ist: auch wenn er vielleicht beginnt, sie in gewissem Maß zu erahnen.

Der Grund für diese Haltung des Hl. Stuhls, die manchmal hart und unnachgiebig erscheinen mag, und die viele für apriorisch halten, liegt, außer im Gespür für seine Pflicht als „Mutter und Lehrer", in einer tiefen Liebe zum Menschen: Pflicht und Liebe, die in Wirklichkeit nicht konträr sind, sondern die miteinander verbunden im Einklang stehen, was die Geschichte — und dessen ist sich der Hl. Stuhl bewußt — bestätigen wird.

Diese Herausforderung stellt sich, so wie die anderen auch, nicht nur der Kirche, sondern auch dem Menschen. Indem er sie so, wie er es tut, annimmt, ist der Hl. Stuhl überzeugt, der Menschheit einen Dienst zu erweisen, der nicht weniger unerläßlich und wertvoll ist als der Kampf gegen die Gefahr des Krieges und gegen die Geißel des Hungers, der Krankheit, der Unterentwicklung.

Er bittet darum, verstanden zu werden, auch von jenen, die seine Lehre und sein Handeln nicht teilen, und auch von ihnen als Freund und treuer Begleiter des Menschen auf seinem irdischen Weg und in seinem geschichtlichen Werden betrachtet zu werden.

KIRCHE UND STAAT IN ITALIEN

Mit der Unterzeichnung des Protokolls, mit dem die italienische Regierung und der Hl. Stuhl die Bestimmungen bestätigen, die in Hinkunft die in den Artikeln 17, Abs. 3, 18, 27, 29 und 30 des Konkordats vom Jahre 1929 bereits festgehaltenen Inhalte regeln sollen, endet nun, was die beiden hochgeschätzten Parteien direkt betrifft, die von beiden Seiten beschlossene und seit 1967 durchgeführte langwierige Arbeit der Revision des Konkordats in Erwartung der notwendigen Ratifizierung.

Bei dieser Gelegenheit komme ich auch nicht umhin, der paritätischen Kommission, die gemäß Art. 7 des von uns am 18. Februar des vergangenen Jahres unterzeichneten Paktes eingesetzt worden ist, die gebührende Wertschätzung für die von ihr geleistete intensive Arbeit zu bezeugen, durch die sie außergewöhnlichen Eifer und hohe Sachkenntnis bewiesen hat. Ihre Aufgabe war es, einen einheitlichen Komplex von Bestimmungen vorzubereiten, die die neue Regelung betreffend die kirchlichen Einrichtungen und Güter sowie die Revision der finanziellen Verpflichtungen und das Eingreifen des italienischen Staates darstellen sollten.

Es handelt sich dabei um ein komplexes Gebiet, das gekennzeichnet ist von langen und manchmal schmerzlichen historischen Ereignissen. Deshalb ist es um so bemerkenswerter, daß es möglich war, Erneuerungen, die gewiß sehr tiefgreifend sind, vorzunehmen, und zwar nicht aufgrund von Entscheidungen von nur einer Seite, sondern aufgrund eines in einem Klima der Konfrontation und des Dialogs gereiften Einvernehmens zwischen einem demokratischen Staat und einer Kirche, die darum besorgt ist, sich — auch indem sie Opfer bringt und neue Risiken eingeht — getreu den Prinzipien und dem Geist des Zweiten Vatikanischen Konzils zu bewegen.

Wie bei jeder Vereinbarung, die danach strebt, unterschiedliche Regelungen und Aufforderungen im Rahmen des Möglichen in Einklang zu bringen, indem sie manchmal dazu zwingt, Kompromisse zu suchen, so entspricht auch in den jetzt bestätigten Richtlinien bestimmt nicht jede Bestimmung voll und ganz den noch so begründeten Wünschen all derer, die von Rechts wegen davon betroffen sind.

Vieles könnte man — anerkennend oder kritisierend — sagen, und ohne Zweifel wird vieles gesagt werden über das Resultat einer Bemühung, die

Rede anläßlich der Unterzeichnung des Zusatzprotokolls zum Konkordat zwischen dem Heiligen Stuhl und Italien. Rom, Villa Madama, 15. November 1984.

durch eine harte Konfrontation, bei der aber die unterschiedlichen Standpunkte respektiert wurden — und bereichert durch die in unserem heutigen Briefwechsel vereinbarten Ergänzungen — zur Gesamtheit jener Normen geführt hat, die nun die Parteien — jede innerhalb ihrer eigenen Rechtsordnung — zum Vollzug zu bringen aufgerufen sind.

Ich überlasse es anderen, bei anderen Gelegenheiten ihren objektiven und sachlichen Kommentar zu diesem Resultat abzugeben, möchte aber an dieser Stelle die Wichtigkeit der im Kapitel über die staatlich anerkannten kirchlichen Einrichtungen enthaltenen Bestimmungen hervorheben.

Durch sie entfaltet sich nämlich ein Großteil der Aktivität der Kirche, nicht nur jene, die die Religion und den Ritus im engeren Sinn betrifft, was im Art. 16 der Richtlinien genauer erklärt ist. Durch diese Einrichtungen kommen auch die breit angelegte karitative Aktivität, Aktivitäten im Bereich der Fürsorge und Wohltätigkeit, der Schulbildung, Erziehung und Kultur zur Entfaltung, die sozusagen eine natürliche Vervollständigung und Verbreitung der geistlichen Mission der Kirche darstellen. Durch sie wird die Kirche sich auch weiterhin in das lebendige Geflecht der italienischen Gesellschaft eingliedern und ihren ganz eigenen Beitrag „zur Förderung des Menschen und für das Wohl des Landes“ leisten.

Weiter wird durch die Richtlinien ein neues System geschaffen, wodurch — zumindest in dem heute geltenden bescheidenen Ausmaß — der Lebensunterhalt des Klerus gesichert ist. Dies wurde notwendig, weil man vom alten Benefizialsystem abging, und zwar gemäß den Weisungen des Zweiten Vatikanischen Konzils und des neuen Codex iuris canonici, dessen Genehmigung die italienische Bischofskonferenz für eine Pflicht hielt. Das Abgehen von diesem System hatte auch eine unvermeidliche Auswirkung auf das Institut der „Kongrua“.

Aufgrund des neuen System behält die Kirche ihr Eigentum und kann die ehemaligen Benefizialgüter wieder frei verwalten. Und es wurde eine neue Form gefunden, wie man die unzureichenden Einkünfte aus kirchlichen Gütern aufbessern kann, und zwar, indem man auf einen freiwilligen und verantwortungsbewußt geleisteten Beitrag der Gläubigen zurückgreift, was der Staat durch die vorliegenden Richtlinien zu erleichtern gedenkt.

In Wirklichkeit weist die neue Regelung objektive Elemente von geringerer Sicherheit auf und wird einen beträchtlichen Einsatz hinsichtlich der Sensibilisierung des christlichen Volkes und der Organisation auf diözesaner und nationaler Ebene erfordern.

Der Episkopat, und mit ihm natürlich die gesamte italienische Kirche, werden es verstehen, diese Herausforderung in vertrauensvoller Gesinnung, voll Unternehmungsgeist und mit einem Optimismus anzunehmen, den das Wissen um die reichen menschlichen und geistigen Kräfte des italienischen

Volkes rechtfertigt, das seine Kirche schon seit Jahrhunderten kennt und liebt und ihr gegenüber, ihrem apostolischen Wirken und ihren Notwendigkeiten gegenüber die eigene Verantwortung in Zukunft noch stärker empfinden wird.

Im Geiste der aufrichtigen Anerkennung der legitimen Autonomie und Unabhängigkeit der Rechtsordnungen von Staat und Kirche, im Geiste des nicht weniger aufrichtigen Willens zur tätigen Zusammenarbeit im Dienste des italienischen Volkes, die die Durchführung und den Abschluß der Arbeiten betreffend die Revision des Konkordats kennzeichnete, das nunmehr der Geschichte angehört, aber in neuerer Form weiterlebt und ebenfalls unter den Schutz der Verfassung der Republik Italien gestellt ist, möchte ich an Sie, Herr Ministerpräsident, an den Herrn Vizepräsidenten, an den Herrn Außenminister und an die anderen ehrwürdigen Persönlichkeiten, die uns begleiten, unter ihnen die hochverehrten Mitglieder der paritätischen Kommission mit den Präsidenten Prof. Francesco Margiotta Broglio und Mons. Attilio Nicora an ihrer Spitze, meinen ergebenen Gruß, meinen Dank und meine Wünsche richten.

Aufrichtige und herzliche Wünsche, die vor allem dem ganzen italienischen Volk und seinem Geschick als gläubige Menschen und Staatsbürger gelten.

SELIG DIE FRIEDENSSTIFTER!

Allein die Großartigkeit dieses Ortes, so reich an Geschichte und Kunst, würde an sich schon ausreichen, um die außerordentliche Wichtigkeit des sich darin abspielenden Ereignisses hervorzuheben; ein Ereignis, bei dem Sie — im Namen Ihrer jeweiligen Regierungen und begleitet von den Mitgliedern beider Delegationen — die Leitfiguren sind.

Es handelt sich um einen neuen und entscheidenden Schritt in einem Prozeß, der Eingang in die Geschichte zweier bedeutender Länder finden wird, die vereinigt sind durch gemeinsame Traditionen und Interessen, ja sogar in die Geschichte des ganzen amerikanischen Kontinents. Zu betonen ist auch noch seine Bedeutung für die internationale Gemeinschaft.

Hervorgehoben wird diese Wichtigkeit durch die Anwesenheit hochwürdigster Kardinäle und hoher Mitglieder der argentinischen und chilenischen Bistümer sowie des lateinamerikanischen Bischofsrates, aber auch durch die Beteiligung so vieler bedeutender diplomatischer Repräsentanten, die nicht nur aus Lateinamerika, sondern auch aus anderen Kontinenten gekommen sind.

Wir alle haben — jenseits aller Bedeutung für zwei befreundete Völker — die exemplarische und stärkende Dimension dieses Sieges, den die Seele errungen hat, erkannt. Dieser Sieg wird durch die Unterzeichnung des Friedens- und Freundschaftsvertrages verkörpert, der nurmehr auf die feierliche Ratifizierung wartet, die ihn rechtskräftig machen wird.

Stärkend, sagte ich, weil dieses Ereignis ein Beweis dafür ist, wieviel die politische und moralische Vernunft der Regenten und Völker sowie ihre gewaltige und vorwärtstreibende Beharrlichkeit gegen die lauernden Schwierigkeiten, die die Anstrengungen der Friedensstifter unterminieren, vermag.

Der Heilige Stuhl freut sich darüber, diesen Nachweis von Besonnenheit und von gutem Willen Argentiniens und Chiles ehren zu können. In gleicher Weise freut es ihn, seine Dienste als überzeugter und eigenständiger Friedensvermittler zwischen den beiden Ländern anbieten zu können.

In diesen Augenblicken ist uns allen, die bei diesem diplomatischen Gipfeltreffen anwesend sind, Papst Johannes Paul II. geistig gegenwärtig. Er hat

Rede anläßlich der Unterzeichnung des Friedens- und Freundschaftsvertrages zwischen Argentinien und Chile gerichtet an die Außenminister von Argentinien und Chile. Vatikan, 29. November 1984.

mit seiner hohen geistlichen Autorität, mit seiner Unterstützung und mit seiner ermutigenden Inspiration dem ganzen Prozeß dieser von ihm eingeleiteten Vermittlung präsidiert, obwohl er sich aller Schwierigkeiten, die er auf dem Weg finden würde, vollends bewußt war.

Das heutige Ereignis ist für den höchsten Pontifex Grund väterlicher Genugtuung angesichts der großen Bedeutung, die der heute unterzeichnete Vertrag für zwei gleichermaßen geliebte Völker hat.

Seines exemplarischen Charakters wegen, ist dieses Ereignis auch Grund genug, neue Hoffnungen zu schöpfen, in einer von so vielen Zwiespältigkeiten zerrütteten Welt, die den Frieden — oder wenigstens dieses friedliche Zusammenleben, das Grundlage für Frieden und fruchtbare Kooperation ist — in Gefahr bringt.

Das ist alles, was ich am 23. Januar dieses Jahres zum Ausdruck gebracht hatte, als ich Sie an dieser Apostolischen Stätte begrüßt habe. Damals hat nach langjähriger aktiver Vorbereitung, die immer wieder durch die enthusiastische Dynamik des unvergeßlichen Kardinals Antonio Samoré angespornt wurde, die letzte Phase der päpstlichen Vermittlung begonnen.

Ich habe Sie damals dazu aufgefordert, der Welt ein konkretes Beispiel dafür zu geben, wie es möglich ist — mittels eines guten und entschiedenen Willens und eines zukunftsorientierten Blickes der nationalen Interessen — Übereinstimmung, ehrenvolle positive Lösungen zu finden, sogar für die kompliziertesten Probleme.

Ich bin sicher, daß ich die Gedanken des heiligen Vaters richtig interpretiere, wenn ich sie als Vorzeichen deute; ein Vorzeichen, das sich vom südlichsten Teil Amerikas her bis hin auf den ganzen neuen und alten Kontinent sowie auf alle Völker der Welt ausbreitet.

Dieses Vorzeichen hat einen Namen: Friede! Friede in der Gerechtigkeit, Friede im Gefühl der Brüderlichkeit, das alle Völker miteinander vereint. Möge der Friede eine immer größere Realisierung finden.

Der Heilige Stuhl ist sich der Bescheidenheit seiner Mittel und Möglichkeiten gegen Friedensbedrohungen, die ja so oft das Leben der Völker verunsichern und beängstigen, bewußt.

Nichtsdestoweniger ist er immer dazu bereit, im Geist, der sich in den Handlungen und Worten des Heiligen Vaters widerspiegelt, seine Anstrengungen mit denen aller Menschen guten Willens zu vereinen, damit die Hoffnungen und Erwartungen einer nach Eintracht sich sehnenden Menschheit nicht enttäuscht werden.

DIE DIPLOMATISCHEN BEZIEHUNGEN DES HL. STUHLS

Aufrichtige Bewunderung und Anerkennung bekunde ich in Ihrer werten Person, Herr Minister, der Regierung der Bundesrepublik Deutschland zu diesem neuen großartigen Sitz Ihrer Diplomatischen Vertretung beim Heiligen Stuhl. Ich beglückwünsche den Herrn Botschafter Dr. Hermes und seine Familie wie auch seine Mitarbeiter in der Botschaft, daß sie als erste dieses Gebäude bewohnen dürfen.

Lang und bewegt ist die Geschichte der offiziellen Beziehungen zwischen Ihrem Land und dem Heiligen Stuhl. Sie ist in letzter Zeit schon bei verschiedenen feierlichen Anlässen, wie z. B. beim Besuch des früheren Herrn Bundespräsidenten Prof. Dr. Karl Carstens im Vatikan, besonders gewürdigt worden. Diese beiderseitigen Kontakte auf hoher, offizieller Ebene sind jedoch getragen nicht nur von der vertrauensvollen Partnerschaft zwischen Staat und Kirche, sondern auch vom gewachsenen fruchtbaren Verhältnis zwischen altchristlicher und klassischer Kultur und eigenem traditionellen Brauchtum und Erbe in Ihrem Volk.

Der Heiligen Stuhl ist der Mittelpunkt der katholischen Christenheit und zugleich auch — mit Sitz in der „Ewigen Stadt" — Zeuge und Schatzkammer der mehrere Jahrtausende alten europäischen Kunst und Kultur. Der Pilgerstrom zu den heiligen Stätten in Rom war die Jahrhunderte hindurch stets auch mitgeprägt von dem Wunsch nach einer unmittelbaren Begegnung mit diesem reichen antiken heidnischen und christlichen Erbe; besonders auch, was die Rompilgerfahrten aus Ihrer deutschen Heimat betrifft. Die gemeinsame christliche Kultur, in der sich mit den antiken griechischen und lateinischen Grundwerten auch zahlreiche Elemente aus dem Germanentum zu einer inneren Einheit verbanden, bildet den fruchtbaren Boden für die alle nationalen Grenzen überschreitende Gemeinschaft der Kirche und auch ihrer offiziellen Beziehungen — vor allem durch den Heiligen Stuhl — zu den Staaten und deren Regierungen.

Die durch die diplomatischen Beziehungen gewährleistete Zusammenarbeit zwischen dem Bischofssitz des Petrus und den staatlichen Autoritäten der verschiedenen Länder sollte sich deshalb auch nicht allein auf die rein

---

Ansprache aus Anlaß der Eröffnung des neuen Amtssitzes der Botschaft der Bundesrepublik Deutschland beim Heiligen Stuhl gerichtet an Außenminister Dietrich Genscher. Rom, 11. Dezember 1984.

offizielle Ebene beschränken, sondern steht ebenso im Dienst dieser tieferen inneren Einheit zwischen den Völkern und diesem Zentrum der Kirche und der abendländischen Kultur.

Ihre Botschaft ist bereits bemüht, diesem Umstand auf verschiedene Weise Rechnung zu tragen und setzt damit eine seit langem bewährte Tradition fort. Sie wird so unter anderem zur privilegierten Zeugin für die tiefe Wertschätzung, die Rom — und in besonderer Weise der Heiligen Stuhl — für all das stets empfunden haben und auch heute empfinden, was deutsches Denken in Vergangenheit und Gegenwart zur hervorragenden Bereicherung der verschiedenen Felder menschlicher und christlicher Kultur beigetragen hat.

Dieser neue Sitz Ihrer Diplomatischen Vertretung ist sichtbarer Ausdruck des Willens der Bundesrepublik Deutschland und des Heiligen Stuhles zu einem festen und freundschaftlichen Einvernehmen. Möge dieses durch immer zeitgemäßere und wirksamere Mittel noch stärker und fruchtbarer werden. Und möge Gottes Segen und Schutz auf diesem neuen Botschaftsgebäude ruhen und auf allen, die darin wohnen und arbeiten werden.

EIN LANGER WEG ZUM FRIEDEN

Heiliger Vater!

Ich habe die Ehre, in Ihrer Gegenwart die Außenminister der Republik Argentinien und der Republik Chile vorzustellen, die, im Auftrag und mit den von Ihren Exzellenzen, den Präsidenten der jeweiligen Länder, empfangenen Machtbefugnisse, von ihren Delegationen begleitet, den Austausch der Ratifizierungsurkunden des Vertrages für Frieden und Freundschaft, der in diesem Apostolischen Palast am 29. November vergangenen Jahres unterzeichnet wurde, vorzunehmen.

Eure Heiligkeit wollte bei dieser Feierlichkeit den Vorsitz führen, indem Sie sich auch bereiterklärte, unter die Urkunde, die die Herren Minister unterzeichnen werden, Ihre Unterschrift zu setzen, nicht nur, um auf das Ereignis Nachdruck zu legen, sondern — vor allem — um mit Ihrer moralischen Autorität die neue Etappe des friedlichen Zusammenlebens zwischen beiden Nationen, die heute formell ihren neuen Anfang nimmt, zu bekräftigen.

Der bereits zurückgelegte Weg ist lang gewesen, und es traten dabei Schwierigkeiten und auch Momente der Spannung auf. All jene, die auf die eine oder andere Art und Weise bei dem, am 4. Mai 1979 eingeleiteten, Vermittlungsprozeß mitgewirkt haben, konnten dies bezeugen.

Es gebührt sich, die Erinnerung an Kardinal Antonio Samoré wachzurufen und ihm neuerlich tiefe Ehrerbietung zu erweisen aufgrund seiner ausdauernden und begeisterten Arbeit, Eurer Heiligkeit beim Finden der angemessenen Lösung der Kontroverse zwischen Argentinien und Chile hinsichtlich der südlichen Zone helfend beizustehen, eine Arbeit, die ihn bis zu seinem Lebensende erfüllte.

Ich möchte zugleich auch meinen Dank aussprechen für die Hingabe Ihrer — und danach meiner — nächsten und opferbereiten Mitarbeiter, S. E. Mons. Gabriel Montalvo und Mons. Faustino Sainz Muñoz, bei diesem Werk des Friedens und der Suche nach einer zufriedenstellenden und vollständigen Lösung des alten Konfliktes.

Rede anläßlich des Austausches der Ratifizierungsurkunden zwischen Chile und Argentinien. Vatikan, 2. Mai 1985.

Meine dankbare Anerkennung gilt auch all jenen Argentiniern und Chilenen, die hier oder in ihren jeweiligen Ländern zu der heutigen Situation beigetragen haben.

Der von beiden Staaten ratifizierte Vertrag setzt den Problemen, die die traditionell guten Beziehungen zwischen Chile und Argentinien belasteten, ein Ende und zielt darauf ab, einen stabilen und dynamischen Frieden zwischen beiden Nationen zu gewährleisten und die festen Grundlagen, auf denen zum Nutzen beider Länder in vielfältigen Bereichen eine harmonische Zusammenarbeit basieren soll, zu stärken.

Es ist mir eine Ehre, auf die so positive und vorbildliche Tatsache hinzuweisen, daß vor jeder Überlegung die Klugheit und die echte Zustimmung zu den wirklichen Interessen Ihrer jeweiligen Heimatländer zusammen mit der Sorge um höhere Werte den Ausschlag gegeben haben: über allem steht der Friede. Wenn man den Blick auf die Zukunft der beiden Völker richtet, so ist all dies Zeichen für größeren Fortschritt und für das ruhige Zusammenleben, ein Ziel, das von den Friedensstiftern beider Nationen angestrebt wurde.

Heiliger Vater!

Mit der Teilnahme an der zweifellos tiefsten Zufriedenheit Eurer Heiligkeit und der uneigennützigen Völker Argentiniens und Chiles, bitte ich Eure Heiligkeit, daß man nun zu diesem feierlichen Akt schreite, der auch dank Ihrer Vermittlung zu einem glücklichen Abschluß gelangt ist.

DAS NEUE VERHÄLTNIS VON KIRCHE UND STAAT IN ITALIEN

Mit der durch den Papst und den Präsidenten der Italienischen Republik durchgeführten Ratifizierung treten nun das Abkommen vom 18. Februar 1984 zwischen dem Hl. Stuhl und der Italienischen Republik, das Abänderungen der Lateranverträge mit sich bringt, und das Protokoll vom 15. November 1984 in Kraft, wodurch die Bestimmungen betreffend die Regelung der kirchlichen Einrichtungen und Güter und die Revision der finanziellen Verpflichtungen seitens des italienischen Staates und des Eingreifens desselben in die Vermögensgebarung der kirchlichen Einrichtungen bestätigt werden.

Seit jenen Tagen sind nun schon einige Monate vergangen. Während dieser Zeit haben Menschen aus Politik und Kirche, politische und kirchliche Verbände sowie Rechtsgelehrte die neuen Vertragsbestimmungen aufmerksam geprüft, um den Einfluß auf die konkrete Tätigkeit der Einrichtungen und das Leben der italienischen Gesellschaft zu beurteilen. Was die Wichtigkeit des einvernehmlichen Verzichtes von Kirche und Staat auf Bestimmungen, die ein Privileg oder bessere und mehr abgegrenzte Sicherheit bedeuten könnten, betrifft, gab es — wie dies übrigens auch offensichtlich war — keine einheitliche Bewertung.

Um die neuen Bestimmungen, deren soziale Wichtigkeit von allen anerkannt ist, objektiv verstehen zu können, ist es allerdings notwendig, auf ihre Entstehung zurückzugehen, die lange Bemühungen und großen Einsatz erforderte. Ohne Zweifel muß man die Aufmerksamkeit — und ich würde sagen die Besorgnis — der vertragsschließenden Parteien anerkennen, mit der sie, als mit der neuen Fassung begonnen wurde, versuchten, neue Richtlinien zu finden — und das war nicht einfach! —, die sozusagen in einem dynamischen Gleichgewicht am meisten der Situation entsprechen sollten, die sich ja nicht nur seit der Unterzeichnung der Lateranverträge geändert hatte, sondern auch seit der Verabschiedung der neuen Verfassung des italienischen Staates und seit dem Zweiten Vatikanischen Konzil. Allen gemeinsam war das Bewußtsein und der Wille, nicht nur einen befriedigenden Weg zur Beilegung der Schwierigkeiten zu finden, die in den vergangenen Jahren nach und nach aufgetreten sind, sondern vielmehr einen Weg für die Zukunft zu öffnen.

Rede anläßlich der Ratifikation des Konkordats zwischen dem Heiligen Stuhl und Italien. Vatikan, 3. Juni 1985.

Auf diese Zukunft, die heute ihren offiziellen Anfang nimmt, möchte ich in dieser Stunde gerne meinen Blick richten und meine Wünsche dafür zum Ausdruck bringen. Eine Zukunft, die — weist sie auch in einigen Punkten zutiefst, ja ganz wesentlich andere Merkmale auf als die Vergangenheit — meiner Ansicht nach nicht als Bruch verstanden werden kann und verstanden werden darf, sondern vielmehr als das Reifen einer Wirklichkeit, die sich sowohl in den Taten als auch im Bewußtsein der beiden hohen vertragsschließenden Parteien weiterentwickelt hat.

Ich möchte mich also auf den Punkt konzentrieren, der in höchstem, ja fast erschütterndem Maße neu ist: auf die genehmigte Aufhebung des Prinzips, das besagt, daß die katholische Religion die einzige Staatsreligion ist. Diese Änderung soll gewiß nicht bedeuten, daß man — theoretisch oder praktisch — eine unleugbare soziale Wirklichkeit von grundlegender Wichtigkeit, nämlich die Tatsache, daß — wie es im Artikel 9 des Abkommens heißt: „die Prinzipien des Katholizismus Teil des geschichtlichen Erbes des italienischen Volkes sind" — nicht mehr anerkennt.

Gleichzeitig möchte ich das Bemühen um die „Zusammenarbeit für den Fortschritt des Menschen und zum Wohle des Landes" (Art. 1 des Abkommens) als positives und dynamisches Element der künftigen Beziehungen zwischen Kirche und Staat in Italien erwähnen.

Es ist nicht verwunderlich, wenn es anfangs unvermeidbare Schwierigkeiten bei der Umstellung und bei der Einführung von neuen Formulierungen und Systemen gab: Bei mehr als einem jener Punkte, die von grundlegender und praktischer Bedeutung sind, könnte man — und das nicht ohne Grund — von „Risiken" sprechen, die man aber trotzdem aus guten Gründen und mit dem Willen und der Voraussicht, sie entsprechend bewältigen zu können, einging. Deshalb wäre es richtiger, eher von „Herausforderungen" zu sprechen, die die neue Zeit an uns stellt.

Aber trotz der Risiken wurde ein Projekt verwirklicht, das der einen wie der anderen Seite im Laufe vieler Jahre angesichts geänderter Umstände, denen sie verantwortungsvoll ins Auge blickten und begegneten, erforderlich schien. Und auch die Herausforderungen werden uns nicht daran hindern, mit Zuversicht in eine Zukunft zu blicken, deren Grundlage ein Gesetz und ein Geist sind, geprägt vom aufrichtigen Willen, einander zu respektieren und von der Absicht, in gegenseitigem Vertrauen zusammenzuarbeiten, und von der wir glauben, daß sie reich an positiven Folgen für das italienische Volk ist.

Diesem Volk, das dem Hl. Stuhl so nahe steht und ihm so teuer ist, und denen, die für sein Geschick und Wohl verantwortlich sind, angefangen beim Präsidenten der Republik, gelten in dieser feierlichen Stunde meine Hochachtung und meine Wünsche.

FRIEDE IST DIE FOLGE DER GERECHTIGKEIT

1. Wien, die UNIDO und Bundespräsident Dr. Waldheim

Es war mir eine besondere Freude, die Einladung zu dieser heutigen Feier zum Weltfriedenstag, die traditionellerweise von der Ständigen Vertretung des Hl. Stuhls bei den internationalen Organisationen in Wien veranstaltet wird, annehmen zu können. Schon allein wegen der Stadt Wien — für das, was sie war und für das, was sie heute ist, und besonders für das, was sie mir in besonders signifikanten Augenblicken meines eigenen Lebens bedeutete — würde ich diese neuerliche Gelegenheit eines Besuches hochschätzen. Ein weiterer, nicht weniger bedeutender Grund für meine Zufriedenheit ist, daß ich mich in einer Gesellschaft befinde, die ich mir als familiär zu bezeichnen erlaube. Die Tatsache, daß dieses Jahr die UNIDO den Ehrenschutz für die Veranstaltungen übernommen hat, scheint mir von großer Bedeutung zu sein, da sie uns die Worte des großen Papstes Pauls VI. in Erinnerung ruft: „Fortschritt ist der neue Name des Friedens". Der zeitliche Rahmen, der für meinen Beitrag vorgeschlagen wurde, erlaubt es mir nicht — nicht einmal in dem Abschnitt, der der „Entwicklung" gewidmet ist — zum Thema Friede allzu ausführlich zu sprechen, obwohl es sich dafür ausgezeichnet eignen würde.

Wie auch immer: Ich möchte den hochgeschätzten Persönlichkeiten, die diese Versammlung mit ihrer Anwesenheit beehren, meine ehrerbietigen Grüße entgegenbringen.

Ihnen im besonderen, Herr Bundespräsident Dr. Waldheim, möchte ich auch bei dieser Gelegenheit wieder meine Gefühle aufrichtiger Hochachtung zum Ausdruck bringen und — wenn Sie erlauben — die Gefühle der Freundschaft, die aus vergangenen Jahren stammen und die die Zeit eher noch vertieft hat. Nehmen Sie bitte mit meiner Hochachtung auch die besten Wünsche für Sie persönlich und für Ihre Tätigkeit entgegen.

Der gegenwärtige Stand der Beziehungen zwischen Ost und West scheint mir eine Einladung zu sein, über die Einsicht des Propheten Isaias nachzu-

Ansprache anläßlich der von der Ständigen Vertretung des Hl. Stuhls bei den internationalen Organisationen in Wien unter der Schirmherrschaft der UNIDO veranstalteten Feier des 14. Päpstlichen Weltfriedenstages. Wien, 5. März 1986.

denken, der erklärte, daß Friede die Folge von Gerechtigkeit ist — „opus iustitiae pax" (Is 32, 17).

2. Friede und Gerechtigkeit

Diese Formulierung weist auf eine tiefe Sehnsucht der Menschen hin und auf den Preis, den sie bezahlen müssen, damit sie Wirklichkeit wird.

Ob es sich um eine Frage der Beziehungen zwischen Individuen, sozialen Gruppen oder Nationen handelt: Friede ist niemals ein Zustand der Vollkommenheit, der ein für allemal erreicht wird, sondern vielmehr ein dynamisches Gleichgewicht zwischen divergierenden Interessen, erreicht durch das Einhalten allgemein akzeptierter Werte und Regeln. Es ist klar, daß ein Gleichgewicht dieser Art möglichen Positionsänderungen seitens der Betroffenen, die frei sind, sich dafür zu entscheiden, oder in Frage zu stellen, ausgesetzt ist.

Überdies: Ein „Friede", der den Besiegten von den Siegern aufgezwungen wird, würde nur ein scheinbarer Friede sein. Die Geschichte zeigt deutlich genug, daß ein dauerhafter Friede nur auf Gerechtigkeit aufgebaut werden kann, das heißt darauf, daß die betroffenen Parteien die unveräußerlichen Rechte, die ihnen als menschliche Wesen und Völker eigen sind, anerkennen und respektieren.

Ein Gleichgewicht in Gerechtigkeit ist auf der sozialen Ebene, innerhalb einer Nation gesichert, insoweit das Gesetz Bürgerrechte garantiert und Bürgerpflichten festlegt und insoweit die Produktions-, Austausch- und Verteilungsverhältnisse der Ressourcen im Rahmen von Institutionen ausgehandelt und geordnet werden, die fähig sind, die legitimen Interessen der Individuen und die Ansprüche des Gemeinwohls in Einklang zu bringen. Schwer vermeidbare Konflikte finden dann Lösungen, deren Akzeptanz davon abhängt, inwieweit sie auf den Prinzipien und Regeln der gleichen Gerechtigkeit für alle beruhen. Gerechtigkeit ist immer die höhere Norm. Das Gesetz ist damit betraut, sie zu interpretieren und verbindlich zu machen.

Eine Gesellschaft lebt nämlich in Frieden, wenn sie einen Konsens bezüglich des transzendenten und unverrückbaren Wesens der Gerechtigkeit an sich erreicht hat.

3. Gerechtigkeit und Entwicklung

Man kann sagen, daß dasselbe Kriterium auch für die Beziehungen zwischen Nationen gilt. Diese haben aus schrecklichen Prüfungen gelernt, daß sie nicht in Frieden leben können, solange sie ihre Zusammenarbeit nicht auf der Basis gewisser Regeln und mit Hilfe gemeinsamer Institutionen entwickeln. Ihr Zusammenkommen im Rahmen der Organisation der Vereinten Nationen und die Annahme grundlegender Normen, wie beispielsweise die Menschenrechtsdeklaration, sind Ausdruck und Garantie einer Sehnsucht nach Frieden unter Bedachtnahme auf das, was gut und recht ist.

a) Die Prinzipien der Gerechtigkeit begründen die Gleichheit aller Staaten, aber auch das Recht der Völker auf Selbstbestimmung, das Recht, sich selbst Institutionen zu schaffen und das Recht auf ein frei gewähltes Parlament, weiter das Recht auf Entwicklung der Produktions- und Austauschbeziehungen nach Regeln, die den eigenen Interessen gerecht werden, während sie gleichzeitig die Rechte und legitimen Interessen ihrer Partner respektieren.

Damit zwischen den Nationen Friede sein kann, müssen zuerst ihre wirtschaftlichen Beziehungen von Gerechtigkeit gekennzeichnet sein: gerechte Verteilung der internationalen Arbeit, Festsetzung gerechter Preise und gerechter Löhne. Beziehungen der Abhängigkeit und Ausbeutung nähren nämlich Frustration und fördern Gegenbewegungen, die die Wurzeln vieler Befreiungskriege und innerer Unruhen sind.

b) Hilfe zur Entwicklung — was soviel heißt wie wirtschaftliche und soziale Expansion jedes Volkes und aller Völker —, die ein dringendes Erfordernis der Gerechtigkeit ist, ist auch ein Einflußfaktor par excellence für Aufstieg und Frieden.

In der Tat ist ja dieser Austausch für den Investor nicht weniger vorteilhaft als für den Empfänger. Nochmals: Diese Hilfe darf keinesfalls neokolonialistische Formen annehmen, sondern muß sich auf die für den sozialen Fortschritt zentralen Bereiche konzentrieren. Ihr Ziel sollte es sein, die Entwicklungsländer allmählich zu einem Zustand der Selbständigkeit hinzuführen (Kommission für Gerechtigkeit und Friede, Self-Reliance. Compter sur soi. Vers la troisième décennie du developpement. Pour un monde plus solidaire, des peuples plus responsables. 15. Mai 1978).

Die finanzielle Sackgasse, in die viele Schuldnerländer der Dritten Welt heute geführt wurden, sind eine Einladung an die betroffenen Regierungen und internationalen Organisationen, sich über den Ernst der Lage klar zu werden, die objektiven Mechanismen, die ihre Ursache waren, zu erkennen, gemachte Fehler auszuwerten, um so bei der Suche nach Lösungen zusammenzuarbeiten, die konform sind mit Gerechtigkeit und echten Gemeinschaftsinteressen.

c) Umfassender Friede ist durch lokale Konflikte, die sich ausdehnen können, dauernd gefährdet. Die großen und auch die weniger großen Mächte vergehen sich gegen die Gerechtigkeit und gehen beträchtliche Risiken ein, wenn sie solche Konflikte, anstatt ihre Ausdehnung zu verhindern, durch

Waffenlieferungen an die Kriegführenden unterstützen. Der willkürliche Verkauf von Waffen, besonders an arme Länder, bleibt gegenwärtig eine der ernstesten Bedrohungen des Friedens.

Der Heilige Stuhl hat immer die Ansicht vertreten — und das ist wohl bekannt und wurde oft für unrealistisch gehalten —, daß, um diesen Gefahren für den Frieden entgegenzuwirken, nur eine globale öffentliche Autorität in der Lage sein würde, bei Ausbruch von Konflikten zwischen Nationen die Einhaltung von Gesetzen und die Aufnahme von Verhandlungen zu gewährleisten. Inzwischen unterstützt der Hl. Stuhl die Entwicklung und Verbesserung der bestehenden internationalen Körperschaften, indem er sie einlädt, eine immer breitere Zusammenarbeit zu fördern.

4. Gegen das „Gleichgewicht des Schreckens“

Zwischen Gesetz und Realität liegt noch eine viel zu deutliche Kluft. Die Menschheit befindet sich heute in einer prekären Situation. Anstatt dieses Gleichgewichts, das auf Zusammenarbeit in Gerechtigkeit gründet, herrscht heute zwischen Ost und West ein „Friede“, der auf dem Gleichgewicht des nuklearen Schreckens beruht. Ethische Reflexion muß uns jedoch davon überzeugen, daß solch ein Gleichgewicht — das an und für sich schon Bedenken sittlicher Natur hervorruft — eine Fülle unabsehbarer Entwicklungen mit sich bringt. Diese Situation kann nämlich selbst die potentiellen Gegner nicht zufriedenstellen. Überdies ist es ihre gemeinsame Einschätzung, daß der Nuklearkrieg kollektiver Selbstmord und ein absolutes Übel ist, das verhindert werden muß.

Die Strategie gegenseitiger Abschreckung wird also bestenfalls als Strategie des Friedens betrachtet, eines Friedens allerdings, der ein bedenklicher und unsicherer Friede ist, da er nur auf der Furcht vor Vergeltungsmaßnahmen beruht, und das Risiko in sich trägt, in einem bestimmten Augenblick durch Verzweiflungstaten oder die Verrücktheit unbesonnener Abenteurer zunichte gemacht zu werden. Als weniger schlimm ist zu beurteilen, daß die Parteien, solange sie sich auf die Perspektive der Abschreckung beschränken, auf eben dieses Konzept der Abschreckung einige klare und gegenseitig akzeptierte ethische Kriterien anwenden sollten.

Die Übereinstimmung hinsichtlich der unannehmbaren Natur des tatsächlichen Einsatzes von Nuklearwaffen sollte also logischerweise auch schon auf die Gefahr eines Rückgriffs auf sie ausgedehnt werden. Denn zu behaupten, daß die Bedrohung mit der Sehnsucht nach ihrem Nichteinsatz vereinbart werden kann, würde gleichzeitig den Wegfall ihrer raison d'être und ihrer abschreckenden Kraft bedeuten.

Heute sieht man deutlicher denn je, daß Gerechtigkeit und die Wichtigkeit des Friedens eine rasche Abkehr von der Mentalität verlangen, daß Beziehungen auf der Angst vor gegenseitiger Zerstörung basieren.

Der Hl. Stuhl hat stets die Tatsache in Erinnerung gerufen, daß die Strategie der Abschreckung nur als eine Stufe in einem auf Abrüstung gerichteten Prozeß betrachtet werden kann — selbst wenn diese nur allmählich vonstatten geht — (Botschaft von Papst Johannes Paul II. an die UNO, 11. Juni 1983, Nr. 8).

Solange Abschreckung als Selbstzweck verstanden wird, ermutigt sie ihre Protagonisten, in einem endlosen Wettlauf nach Überrüstung die Übermacht des einen über den anderen sicherzustellen (Papst Paul VI., Botschaft an die UNO, 24. Mai 1978).

Es fehlt die Eröffnung eines vertrauensvollen Dialogs, der es beiden Seiten ermöglichen würde, einander wirksamer von den beidseitigen Absichten zu überzeugen. Gerechtigkeit verlangt, daß dem wahren Problem — beidseitige, gleichzeitige und überwachte Abrüstung bis zur untersten Ebene konventioneller Waffen — mutig ins Gesicht geblickt wird, daß man darüber verhandelt und Taten setzt. Neuere Entwicklungen in den Verhandlungen zwischen Ost und West geben der Welt neuen Grund zur Hoffnung. Die beidseitige Zustimmung zur Abschaffung anderer Vernichtungswaffen wie z. B. chemischer Waffen, kann hier und jetzt erreicht werden. Der laufende Abbau der nuklearen Waffen, nach dem beide Seiten verlangen, muß jedoch das Endziel bleiben. Die Sicherheit aller Länder, besonders im sensiblen europäischen Raum, könnte dann beispielsweise durch ein allgemein annehmbares Maß an konventioneller Bewaffnung garantiert werden.

Der Friede findet sich am Ende eines unerläßlichen Prozesses gegenseitiger Annäherung der beteiligten Parteien, die sich ja danach sehnen, ihre Beziehungen auf ein neues Gleichgewicht von Zusammenarbeit und Vertrauen aufzubauen.

Die Chancen, solch ein Gleichgewicht zu erreichen, hängen davon ab, inwieweit es beide Seiten zulassen, sich nicht mehr länger von einer Furcht, die trennt, leiten zu lassen, sondern vielmehr vom Streben nach der Gerechtigkeit, die die oberste Norm allen menschlichen und internationalen Zusammenlebens darstellt.

DIPLOMATIE UND SOLIDARITÄT

In meinem eigenen Namen und im Namen Ihrer Exzellenzen, der Herren Erzbischöfe Eduardo Martinez und Achille Silvestrini, sowie der anderen Mitarbeiter im Staatssekretariat und im Rat für die öffentlichen Angelegenheiten der Kirche bedanke ich mich beim Doyen des beim Hl. Stuhl akkreditierten diplomatischen Corps für seine so freundlichen Glückwünsche. Unser Dank gilt natürlich auch allen Mitgliedern des diplomatischen Corps und ihren Gattinnen, als deren Sprecher er sich zur Verfügung gestellt hat.

Die Rede, welche Ihr Doyen heute morgen vor dem Heiligen Vater gehalten hat, und die Antwort Seiner Heiligkeit liefern uns genügend Stoff zum Nachdenken, und ich könnte zu Beginn dieses Jahres dem schwerlich etwas anderes hinzufügen als den Ausdruck unserer Hochachtung für Sie und die Bedeutung der Mission, die Sie erfüllen; ebenso drücke ich unseren aufrichtigen Respekt und unsere Freundschaft Ihren jeweiligen Ländern gegenüber aus.

Die Tatsache, in ständigem Kontakt mit den Vertretern einer stets wachsenden Zahl von Staaten zu sein, ist für mich und meine Mitarbeiter einer der wichtigsten Vorteile. Dadurch können wir genaugenommen nicht nur unsere Kenntnisse von den verschiedensten Kulturen und Traditionen erweitern, sondern es wächst gleichermaßen auch die Sympathie, die wir durch Sie Ihren Völkern entgegenbringen.

1. Die Grundlagen der internationalen Beziehungen

Das Wort „Freundschaft“ wird in diplomatischen Kreisen häufig verwendet. Ich werde allerdings jene Antwort nie vergessen können, welche ein Außenminister einmal einem Botschafter gab, der an die traditionelle Freundschaft zwischen ihren beiden Ländern appellierte. Er sagte folgendes: „Mein Herr, mein Land kennt keine beständigen Freundschaften, es kennt nur beständige Interessen.“

Diese Anekdote könnte als Beispiel für „politischen Realismus“ dienen, der sich zwar auf die Ideale, für die die öffentliche Meinung empfänglich ist,

---

Ansprache an das Diplomatische Corps, Rom, 10. Januar 1987.

beruft, es aber — im Namen der Staatsinteressen — für wenig weise hielte, daraus Richtlinien für sein Handeln abzuleiten.

Ganz im Gegensatz dazu ist der Hl. Stuhl davon überzeugt — und er ist offensichtlich nicht der einzige —, daß die Politik, auch wenn es notwendig ist, mit beiden Beinen fest auf dem Boden der Realität zu stehen, von den höchsten Werten wie Gerechtigkeit, Rechtschaffenheit und Solidarität nicht absehen kann.

2. Internationale Solidarität

Gerade die Solidarität ist eines der Ideale, auf die der Hl. Stuhl immer wieder ausdrücklich zurückkommt, denn sie ist ein moralischer Wert, welcher die Beziehungen nicht nur zwischen Einzelpersonen und sozialen Klassen, sondern auch zwischen den Völkern regeln muß.

Und wie Sie wissen, hat der Hl. Vater in seiner Botschaft anläßlich des diesjährigen Weltfriedenstages die Solidarität, verbunden mit dem Fortschritt, als Schlüssel zum Frieden dargestellt.

Schon in seiner Enzyklika „Populorum progressio", deren 20. Jahrestag wir heuer feiern, sah Papst Paul VI. im Fortschritt den neuen Namen des Friedens (er sagte später sogar noch genauer „ganzheitliche Entwicklung des Menschen" und „solidarische Entwicklung der Menschheit").

Während die ausschließliche oder vorwiegende Verfolgung nationaler Interessen sehr leicht zu Konflikten und Kriegen führt, ist die Solidarität in der Verfolgung des Allgemeininteresses ein Schlüssel zum Frieden.

Daraus kann man folgern, daß ein gewisser „Idealismus" viel realistischer ist, als ein gewisser „Realismus"; angesichts der gegenwärtigen Intensivierung des nuklearen, aber auch des konventionellen Rüstens, gibt es nämlich für alle — für die kleinen wie für die großen Mächte — kein Interesse, das größer und echter wäre als der Friede.

3. Die Aufgabe der Diplomatie

Die Diplomatie bleibt auch heute noch eine der bedeutendsten Ebenen, auf der die Verteidigung und Förderung der friedlichen Beziehungen der Staaten untereinander gesichert werden. Dies ist eine so vornehme Aufgabe, daß sie schon an und für sich eine Ehre für Ihren Beruf und für Sie selbst darstellt, die Sie mit Kompetenz und Pflichtbewußtsein erfüllen, was wir im Staatssekretariat und im Rat für die öffentlichen Angelegenheiten der Kirche täglich bezeugen können.

Zu Beginn des Neuen Jahres und für die gesamte Dauer Ihrer Mission wünschen wir Ihnen, daß Sie — je nach dem mehr oder weniger großen Handlungsspielraum, der jedem von Ihnen zur Verfügung steht — stets zur Erhaltung der lebenswichtigen Güter, nämlich des Friedens und der Solidarität zwischen Ihren Ländern und den anderen, beitragen können.

Hierzu erhebe ich mein Glas auf Ihre Länder, auf Ihre Regierungschefs und Regierungen, auf Sie selbst und alle, die Ihnen teuer sind und spreche Ihnen unseren Dank aus für all die höflichen Aufmerksamkeiten, die Sie uns ständig entgegenbringen.

AUF DEM WEG ZU EINER BRÜDERLICHEN WELT

Es ist für mich eine Ehre und eine Freude, auch im Namen des Heiligen Vaters Johannes Pauls II. meinen Gruß an die kompetenten Vertreter des Interaction Councils zu richten, die in Rom zusammengekommen sind, um sich mit dem Thema „Friede — Entwicklung — Bevölkerung" zu befassen.

1. Wertschätzung für Ziele und Tätigkeit des Interaction Councils

Meine Verehrung gilt aber nicht nur den hier anwesenden Personen, sondern auch all Ihren ehrwürdigen Kollegen sowie den Mitgliedern des Interaction Policy Board.

Es ist unmöglich, den Wert und — ich möchte sagen — die Genialität der Idee, die das Gründerkomitee dazu bewog, diese Organisation Anfang 1983 ins Leben zu rufen, nicht gebührend anzuerkennen. Schon ihr Name besagt ihre grundlegende Tendenz zur Zusammenarbeit, zu gemeinsamem Handeln, zur gegenseitigen Unterstützung und Bereicherung. Das Spezifische daran liegt in der Zusammenarbeit und noch mehr in den Personen, die sich vorgenommen haben, sie durchzuführen.

Gegenstand und Motiv der Zusammenarbeit sind die schwerwiegenden Probleme, mit denen die moderne Welt in den fortgeschrittenen Ländern und in den — mehr oder weniger fortgeschrittenen — Entwicklungsländern ständig konfrontiert ist; Probleme auf wirtschaftlicher und politischer Ebene. Probleme, die nur sehr schwer zu lösen sind und die auf gar keinen Fall — auch nicht von den größten Mächten — im Alleingang gelöst werden können, sondern ein weises und einheitlich aufeinander abgestimmtes Handeln erfordern.

Diejenigen, die diese Zusammenarbeit durchführen, sind eine ziemlich große Gruppe von Persönlichkeiten, auf deren Schultern oft für lange Zeit und mehrmals, je nach politischer Lage und dem Auf und Ab des demokratischen Spiels entsprechend, die höchste Verantwortung der Regierung der Länder der verschiedenen Kontinente lastete.

Es ist nicht auszuschließen, daß Ihr Heimatland oder internationale Organisationen Sie neuerdings um Ihre Dienste ersuchen!

Ansprache an die Vertreter des Interaction Councils. Rom, Grand Hotel, 11. März 1987.

Ausbildung, Kompetenz, Erfahrung, die Sie vor Ort gemacht haben, sowie Risikobewußtsein und die Leidenschaft für die Probleme des politischen Lebens im eigenen Land und international, die schon zu Ihrer zweiten Natur geworden zu sein scheint, sind Ihre Kennzeichen: „Semel abbas, semper abbas", heißt ein Sprichwort aus dem alten Kirchenlatein. Und wer einmal Regierungschef war, der verliert nur schwer das Interesse an solchen Problemen und die Fähigkeit, sie sozusagen von oben her und in ihrem Zusammenhang zu betrachten, so wie es seine Gewohnheit geworden ist: er verliert auch nicht die Ruhe und Gelassenheit, die die Notwendigkeiten eines aktiven politischen Lebens ja allzu oft nicht erlauben.

Das informelle und doch engagierte Zusammentreffen und die Gegenüberstellung von Menschen so unterschiedlicher Sachkenntnis und Erfahrungen können wirklich die Basis für die Untersuchungsarbeit und deren Schlußfolgerungen sein, die vor allem für diejenigen von besonderem Wert sind, die gegenwärtig die Last der für das Leben der gesamten Menschheit wirksamen Entscheidungen tragen.

Das sind Ziel und Zweck von Interaction. Das Ansehen der zu dieser Organisation gehörenden Persönlichkeiten, das durch den Beitrag der Experten, die Ihnen zur Seite stehen, noch vergrößert wird, und Ihr gesamtes Wissen machen es Ihnen möglich, die Zeichen der Zeit zu deuten, Orientierung zu geben, Ratschläge zu erteilen, deren Wert vielleicht nur diejenigen ermessen können, die unmittelbar davon betroffen sind.

Auf diese Weise wollen Sie Ihre Aufmerksamkeit auf die wesentlichsten Probleme der Menschheit richten — auf jene Probleme, die die Wurzel aller anderen Probleme sind.

2. *Friede und Entwicklung*

Unter ihnen sind die Themen Friede und Entwicklung und ihr wechselseitiger Einfluß sicherlich vorrangig.

Für den Hl. Stuhl sind sie in diesem Jahr aus einem besonderen Anlaß von noch größerer Wichtigkeit als sonst.

Wir feiern nämlich den 20. Jahrestag der Enzyklika Papst Pauls VI. über die Entwicklung der Völker: „Populorum progressio". Sie enthält einen Satz der zu Recht berühmt geworden ist: „Fortschritt ist der neue Name des Friedens".

Fortschritt — Entwicklung der Länder, der Völker, der benachteiligteren sozialen Schichten — als Bedingung für den Frieden auf sozialer und internationaler Ebene.

Fortschritt — das ist jetzt meine Interpretation, vielleicht eine Erweiterung — als Konsequenz von gelebtem Frieden, wenn gemeinsame Mittel und Kräfte nicht mehr dazu verwendet werden, einander zu bekämpfen, sondern dafür eingesetzt werden, die Menschheit zu jenen Zielen ganzheitlicher Entwicklung zu führen, zu denen sie berufen ist.

Das Thema, das Sie für Ihre Begegnung gewählt haben, ist ein Trinom. Neben Frieden und Entwicklung geht es in einem dritten Punkt um die Bevölkerung.

Ich weiß nicht, von welchem Blickwinkel Sie diesen Punkt betrachten werden. Aus diesem Grund möchte ich auch nicht besonders darauf eingehen.

Ich möchte nur bemerken, daß es sich dabei um ein fundamentales, komplexes und heikles Thema handelt. Nicht nur wegen der ethischen Aspekte, die fast unweigerlich damit verbunden sind, sondern auch wegen der Aspekte eines „politischen Realismus“, um es einmal so auszudrücken, mit denen man sich notwendigerweise in diesem Zusammenhang auseinandersetzen muß.

In derartigen Fällen besteht die Gefahr, daß Lösungen, die einfach und tiefgreifend erscheinen können, sich später als Pseudo-Lösungen herausstellen und eine eingehendere und ernsthaftere Betrachtung erfordern. Vor allem dann, wenn die Konsequenzen ein weites Gebiet betreffen (man denke beispielsweise an die Medizin und deren Einfluß auf die Menschen, an die Überalterung der Bevölkerung oder bestimmter Bevölkerungen und an das daraus resultierende mögliche ethnische Ungleichgewicht) und die dazu bestimmt sind, sich erst nach langer Zeit in ihrem ganzen Ausmaß zu zeigen und so auf unvorhergesehene oder nur schwer vorhersehbare Weise auf das Leben der Menschen Einfluß nehmen können.

Diesbezüglich hat die Katholische Kirche einen auch außerhalb katholischer Kreise ziemlich bekannten Standpunkt, der aus einer Besorgnis von höchst ethischer Natur resultiert. Auch in den anderen Auffassungen vom Menschen, insbesondere in jenen religiösen Charakters, gibt es Standpunkte, die interessant sind und die man kennenlernen und schätzen sollte.

In diesem Zusammenhang muß ich daran denken, daß Sie die erste Hälfte Ihrer Tagung hier in Rom einem „Treffen zur Beratung mit den geistigen Führern“ widmen wollten, die einige der großen Weltreligionen hier vertreten. Das ruft in Erinnerung, was sich am 27. Oktober des Vorjahres auf Initiative von Papst Johannes Paul II. und im Einverständnis mit zahlreichen religiösen Führern verschiedener Herkunft in Assisi ereignet hat.

3. An der Utopie bauen

Ich hoffe, daß dieses Treffen interessant und nützlich für Sie war, auch im Hinblick auf die Untersuchung der politischen und wirtschaftlichen Aspekte des gewählten Themas, die Sie in den folgenden beiden Tagen der Arbeit noch vor sich haben.

Der Hl. Stuhl seinerseits drückt nicht nur seine Hochachtung aus für Sie und für das, was Sie sich auch weiterhin zu tun vorgenommen haben. Er beteuert auch sein Interesse daran, etwas über die Ereignisse Ihrer Diskussionen zu erfahren, damit auch er daraus Nutzen ziehen kann für sein auf einer nicht politischen Ebene und mit nicht politischen Mitteln durchgeführtes Engagement im Dienste des Friedens, des guten Einvernehmens und der Zusammenarbeit zwischen Völkern und Regierungen, um die Menschheitsfamilie zu Wohlstand und zu materieller, kultureller und geistiger Entwicklung zu führen. Damit an die Stelle der alten und pessimistischen Sicht des Menschen als „Homo homini lupus" jene treten kann, die allein imstande ist, heute, da es der Menschheit gelang, die Werkzeuge zur gegenseitigen Zerstörung den jahrtausendealten Geheimnissen der Natur zu entreißen, die Welt vor einer apokalyptischen Katastrophe zu bewahren — die Sicht des Menschen als „Homo homini frater" (oder zumindest amicus).

Ist das Utopie?

Wenn es sich um eine Utopie handelt, so hat der Hl. Stuhl sie sich ganz gewiß zu eigen gemacht.

Und ich glaube, auch Sie haben sie zu Ihrem Anliegen gemacht; Sie, die Sie es gewohnt sind, der Wirklichkeit — auch der härtesten — ins Auge zu blicken, den Widerständen — auch den hartnäckigsten — ins Gesicht zu sehen, denen derjenige begegnet, der die Wirklichkeit verändern will, und zwar, wenn schon nicht den Wünschen des Herzens gemäß, so doch zumindest der Stimme der Vernunft entsprechend. Wenn dies nicht so wäre, würden Sie Ihre Zeit und Energien nicht für ein Unterfangen, wie die Interaction es sich zum Ziel gesetzt hat, einsetzen. Dafür muß Ihnen der Hl. Stuhl — und nicht nur er — dankbar sein.

DER HL. STUHL UND ÖSTERREICH

Durch die große Verantwortung, die Sie, Exzellenz, viele Jahre hindurch als Generalsekretär der Vereinten Nationen im Bereich der internationalen Beziehungen getragen haben, werden Sie gewiß diese Begegnung mit den bedeutenden diplomatischen Vertretern aus Ländern verschiedener Kontinente auf ganz besondere Weise zu würdigen wissen; sie sind hier zusammengekommen, um Sie anläßlich Ihres Besuches bei Seiner Heiligkeit Papst Johannes Paul II. zu begrüßen.

In Ihrer Eigenschaft als Präsident des modernen Österreich rufen Sie ihnen eine Vergangenheit in Erinnerung, deren große Bedeutung sich über viele Jahrhunderte erstreckte, und eine Gegenwart, die ebenfalls reich an Bedeutung und Verantwortung ist, welche weit über die Grenzen Ihres Landes hinausgehen: geographisch gesehen, ist Österreich nicht groß, aber aufgrund seiner Lage im Herzen des alten Europa befindet es sich heute am Schnittpunkt von Welten, die zutiefst geprägt sind von der ihnen eigenen Geschichte. Sie sind auf der Suche nach Beziehungen zueinander, die — wenn einmal, so hoffen wir, die noch immer trennenden politischen und ideologischen Gegensätze überwunden sein werden — nicht mehr nur das Ergebnis von bewaffneten Konflikten, wie das in der Vergangenheit der Fall war, und Ursache für neue Konflikte sind, sondern die Verwirklichung jenes Traumes von Sicherheit in Freiheit und die Verwirklichung aufrichtiger Zusammenarbeit, die ihren Ausdruck in den Helsinki-Schlußakten von 1975 findet, welche, so hoffen wir, immer mehr zur Anwendung kommt und immer treuer befolgt wird. Das liegt nicht nur im Interesse Europas, sondern im Interesse der ganzen Welt.

Der Heilige Stuhl, der sich aufrichtig im Dienste des Friedens engagiert, kann nicht umhin, sich diesen Wunsch zutiefst zu eigen zu machen und ebenso den Wunsch, daß die Welt es immer besser verstehen möge, die in feierlichen Dokumenten bestätigten Verpflichtungen zur Erhaltung der Verständigung zwischen den Nationen, zur friedlichen Beilegung der Differenzen, die auftreten können, zur Anerkennung der Rechte der Völker und der Menschen und zur Zusammenarbeit im Hinblick auf den Fortschritt der ganzen Menschheit in die Tat umzusetzen.

Vorstellung des beim Hl. Stuhl akkreditierten Diplomatischen Corps anläßlich des Besuchs des Bundespräsidenten der Republik Österreich, Dr. Kurt Waldheim. Vatikan, 25. Juni 1987.

Das Interesse, das dieser großen Sache entgegengebracht wird, ebenso wie die Verteidigung und Förderung der Rechte der Kirche und der geistigen und moralischen Werte in allen Teilen der Welt, sind Sinn, Inhalt und Zweck der diplomatischen Beziehungen des Hl. Stuhls mit so zahlreichen Ländern, die alle — katholisch oder nicht katholisch — wie eine große Familie untereinander verbunden sind, in der man in guten und in schlechten Zeiten miteinander solidarisch ist.

Österreich seinerseits kann sich, was seine Beziehungen zum Hl. Stuhl betrifft, einer jahrhundertealten Geschichte rühmen. Und seine schöne und ruhmreiche Hauptstadt bleibt immer verbunden mit jenen Kongressen, bei denen — nach den Wirren der Französischen Revolution und des Napoleonischen Zeitalters — 1961, also schon in unserer Zeit, die rechtlichen Grundlagen für die diplomatischen Beziehungen der Staaten geschaffen wurden. Wie könnten wir vergessen, was mit dem Namen Wien auf der ganzen Welt im kulturellen, künstlerischen und religiösen Bereich alles verbunden wird. Und was noch wichtiger ist: mit diesem Namen bleibt alles verbunden, was in der heutigen Zeit in den Bereich der internationalen Zusammenarbeit und der Kontakte fällt, die überaus bedeutsame, ja lebenswichtige Themen betreffen.

Diese Überlegungen machen deutlich, warum der Hl. Stuhl den guten Beziehungen, die ihn auch heute noch mit dem österreichischen Staat und dem österreichischen Volk verbinden, und die durch den Besuch Eurer Exzellenz betont und bekräftigt werden, so großen Wert beimißt.

In diesem Geist der traditionellen Hochachtung und Freundschaft und in Anbetracht der Vergangenheit und Gegenwart der Nation, deren Präsident Sie sind, freue ich mich, Ihnen, Herr Bundespräsident, auch im Namen aller hier Versammelten meine besten Wünsche auszudrücken für das Gedeihen dieses Landes in Frieden und im Dienste des Friedens, mit Gottes Hilfe.

ABSCHRECKUNG UND ABRÜSTUNG

Wieder einmal habe ich zu Beginn eines neuen Jahres die Ehre, an dieser Begegnung mit Ihnen teilzunehmen, so wie auch Seine Exzellenz, Monsignore Achille Silvestrini, Sekretär des Rates für die öffentlichen Angelegenheiten der Kirche, begleitet von seinem Untersekretär und den Assessoren der Päpstlichen Sekretarie.

Es ist die traditionelle Gelegenheit, bei der die Missionschefs des beim Hl. Stuhl akkreditierten diplomatischen Corps praktisch vollständig versammelt sind, um, nachdem sie dem Papst ihre Glückwünsche ausgesprochen haben, einen Augenblick in entspannter, familiärer Atmosphäre miteinander zu sprechen, was um so angenehmer ist, weil es so selten möglich ist.

Die vor wenigen Augenblicken zu Ende gegangene Audienz des Hl. Vaters hinterläßt in uns allen nicht nur die Erinnerung an den persönlichen Kontakt, der die Sympathie und das Interesse des Oberhauptes der Katholischen Kirche für Ihre jeweiligen Länder unterstreicht. Sie hinterläßt gleichzeitig auch das Echo der Gedanken, der Sorgen, der Hoffnungen und Wünsche, mit denen der Heilige Vater das Leben der internationalen Gemeinschaft und der Völker, die zu ihr gehören, an die Schwelle dieses Jahres begleitet.

1. Friede und Abrüstung

Der Friede und die mit ihm verbundenen Fragen der Abrüstung vor allem auf dem Gebiet der Nuklearwaffen, die Rechte, die Interessen und die Würde der Völker und jedes Menschen sind der Hintergrund der Ansprache, die der Papst vor Ihnen hielt, vor Ihnen, die Sie ganz besonders aufmerksame Zuhörer und privilegierte Gesprächspartner im Dialog zwischen dem Hl. Stuhl und der Welt von heute sind.

Innerhalb der Ereignisse, die sich mit einer tragischen Gleichförmigkeit in der Geschichte leider zu wiederholen scheinen — z. B. Kriege und Konflikte, die verschiedene Teile des Erdballs mit Blut beflecken, einmal dieses und einmal jenes Gebiet betreffen oder sich in die Länge ziehen, ohne daß scheinbar eine vernünftige Lösung gefunden werden könnte —, oder innerhalb der langsamen Entwicklung der politischen Beziehungen zwischen Ost

---

Ansprache an das Diplomatische Corps. Rom, 9. Januar 1988.

und West und zwischen Nord und Süd, hat erst jüngst eine neue Tatsache unsere festgefahrene Meinung über die Gesamtsituation ins Wanken gebracht, die wir uns angewöhnt hatten, als unveränderbar zu betrachten aufgrund des Einsatzes gleicher oder ungleicher Kräfte. Es handelt sich um ein Novum, das sich nicht damit begnügt, das internationale Leben oberflächlich zu streifen, sondern das die Geschichte der Menschheit von heute zutiefst in ihrem Gefüge berührt.

2. *Der Abbau der atomaren Mittelstreckenraketen*

Der Papst mußte es erwähnen! Sie haben schon verstanden: ich spreche vom Abkommen der beiden Atomgroßmächte über die nuklearen Mittelstreckenwaffen.

Sie und Ihre Regierungen haben es geprüft und beurteilt.

Wir kennen die Reaktionen einer oft unvollständig informierten Öffentlichkeit, die mehr den Gefühlen des Augenblicks ausgesetzt ist und die objektiven und unparteiischen Analysen nicht versteht, die hingegen zum Wesen der für das öffentliche Leben der Völker Verantwortlichen gehören müßten.

Sie dürfen sich gewiß nicht einem billigen Enthusiasmus hingeben, noch dürfen Sie sich in vorgefaßter Skepsis verschließen, die keine Unterschiede macht.

Ich möchte im Zusammenhang mit diesem Ereignis die Bezeichnung „historisch“ mit einer gewissen Zurückhaltung gebrauchen, aber selbst der enttäuschteste politische Beobachter kann nur schwer umhin, es als einen bedeutenden Wendepunkt in den Beziehungen zwischen den Staaten und Blocks zu betrachten.

Es „bedeutete“ einen Wendepunkt, oder, wenn wir Vorsicht walten lassen wollen, was auch richtig ist, „es kann“ einen Wendepunkt bedeuten. Es müssen nämlich nicht nur erst die unerläßlichen gesetzlichen Bedingungen erfüllt werden, sondern einige haben den Eindruck, daß die Beständigkeit des politischen Klimas, das eine offensichtliche mutige Entscheidung möglich gemacht hat, die in gewisser Weise den Bruch mit einer Vergangenheit bedeutet, die noch viel zu wenig weit zurückliegt, um wirklich vergangen zu sein, in den Ländern und auch international noch nicht genügend gesichert ist.

3. *Zukunftsperspektiven*

Wenn jedoch nicht unvorhergesehene Wellen und die Gezeiten der Geschichte über uns hereinbrechen und — wenn auch nur vorübergehend — eine lange und mit viel Mühe vorbereitete Entwicklung in entgegengesetzte Richtung lenken, kann man allerdings glauben, daß das Abkommen vom vergangenen Dezember wirksam werden wird.

Was werden die Folgen sein?

Vor allem diejenigen, die ganz direkt oder von deren unmittelbaren Auswirkungen betroffen sind, versuchten und versuchen, die positiven und vielversprechenden Aspekte darin zu entdecken; doch die langjährige Gewohnheit gegenseitigen Mißtrauens verleitet auch sie dazu, trotz der Garantie der gegenseitigen Kontrolle, die Möglichkeit gewisser Risiken nie ganz auszuschließen, wenn nicht sogar dazu, Fallen zu vermuten. Man prüft die Absichten des anderen, man ist bemüht, die Verkettung eventueller direkter oder nebensächlicher Auswirkungen für sich oder für seine Verbündeten vorherzusehen.

Da dieses Thema so komplex ist und etwas Wichtiges auf dem Spiel steht, kann man niemandem das Recht oder vielmehr die Pflicht absprechen, mit offenen Augen durch das Leben zu gehen. Jedoch unter der Bedingung, daß dadurch nicht der gute Wille und der Mut verloren gehen, die zusammen mit Klugheit und Weitblick zu den Fähigkeiten eines echten Staatsmannes gehören, vor allem, wenn es sich um Situationen handelt, die eine Hand erfordern, die den Lauf der Dinge zu lenken weiß und es nicht bei einer einfachen Bemühung bewenden läßt, ihn nur bis zu einem gewissen Grad zu kontrollieren.

Ich persönlich glaube — und ich fühle mich dabei vielen anderen verbunden, die derselben Überzeugung sind —, daß die ständig wachsende Ansammlung des Zerstörungspotentials der offensiven Atomwaffen in der Welt das weise und entschlossene Einschreiten der für das Schicksal der Menschheit Verantwortlichen erfordert hat und auch weiterhin erfordert.

Der Mensch, dem es, gleich einem Zauberlehrling, gelungen ist, aus geheimnisumwobenen Tiefen wunderbare und furchterregende Kräfte freizusetzen, wurde dann beinahe selbst ihr Gefangener und ihr mögliches Opfer. Die Wissenschaft und die Technik haben große Mühe, diese Energie auf die friedlichen Ziele der Entwicklung und des Fortschritts auszurichten, während es hingegen allzu leicht war, daraus ein Werkzeug der Zerstörung und des Todes zu machen.

4. Das trügerische „Gleichgewicht des Schreckens“

Paradoxerweise glaubte mehr als einer, in dieser Tatsache ganz deutlich einen Grund zur Hoffnung zu sehen: „Die Angst vor der Atomkraft wird den Krieg zerstören und die Menschen zum Frieden zwingen“. Und man kann ja wirklich nicht leugnen, daß das, was als „Gleichgewicht des Schreckens“ bezeichnet wurde, dazu gedient hat, die Welt vor Kriegen zu bewahren, die die gegenseitige Vernichtung nach sich gezogen hätten (ohne jedoch das wiederholte Ausbrechen von blutigen Auseinandersetzungen zu verhindern, die mit Waffen geführt werden, welche man übereinstimmend als „konventionelle Waffen“ bezeichnet); aber dies hat selbstverständlich nicht den Frieden gebracht, ganz im Gegenteil! Die Angst voreinander und der Wille, das „Gleichgewicht“ beizubehalten, haben einen nicht weniger perversen, weil in gewissem Sinn logischen Prozeß in Gang gebracht, der, wie wir alle wissen, zum Wettrüsten auf quantitativer und qualitativer Ebene geführt hat.

Soll das ewig so weitergehen?

Abgesehen von der Verschwendung von enormen materiellen wie menschlichen Reserven, die es verdienen würden, für ganz andere Zwecke eingesetzt zu werden, ist es denkbar, daß ein derartiges Wettrüsten so lange weitergeht und erst dann aufhört, wenn die Gegner vollkommen entkräftet sind? Ist es denkbar, daß es weitergeht, ohne daß die Gefahr besteht, daß eine mögliche Tat der Verzweiflung seitens dessen, der sich hoffnungslos unterlegen fühlt, oder sogar ein mögliches „Mißgeschick“ die sogenannte Garantie gegen die Zerstörung, die das atomare Gleichgewicht darstellen müßte, zunichte macht?

Für den, der auch nur ein wenig darüber nachdenkt, kann an der Antwort kein Zweifel bestehen.

Die Weisheit und auch das sittliche Empfinden verlangen eine Umkehr. Ein Unterfangen, das nicht einfach und nicht ohne Risiken ist, die mit politischer Umsicht vorhergesehen und verhütet werden können und angesichts derer eine Tatenlosigkeit, welche die Katastrophe ankündigt, auf lange Sicht nicht zu rechtfertigen ist.

Ich glaube, im Abkommen von Washington, so unvollständig es auch noch sein mag, und auch wenn ihm nicht alle ohne weitere Fragen und ohne Zögern gegenüberstehen, einen ermutigenden Anfang dieses Umbruchs zu erkennen, der der Welt einen Ausblick auf die künftige Befreiung von dem Schreckgespenst wird eröffnen können, von dem ich gerade gesprochen habe.

In diesem Sinne scheue ich mich nicht, diesem Ereignis die Beifügung „historisch“ zu geben.

Der Weg ist noch lang und voller Hindernisse. Ich wünsche der Menschheit, daß sie ihn bis ans Ende gehen kann.

Abrüstung allein ist, wie der Hl. Vater es formulierte, „nicht der ganze Friede“. Nicht einmal die vollständige Abrüstung, die noch eine Utopie zu sein scheint. „Der Friede wurzelt in einem neuen Aufblühen der sittlichen und geistigen Überzeugungen“.

Meine Wünsche betreffen also nicht nur die Abrüstung, sondern auch den Frieden, die Ruhe, den Fortschritt der Völker, vor allem jener Völker, die Sie vertreten.

Auf sie, auf ihre Regierungen und auf Sie selbst erhebe ich mein Glas. Ich bitte Gott, daß er meine Wünsche und die meiner Mitarbeiter Wirklichkeit werden lasse.

UM FRIEDEN UND MENSCHENRECHTE

Wir haben uns hier in der Kathedrale des hl. Patrick versammelt, um vor Gott den 40. Jahrestag des Inkrafttretens der Charta der Vereinten Nationen vom 24. Oktober 1945 zu begehen.

Sie wurde am 26. Juni desselben Jahres von den Vertretern von 51 Ländern in San Francisco unterzeichnet, die — so steht es in der Einleitung — entschlossen sind, die kommenden Generationen vor der Geißel des Krieges zu bewahren, den Glauben an die fundamentalen Rechte des Menschen, an die Würde und den Wert der menschlichen Person, an die für Männer, Frauen, große oder kleine Nationen gleichermaßen geltenden Rechte zu verteidigen, Bedingungen zu schaffen, in denen Gerechtigkeit herrschen kann und den sich aus Verträgen und anderen internationalen Rechtsquellen ergebenden Verpflichtungen nachgekommen wird; den Fortschritt und einen höheren Lebensstandard in größerer Freiheit zu fördern".

1. Die Ausgangslage 1945

Von denjenigen, die sich selbst gerne als „realistisch" bezeichnen, haben nicht wenige diesen Akt insgeheim skeptisch belächelt als eine neuerliche Bezeugung guten Willens, der eng verbunden ist mit jener Fähigkeit, Utopien nachzuhängen, die die Menschheit während ihrer jahrtausendealten und bewegten Geschichte kennzeichnet, und die vor allem zu ganz bestimmten Zeiten — und dann besonders ausgeprägt — zutage tritt: nämlich dann, wenn die Völker, erschöpft von den blutigen Anstrengungen des Krieges und verängstigt ob ihrer Macht, sich selbst zu zerstören, verstärkt den Wunsch und das Bedürfnis nach Ruhe und Sicherheit verspüren. In diesen Momenten sind sie offener für die Worte hochherziger Idealisten, die schon seit jeher vom immerwährenden Reich der Gerechtigkeit und des Friedens auf der Welt träumen.

Am Ende des zweiten, entsetzlichen, Weltkrieges mußten sich nicht nur die Besiegten, sondern auch die Sieger bestürzt einer Wahrheit bewußt werden, die wenige Jahre später Präsident John F. Kennedy in folgenden Worten

Predigt anläßlich des 40. Jahrestages des Inkrafttretens der Charta der Vereinten Nationen. New York, Kathedrale des hl. Patrick, 20. Oktober 1985.

ausdrückte und damit getreu das allgemeine Empfinden wiedergab: „Entweder bereitet die Menschheit dem Krieg ein Ende, oder der Krieg bereitet der Menschheit ein Ende."

Auf der Bühne der Geschichte der Menschheit, die bereits von so vielen Todeswerkzeugen unterdrückt wird, war dunkel und drohend der apokalyptische Schatten der atomaren Zerstörung aufgetaucht.

Man kann also die Aufrichtigkeit derer, die damals die Charta der Vereinten Nationen unterzeichnet haben und sie in der Folge bis in unsere Tage unterzeichnen würden, nicht anzweifeln.

Aber hätte diese Aufrichtigkeit genügt — und wird sie genügen —, um den Frieden in der Welt zu sichern?

2. Die Welt von heute

Vierzig Jahre danach gedenken die Völker der Vereinten Nationen dieses für die Menschheitsgeschichte so bedeutenden Tages und feiern ihn. Sie können aber auch nicht umhin, gemeinsam ihr Gewissen zu erforschen: wo sind die Hoffnungen, die die (nun bereits 153) Nationen der Erde drängten und noch immer drängen, sich in jenem Pakt zusammenzuschließen und ihr Engagement für den Frieden immer wieder zu erneuern.

In diesen Tagen ertönen von der Tribüne der Vereinten Nationen verschiedene Stimmen, die abwechselnd optimistisch oder pessimistisch sind, die loben oder Kritik üben, ermutigen oder ermahnen.

Auch wir haben uns heute Abend mit unseren Brüdern und Schwestern anderen Glaubens oder einfach guten Willens hier versammelt, um über den bedeutsamen Anlaß unserer Begegnung nachzudenken. Um nachzudenken, um uns zu engagieren, und — wer an Gott glaubt — zu beten. Wer an eine höhere Vorsehung glaubt, der kann nämlich nicht vergessen, daß „der Friede ein dem Menschen anvertrautes Geschenk Gottes ist".

3. Die UNO und der Hl. Stuhl

Die Päpste, die in den vergangenen 40 Jahren die Menschheit in ihrer Geschichte begleitet haben, haben ihre Wertschätzung für die UNO und deren Zielsetzung nicht verborgen. Schon Benedikt XV. und dann auch Pius XII., der während des großen Krieges Papst war, hatten diese Institution in Gedanken herbeigesehnt.

Die Namen Pius XII., Johannes XXIII., Paul VI. und Johannes Paul II. bleiben für immer mit dieser Organisation, die sie sehr schätzten und immer unterstützten, verbunden.

Das bedeutet aber nicht, daß diese Päpste neben den höchst positiven Aspekten nicht auch die Unzulänglichkeiten dieses gemeinsamen Bemühens der Völker gesehen und an den Enttäuschungen, die auch nicht fehlten, gelitten hätten. Aber auch heute noch sind die Worte des Hl. Stuhls Worte der Unterstützung, der Ermutigung, des Ansporns, allenfalls mehr zu tun, es besser zu machen.

Der Hl. Stuhl gleicht einem Späher auf einem Turm und umfängt mit freundschaftlichem und brüderlichem Blick die ganze Welt. Vor Gott wie vor der Menschheit kann er die Worte des Propheten bestätigen: „Herr, den ganzen Tag stehe ich auf meinem Posten, die ganze Nacht halte ich Wache." (Jes. 21, 8.)

Und an ihn richten wir im Namen all unserer Brüder, die in alle Teile der Welt verstreut und voll Angst sind, die Worte: „Custos, quid de nocte? Wächter, wie lange noch dauert die Nacht?" (Jes. 21, 11).

Wie lange müssen wir noch warten, bis das Dunkel der Angst sich lichtet und endlich das Morgenrot der Sicherheit und der Hoffnung aufleuchtet?

4. Mängel der heutigen internationalen Gemeinschaft

Leider genügt es — ohne die vielen positiven Aspekte unserer Zeit vergessen zu wollen —, einen Blick auf die Welt, so wie sie ist, zu werfen, um aufzuzeigen, wie weit sie noch von jener „Kultur des Friedens" entfernt ist, die allein das Überleben der Menschheit und ihrer Zivilisation garantieren kann.

Ja, man könnte sogar sagen, daß es da und dort Anzeichen dafür gibt, daß Situationen, die schon schlimm und bedrohlich sind, sich gefährlich verschlimmern.

a) Die Erwartungen, Hoffnungen und Ängste der Welt hängen immer von den Beziehungen zwischen den Supermächten ab, vor allem in bezug auf das Problem der Atomwaffen und die Bedrohung, die diese für die Menschheit darstellen. Das ist die große Angst, die die Menschheit befällt und ihre Verhaltensweise wesentlich bedingt, sie drängt sie zum „Wettrüsten", oder besser zum sogenannten Gleichgewicht des Schreckens, das heute fast als die einzige Garantie für Sicherheit angesehen wird, das aber zugleich der Beginn einer noch tiefer greifenden Katastrophe sein könnte.

b) Abgesehen von diesem Aspekt bleibt jedoch die Trennung zwischen zwei ideologisch und politisch konträren Welten abgrundtief bestehen. Sie ist das schmerzliche Kennzeichen der Nachkriegszeit.

Sie ist das große Mißtrauen, das aufgebaut wird, weil ein Block ein Machtstreben oder „missionarischen" Eifer seitens des anderen Blocks befürchtet oder gar davon überzeugt ist.

Die Überwindung dieses Bruches — in Gerechtigkeit und in allgemeiner Sicherheit — bleibt eine der für den Frieden und die internationale Zusammenarbeit bedeutsamen Herausforderungen unserer Zeit.

c) Nicht weniger schwerwiegend und auch nicht weniger gefährlich als die große Angst und das große Mißtrauen ist das Phänomen, das wir den „großen Egoismus" nennen könnten, auch wenn die Beziehungen zwischen reichen und armen Ländern, zwischen den Staaten, die Darlehen zur Verfügung stellen können und jenen, die sie benötigen, zwischen Völkern, die im Überfluß leben und jenen, die Hunger leiden und denen es im Bereich Gesundheit und Erziehung an den nötigen Mitteln fehlt, zwischen Nord und Süd, wie man zu sagen pflegt (parallel zum Verhältnis zwischen Ost und West), nicht immer von einer bewußten und gewollten egoistischen Entscheidung abhängen, sondern häufig von großen objektiven Schwierigkeiten und von der Unfähigkeit, diese wirksam und an den Wurzeln anzupacken. Die internationale Zusammenarbeit für den allgemeinen Fortschritt ist eine der großen Zielsetzungen der UNO und müßte zur tatsächlichen Realisierung der rechtlichen Gleichheit der Mitgliedsstaaten führen. Sie müßte es auch möglich machen, gegen vereinzelte und räumlich begrenzte Naturkatastrophen wie Trockenheit, Überschwemmungen, Erdbeben oder Ähnliches siegreich vorzugehen. Zur Verwirklichung dieser Zusammenarbeit ist jedoch noch ein weiter Weg.

d) Und was soll man sagen über die große Ungerechtigkeit, die heutzutage noch größer ist als in anderen Epochen der Geschichte, zur Verletzung der Menschen- und Völkerrechte?

Die Menschen- und Völkerrechte werden verletzt, obwohl die Vereinten Nationen jene „Allgemeine Erklärung der Menschenrechte" angenommen haben, die, wie Papst Johannes Paul II. am 2. Oktober 1979 an die Vertreter der UNO gewandt sagte, „als ein echter Meilenstein auf dem Weg des sittlichen Fortschritts der Menschheit zu betrachten ist".

Die verschiedenen Arten von Mißbrauch, die auf diesem Gebiet getrieben werden, sind so zahlreich und offensichtlich, daß es überflüssig ist, sie alle aufzuzählen. Man kann sicherlich einräumen, daß der Begriff der menschlichen Würde in verschiedenen sozialen und kulturellen Zusammenhängen unterschiedlich interpretiert werden kann. Aber der Vorrang der menschlichen Person vor jedem politischen oder ideologischen System, die Gleichheit aller Menschen und aller Nationen, der großen wie der kleinen, die in den wichtigen Akten der UNO feierlich niedergelegt sind, müssen von allen und überall angenommen und eingehalten werden.

e) In vielen lokalen Kriegen geht das Massaker von unschuldigen Opfern weiter. Sie sind oftmals das Ergebnis von Interessenkonflikten oder ideologischen Konflikten anderer Länder, die hinter den kriegführenden Parteien stehen. Die Waffenproduktion und der Export von Waffen in Entwicklungsländer verleiten ständig dazu, den Weg der Gewalt zu beschreiten. Dadurch entstanden Situationen wie jene im Mittleren Osten, die schon so lange andauern, so komplex und so tragisch sind, daß es scheint, als ließe weder der gute Wille noch die Klugheit der politisch Verantwortlichen einen Ausweg erkennen, der der Gerechtigkeit und Vernunft entspricht.

f) Als Konsequenz der Kriege, Revolutionen, der Negation der Menschenrechte, der Verfolgung von Minderheiten, der Unsicherheit bezüglich der Zukunft nimmt in vielen Teilen der Welt der Flüchtlingsstrom immer mehr zu. Nationen, die den Flüchtlingen Asyl gewähren, sind oft gar nicht mehr imstande, ihnen eine geeignete Unterkunft zu geben und ihnen zu helfen, sich in die Gesellschaft zu integrieren, so daß die unkontrollierte Einwanderung Grund für Störungen im sozialen Gefüge auf Weltebene geworden ist.

g) Wir sind Zeugen einer weltweiten Ausbreitung des Phänomens der politischen Gewalt und auch anderer Formen von Gewalt, was zum Teil eine Folge davon ist, daß die Gesellschaft den Schwachen und Armen nicht genügend Beachtung und Hoffnung schenkt. Der Terrorismus, der manchmal sogar von der öffentlichen Hand unterstützt wird, ist zu einer der Wunden unserer Gesellschaft geworden. Er steht häufig im Zusammenhang mit Drogenhandel und mit einer Explosion von Gewalt jeder Art, der gegenüber die politischen Gemeinschaften oft ohnmächtig sind.

5. Die Bilanz der UNO

Müssen wir nun angesichts dieser Situation den Schluß ziehen, daß die Vereinten Nationen bei der Verwirklichung der edlen Ziele, die sie sich gesteckt haben, zum Großteil gescheitert sind?

Muß der Wächter von seinem Beobachtungsturm aus auf die Fragen der Völker antworten, daß es noch dunkle Nacht ist, daß die erhoffte Morgenröte noch weit entfernt ist und vielleicht nie kommen wird?

6. Wahre und falsche Zukunftsvisionen

Zwei Extreme sind in diesem Zusammenhang zu vermeiden: ein blinder Optimismus und ein wenig erleuchteter und sicherlich nicht christlicher Pessimismus.

Ohne Zweifel zeigt die momentane Weltsituation, daß einige der großen Mythen unserer Geschichte in sich zusammenbrechen. Unsere Gesellschaft ging zum Teil von der Vermutung aus, daß der wissenschaftliche und technische Fortschritt auch einen sittlichen Fortschritt mit sich bringen würde.

Insassen des Jugendgefängnisses von Rom und deren Freunde feiern den Geburtstag „ihres Padre Agostino“ am 24. November 1985.

Kardinalstaatssekretär Agostino Casaroli mit Bundeskanzler Dr. Helmut Kohl vor dessen Privathaus in Ludwigshafen-Oggersheim am 28. Dezember 1986.

Heute wissen wir, daß das nicht stimmt. Es existiert keine einzige soziale oder menschliche Technologie, mit der die Probleme der Menschen endgültig zu lösen wären.

Die großen Ideologien unserer modernen Zeit haben ein gemeinsames Fundament: Sie nehmen an, daß der Mensch vollkommenes Glück, Frieden, Gerechtigkeit — mit einem Wort: das Paradies auf Erden — allein durch rationale Planung und Organisation der Gesellschaft erlangen kann. Einige dieser Ideologien fügen hinzu, daß es in der Macht des Staates liegt, Widersprüche im Menschen selbst zu beseitigen und auf der Erde eine vollkommen versöhnte Gesellschaft zu errichten. Diese Träume beginnen nun, aus dem kollektiven Bewußtsein zu verschwinden. Der Mythos von Prometheus wurde dementiert: Die Menschen können nicht mehr durch die bloße Veränderung äußerer Lebensumstände befreit werden.

Andererseits wissen wir, daß der Mensch von Gott mit Vernunft und mit einem Willen begabt worden ist, um fähig zu sein, egoistische Triebe zu überwinden, die ihn dazu führen, auch gegen die Gerechtigkeit und gegen die Rechte der anderen seinen Vorteil zu suchen, den zu hassen, der ihm den Weg verstellt oder der einfach anders ist als er. Dieser Egoismus ist die Wurzel aller Trennung, die Wurzel jedes Krieges.

Der Friede ist möglich, sagen die Päpste angesichts des Defätismus so vieler Pessimisten. Es ist sicherlich schwer, sogar sehr schwer, ihn zu erlangen, aber es ist möglich.

Es erfordert mehr Weisheit, Verständnis für die Menschen, Ausdauer, die nicht müde wird und sich auch nicht entmutigen läßt. Es erfordert — ja und warum auch nicht? —, sich der eigenen Interessen bewußt zu sein, vor allem wenn, so wie das heute der Fall ist, Krieg nicht mehr nur Zerstörung, sondern Selbstzerstörung bedeutet.

Die wahre Schwierigkeit besteht ganz offensichtlich darin, das gemeinsame Wollen aller auf dieses Ziel auszurichten.

Aber ich würde es wagen zu behaupten, daß die momentane Situation in der Welt mit all ihren negativen, angsteinflößenden und gefährlichen Aspekten sich in einem günstigen Augenblick verändern kann und muß, um endlich ein Einvernehmen unter allen zu erreichen oder besser durchzusetzen, nicht nur, um dadurch die einzige Logik des Krieges auszuschalten, die heute ja zur Zerstörung ganzer Gebiete, ganzer Kulturen auf der Welt führen muß, sondern auch, um sich ganz realistisch und mit Großzügigkeit daran zu machen, Frieden aufzubauen. Historisch gesehen ist das ein riesengroßes Unterfangen, aber schaffbar für die Menschheit.

Die Vereinten Nationen sind — auch mit den Unzulänglichkeiten, die von vielen beklagt werden und an denen man zu arbeiten versuchen muß — ein privilegierter Ort für diese Anstrengung, die die Entwicklung der Welt und ihres Todespontentials als Bedingung für das Überleben der Menschen erfordert und die das Moralgesetz dem menschlichen Gewissen als Verpflichtung auferlegt.

7. Die Hoffnung des Christen

Der gläubige Mensch seinerseits wird getragen vom Wissen um Gottes Gegenwart und Wirken in der Geschichte. Ihn tröstet die Zuversicht, daß er durch das Gebet, das ein offenes Ohr und ein Herz, das ihm antwortet, findet, auf eine größere und ganz entscheidende Hilfe zurückgreifen kann. Der Glaube stützt seine Hoffnung und verstärkt in seinem Herzen das Gespür für die eigene moralische Verantwortung und den sich daraus ergebenden persönlichen Einsatz.

Der Christ hat weiter ganz besondere Gründe für seinen Einsatz und seine Hoffnung.

Die Brüderlichkeit unter allen Menschen und Völkern, und folglich die Pflicht, jedem Mitglied der großen Menschheitsfamilie Anerkennung, ja mehr noch, Liebe entgegenzubringen, sind eine für den Christen typische Motivation und Kraft: Jeder Mensch ist dazu berufen, nicht nur Bruder in Christus zu sein, sondern Glied am Leib Christi, vom einen Geist lebendig gemacht, der der Geist des Vaters und des Sohnes ist: „Ein Leib und ein Geist, wie euch durch eure Berufung auch eine gemeinsame Hoffnung gegeben ist; ein Herr, ein Glaube, eine Taufe ..." (Eph. 4, 4).

Dieses Gefühl der Einheit gehört wesentlich zum „Feuer", daß Christus gekommen ist, auf die Erde zu bringen. Und was will er anderes als daß es brennt? (vgl. Lk. 12, 49.)

Es muß im irdischen Leben der Menschheit den Anfang jenes eschatologischen Reiches bedeuten, in dem Wahrheit und Gnade, Heiligkeit und Leben, Gerechtigkeit, Liebe und Friede ohne Unterschied und ohne Ende herrschen werden. Jenes Reich, das Christus durch sein Opfer und seine Auferstehung erobert hat, indem er den Tod und die Mächte der Finsternis, der Sünde und des Hasses besiegte.

Feststehender Glaube, unerschütterliche Hoffnung, auch „gegen alle Hoffnung", unbezwingbarer Mut, Großzügigkeit und Liebe, die nicht einmal vor dem „Feind" haltmachen, sind die spezifische Kraft des Christen angesichts der Herausforderungen des Lebens — und der in ihm enthaltenen Kräfte des Egoismus, des Hasses und des Krieges.

Die Stärke des Christen ist vor allem das Gebet: daß Gott uns das Geschenk des Friedens nicht vorenthalte und die Herzen, den Willen, die Klugheit, das Verantwortungsgefühl der Menschen bewege, denen dieses Geschenk anvertraut ist.

Deshalb haben wir uns heute Abend hier versammelt, um zu beten, während jeder von uns seinen persönlichen Einsatz erneuert, alles — sei es nun wenig oder viel — zu tun, was zu tun er imstande ist.

Domine, dona nobis pacem! Herr, gib uns den Frieden!

DIE MENSCHENRECHTE SCHÜTZEN!

Es ist für mich eine große Ehre, vor der „Menschenrechtskommission" der Vereinten Nationen sprechen zu können und so der liebenswürdigen Einladung, die an mich erging, Folge zu leisten. Es ist für mich eine um so größere Freude, als ich dies nach der jüngst abgehaltenen 40-Jahrfeier der Proklamation der „Allgemeinen Erklärung der Menschenrechte" tue, in einem Augenblick, da Sie sich in Ihrer 45. Session mit zentralen Fragen auseinandersetzten und dabei eine Auffassung von der Person, von der Gesellschaft, vom Staat und von der internationalen Zusammenarbeit ins Spiel bringen, worin der Hl. Stuhl sehr wohl eine Antwort auf seine Besorgnis sieht.

1. Das UNO-Menschenrechtswerk

Am 10. Dezember 1948 hat die Generalversammlung der Vereinten Nationen ganz gewiß eine historische Tat von entscheidender Bedeutung vollbracht. Am Ende der schrecklichsten Zeiten der Geschichte und nach den dramatischen Ereignissen des Zweiten Weltkrieges, als der Mensch und seine Würde auf absurde Weise entwürdigt worden waren, ließ die Menschheit erkennen, daß es ihr bewußt geworden war, daß es unmöglich ist, neuerdings in derartige Abgründe zu stürzen. Das Vergessen, die Verachtung oder die Knechtung des Menschen gefährden das Überleben der Gesellschaft.

Ihre Kommission ist in gewisser Weise Hüterin und Beschützerin dieser feierlichen „Deklaration". Sie ist auch wie eine Versuchsstätte, in der weitere internationale Texte verbreitet worden sind, z. B. die Pakte von 1966 hinsichtlich der wirtschaftlichen, sozialen und kulturellen sowie der bürgerlichen und politischen Rechte des Menschen, und die Deklaration von 1981 über die Abschaffung jeder Form von Intoleranz und Diskriminierung aufgrund von Religion oder Überzeugung.

Es ist interessant festzustellen, daß man nunmehr von den den Denkern des 17. und 18. Jahrhunderts teuren individuellen Freiheiten nach und nach zur Bejahung der kollektiven Rechte des Menschen übergeht, für die unsere Zeitgenossen besonders empfänglich sind. Ich denke dabei an das Recht auf Entwicklung, auf die Aufteilung des Reichtums, auf Friede und Umwelt, um

---

Ansprache an die Menschenrechtskommission der Vereinten Nationen. Genf, 20. Februar 1989.

nur einige zu nennen. Diese kollektiven Rechte sind in Wirklichkeit die Bedingung für die Förderung der individuellen Rechte und gleichzeitig deren zwingende Folge.

2. Die Arbeit der UN-Menschenrechtskommission

Bei dieser Entwicklung spielte Ihre Kommission eine vorbildliche Rolle. Indem Sie auf die Vielfalt der darin enthaltenen philosophischen Strömungen eingegangen und über die ideologischen Trennungen und politischen Optionen jener Mitglieder hinausgegangen sind, haben Sie es verstanden, über grundsätzliche Anschauungen Übereinstimmung zu erzielen: über die Vorrangstellung des Menschen, über den absoluten Charakter seiner Würde, über den Sinn des Dialogs. Davon ausgehend und auch angeregt von der verdienstvollen Aktivität regierungsunabhängiger Organisationen haben sie niemals aufgehört, sich konkret und geduldig für die Behebung der existierenden Mängel und dafür einzusetzen, daß immer mehr entsprechend der feierlich verabschiedeten Prinzipien gehandelt wird. Was dies anbelangt, so wird bereits in der gewohnten Tagesordnung für ihre Arbeit die konkrete Natur ihrer Reflexion sichtbar:

— die Rechte des Menschen in verschiedenen besetzten Gebieten;
— das Recht der Völker auf Selbstbestimmung;
— die Probleme des Rassismus (denen der Hl. Stuhl erst jüngst ein wichtiges Dokument gewidmet hat);
— die Achtung der physischen und psychischen Unversehrtheit der Person;
— die Erarbeitung einer Konvention über die Rechte des Kindes;
— die Probleme der Gastarbeiter, der Minderheiten und der einheimischen Bevölkerung;
— die tatsächliche Beachtung der bürgerlichen, politischen sowie auch der wirtschaftlichen, sozialen und kulturellen Rechte;
— die Anwendung der erwähnten Deklaration über die Abschaffung jeder Form von Intoleranz und Diskriminierung aufgrund von Religion und Überzeugung.

3. Die Unterdrückung des Menschen durch den Menschen

Gegenstand ihrer Gespräche sind leider sehr oft die dramatischen Situationen, in denen Millionen Frauen und Männer leben, die sich in ihren grundlegenden Sehnsüchten auch heute noch enttäuscht fühlen. Dem Menschen, der imstande war, sich die Natur zu unterwerfen, und der im Laufe von nur wenigen Jahren die Technologie in unvorstellbarem Maß perfektionieren konnte, ist es jedoch nicht gelungen, sich zu befreien von den übergroßen Übeln, die ihm von seinesgleichen im Namen der Macht, die sie ausüben, zugefügt werden. Bei genauem Nachdenken kommt man zu dem Schluß, daß der Ursprung für die Unterdrückung des Menschen durch den Menschen oder eines Volkes durch ein anderes historisch gesehen entweder im Stolz zu suchen ist, der bestrebt ist, seine eigene Übermacht und seine Herrschaft über die anderen zu beweisen, oder im Egoismus, der versucht, den anderen zu knechten, um seine eigenen Bedürfnisse und Wünsche zu befriedigen. Der Ursprung liegt vielleicht auch im Haß, der die einen gegen die anderen aufhetzt, sei es aus Rache oder aufgrund der Ablehnung der Andersartigkeit in bezug auf Rasse, Nation, soziale Schicht, Glaube, Ideologie und vieles mehr, sowie auch in der Angst dessen, der es, um nicht erdrückt zu werden, vorzieht, selbst anzugreifen. Sehr oft vermischen sich natürlich die verschiedenen Wasser dieser Quellen und bereichern sich sozusagen gegenseitig. Phänomene wie die Gründung und Aufrechterhaltung von Imperien (die Augustinus von Hippo „magna latrocinia" nennt), deren Namen und Ruhm die Seiten der Geschichte füllen, die Sklaverei in ihren verschiedenen Formen und Gewändern, das Ausbeuten schwächerer Menschen und Gruppen, der Kolonialismus, die Trennung und Unterdrückung von Rassen, die Suche nach einem Lebensraum auf Kosten der anderen, die sogenannten Religionskriege sowie Grausamkeiten, die im Namen eines Credo oder einer Ideologie verübt wurden (und die Aufzählung ist gewiß nicht vollständig) — all diese Phänomene wurzeln in den Ursachen, die ich eben erwähnt habe.

Erlauben Sie mir, besonders gewisse Formen der „Umerziehung" zu erwähnen, die uns heute noch im Gedächtnis sind (aber leider handelt es sich dabei nicht nur um Erinnerungen an die Vergangenheit). Durch Ermordung, Gefängnis oder Exil versucht man, nicht nur den Körper oder die Verhaltensweisen der Gegner zu unterwerfen, sondern sogar ihren Geist, natürlich angefangen bei den Jüngeren, ohne jedoch die Älteren und Erwachsenen auszuschließen. Und da vor allem letztere resistenter und weniger leicht zu formen oder neu zu formen sind, passiert es leicht, daß die Umerziehungssysteme von der psychologischen Gewalt zur körperlichen Gewalt übergehen und diese bis hin zu ihren schlimmsten Formen ausüben. Deshalb ist es so wichtig, gegen das Wiederaufkommen dieser und ähnlicher Phänomene zu kämpfen und, wie Sie es zur rechten Zeit tun, unaufhörlich daran zu erinnern, daß die Menschenrechte nicht in irgendwelchen Zugeständnissen ziviler Autoritäten begründet sind, sondern in der Würde der Person, die aufgrund des ihr innewohnenden Gewissens nicht reduzierbar ist auf historische Konditionierung, die immer fähig ist, sich dem Transzendenten zu öffnen, und die für ihre Existenz wichtigen Entscheidungen frei zu treffen.

4. Von der Moral zum Recht

Der Hl. Stuhl findet sich in der Ausrichtung Ihrer Arbeiten wieder und wünscht, daß Ihre Gespräche immer mehr dazu beitragen mögen, durch die aufmerksame Gewissenserforschung, die Sie vornehmen, geeignete Maßnahmen gegen die nachgewiesenen Verletzungen zu erarbeiten. Es ist von größter Wichtigkeit, daß über die grundlegenden Fragen, die jeden Menschen betreffen, wo immer und wer immer er sein mag, ständig verhandelt wird. Denn die Menschenrechte werden um so mehr respektiert werden und Anwendung finden, je mehr sie Gegenstand der von der internationalen Gemeinschaft getroffenen Entscheidungen und Ergebnis der freien Diskussionen all ihrer Mitglieder, angefangen bei den Verantwortlichen der Nationen, sind. Man muß sich darüber freuen, daß Ihre Gespräche, Ihre Resolutionen, ja sogar Ihre eventuellen Verurteilungen allmählich zu einer Art Rechtsprechung werden, die auf alle Fälle, in denen diese Rechte bedroht oder verletzt werden, anwendbar ist. Müßte das, was auf ethischem Gebiet realisiert wurde, aber nicht auch auf rechtlicher Ebene sichtbar werden? Nicht, um die Staaten zu richten, sondern um ihnen zu helfen, ihr Handeln dem Ideal dieser Prinzipien anzunähern.

Es ist sehr ermutigend festzustellen, daß sich in den vergangenen Jahren der zwingende Charakter der Menschenrechte in den internationalen Beziehungen immer mehr durchgesetzt hat. Manche zögern nicht und behaupten sogar, daß diese Rechte nunmehr schon Bestandteil des „ius cogens“ der Menschheit sind.

Hoffen wir also, daß die Taten immer mehr den Prinzipien entsprechen, die so oft proklamiert und in zahlreichen Texten feierlich angenommen worden sind.

5. Die Religionsfreiheit

Mit großer Freude leiste ich der Einladung, hierher zu Ihnen zu kommen, Folge und übermittle Ihnen die Ermutigung des Hl. Stuhls. Ich möchte mich gerne — und das werden alle verstehen — ein wenig bei einem spezifischen Aspekt der Grundfreiheit, dem eigenen Gewissen entsprechend zu denken und zu handeln, aufhalten: bei der Religionsfreiheit.

Seit mehreren Jahren wendete sich Ihre Kommission mit verstärktem Interesse diesem Thema zu. Seit drei Jahren studieren Sie nun schon bis in die Details den Begriff und die Manifestationen der Intoleranz im Hinblick auf Religion und Überzeugung. Wie jedes Jahr sind bei Ihrer Sitzung mehrere Tage vorgesehen, an denen Redner, die im Namen von Staaten oder von verschiedenen Organisationen sprechen, angehört werden. Sie bringen die

Gefühle und Erwartungen vieler Menschen und Gruppen zum Ausdruck, die aufgeschlossen sind für die Fragen, die die Möglichkeit betreffen, den Glauben an Gott frei zu äußern und diesem Glauben entsprechend zu leben. Zum dritten Mal nun liegen Ihnen die Schlußfolgerungen Ihres „Sonderberichterstatters" zur Prüfung vor. Die Informationen und die Kontakte mit Persönlichkeiten und Vertretern religiöser Kreise oder aus Regierungskreisen etc. machen es Ihnen möglich, von einer wertvollen Basis ausgehend, darüber zu reflektieren.

Auf diese Weise entstanden drei besonders eindrucksvolle Berichte. Außerdem wurden die Ihnen zur Verfügung stehenden Instrumente durch mehrere neuere Texte von internationaler, wenn nicht sogar weltweiter Bedeutung bereichert. Ich denke an die Schlußakte der Konferenz für Sicherheit und Zusammenarbeit in Europa (KSZE), die 1975 in Helsinki unterzeichnet wurde, sowie an das Schlußdokument der Folgetreffen derselben Konferenz, die in Madrid (1980-1983) und in Wien (1986-1989) abgehalten wurden. Aufgrund all dieser Texte festigt sich — zumindest in Europa — die Auffassung der Religionsfreiheit als echter Freiheit eines Bürgers und einer Gesellschaft, die innerhalb jedes politischen Systems ausgeübt werden darf und muß. Es handelt sich dabei nämlich um einen spezifischen Aspekt der Grundfreiheit des Menschen, in aufrichtiger Weise seinem Gewissen entsprechend zu denken und zu handeln.

Deshalb zögerte Papst Johannes Paul II. nicht, im vergangenen Jahr in seiner Botschaft zum Weltfriedenstag die Religionsfreiheit als „einen Eckstein im Gebäude der Menschenrechte" zu bezeichnen.

6. *Religiöse Freiheit wirksam schützen!*

Da immer noch zahlreiche und schwerwiegende Verletzungen auf diesem Gebiet festzustellen sind, ist es notwendig, diese Grundfreiheit zu „schützen". Einige unter Ihnen gelangten zur Meinung, daß es zweckdienlicher wäre, eine internationale Konvention zu erarbeiten mit dem Ziel, jede Form von Intoleranz auf dem Gebiet der Religion oder der Überzeugung wirksamer zu bannen. Eigentlich haben alle internationalen Instrumente dieses Ziel, so wie ich vorhin gesagt habe; die Prinzipien, die aufgestellt werden, werden in Wirklichkeit oft nur wenig beachtet. Der neueste Text zum Thema Religionsfreiheit — das Schlußdokument des KSZE-Treffens, das am 19. Januar dieses Jahres in Wien zu Ende ging — fordert z. B. die 35 Teilnehmerländer auf, konkrete Maßnahmen zu ergreifen, um es den Gläubigen und ihren Gemeinschaften zu ermöglichen, sich als solche, einzeln und als Gemeinschaft, innerhalb der Gesellschaft zu erkennen zu geben. Es sind sogar eine ganze Reihe „Kontrollmechanismen" vorgesehen — und das ist etwas Neues —, wodurch garantiert werden soll, daß jene Länder, die den Bestimmungen des Schlußdokuments hinsichtlich der Menschenrechte — also auch hinsichtlich der Gedanken-, Gewissens-, Religions- und Überzeugungsfreiheit — zugestimmt haben, ihren Verpflichtungen zur Gänze nachkommen.

Erlauben Sie mir, daß ich Sie auf die bedeutendsten Verpflichtungen aufmerksam mache, die die Unterhändler in Wien vereinbart haben und die für 35 europäische Länder, die in gleicher Weise auch hier vertreten sind, verbindlich wurden:

- der freie Zugang zu den Kultstätten;
- das Recht der Gemeinschaften, sich gemäß ihrer hierarchischen und institutionellen Struktur zu organisieren und zu verwalten;
- das Recht auf Erwerb, Besitz und Benützung der zur Ausübung der Religion notwendigen Gegenstände;
- das Recht, religiös zu erziehen und erzogen zu werden;
- der Zugang der Gemeinschaften der Gläubigen zu den Medien;
- die Möglichkeit für die Gläubigen und Gemeinschaften, im eigenen Land wie im Ausland direkte Kontakte untereinander zu pflegen.

Es ist in der Tat von größter Bedeutung, daß jeder Mensch frei ist, nach der Wahrheit zu suchen, der Stimme seines Gewissens zu folgen, der Religion seiner Wahl beizutreten, sich öffentlich dazu zu bekennen, einer organisierten Glaubensgemeinschaft anzugehören, damit er sich als Mensch voll verwirklicht fühlen kann, Vertrauen haben kann in die Gesellschaft, deren Teil er ist, furchtlos am Gemeinwohl mitzuarbeiten, indem er aus den Quellen seiner tiefsten Überzeugungen schöpft.

Nach all dem Gesagten denke ich, daß es in dem Fall, in dem man eine internationale Konvention für wünschenswert erachtet, angebrachter ist, den Akzent dabei nicht ausschließlich auf die Bannung der Formen der Intoleranz zu setzen, sondern — auf positivere Weise — auf die Anerkennung und Achtung der Religionsfreiheit und ihrer konkreten Forderungen. Es ist wichtig, daß die Staaten nicht nur die noch viel zu häufig auftretenden Fälle von Intoleranz anzeigen, sondern darüber hinaus auch ihre Zustimmung geben, sich zu einer respektvollen Unparteilichkeit im Hinblick auf Religion oder Ideologie zu verpflichten, nicht aus Gleichgültigkeit oder Feindseligkeit, sondern als Hüter der Rechte all ihrer Bürger, ohne jeden Unterschied.

7. Der Hl. Stuhl und die Menschenrechte

Der Vorteil einer Reflexion, wie Sie sie anstellen, ist, daß dadurch gezeigt wird, daß die Menschenrechte eigentlich solidarischer und vereinter machen.

Sie wissen, daß Sie bei Ihrer anspruchsvollen Aufgabe immer mit der Unterstützung des Hl. Stuhls rechnen können, dessen Delegation nie aufgehört hat, Ihrer Arbeit das größte Interesse entgegenzubringen. Die katholische Kirche und ihr Oberhirte, der die Menschenrechte zu einem der wichtigen Themen seiner Verkündigung gemacht hat, haben es nicht verabsäumt, daran zu erinnern, daß in einer Welt, die vom Menschen und für den Menschen gemacht ist, die Gesellschaftsordnung nur in dem Maß Sinn hat, als sie die menschliche Dimension zu einem Hauptanliegen macht. In seiner Ansprache am Sitz der Vereinten Nationen in New York 1979 erklärte Papst Johannes Paul II.:

„Die Gesamtheit der Menschenrechte entspricht dem Wesen der Würde des Menschen, als ganzer Mensch verstanden und nicht auf eine einzige Dimension reduziert; sie betreffen die Befriedigung der wesentlichen Bedürfnisse des Menschen" (Nr. 13).

Alle Menschen und der ganze Mensch — das ist das Anliegen des Hl. Stuhls. Und es ist sicher auch das Ihre.

Meine Damen und Herren! Ich möchte Sie dazu beglückwünschen und Ihnen danken, daß Sie sich mit solcher Ausdauer und Kompetenz bemühen, die Rechte des Menschen immer besser zu definieren, zu beschreiben, und immer mehr zu fördern. Auf diese Weise schaffen Sie die Grundlage für eine bessere Menschheit, nach der die jungen Generationen streben. Tun wir alles, um sie in ihrer so berechtigten Erwartung nicht zu enttäuschen.

RÜSTUNGSKONTROLLE UND MORALISCHE VERANTWORTUNG

1. Die Sehnsucht nach Frieden

Nach Beendigung der großen Konflikte, die über Jahrhunderte hinweg die Menschheit mit Blut befleckten, war man gewöhnlich Zeuge der Bemühungen, die die für das Leben der Nationen Verantwortlichen unternahmen, um eine Wiederholung der Massaker zu verhindern, die die Völker erschöpft vor Schrecken und Angst zurückließen.

Der Kriege müde sucht die Welt nach Frieden.

Skeptiker bemerken ein wenig zynisch, daß es gewöhnlich die Sieger sind, die den Krieg am meisten hassen und den Frieden am meisten lieben. Die Verlierer hegen meist leichter Gedanken der Rache und der Vergeltung, auch wenn sie das vielleicht nicht zugeben.

Sehr wenige können sich persönlich daran erinnern, aber jeder weiß es, was nach dem Ende des Ersten Weltkrieges geschah: Der Vertrag von Versailles vom 28. Juni 1919 war der bis dahin größte Versuch in der Geschichte, den Frieden in Europa und in der Welt zu sichern. Der Völkerbund hatte den Zweck, die Kräfte aller Völker zu vereinen, um Weltfrieden und Sicherheit zu garantieren und eine internationale Zusammenarbeit zu entwickeln.

Jedermann weiß, auf welche Weise und aus welchen Gründen dieser Versuch schlußendlich scheiterte. Bereits fast zwanzig Jahre nach dem ersten Weltkrieg brach ein zweiter aus, der noch länger dauerte und noch heftiger war als der erste.

2. Die Zeit seit dem Zweiten Weltkrieg

Am 26. Juni 1945 kamen 51 Staaten unter der Bezeichnung „Vereinte Nationen“ in San Francisco zusammen, um die Grundlagen einer neuen friedlichen und sicheren Weltordnung zu schaffen.

Nach und nach haben die Vereinten Nationen ihre Schwingen über den ganzen Erdball ausgebreitet.

Ansprache anläßlich der Eröffnung der 200-Jahr-Feier der Georgetown University. Washington, 19. März 1989.

Mehr als vierzig Jahre nach dem Ende des zweiten Weltkrieges wurde der Geist des Ausbruchs eines dritten Krieges desselben oder eines noch größeren Ausmaßes bis jetzt gebannt, obwohl gelegentlich die Gefahr drohte! Und dennoch kann man nicht behaupten, daß diese Nachkriegszeit von weniger ernsten Spannungen und Krisen gekennzeichnet gewesen wäre als jene, die das politische Klima in den zwanzig Jahren nach 1919 vergifteten. Einige dieser Krisen erreichten beinahe den kritischen Punkt. Ich denke vor allem an die Kubakrise von 1962.

Welche Hand hat es verhindert, daß jener fatale Funke sich entzündete, der eine so gewaltige Explosion bewirkt hätte, daß dadurch nicht nur ein Teil, sondern fast der ganze Planet, angefangen bei der entwickelteren Welt, Ost und West, zerstört worden wäre?

3. Die Atomwaffen

Man möchte ganz gewiß nicht das Verdienst schmälern, das der politischen Weisheit und dem sittlichen Bewußtsein der für das Schicksal der Menschheit Verantwortlichen zuzuschreiben ist. Aber wir würden uns selbst betrügen, wenn wir nicht erkennen würden, daß die entscheidende Kraft, die die Welt vor dem Sturz in den Abgrund bewahrt hat, wirklich das Bewußtsein war, daß es zu einer schrecklichen und weltweiten Katastrophe kommt, die Sieger und Besiegte gleichermaßen treffen würde.

Dies ist auf die Tatsache zurückzuführen, daß auf der Bühne der Menschheitsgeschichte ein neues Element aufgetreten ist: das zu einer Waffe gewordene Atom.

Das hat die Geschichte der Menschheit ein für allemal verändert. Sogar wenn — dank einer ungeheuren, aber wünschenswerten gemeinsamen Anstrengung von entschlossener Willenskraft — alle heute existierenden nuklearen Kriegswerkzeuge vernichtet werden könnten —, allein die Tatsache, daß der Mensch ihr Geheimnis kennt und, wenn und wann er will, wieder beginnen könnte, sie zu produzieren, genügt, um die Welt ständig in Angst und Schrecken zu halten.

4. Das Gleichgewicht des Schreckens

Angesichts der Atomwaffen ist es nämlich der Menschheit bis jetzt nicht gelungen, eine andere Form der Verteidigung zu finden als jene, auf Angst mit immer neuer Angst zu antworten. Angst davor, sein eigenes Land, seine eigenen Verbündeten als Opfer zu sehen; und, was die Großzügigeren betrifft, die begründete Angst um den Rest der Welt.

Welche Formen und Spielarten Abschreckung auch angenommen haben mag — heute hat sie einen Namen: Terror! Und Terror seinerseits hat ebenfalls einen Namen: Mutual Assured Destruction (MAD) — Sichere gegenseitige Zerstörung. Im Gegensatz zu dem, was Winston Churchill am Beginn des Atomzeitalters zu denken schien, wird das „Überleben" nicht „die Zwillingsschwester der Zerstörung" sein: die Zwillingsschwester der Zerstörung wird immer weitere Zerstörung sein.

Und Zerstörung bedeutet nicht nur die Vernichtung militärischer Einrichtungen und Ziele, sondern die Vernichtung von Städten, bewohnten Zentren und ganzen Völkern. Das ist die Logik der Abschreckung oder — wenn sie so wollen — einer Überredungstaktik, die auf der Angst gründet. Je erschreckender der Schaden ist, der als unweigerliche Folge eines Atomangriffs befürchtet wird, desto größer ist seine Abschreckungswirkung und desto besser wird er der Sache der gegenseitigen Sicherheit und folglich der Sache des Friedens dienen. Das geht so weit, daß schriftlich festgehalten wurde, daß in der Logik der Abschreckung die Angst vor der Vernichtung menschlichen Lebens als Symbol strategischer Weisheit angesehen wird, während eine erklärte Bereitschaft, Zerstörung auf militärische Zentren und Objekte zu beschränken, als Symbol für einen Kriegszustand betrachtet wird.

Hier könnte man die Worte anwenden, die bei anderen Gelegenheiten und mit ganz anderer Absicht gesagt wurden: „Simul stabunt, vel simul peribunt" („Entweder sie werden gemeinsam überleben oder gemeinsam untergehen"): eine Logik, die die Welt vor einem möglichen nuklearen Holocaust bewahrt hat; und deshalb wünschten manche, „ihr ein Denkmal zu errichten".

5. Negative Folge der Theorie der wechselseitigen atomaren Abschreckung

Die sittlichen Konsequenzen einer solchen Doktrin oder — wenn sie so wollen — so einer Strategie sind sofort offensichtlich, und es wird notwendig sein, auf sie zurückzukommen. Für den Augenblick beschränke ich mich aber darauf, gewisse Schlüsse zu ziehen, die eine derartige Lehre paradoxerweise zuläßt, auch wenn sie von sittlichen Kriterien absieht.

a) Atomwaffen — so stellte man fest — haben nur den einen militärischen Zweck, nämlich zwei Gegner von ihrem Gebrauch abzuhalten. Zu diesem Zweck müssen sie natürlich so beschaffen sein, daß sie wirklich Angst einflößen, Angst, die sogar in den kritischsten Augenblicken ein wirksames Abschreckungsmittel sein wird. Es ist folglich notwendig, diese Waffen immer noch „furchterregender" zu machen.

b) Dies führte zu der Auffassung, daß zwischen den beiden Supermächten ein nukleares Gleichgewicht oder nukleare Gleichheit herrschen muß. Diese

Meinung wiederum führte dann zum Wettrüsten, bis — so wie Papst Paul VI. in seiner Botschaft an die erste Sondersitzung der Vereinten Nationen zum Thema Abrüstung (24. Mai 1978) bemerkte — „die Logik, die der Forderung nach einem Gleichgewicht der Stärke zugrundeliegt, jeden der Gegner dazu treibt, sich einen gewissen Vorsprung an Überlegenheit zu sichern zu suchen, aus Angst, letzten Endes im Nachteil zu sein".

c) Abgesehen vom politischen Klima des Mißtrauens, das dieses Streben nach einer Verschiebung des Gleichgewichts zwischen den beiden Supermächten und ihren entsprechenden Blöcken geschaffen und aufrechterhalten hat, wäre es überflüssig, auf die Verschwendung von Intelligenz und wirtschaftlichen Ressourcen hinzuweisen, die für ganz andere, dem menschlichen Fortschritt dienlichere Ziele eingesetzt werden könnten. Während der letzten Jahre waren wir jedoch glücklicherweise Zeugen eines höchst interessanten Versuchs, eine Richtungsänderung vorzunehmen.

d) Aufgrund der Logik dieser Art von Abschreckung kommt man zu dem Schluß, daß, während es notwendig ist, die Zahl und die Zerstörungskapazität der entsprechenden Atomarsenale zu erhöhen, keine Anstrengung unternommen werden kann, diese weniger unmenschlich zu machen, und eine andere Art der Verteidigung gegen einen möglichen Angriff zu entwickeln als die eines sofortigen, wuchtigen Gegenangriffs. Jede effektive vorbeugende Verteidigung sowie auch jede Bemühung, die Folgen eines Atomkrieges für die Bevölkerung weniger katastrophal zu gestalten, würde „destabilisierend" wirken. In einer Logik, deren erklärte Grundlage der Schrecken ist, würde jegliche Bemühung, diesen zu verringern, die „Harmonie", wenn ich so sagen darf, des Systems und seiner Wirksamkeit zerstören.

e) Was aber, wenn dieses System versagt? Dieser Fall, so unwahrscheinlich er auch scheinen mag, kann nicht völlig ausgeschlossen werden. In diesem tragischen Glücksspiel kommen zu dem, was wir das rationale Element nennen, d. h. zur Tatsache, daß man mit der Angst der anderen Seite rechnet, weniger rationale, ja irrationale Elemente hinzu, wie z. B. Nervosität, falsche politische Berechnungen, eine hoffnungslose Situation ohne rühmlichen Ausgang, ein Augenblick geistiger Umnachtung eines Menschen oder das Versagen einer elektronischen Erfindung, um nur einiges zu nennen. In so einem Extremfall, der immer wahrscheinlicher wird, je mehr die Zeit vergeht und je mehr die Völker selbst in den dramatischsten Umständen und unter den dramatischsten Voraussetzungen miteinander vertraut werden, bleibt uns keine andere Wahl, als davon überzeugt zu sein, daß dieses „System" das einzig mögliche oder zumindest das sicherste ist.

6. *Die Gefahren der wechselseitigen atomaren Abschreckung*

In diesem Zusammenhang erinnert man sich an einen Satz, der Winston Churchill zugeschrieben wird: Abschreckung ist die schlechteste aller Strategien — aber wir haben keine bessere. Und die Art der Abschreckung, die er meinte, geht aus einem anderen seiner Aussprüche, der bemerkenswert und bestürzend zugleich ist, klar und deutlich hervor: „Sicherheit wird die gesunde Tochter des Schreckens sein."

Ist es möglich, daß das die „Sicherheit" für die Menschheit sein soll — und zwar nicht bloß für kurze Zeit, sondern für immer?

Nun, da — wie bereits gesagt wurde — die Erfindung der Atombombe nicht mehr rückgängig gemacht werden kann und ihr Geist, der gegenwärtig oder potentiell vorhanden ist, dazu bestimmt zu sein scheint, des Menschen Wegbegleiter zu bleiben, den er nicht mehr wird verlieren können, ist es eine Frage, die die katholische Kirche ihrerseits mit größter Besorgnis stellt. Die Päpste, angefangen bei Pius XII. und Johannes XXIII. bis zu Paul VI. und Johannes Paul II., haben sie zum Gegenstand vieler ihrer Ansprachen und Handlungen gemacht.

Natürlich ist ihre Art, das Problem zu behandeln, verbunden mit der besonderen Natur ihrer Rolle und Mission, die im wesentlichen eine religiöse ist. Deswegen konzentrieren sie sich auf die sittlichen und humanitären Aspekte des Problems. Das mag als eine beschränkte Sicht der Problematik erscheinen und ist es in der Tat auch. Aber gleichzeitig werden sie dadurch befähigt, bei der Untersuchung und Bewertung dieser komplexen Angelegenheiten, die nach grundlegenden Entscheidungen und nach Entscheidungen mit Folgen verlangen, eine unschätzbare Hilfe anzubieten. Trotz wiederholter Bemühungen der Menschen, sich selbst davon zu überzeugen, daß Beziehungen zwischen Staaten ausschließlich auf Kriterien wie Eigeninteresse und Macht basieren, sind sie sich dessen bewußt, daß ihre Taten und freien Entscheidungen vor einem Hintergrund höherer Normen und Verpflichtungen Gestalt annehmen, die tief in ihrer eigenen Natur begründet liegen. Deshalb sind diese Normen und Verpflichtungen, was ihren Ursprung und ihr Wesen betrifft, allen Menschen gemeinsam, selbst wenn sie auf der Basis unterschiedlicher philosophischer oder ideologischer Systeme weiterentwickelt und variiert werden können, aber mehr noch auf der Basis religiöser Überzeugungen, die, wie im Fall des Christentums, der göttlichen Offenbarung und vor allem dem Evangelium entspringen.

Nachdem die „Realpolitik" wiederholt die Kontrolle über sich selbst verloren hat und, vor allem heutzutage, angesichts der erschreckenden Aussicht auf eine mögliche nukleare Apokalypse, erscheint die Notwendigkeit einer festen Struktur ethischer Überzeugungen noch offensichtlicher, Überzeugungen, die sogar von jenen geteilt würden, die wegen nationaler Interessen und Machtstreitigkeiten gegeneinander stehen. Dies erweist sich als notwendig, wenn die Welt vor den katastrophalen Folgen, zu denen solche Gegensätze und Rivalitäten auf fatale Weise führen würden, bewahrt werden soll. Aus diesem Grund ist man heute sogar noch mehr als früher dazu bereit, die Mitarbeit einer Kirche zu akzeptieren, die aufgrund jahrhundertealter Erfahrungen in der Lage ist, ihre Kenntnisse im Hinblick auf einen, sowohl auf dem Naturgesetz als auch auf dem Evangelium basierenden Moralkodex zu vertiefen, einer Kirche, die sich selbst gern, einem Ausspruch Pauls VI. gemäß, als „Experte in den Angelegenheiten der Menschen" betrachtet.

7. Das ethische Problem

Im Zusammenhang mit einer in zwei bedrohlich bewaffnete Blöcke geteilten Welt bezieht sich die fundamentale Frage, die in ethischer Hinsicht auftaucht, auf die Sittlichkeit militärischer Abschreckung. Dies ist gewiß eine neue Frage, aber es ist eine Frage, die im Atomzeitalter eine völlig neue Dimension und Ernsthaftigkeit erlangt hat.

Einerseits konnten die im ökumenischen Konzil versammelten Päpste und Bischöfe der gesamten katholischen Kirche in der bedeutsamsten Pastoralen Konstitution über die Kirche in der Welt von heute (Gaudium et Spes, 79) nicht anders, als das Recht der Völker auf ihre rechtmäßige Verteidigung erneut zu versichern (das Konzil sprach ferner über die „Pflicht" der Regierungen, „das Wohl der ihrer Sorge anvertrauten Völker zu verteidigen"). Andererseits mußten die Päpste und die Kirche gleichzeitig auf das allgemeine Prinzip achten, welches besagt, daß „der Besitz von Kriegspotential dessen Gebrauch nicht legitim" macht (Gaudium et Spes, 79). Sie verdammen somit feierlich das, was man den totalen Krieg nennt, und insbesondere „die Vernichtung ganzer Städte oder weiter Gebiete und ihrer Bevölkerung" (ebd., 80).

„Die besondere Gefahr des modernen Krieges besteht darin, daß er sozusagen denen, die im Besitz neuer wissenschaftlicher Waffen sind, die Gelegenheit schafft, solche Verbrechen zu begehen, und in einer Art unerbittlicher Verstrickung den Willen des Menschen zu den fürchterlichsten Entschlüssen treiben kann." (ebd.) Große Worte, die das Gewissen all derer belasten, die — ob sie Katholiken sind oder nicht, ob sie an ein göttliches Gesetz glauben oder nicht — mit diesem Dilemma konfrontiert sind: Abschreckung oder Verzicht auf Abschreckung, die auf Atomwaffen gründet.

Wie wir wissen, meinte Papst Johannes Paul II. in seiner Botschaft an die zweite Sondersitzung der Abrüstungskonferenz der Vereinten Nationen 1982, es wäre „unter den gegenwärtigen Umständen" nicht möglich, die absolute sittliche Unzulässigkeit der Abschreckung, die auf dem Gleichge-

Kardinalstaatssekretär Agostino Casaroli mit dem Erzbischof von Köln, Joseph Kardinal Höffner, anläßlich der Feier zu dessen 80. Geburtstag im Maternushaus in Köln am 28. Dezember 1986.

Begrüßung anläßlich der 3. Reise des Heiligen Vaters nach Polen am Flughafen Okecie von Warschau am 8. Juni 1987; von links nach rechts: Staatsratsvorsitzender General Wojciech Jaruzelski, Papst Johannes Paul II., Bischof Monduzzi, Erzbischof Francesco Colasuonno und Kardinalstaatssekretär Agostino Casaroli.

wicht basiert und gewiß nicht Selbstzweck ist, sondern ein Schritt auf eine allmähliche Abrüstung hin, zu bejahen. Natürlich ist damit nicht die spezifische Abschreckung gemeint, um die es hier geht.

Die Verfechter der als mögliche terroristische Verwendung von Nuklearwaffen verstandenen Abschreckung verteidigen sich ihrerseits selbst, indem sie sagen, daß dies das einzige heute verfügbare Mittel ist, um ihre Verwendung wirksam zu unterbinden. Die Absicht bestünde also nicht darin, diese Waffen zu benützen, sondern darin, sie nicht zu benützen. Der Besitz von Nuklearwaffen würde also genügen, um den existierenden oder potentiellen Feind davon abzuhalten, sie zu verwenden. Das ist eine ethische Überzeugung, die praktisch für absolut gehalten wird.

8. Abschreckung muß zur Abrüstung führen!

Daß die damit verbundenen ethischen Probleme extrem heikel sind, ist offensichtlich, so wie auch die äußerst große Ernsthaftigkeit der nationalen Interessen, die hier hineinspielen, offensichtlich ist. Vorsicht, Vernunft und großes Gespür für die Werte des Gewissens sind deshalb erforderlich in einem schwierigen aber notwendigen verantwortungsvollen Gleichgewicht. Das, worauf es den Päpsten ankommt, ist klar. Abschreckung kann nicht Selbstzweck sein. Und deshalb kann sie nicht das ständige Kennzeichen der Beziehungen unter den Staaten sein. Der Hl. Stuhl versteht zwar die großen Schwierigkeiten, die mit dieser beinahe utopisch erscheinenden Aufgabe verbunden sind, er weist jedoch auf das Endziel hin, das — unter bestimmten Voraussetzungen — Abschreckung in gewisser Weise sittlich vertretbar macht, Abschreckung als ein Schritt auf dieses Endziel, die Abrüstung, hin. Auf eine Abrüstung hin, so der Hl. Stuhl, die stetig, ausgeglichen und kontrolliert erfolgen muß, bis sie vollständig verwirklicht ist.

Paul VI. und Johannes Paul II. haben persönliche Botschaften an die nachfolgenden Sondersitzungen der Generalversammlung der Vereinten Nationen zum Thema Abrüstung gesandt. Und auch bei zahlreichen anderen Gelegenheiten haben sie, wie die Päpste vor ihnen, dieses Thema behandelt.

Ich möchte nur Papst Pauls VI. leidenschaftliche Bitte in Erinnerung rufen, die er aussprach, als er am 4. Oktober 1965 die Vereinten Nationen besuchte: „Laßt die Waffen fallen! Ein Mensch, der Offensivwaffen in der Hand hält, kann nicht lieben. Waffen, und vor allem jene schrecklichen Waffen, die die Wissenschaft euch bereitgestellt hat, erzeugen böse Träume, nähren bösartige Gefühle, rufen Alpträume, Feindschaft und schlechte Vorsätze hervor, noch bevor sie Opfer fordern und den Ruin bringen."

Der Papst spricht, wohlgemerkt, von Offensivwaffen! Später gibt er sogar zu, daß, „solange der Mensch das schwache, wankelmütige und sogar boshafte Wesen bleibt, als das er sich selbst so oft darstellt, werden Defensivwaffen leider notwendig sein". Aber es ist ganz klar: wenn Offensivwaffen abgelegt werden könnten, würde auch die Notwendigkeit der Defensivwaffen verschwinden.

Ein derartiges Ziel scheint noch in weiter Ferne und schwer erreichbar zu sein. Genauso wie es das gemeinsame Wollen aller Teile der Internationalen Gemeinschaft voraussetzt, setzt es auch voraus, daß jeder sicher ist, daß dieses Wollen auch wirklich existiert. Es setzt daher gegenseitiges Vertrauen voraus, das ständig gepflegt und verifiziert werden muß, genauso wie die gegenwärtige Abrüstung und das Fehlen von neuerlichen Rüstungsbemühungen ständig überprüft werden müssen.

Diese Forderungen sind derart komplex, daß viele, vielleicht sogar sehr viele, spüren, daß Aufforderungen zu einer echten und vollständigen Abrüstung und diesbezügliche Willenskundgebungen Hand in Hand gehen mit der Überzeugung, daß dieses Ziel unerreichbar ist. Dies wiederum würde die Überzeugung rechtfertigen, daß jede Seite das Recht und sogar die Pflicht hat, die für die Selbstverteidigung als notwendig erachtete Anzahl von Waffen bereitzuhalten.

Die Internationale Gemeinschaft denkt, daß es leichter erreichbar und daher realistischer ist, das Ziel auf die Begrenzung oder Reduzierung der Waffen und auf die Eliminierung von Massenvernichtungswaffen oder von besonders grausamen Waffen zu beschränken. Zur Kategorie der besonders grausamen Waffen zählen z. B. die chemischen Waffen, und auf diesem Gebiet wird gerade eine lobenswerte Anstrengung unternommen, eine internationale Konvention, zu beschließen, die ihre Produktion, ihre Lagerung und natürlich ihre Verwendung verbietet.

Der Hl. Stuhl fördert und unterstützt alle diese Initiativen. Er hält aber dennoch daran fest, daß die Menschheit nicht zufriedengestellt werden kann und sich immer nach dem Endziel ausrichten muß.

9. Der Krieg ist auch heute nicht gebannt

Ich kann nie vergessen, was ein geistvoller und aufgeschlossener Mann wiederholt zu mir sagte, ein Mann, der den Frieden und den menschlichen Fortschritt so liebte wie keiner, ein Mann, dessen Name, so glaube ich, auch hier nicht unbekannt ist: Prof. Giorgio La Pira, Bürgermeister (oder besser: der „fromme Bürgermeister") von Florenz: Mit dem Aufkommen der Atomwaffen ist das Zeitalter der Kriege für immer vorbei, das Zeitalter des Friedens kann und muß aufgebaut werden.

Dies war, so mag manch einer sagen, eine prophetische Intuition — unwirklich und nicht deutlich erkennbar. Denn das Vorhandensein von

Atomwaffen hat nämlich die Wiederholung der sogenannten lokalen Kriege, die mit sogenannten konventionellen Waffen geführt werden, nicht verhindert. Die konventionellen Waffen selbst wurden immer mehr perfektioniert, so als ob die Menschen dafür entschädigt werden müßten, daß sie nicht zu den Atomwaffen greifen können, und sie waren die Ursache so vieler Verluste und so großer Zerstörungen. Man könnte sogar sagen, daß die Atomwaffen die lokalen Kriege paradoxerweise gefördert haben. Die Großmächte wollen nämlich vermeiden, in einen nuklearen Konflikt hineingezogen zu werden und versuchen deshalb, nicht zu direkt in lokale Konflikte verwickelt zu werden, wodurch es zu einem Frontalzusammenstoß mit einer anderen Großmacht kommen könnte.

Selbst wenn man daran festhält, daß das Aufkommen der Atomwaffen in gewisser Weise und bis zu einem gewissen Grad der Ära der großen Kriege ein Ende bereitet hat, so kann man auf jeden Fall noch lange nicht behaupten, daß solche Waffen das Kommen des Friedens begünstigt hätten.

Ich habe es bereits gesagt, daß das Auftreten der Atomwaffen die Geschichte der Menschheitsfamilie ein für allemal verändert hat. Und zwar aus dem Grund, daß die Menschheit diese Waffen nie mehr zerstören kann, während diese die Menschheit zerstören können. Die Menschheit ist dazu bestimmt, in ihrem drohenden Schatten zu leben.

Aber könnte und sollte nicht diese Gefahr in eine positive Kraft des Fortschritts hin auf eine Form internationaler Koexistenz von dauerhafterem Frieden als die Geschichte bisher gekannt hat, umgewandelt werden?

In seiner Rede an die Vereinten Nationen am 4. Oktober 1965 erinnerte Papst Paul VI. an das, was Präsident John F. Kennedy vier Jahre zuvor gesagt hatte: „Die Menschheit muß dem Krieg ein Ende bereiten, sonst wird der Krieg der Menschheit ein Ende bereiten."

Da die Atombombe existiert, ist diese Alternative keineswegs eine rein rhetorische, und nur eine weise und wahrhaft menschliche Antwort ist möglich.

Ich möchte betonen, daß diese Alternative nicht beschränkt ist auf den Fall eines mit Atomwaffen geführten Krieges. Man darf nämlich nicht vergessen, daß die Wiederholung und Verschlimmerung der mit konventionellen Waffen geführten lokalen Kriege früher oder später zu noch ausgedehnteren Krisen führen können, in die die Nuklearmächte direkt verwickelt sind, und die die Gefahr eines Rückgriffs auf Atomwaffen mit sich bringen, so daß wir auch in diesem Fall in der von Präsident Kennedy heraufbeschworenen drohenden Gefahr leben, die nach jener weisen und menschlichen Antwort verlangt, von der ich gesprochen habe. Folglich muß jeder, der ein Gespür für die Geschichte hat, versuchen, über den gegenwärtigen Augenblick hinauszusehen, um den Anforderungen einer Ära gerecht zu werden, die wir als eben erst begonnen betrachten, und die entweder in einem unsinnigen Holocaust enden oder der Menschheit neue Horizonte auftun kann.

10. Die Notwendigkeit einer gerechten internationalen Ordnung

Um dem Krieg ein Ende zu bereiten, genügt es nicht, die Anzahl der Waffen zu verringern und sie zu vernichten, selbst wenn dies notwendig und lebenswichtig ist. Waffen können unglücklicherweise wieder produziert werden. Es ist notwendiger, ganz entschieden die Ursachen der Kriege zu bekämpfen, um die Versuchung eines Rückgriffs auf Waffen auszuschalten. Das ist eine ganz offensichtliche Wahrheit.

Der Mensch jedoch (und nicht grundlos, sondern aus seiner geschichtlichen Erfahrung heraus) hat so wenig Vertrauen in seine Erfolgschancen, daß er sich immer dazu verleiten läßt, so wie gehabt, immer die Möglichkeit in Reserve zu halten, zum Krieg als ultima ratio zu greifen.

Das Atomzeitalter sollte die Menschheit davon überzeugt haben, daß ein Punkt erreicht ist, an dem es nicht mehr möglich ist, einen Weg zwischen Krieg und Frieden zu gehen. Denn nun bedeutet Krieg Selbstzerstörung. Deshalb ist der Mensch ja beinahe zum Frieden „verdammt". Es ist lebenswichtig zu wissen, wie man den Frieden aufbaut. Genau auf dieses Ziel richten sich die Hauptsorgen der Päpste. Sie sind auf symbolhafte Weise verdichtet in Johannes' XXIII. Enzyklika „Pacem in terris". Sie sind aber nicht weniger gegenwärtig bei seinen Nachfolgern, die versuchten, diese Lehre weiterzuentwickeln, indem sie sie der neuen Weltsituation anpaßten.

Angefangen bei Johannes' XXIII. Vier-Wort-Begriff, der auf Gerechtigkeit, Wahrheit, Freiheit und Liebe als die Grundlagen echten Friedens hinwies, über Papst Pauls VI. Intuition „Fortschritt ist der neue Name des Friedens" zu Johannes Pauls. II. letzter Enzyklika Sollicitudo Rei Socialis steht uns ständig und auf eindringliche Weise eine ganze Reihe Ermahnungen und Ermunterungen vor Augen, die Grundlagen zu schaffen für eine internationale Gesellschaftsordnung, die die Rechte und die rechtmäßigen zentralen Interessen der Einzelnen und der Völker erkennt und ihre Anerkennung respektiert, die Ursachen für widerstreitende Interessen beseitigt und ein Klima friedlicher Koexistenz und Zusammenarbeit zwischen Ländern und Kontinenten begünstigt.

Die Lehre Johannes Pauls II., die die Lehre Papst Pauls VI. fortsetzt und auf den neuesten Stand bringt, schenkt der weltweiten Dimension sozialer Gerechtigkeit und Solidarität, die sie als unerläßliche Bedingungen für einen dauerhaften Frieden versteht, besonderes Augenmerk. Die erste Feststellung, die der Papst in Sollicitudo Rei Socialis macht, indem er die gegenwärtige Situation mit jener vergleicht, die sein großer Vorgänger in der Enzyklika

Populorum progressio von 1967 beschreibt, betrifft „das Fortbestehen und oft sogar die Verbreiterung des Grabens zwischen dem sogenannten entwickelten Norden und dem unterentwickelten Süden ... Im Fortschritt der Industrieländer hat es in diesen Jahren eine unterschiedliche Beschleunigung gegeben, die zu noch breiteren Abständen führt", indem sie die ärmsten Länder „in die Lage eines sehr schweren Rückstandes" brachte (Sollicitudo Rei Socialis, 14).

Dieser Rückstand ist nicht nur wirtschaftlicher Art, sondern erstreckt sich auch auf den kulturellen, politischen und einfach menschlichen Bereich (ebd., 15). Die Enzyklika betont, daß entwickelte Länder und Entwicklungsländer, die Erste, Zweite, Dritte und sogar die Vierte Welt durch wechselseitige Abhängigkeit miteinander verbunden sind, und sie folgert daraus, daß, wenn es sich um echte Entwicklungen handeln soll, „entweder alle Nationen daran teilnehmen, oder sie tatsächlich nicht echt ist" (ebd., 17).

Als Hinweis auf die gegenseitige Abhängigkeit nennt der Papst das Phänomen der internationalen Verschuldung, was, wie er besonders betont, den ethischen Aspekt der Zusammenarbeit und Entwicklung betrifft (vgl. ebd., 19).

In der Tat hebt er hervor, daß „eine Nation, die mehr oder weniger bewußt der Versuchung nachgäbe, sich in sich selbst zu verschließen und der Verantwortung nicht nachzukommen, die sich aus ihrer Überlegenheit im Verbund der Nationen ergibt, in schwerwiegender Weise ihre eindeutige ethische Pflicht verletzen würde" (ebd., 23).

Was der Papst zum Abschluß seiner Analyse sagt, zwingt uns zum Nachdenken. „Statt sich um eine echte Entwicklung zu sorgen, die alle zu einem ‚humaneren' Leben führen könnte, scheint sich das Bild der heutigen Welt, einschließlich der Wirtschaft, schneller und schneller auf eine tödliche Vernichtung hinzubewegen." (ebd., 24). Wenn dem so ist, dann muß sich die Welt sofort und radikal umorientieren.

Deshalb verbinden sich die Sorge um die Moral und die Sorge um die Sicherheit, um alte, selbstsüchtige Verhaltensweisen oder vielleicht auch die momentane Unfähigkeit der Menschheit, eine Situation in den Griff zu bekommen, die dennoch jeden ganz wesentlich betrifft, oder die Gewohnheit, in Begriffen zu denken, die nicht länger einer radikal veränderten Welt entsprechen, oder den Mangel an Vertrauen, den neuen Herausforderungen einer neuen Ära der Geschichte gewaltig ins Wanken zu bringen.

Die von Johannes Paul II. beschriebene gegenseitige Abhängigkeit im Guten wie im Bösen hat ihr Gegenstück in einer ebenfalls weltweiten Solidarität und Zusammenarbeit, in die Ost, West, Nord und Süd eingebunden sind. Der Papst ist sich sicher: „Auf solche Weise wird Solidarität, wie wir sie vorschlagen, der Weg zum Frieden und zugleich zur Entwicklung. Der

Weltfriede ist in der Tat nicht denkbar ohne die Anerkennung von seiten der Verantwortlichen, daß die wechselseitige Abhängigkeit schon von sich aus die Überwindung der Politik der Blöcke, den Verzicht auf jede Form von wirtschaftlichem, militärischem oder politischem Imperialismus und die Verwandlung des gegenseitigen Mißtrauens in Zusammenarbeit fordert ... Das Ziel des Friedens wird gewiß mit der Verwirklichung der sozialen und internationalen Gerechtigkeit erreicht werden." (ebd., 39).

Nach dem vorher Gesagten sind dies ermutigende Worte, es sind aber auch fordernde Worte. Sie appellieren an die Verantwortung und an die moralische Verpflichtung eines jeden, insbesondere der Personen jeden Landes, die Mitglieder der Regierung sind und im öffentlichen Leben stehen. Alles verlangt nach einer Antwort auf diesen Aufruf: Friede und Entwicklung der Völker, untrennbar und voneinander abhängig; internationale Solidarität und Zusammenarbeit, die notwendig sind, um andere Aufgaben, jene des Umweltschutzes, zu bewältigen, denn die Umweltverschmutzung wird für die Zukunft der Menschheit immer ernster und gefährlicher (Sollicitudo Rei Socialis Nr. 34 macht dies zum Gegenstand besonderer Betrachtung).

11. Die Notwendigkeit einer Weltautorität

Wie ist es möglich, das Wollen und Handeln so vieler verschiedener Völker, die sich im Hinblick auf ihre ethischen Besonderheiten, ihre Tradition, Kultur und Interessen voneinander unterscheiden, in Einklang zu bringen? Die Stimme des Hl. Stuhls — unter anderen Stimmen, von denen wir hoffen, daß sie immer häufiger erhoben und gehört werden — wird fortfahren, an die Gewissen, an die gemeinsame Verantwortung und an das Gemeinwohl zu appellieren, was größer ist als alles, was die Menschheitsfamilie trennt.

Auch aus den Worten der Päpste und der Kirche hört man immer mehr die Überzeugung heraus, daß es einer mit der nötigen Gewalt ausgestatteten und von allen anerkannten Weltautorität bedarf, die, ohne die rechtmäßige Individualität der Völker zu unterdrücken oder auszulöschen suchen, aufgrund ihrer Machtbefugnis über deren mögliche Konflikte bezüglich Rechte oder Interessen urteilen und entscheiden und deren gemeinsames Handeln wirksam führen und koordinieren wird.

Durch die Probleme und Forderungen des Atomzeitalters wird allmählich immer realistischer, was viele immer noch für eine Utopie halten.

So wie die Menschheit um des Fortschritts willen von einer Zeit des Zweikampfes und der Stammesfehden überging zum Kampf zwischen organisierten Staaten, so muß die Menschheit in unserer Zeit vom Krieg zur

Schaffung einer internationalen Rechtsordnung auf Weltebene übergehen, wenn sie überleben und sich weiterentwickeln will

Papst Johannes Paul II. hinterläßt für die Zukunft eine endgültige Antwort, die im Augenblick noch verfrüht erscheint, wenn er bemerkt: „Die Menschheit braucht jedoch heute, angesichts einer neuen echten Entwicklung, für den Dienst an den Gesellschaften, den Wirtschaften und den Kulturen der ganzen Welt einen höheren Grad internationaler Ordnung“ (ebd., 43).

Diese Worte enthalten ganz klar die Aufforderung, die bereits existierenden Institutionen und Organisationen zu vervollkommnen und zu verstärken, wie zerbrechlich und der Kritik ausgesetzt sie auch heute erscheinen mögen.

Wollen wir hoffen, daß diese Aufforderung angenommen wird. Und was jeden einzelnen Bürger der Welt betrifft, so können wir nur mit den Worten des Papstes abschließen: „Jeder ist aufgerufen, seinen Platz in diesem friedlichen Kampf einzunehmen, den es mit friedlichen Mitteln zu führen gilt, um die Entwicklung zusammen mit dem Frieden zu erreichen.“ (ebd., 47).

IV. Persönlichkeiten

AUGUSTINUS — MENSCH UND HEILIGER

1600 Jahre sind vergangen. In der Menschheitsgeschichte eine lange Zeit, obwohl sie im Vergleich mit der kosmischen Geschichte und der menschlichen Prähistorie unbedeutend ist.

Unter dem Druck der Barbaren machte das Römische Reich im Westen die letzten verworrenen hundert Jahre seiner leuchtenden Existenz durch: Die Barbaren waren bereit, in das Reich einzudringen, es zu zerstören und sollten ihrerseits wiederum von der antiken Zivilisation erobert werden, die sie mit den Hufen ihrer Pferde zertrampelt hatten, und sollten dem alten Stamm neues Blut und neuen Willen einflößen.

In der Kaiserstadt Mailand strahlte Bischof Ambrosius wie ein Leuchtturm von christlicher Weisheit und römischer Stärke. Dies erlebten im Jahre 386 Kaiser Valentinian und seine mächtige Mutter Justina, die sich für den wiedererwachten Arianismus einsetzten, wie es auch wenig später aus anderen Gründen der große Theodosius ebenso erleben sollte.

1. Ein Ereignis vor 1600 Jahren

Genau in jenem Jahr und in jene Stadt kehrte ein junger Mann, der, wie viele andere vor und nach ihm, das Haus des Vaters verlassen hatte, endlich wieder dorthin zurück: getrieben vom Elend und von der Einsamkeit, in denen er sich befand, und vom Ruf des Reichtums der fernen Heimat, aber mehr noch von der Liebe zum verlassenen Vater.

Eine Rückkehr, die Gott sei Dank viele Male und an vielen anderen Orten erfolgt war, seitdem die Lehre und die Ermutigung, die von der Stelle des Evangeliums kommen, die wir gerade gehört haben, in den Augen der verlorenen Söhne die Hoffnung und mehr noch die Sicherheit der Vergebung aufleuchten ließen.

Jenes Mal in Mailand im Jahre des Herrn 386 aber berührte die Gnade der Bekehrung das Herz eines jungen Mannes, der kaum mehr als 30 Jahre alt war, und dessen Name zu den größten Namen der Geschichte der Kirche und der christlichen und menschlichen Kultur zählen sollte. Über ihn schrieb

---

Predigt anläßlich des 1600. Jahrestages der Bekehrung und Taufe des hl. Augustinus. Rom, Kirche des hl. Augustinus, 3. Mai 1986.

Papst Paul VI. folgendes: „Man kann sagen, daß das gesamte Gedankengut der Antike in seinem Werk zusammenfließt und daß von diesem Werk die Geistesströmungen ausgehen, die die gesamte theoretische Tradition der darauffolgenden Jahrhunderte durchdringen." (AA 62 [1970], 426, anläßlich der Einweihung des Augustinianums).

Er ist eine Gestalt von universalem Wert und folglich immerwährend. Deshalb feiert die gesamte katholische Kirche, und nicht nur sie allein, zu Recht den 1600. Jahrestag seiner Bekehrung als ein auch heute noch bedeutsames und wichtiges Ereignis.

Man könnte sich fragen, wie das religiöse und philosophische Denken zuerst im Westen und dann in der Welt ohne den einzigartigen und überaus markanten Beitrag des Genies des Augustinus von Tagaste verlaufen wäre, der später Augustinus von Hippo genannt wurde, als er das Bischofsamt jener kleinen Diözese an den Küsten Numidiens übernommen hatte.

2. *Der junge Augustinus*

Zum Zeitpunkt seiner Bekehrung war er noch nicht getauft. Die christliche Religion, so schrieb er später, war ihm jedoch von seiner Mutter Monika „von klein auf eingeträufelt worden und in Fleisch und Blut übergegangen" (Contra Acad. 2, 1, 5): sie im besonderen hatte ihm „mit der Muttermilch", wie er es so schön ausdrückte, „den Namen Christi eingeflößt", der so fest in seinem Herzen eingeprägt war; so sehr, daß — wie er sagte — „wo jener Name fehlte, wie gelehrt und gefeilt und wie wahr etwas im übrigen sein mochte, es konnte mich nicht völlig gefangen nehmen" (Confess., III, 4). Es ist wahr, daß eine gewisse Zeit lang Christus für ihn nur ein „Mann von hervorragender Weisheit, dem niemand an die Seite gesetzt werden kann" war, „ein Mensch, der darum allen anderen vorgezogen werden müsse, wegen der besonderen Vortrefflichkeit seiner menschlichen Natur und der vollkommenen Anteilnahme an der Weisheit" (Confess. VII, 19). Ein Mensch, nicht Gott! Aber ein Mensch, der ihn immer anziehen sollte, bis er immer weniger widerstehen konnte.

Nach dem Heranwachsen lernte Augustinus die Nacht des Geistes — die so groß war wie sein Geist groß war — und die Nacht der Sinne und des Herzens kennen: auch dieses war groß, wie es die Kraft seiner Liebe beweisen sollte, als er wieder zu Gott zurückgekehrt war.

3. *Begegnung mit Cicero*

Es geschieht sehr selten, daß man aus der Nähe und mit solch tiefem Einblick die Krise eines Lebens und deren Überwindung verfolgen kann, wie im Falle dieses Heiligen. Die autobiographischen Züge, die sich in seinen Werken befinden, und ganz besonders in der Erzählung über sich selbst, die sofort berühmt wurde und es durch die Jahrhunderte blieb, in den „Bekenntnissen", erlauben uns, einen eindrucksvollen und manchmal dramatischen Weg zu verfolgen, als ob er vor unseren Augen ablaufen würde, der nicht nur einen ästhetischen, sondern auch lebenswichtigen Widerhall auch im Menschen von heute hervorruft.

Sein Lebensweg ist allgemein bekannt.

Nach seiner Kindheit, frühen Jugend und der ersten Studienzeit in Tagaste und Madaura ging er nach Karthago, in jene große Stadt, wo er als Achtzehnjähriger jene Frau fand, die, ohne seine Ehefrau zu sein, für 14 Jahre seine Gefährtin und die Mutter seines einzigen Sohnes Adeodatus werden sollte, der ihm schon als Kind durch den Tod entrissen wurde.

Als er im Alter von 19 Jahren den „Hortensius" von Cicero las, entstand in ihm die Liebe zur Philosophie: diese Begegnung führte ihn zu jener Liebe zur Weisheit, die ihn sein ganzes Leben lang begleiten sollte und ihn schon damals dazu brachte, die Weisheit voranzustellen und „alle eitlen Begierden, leeren Hoffnungen und trügerischen Torheiten aufzugeben" (Confess. VI, 4).

4. Manichäismus

Der Weg war noch weit. Auch konnte ihn seine erste Annäherung an die Heilige Schrift, die ihm „verhüllt in Geheimnissen" und „unwürdig schien, mit der ciceronianischen Würde auch nur verglichen zu werden" (Confess. III, 5), nicht befriedigen.

Eine Zeitlang war sein Geist von der manichäischen Lehre mit ihrem Materialismus und ihrer Erklärung des Bösen in einer dualistischen Auffassung, die das Prinzip des Bösen dem Prinzip des Guten gegenüberstellte, auf Abwege geführt worden.

„Ich konnte mir etwas Wirkliches nicht denken als so, wie man es mit diesen Augen zu sehen pflegt. Zwar dachte ich mir dich, o Gott, nicht in der Gestalt eines menschlichen Körpers. Mit meiner innersten Seele glaubte ich an dich, den Unvergänglichen, Unverletzlichen und Unveränderlichen ..., ich fand mich doch stets gezwungen, etwas Körperliches und im Raume Ausgebreitetes zu denken", bekannte er (Confess. VII, 1). Und das Problem des Bösen — so ein anderes Bekenntnis —, das ihn in seiner Jugend sehr gequält hatte, „trieb ihn und führte ihn, der es leid war, eine Lösung zu suchen, in die Arme der Häretiker" (De libero arbitrio, 1, 2, 4).

5. *Skeptizismus*

Die Lehren des Mani und seiner Anhänger konnten jedoch nicht lange einen so reichen, kritischen und scharfen Verstand, wie den des Augustinus, gefangenhalten. Dieser entfernte sich langsam davon, obwohl er die äußeren Bindungen bis kurz vor seiner Bekehrung aufrechterhielt.

Nach der enttäuschenden Erfahrung des Manichäismus war er schon 29 Jahre alt, und der Geist des Augustinus schien des langen Kampfes überdrüssig zu sein und Ruhe auf dem — so erschien es wenigstens anfangs — weichen Kissen des Zweifels zu suchen.

„Ich war auf den Gedanken gekommen", so beschreibt er diese Zeit seiner geistigen Qual, „von allen Philosophen seien die sogenannten Akademiker die klügsten (nach der Meinung, die man ihnen zuschrieb), weil sie nämlich meinten, man müsse an allem zweifeln, und behaupteten, der Mensch vermöge keine Wahrheit mit Sicherheit zu erkennen" (Confess. V, 10).

Diese Krise, dieser Skeptizismus, hatte schon in Rom begonnen und ging in Mailand weiter, wohin er sich im Jahre 384 als Lehrer für Rhetorik begab.

Seine Mutter Monika, die ihm einige Monate später voller Sorgen dorthin folgte, fand ihn in der Überzeugung vor, „daß der Weg des Lebens nirgendwo zu finden ist" (Confess. VI, 2).

6. *Ambrosius*

Aber die Vorsehung Gottes, die so viele Male und mit so vielen Tränen von seiner Mutter angerufen worden war, drängte ihn ganz sanft und eindringlich.

Die Predigten des Bischofs Ambrosius, dem er gerne zuhörte, da er ein vortrefflicher Redner war, ließen unmerklich unter dem Schleier der Bewunderung das Licht von unbekannten oder vergessenen Wahrheiten in sein Herz dringen. So fielen von Mal zu Mal die Vorurteile gegenüber dem katholischen Glauben ab, welche durch die manichäische Lehre in seinem Herzen erweckt worden waren. Er war Katechumene und begann sich wieder als Katechumene zu betrachten: „Bis der Weg, den ich eingeschlagen hätte, in aller Deutlichkeit vor mir läge", schrieb er (Confess. V, 14).

Er legte auch sein Bekenntnis zur Lehre des Skeptizismus ab: der Verstand des Menschen erschien ihm zu „lebhaft, klug, scharfsinnig", um nicht zur Wahrheit zu gelangen. Aber es galt, den Weg zu finden.

Der Glaube mit seinen Gewißheiten, jener Glaube, der ihm seit seiner Kindheit eingeprägt worden war (Contra Academ. 2, 2), begann, immer klarer als der Weg zu erscheinen, den er gehen sollte. Auch die Heilige Schrift, die ihm einmal, als er von den ciceronianischen Formen begeistert war, so mißfallen hatte, wurde für ihn zu einer interessanten Lektüre: „Ihre Autorität erschien mir um so verehrungswürdiger und des heiligen Glaubens werter", gab er zu, „weil ihre Lektüre allen leicht zugänglich war und sie doch zugleich die Würde ihres Geheimnisses dem eindringenden Verständnis vorbehielt" (Confess. VI, 5).

Zusammen mit der Heiligen Schrift half ihm auch die Begegnung mit den neoplatonischen Schriften, sich von der materialistischen Anschauung der Wirklichkeit zu lösen: „Als ich nun von daher die Mahnung erhalten hatte, zu mir selbst zurückzukehren, kehrte ich in mein Inneres ein unter deiner Führung (Augustinus wendet sich an Gott) ... Ich kehrte ein und sah ... über diesem Auge meiner Seele und über meinem Geiste ein unveränderliches Licht." (Confess. VII, 10).

7. *Vor dem letzten Schritt*

Dieses Licht begann sich immer mehr seines Geistes zu bemächtigen. Die leuchtenden Schriften des Paulus von Tarsus, auf die er sich gestürzt hatte, enthüllten ihm das Geheimnis über Christus den Erlöser. Der lange geistige Weg konnte nun als vollbracht angesehen werden.

Der letzte Schritt erschien jedoch noch außerordentlich schwierig.

Man pflegt zu sagen, daß die letzten starken Widerstände von sittlicher und nicht von theoretischer Natur seien.

Und so verhielt es sich auch; auch wenn aufgrund jener verworrenen Verflechtung von Verstand einerseits und Herz und Wille andererseits im Menschen kein Zweifel besteht, daß diese beiden Ebenen sich gegenseitig bedingen, so spitzte sich im Inneren des jungen Katechumenen jener manchmal stürmische Kampf zu, den er uns so dramatisch beschrieb (Confess. VIII): „So waren zwei Willen in mir, ein alter und ein neuer, der eine fleischlich, der andere geistig, und sie stritten miteinander und ihre Zwietracht zerspaltete mir die Seele." „Dieser Streit erfolgte im Inneren meines Herzens, kam von mir und richtete sich allein gegen mich." „Die Gedanken, die ich betrachtend auf dich (o Gott) richtete, waren wie die Versuche jener, die da aufwachen wollen, aber, von der Tiefe des Schlafes übermannt, wieder zurücksinken ... Da konnte ich schlechterdings nichts antworten, sondern nur schlaftrunken stammeln: Gleich, ach ja gleich, laß mich noch ein wenig."

„Ich zögerte, dem Tode zu sterben und dem Leben zu leben", so sein aussagekräftiger und schöner Ausspruch.

8. Die Frau

Die sittliche Krise des Augustinus hatte — was ziemlich verständlich ist — in der unruhigen Zeit der frühen Jugend begonnen.

Mit seinem leidenschaftlichen Wesen, das „lieben und geliebt werden wollte“, überschritt er, so bekannte er, „jene leuchtende Grenze der Freundschaft“, wie er es nannte. Er bekennt dies mit einer solchen Demut, daß es vielen vorkam, er habe mit der Wahrheit oder zumindest mit der Schwere der Dinge übertrieben: aber er war ein Heiliger, der mit einem gewissen Zeitabstand und aus der Höhe der Herrschaft, die er mühsam über Sinne und Leidenschaften errungen hatte, die Dinge eben so sah und beurteilte.

Er verbrachte ein Jahr des Müßiggangs in seiner Geburtsstadt Tagaste, bevor er seine Studien in Karthago wieder aufnahm, und hier entfachten die Anreize und Gefahren einer großen und zügellosen Stadt das Feuer seiner Jugend: „Die Dornen der bösen Begierden überwucherten mich völlig.“ (Confess. II., 3).

Die Verbindung mit einer Frau, die nach den Sitten der damaligen Zeit erlaubt oder zumindest geduldet war, bedeutete in Wirklichkeit für ihn eine Art Schutzdamm gegen mögliche Zügellosigkeit. Diese Frau, der er bis zur Trennung 14 Jahre später treu blieb, verschwindet auf ergreifende Weise, so wie sie ganz diskret in das Leben des Augustinus getreten war, um sich ebenfalls in Gebet und Buße Gott zu weihen.

Es war das Streben und zugleich der Durst nach einem ruhigen und ehrbaren Leben: ein enger und geschlossener Horizont, der den Adlerschwingen eines der größten Geister der Menschheit auf die Dauer nicht genügte.

Und in diesem Moment kommt es zur dramatischen letzten Krise des Augustinus, die den Sieg der Gnade ankündigt.

9. Vor dem Hafen der Ehe

Nach dem Ende der geistigen Schwierigkeiten, nach dem Abflauen der maßlosen Verlockungen des Geldes und der Ehre, blieb die Aussicht auf die Ehe, um so auf rechte Weise die „Bedürfnisse der Natur“, als auch das Bedürfnis nach Ruhe und Sicherheit zu stillen.

Der große Traum, der schon dreizehn Jahre zuvor im jungen Leser des „Hortensius“ von Cicero aufgeleuchtet hatte, begann in der Gewöhnlichkeit einer sozusagen kleinbürgerlichen Lösung zu erblassen, wo zweifelsohne ein ordentliches, auch — und warum nicht — bis zur Vollkommenheit christliches Leben hätte geführt werden können; aber es hätte der Kirche den unvergleichlichen Glanz einer außergewöhnlichen Heiligkeit und eines einzigartigen Dienstes der Wahrheit vorenthalten.

Für einen Menschen wie Augustinus konnte die Wahl nur radikal sein. Eine wenn auch ehrenwerte Mittelmäßigkeit war nichts für ihn. Während ihn aber der Ruf, sich vollkommen der Liebe Gottes und der Weisheit zu weihen, fesselte, erfüllte ihn die Aussicht auf eine so schmerzhafte Trennung mit Schrecken.

Die Gnade hörte nicht auf, ihn zu drängen: die Erzählung des frommen und gebildeten Simplicianus über die Bekehrung des Viktorinus; das Leben des Einsiedlers Antonius und vieler anderer Mönche; die unerwartete Einladung einer kindlichen Stimme: „Tolle et lege, tolle et lege"! und in der Folge der Aufruf des Apostels Paulus zur Enthaltsamkeit (Röm. 13, 13). Es waren viele Hammerschläge, mit denen die Vorsehung einen unruhigen, jedoch zur Aufgabe bereiten und danach verlangenden Geist bearbeitete.

Und dann die endgültige Entscheidung. Die Bekehrung: „Ich wandte mich dir vollkommen zu, ich verlangte nicht mehr nach einem Weib, noch nach einer anderen Hoffnung auf dieser Welt." (Confess. IX, 10).

„Wir bekehren uns", schrieb Augustinus (Auslegung des Psalms 6, 5), „wenn wir in der Umformung unseres Lebens unserem Geist gleichsam eine neue Gestalt geben".

Eine neue Gestalt! Von diesem Augenblick an richtete Augustinus seinen Höhenflug immer mehr nach oben zu jenem Gott, der seinen Geist und sein Herz entschieden und total erobert hat, und sollte seinen Zeitgenossen und den zukünftigen Generationen jenes Antlitz eines großen Mannes der Weisheit und der Liebe zeigen, das so sehr von jenen Zügen entfernt ist, die wir bisher auf den stürmischen Seiten seiner Qual betrachtet haben.

10. Die Bekehrung und Berufung

1600 Jahre sind vergangen und immer noch bewegt und berührt seine Geschichte die christliche Welt.

In diesem Gedenkjahr schlägt er uns vor, nachzudenken und das Ereignis der Vorsehung gleichermaßen noch einmal zu erleben: um so Gott zu loben, der „in seinen Heiligen so bewundernswert ist"; um ihm für das Geschenk zu danken, das er seiner Kirche gemacht hat; um daraus Lehren zu ziehen und einen Ansporn zu erhalten.

Diese besondere Berufung, um des leidenschaftlichen und ungeteilten Dienstes an der göttlichen Weisheit willen alles zu verlassen, ist gewiß nicht an alle gerichtet, ebensowenig wie die Einladung, auf die rechtmäßigen Freuden und die heiligende Verantwortung des Familienlebens zu verzichten, um sich — laut dem wundervollen Ausdruck des Augustinus — „in keuscher Würde und Enthaltsamkeit zu ergeben“ (Confess. VIII, 11).

Jedoch an alle richtet sich der Ruf, der laut im Herzen des Augustinus erschallte und von diesem schließlich gehört wurde, die Wahrheit zu suchen und aufzunehmen und niemals zu vergessen, daß in Gott, und nur in ihm allein, der Mensch die Erklärung seines Geheimnisses und die Antwort auf seine tiefe Sehnsucht nach Glück finden kann.

Dem, der auch heute noch im Dunkel des Zweifels und des Irrtums tappt, denen, die vielleicht die Hoffnung verlieren, die ersehnte Sicherheit zu finden, antwortet Augustinus: „Wenn man sich nicht mit aller Kraft der Seele nach der Wahrheit sehnt, kann man sie sicher nicht finden. Wenn man sie aber sucht, wie sie gesucht werden muß, so kann sie sich denen, die sie lieben, nicht entziehen und sich nicht vor ihnen versteckt halten.“ (De dono pers. 20, 53).

Und allen jenen, die anderswo die Freude suchen und schlußendlich nur Enttäuschung und Bitterkeit vorfinden, rufen wir die wahrscheinlich berühmtesten und bekanntesten Worte des großen Bekehrten in Erinnerung, der sie am eigenen Leibe erfahren hatte: „Du hast uns für dich gemacht (o Herr), und unser Herz ist unruhig, bis es Ruhe findet in dir.“ (Confess. I, 1).

Mit diesen Worten beginnt der große Hymnus der „Bekenntnisse“.

Mit diesen Worten endet meine Betrachtung.

Gebe es Gott, daß durch die Fürsprache des hl. Augustinus und durch die Fürsprache seiner Mutter, die „frohlockt und triumphiert“ (vgl. Confess. XII, 30), weil ihre Tränen und Gebete erhört worden sind, diese Worte nicht ohne Widerhall in unseren Herzen bleiben.

INNOZENZ XI. — EIN VON MISSIONSGEIST ERFÜLLTER CHRISTUS-TREUER PAPST UND VERTEIDIGER DER CHRISTENHEIT

Vor nunmehr drei Jahrhunderten, am 12. August 1689, starb Papst Innozenz XI., Benedetto Odescalchi, nach Monaten schweren Leidens und nach dreizehn Jahren intensiven päpstlichen Dienstes, der seinerseits von ungewöhnlich vielen Prüfungen und Gegensätzen gezeichnet war — und gleichzeitig von einer einzigartigen Größe seines Einsatzes.

1. Papst im Widerstreit

Ein solches Datum darf von den Geschichtsschreibern der Kirche und Europas nicht vergessen werden. Wenn auch das Datum seiner Seligsprechung, 7. Oktober 1956, noch nicht weit zurückliegt, so hat es doch auf Person und Wirken Innozenz XI. eine Aufmerksamkeit konvergieren lassen, an der es lange Zeit zu mangeln schien. Die historischen Studien, die aus jenem Anlaß Leben und Heiligkeit eines Mannes darstellten, der zu Recht als einer der großen Päpste der nachtridentinischen Epoche angesehen wird, behalten auch heute ihre volle Gültigkeit. Ganz aktuell bleibt die bedeutsame Ansprache, mit der Pius XII. bei der Seligsprechung jenes seiner Vorgänger ihn „als leuchtenden, von Gott am Firmament der Kirche entzündeten Stern" bezeichnete, „dessen strahlendes Licht dem Apostolischen Stuhl zur Ehre gereicht". Er bezeichnete ihn als „einen der hervorragendsten Päpste der römischen Kirche".

Bistum und Stadt Como haben besonderen Anlaß, diese Dreihundertjahrfeier zu begehen. Der selige Innozenz wurde hier geboren, hat hier seine Jugendjahre verlebt und er war auch einige Monate hier, bevor er sein Amt als Bischof von Novara antrat. Von Como, genauer: vom damaligen Bischof Alessandro Macchi, ging auch folgerichtig die Initiative aus, den seit fast zwei Jahrhunderten eingeschlafenen Seligsprechungsprozeß eines Papstes wiederaufzunehmen, der von den Römern gleich nach seinem Tod als Heiliger verehrt wurde.

Predigt anläßlich der 300. Wiederkehr des Todestages Papst Innozenz XI. Como, 21. Mai 1989.

Die Einwände kamen bekanntlich und letztlich aus der fortdauernden Feindseligkeit des Französischen Königshauses, das dem Papst seine lebhaften und mutigen Einwände gegen den gallischen Absolutismus nicht verzeihen wollte. Die in jenem Ambiente weitverbreitete Abneigung ging so weit, daß gleich nach seinem Tod in einem Dictionnaire historique et critique (1696 in Amsterdam von Pierre Boyle herausgegeben) schwere Anschuldigungen gegen diesen Papst erhoben wurden, die seinen römischen Ruf der Heiligkeit mit Anfechtungen seiner persönlichen und vor allem priesterlichen Unanfechtbarkeit in Frage stellen wollten. Soweit kann prateiische Leidenschaft gelangen, der jegliche intellektuelle Ehrenhaftigkeit und jegliche sittliche Verpflichtung fehlt!

Die Verleumdungen waren Anlaß, über die persönlichen Peinigungen eines ständig der Öffentlichkeit ausgesetzten Lebens hinaus noch mehr dessen christlichen Auftrag zu erkennen als — wie das Evangelium sagt — Licht auf dem Berg, das sehr stark leuchtete und gerade deswegen Kritiken und gegensätzlichen Wertungen ausgesetzt war. Dies infolge einschneidender Entscheidungen für das Leben der Kirche, für die Geschichte Europas, ja sogar der Welt.

Innozenz XI. ist aus dieser Neubewertung noch überzeugender in seiner leuchtenden Tugendhaftigkeit und in der Größe seines Handelns hervorgetreten.

2. Kirchliche Laufbahn

Seine Jahre als Jugendlicher und Heranwachsender schienen ihn eher auf eine Karriere als Geschäfts- oder Verwaltungsmann auszurichten, wie es in seiner gutgestellten Familie seit Jahrhunderten üblich war. Die Zeugnisse des Prozesses seiner Seligsprechung zeigen ihn jedoch als einen Jugendlichen von ungewöhnlicher Frömmigkeit und Sittenstrenge, die weder seinem Alter noch den Zeitverhältnissen entsprach. Und namentlich eine großherzige Hingabe an die Armen.

So überrascht nicht, daß der 29-Jährige, der gerade in Neapel den Doktor beider Rechte erworben hatte, des bürgerlichen und des kirchlichen, den geistlichen Stand wählte. Heute kann allerdings überraschen, daß er fünf Jahre lang ein ganz einfacher Diener der Kirche blieb, sozusagen ein Ministrant, der erst zum Diakon geweiht wurde, als ihn Papst Innozenz X. Anfang des Jahres 1645 zum Kardinal erhob — eben zum Kardinaldiakon der römischen Titelkirche der Heiligen Kosmas und Damian.

Heute überrascht das. Das waren damals, auch unter diesem Aspekt, noch andere Zeiten. Anders war seinerzeit auch die übliche Art und Weise, in die päpstlichen (oder auch in ähnlich geartete weltliche) Dienste zu treten, also gewisse Aufträge oder Ämter zu erhalten. Für den späteren Papst Odescalchi setzte sich dessen mächtiger Bruder Carlo ein, was ihm die — von seiner Lebensweise vor und nach seiner Papstwahl eindeutig widerlegte — Anschuldigung der Ambition und übler Machenschaften eines Karrieredenkens einbrachte.

Als Kind seiner Zeit begann Benedetto Odescalchi auf das liebevolle Drängen seines fürstlichen Bruders hin sein Wirken — als päpstlicher Steuereinnehmer in einer Provinz des damaligen Kirchenstaates. Ein seinerzeit ebenso undankbares wie bedeutendes Amt, denn die Staatsverwaltung war in argen Geldnöten. Wahrhaft ein seltsamer Einstieg in ein öffentliches Leben, das zu ganz anderen Zielen führen sollte! Doch gab dieser Einstieg dem Benedetto Odescalchi die Chance, ein Merkmal zu erwerben, das später sein Pontifikat kennzeichnen sollte: Die kluge Verwaltung, die auf Effizienz und strengem Sinn für Gerechtigkeit baut, überflüssige oder gar auf Favoritismen beruhende Ausgaben scheut und immer von tiefem caritativem Sinn getragen ist — jener Caritas, die sich wenige Jahre später in Ferrara, wohin Odescalchi als Päpstlicher Legat gesandt worden war, auf den schon damals üblichen Maueraufschriften so las: „Viva il Cardinale Odescalchi, der Vater der Armen!“

3. Der Kardinal

Ja, denn nach seinem Auftrag als Steuereinnehmer und seiner Ernennung zum Gouverneur von Macerata wurde er als gerade 34-Jähriger zum Kardinal erhoben. Was den eben erst zum Papst gewählten Innozenz X. (1644-1655), Giambattista Pamfili, zu dieser ungewöhnlichen Kardinalskreierung bewegte, die zurecht überraschte und ungerechte Kommentare auslöste, können wir schlecht sagen. Vielleicht sollte man an eine Intuition denken, daß die Kirche von einem so rechtschaffenen, so lauteren Menschen, wie ihn drei Jahrhunderte später Pius XII. bezeichnete, viel erwarten konnte; zumal er eben schon in jungen Jahren von einer Reife und einer Frömmigkeit geprägt war, die würdevolle und beruhigende Zeichen der Heilikeit ahnen ließen.

Anfang 1650, als der junge Kardinal gerade knapp zwei Jahre Legat in Ferrara war, gab ein neuer päpstlicher Auftrag seinem Leben eine entscheidende Wende: die Ernennung zum Bischof von Novara und die damit natürlich verbundene Priester- und Bischofsweihe.

Seine pastorale Erfahrung vor Ort dauerte allerdings nicht lange, nur knapp mehr als zwei Jahre. Doch war sie für einen, der später das Amt des Obersten Hirten der Gesamtkirche übernehmen sollte, gewiß von großem Nutzen. Der heilige Karl Borromeus scheint sein Vorbild in der Bistumsleitung, in den Pastoralbesuchen, in der Liebe zu den Armen gewesen zu sein.

Nach Rom zurückgekehrt, öffnet sich ihm eine lange Epoche verborgener Arbeit im Dienst es Apostolischen Stuhls und in der Stille. „Den Kardinal Odescalchi“, erzählen seine Biographen, „sah man fast ausschließlich in den Kongregationen und in den Kirchen“.

Die Vorsehung vermittelte ihm den täglichen Kontakt mit der Realität der Kurie, des Päpstlichen Hofes und der Stadt Rom und gab ihm so die Möglichkeit, als Zeuge und teilweise als Mitverantwortlicher die großen Probleme eingehend kennenzulernen, denen sich Papsttum und Christenheit gegenübersahen — gleichsam, um ihn selbst auf die höchste Verantwortung im Kirchenstaat und in der Weltkirche vorzubereiten.

Er nahm an drei Konklaven teil, je nach dem Tode Innozenz X. (1655), Alexander VII. (1667) und Clemens IX. (1669). Aus dem Konklave des Jahres 1670 sollte wohl schon er als Papst hervorgehen, doch schien er manchen Kardinälen mit seinen 59 Jahren zu jung, vor allem aber blockierten die französischen Kardinäle seine Wahl, weniger aus persönlichen als aus prinzipiellen Gründen. Die Pläne der Vorsehung vermochten sie nicht zu verhindern. Sechs Jahre später, am 21. September 1676, vollzog sich die Wahl des Benedetto Odescalchi zum Papst. Er gab sich den Namen Innozenz XI.

4. Der Papst

Hochgewachsen, feierlich, würdevoll in seinen Gesten und ein wenig streng in seinen Gesichtszügen — so erschien auf der Kathedra Petri der neue Papst den Römern, die ihn ja schon aus seiner vorhergehenden langen Tätigkeit in der Ewigen Stadt kennen- und schätzengelernt hatten. Vielleicht liebten sie ihn auch, zumindest die Ärmsten; doch alle fürchteten ihn wohl auch ein bißchen.

Zumal er nicht verhehlt hatte, daß er es im Fall seiner Wahl als seine Pflicht ansehe, tiefgreifende Reformen durchzuführen. Ja, er hatte sogar deren Grundlinien in seinen „Kapiteln“ bereits vorgezeichnet, die er den wählenden Kardinälen zur Unterschrift vorlegte. Bemerkte Papst Pius XII. fast dreihundert Jahre später bei der Seligsprechung Innozenz XI.: „Wer die Geschichte seines Pontifikats kennt und heute dieses am Vorabend seiner Wahl verfaßte Dokument liest, kann sich dem Eindruck nicht entziehen, ein Schema seiner Biographie, mehr noch ein Programm für die Zukunft vor Augen zu haben.“

Besser als der protestantische Historiker Ranke hat wohl kaum jemand in wenigen Zeilen sein wahres Bild gezeichnet: „Dieser Papst war würdevoll, demütig, mild, fromm und die strenge Lauterkeit, die sein persönliches Leben bestimmte, war auch Ansporn zur Erfüllung der Pflichten des Papsttums, ohne feige Rücksichtnahmen.“

Die Pflichten jener Zeit resümierte Pius XII. so: „Die vom Konzil von Trient eingeleitete innere Reform zu Ende zu bringen — Freiheit und Rechte der Kirche zu verteidigen — die Rettung des christlichen Europa zu sichern. Der Name Innozenz XI. bleibt mithin mit der Geschichte des Römischen Papsttums dank des Eifers und der Beständigkeit verbunden, mit dem er diese drei Hauptaufgaben erfüllte, und dank der Ergebnisse von immenser Bedeutung, die sein Bemühen krönten."

5. Verhältnis zu den Mächten

Die Ergebnisse, zumindest die unmittelbaren, waren in Wahrheit nicht in allen Bereichen ganz positiv.

So fanden die Gegensätze zwischen dem Papst und dem französischen Königshof, bei denen es um die Rechte und die Freiheit der Kirche und des Heiligen Stuhls ging, unter seinem Pontifikat noch keine zufriedenstellende Lösung. Doch bleibt sein Verdienst die Unerschrockenheit, mit der er unnachgiebig den Ansprüchen des sogenannten „Sonnenkönigs" Ludwig XIV. entgegentrat, der voll eingenommen war von den Rechten der Krone und des französischen Königshauses, nach der Definition des beredten Bossuet „das unvergleichlich größte im ganzen Universum, dem auch die mächtigsten Häuser ohne Neid nachgeben können, weil sie ihre Glorie aus dieser Quelle zu schöpfen suchen" (Oraison funèbre de Henriette-Anne d'Angleterre, 21. August 1670).

Der Papst ließ sich in seiner Haltung weder von politischen Sorgen noch von Präferenzen beeinflussen. Er ließ sich ausschließlich von dem Willen leiten, den der Verantwortung der kirchen Autorität unterstellten Bereich von keinem Staatschef antasten zu lassen, auch nicht von einem, der sich „allerchristlichst" nannte. Und als der Schwächere war er fest entschlossen, sich nicht ungerechtfertigten Auflagen des Stärkeren zu beugen.

Übertriebene Intransigenz? Mangelnder Wirklichkeitssinn? Geringe politische Flexibilität, wie mancher, auch katholischer Historiker zu unterstellen sucht?

Oder nicht vielmehr scharfsinniges Bewußtsein der Pflicht, die Unabhängigkeit der Kirche und des Apostolischen Stuhls insbesondere dann zu verteidigen, wenn die Angriffe prinzipielle Rechtfertigung in einer irrigen Ekklesiologie suchten? Auch wenn es anscheinend nur um den Schutz der weltlichen Souveränität des Papstes ging, war er nicht aus Stolz zum Widerstand gedrängt; vielmehr lehnte er sich gegen das auf, was ihm als ungerechte Vorherrschaft erschien, und aus Angst vor Konsequenzen, die ein ängstliches Nachgeben oder das Suchen nach einem weniger unbequemen Kompromiß auch auf anderen Gebieten hätte haben können.

Papst Pius XII. bemerkte: „Innozenz XI. erntete nicht den persönlichen Erfolg dieser Auseinandersetzung, die ihn während seines ganzen Pontifikats in Anspruch nahm, gegen dessen Ende ihren Höhepunkt erreichte und hoffnungslos erschien. Die Vorsehung wollte uns wohl von ihm das Bild eines Athleten Gottes hinterlassen, der sich energisch, aber doch mit Mäßigung und Würde eingesetzt hat ... Wir zögern deshalb nicht, ihn in die Schar der bewundernswerten und großen Vorkämpfer für die Freiheit und Unabhängigkeit der Kirche einzureihen, an deren Spitze die gigantische Gestalt eines Gregor VII. leuchtet."

Ein höheres Lob, ein lockenderer Vergleich ist kaum denkbar.

6. *Kirchenreform*

Mehr sichtbare und dauerhafte Früchte konnte Papst Odescalchi schon während seines Pontifikats auf dem Feld der inneren Reform der Kirche ernten.

Da würde schon reichen, daß er nach dem Urteil der Historiker endgültig mit dem Mißbrauch aufräumte, der zurecht als einer der düstersten Schatten über der Glorie der Päpste der vorausgegangenen Epochen betrachtet wird: mit dem Nepotismus, der damit verbundenen Günstlingswirtschaft und der Verschwendung von Geldern.

Da bewirkte sein persönliches Beispiel noch mehr als seine feierlichen Erlässe.

Und wenn die von ihm verfügten Normen zum Schutz der öffentlichen Sittlichkeit vielen seiner Zeitgenossen (und auch der heutigen Mentalität) allzu anspruchsvoll erschien, so machen ihn sein Eifer in der Förderung des Glaubens und der christlichen Sitten zu einem der größten Reformer im Leben der Kirche.

Angesichts des rigoristischen Jansenismus seiner Zeit, dessen er ob seiner lauteren Lebensweise und seines Widerstandes gegen jede Form moralischer Permissivität von einigen verdächtigt wurde, und angesichts der gerade zu seiner Zeit auf dem Gebiet der Spiritualität aufgetretenen Abirrung des „Quietismus" richtete er, eher Hirte als Theologe, seine Anstrengungen und Sorgen auf die Vertiefung und Verbreitung des katholischen Glaubens und machte sich in einer Zeit höchster Gefahr für das christliche Europa zu dessen stärkstem Bollwerk.

7. Abwehr der Türkengefahr

Am Abend des 12. September des Jahres 1683, nach der harten Schlacht am Kahlenberg bei Wien, konnte der polnische König Johann Sobieski, die berühmte Botschaft Caesars abwandelnd, verkünden: „Veni, vidi, Dominus vicit" (Ich kam, ich sah, der Herr siegte).

Mit ihm war Karl von Lothringen, Heerführer der kaiserlichen Truppen. Mit ihm war der Kapuziner Marco d'Aviano, der als wortgewaltiger Prediger dem christlichen Heer Mut eingeflößt hatte. Nicht bei ihm war der — nach Gott — eigentliche Urheber jenes Sieges über die Türkengefahr: der Papst!

Von Rom aus hatte er mit Hoffnung und Gebet die bewaffnete Auseinandersetzung begleitet. Die Einsetzung des Festes Mariä Namen war sein Akt des Dankes an die Gottesmutter, die zu Recht „Auxilium christianorum", Hilfe der Christenheit genannt wird.

Der Anteil Innozenz XI. im Kampf gegen das Ottomanische Reich und seine europäischen Eroberungspläne ist die bekannteste Seite seines Pontifikats. Hinter sie treten die Konflikte zum Schutz der Rechte der Kirche und des Heiligen Stuhls und selbst sein innerkirchliches Erneuerungswerk zurück. Sie bildet in der geschichtlichen Erinnerung und der öffentlichen Meinung gleichsam ein Hochrelief des Verteidigers der Christenheit, der mit erhobener Hand die Türkengefahr bannt.

Und das nicht ohne Grund!

Jene Epoche liegt heute lange zurück, die Umstände haben sich gewandelt, die Beziehungen zwischen den Staaten und ihre Allianzen haben sich geändert, so daß man heute vielleicht den Eifer nicht mehr so recht begreift, mit dem sich Papst Innozenz in den Kampf stürzte.

In seinen Absichten war es ein zutiefst religiöser, kein politischer Kampf, wenn auch die Haltung der anderen Protagonisten unvermeidlich von politischen Interessen bestimmt war, die oft die Oberhand bekamen. Die noch heute aktuelle Bedeutung seines Einsatzes liegt darin, daß er eine Schlacht zur Rettung nicht nur des religiösen, sondern auch des kulturellen Erbes angeführt und gewonnen hat: die vom Christentum geprägte westliche Kultur mit ihrem griechisch-römischen Hintergrund erhalten hat, über die eine radikal andere Kultur ihre Vorherrschaft aufdrängen wollte.

Das Imperium Mohammeds IV. versuchte unter der geschickten Führung von Kara Mustafa ins Herz Europas einzudringen. Nach der Eroberung des Großteils von Ungarn zog dieser gegen Wien als der Pforte zu noch vielen weiteren Eroberungen.

Für den Papst bedeutete das nicht so sehr eine Umwälzung der politischen Landschaft Europas als vielmehr das Eindringen einer dem Kreuz Christi feindlichen Religion. In Konstantinopel träumte man vielleicht davon, die Hände nach Rom auszustrecken. Bollwerk gegen solche Absichten konnte nur die Einheit der christlichen Nationen sein. Und darauf zielte der Papst. Er war der einzige, der dieses Ziel erreichen konnte. Und so versuchte er es mit Zähigkeit und Ausdauer, ließ sich von den Mißerfolgen nicht entmutigen, vertraute voll auf die Hilfe der Vorsehung.

Zahlreich und tief waren leider die Spaltungen, die gegensätzlichen Interessen, die Eifersüchteleien. Vor allem die Politik der „grandeur" Frankreichs unter Ludwig XIV. mit ihrem Expansionsdrang und die daraus folgenden Reaktionen, Verdächtigungen und Kautelen stellte sich den Bemühungen des Papstes als heimtückisches Hindernis entgegen.

Er ging aus von der Schau einer großen Koalition der christlichen Staaten, das orthodoxe russische Zarenreich eingeschlossen, die das Ottomanische Imperium in seinem Zentrum Konstantinopel selbst unter Druck setzt. Doch mußte er sich auf realistischere Vorsätze beschränken. Das von ihm vermittelte und von anderen sehr angefochtene Bündnis zwischen Polen und Österreich erlaubte wenigstens die Entsetzung Wiens. Mit der Ausdehnung der Allianz auf Venedig und Moskau war drei Jahre später die Befreiung der Stadt Buda möglich und, erst nach dem Tod dieses Papstes, die Befreiung von Belgrad und Preßburg mit nachfolgendem schrittweisen Verfall der ottomanischen Macht in Südosteuropa.

König Jacob II. von England konnte zu Recht feststellen: „Es ist der Heilige Vater, der Wien befreite und jetzt Buda einnimmt." In seiner Begeisterung fügte er hinzu: „Seit Jahrhunderten sah man auf dem Stuhl Petri keinen solchen Papst mehr!" Ein großer und ein heiliger Papst.

8. *Vorbild für heute*

Ein großer Papst also!

Doch vor allem — und das interessiert uns mehr bei dieser nicht akademischen, sondern kultischen Gedächtnisfeier — ein heiliger Papst!

Heiligkeit und Größe waren in ihm eins.

Ich greife noch einmal auf die maßgebenden und inspirierten Wertungen Pius XII. zurück, der bei der Seligsprechung Innozenz XI. sagte: „Sein heroischer Tugendgrad, sein unerschrockener Einsatz, seine glorreichen Unternehmungen, die seinen Namen verewigten, entsprangen aus der Heiligkeit seines Lebens. Je mehr Ämter auf seine Schultern geladen wurden, desto mehr suchte sein Geist Zuflucht im Gebet. Daraus erhielt er Klarheit und Stärke, die Schwierigkeiten in der Leitung der Völker anzugehen, als Kardinallegat in Ferrara zunächst, dann als Bishof von Novara und schließlich

— in Rom. Das Sich-Verbergen im Gebet ist der geheime Ursprung seiner unleugbaren Erfolge, vor und während seines Pontifikats. In der Einheit mit Gott läuterte er seine angeborene Fähigkeit, den Menschen zu begegnen und sie zu durchschauen, stellte sich auf Auseinandersetzungen ein, erkannte klar die wahren Übel der Gesellschaft."

Innozenz XI. ist also nicht nur eine große geschichtliche Gestalt, derer man gedenkt. Er ist ein nachahmenswertes Beispiel. Ein Patron zum Anrufen.

Er hat unserer Zeit namentlich eine Botschaft zu verkünden. Als „Verteidiger der Christenheit" erinnert er die Welt, die sich noch der religiösen Tradition oder zumindest der christlichen Kultur verbunden fühlt, daß eben diese Werte vor allen Gefahren geschützt werden müssen, die sie heute mehr denn je bedrohen.

Es gilt, das christliche Gesicht und noch mehr das Herz, die Seele eines Europa zu wahren, das vom Evangelium Christi durch die lange Plackerei einer zweitausendjährigen Geschichte geprägt wurde. Das ist die Mahnung, die jener Papst an uns richtet, der von tiefem Missionsgeist beseelt war, damit die Heilsbotschaft auch jene Menschen und Völker erreicht, die sie noch nicht kennen.

Diese Mahnung richtet sich vornehmlich an uns, die wir getreu die Sorgen und Hoffnungen, den Einsatz und die Verantwortung der Kirche leben und teilen wollen.

Es geht nicht um einen Aufruf zum Kampf oder zu neuen Kreuzzügen. Der Glaube wird heute nicht auf Schlachtfeldern verbreitet und verteidigt. Auch nicht mit der Härte feindseliger Polemiken. Vielmehr mit tatkräftiger Verkündung, die voller Rücksicht und Liebe für die anderen ist, sich aber auch nicht ängstlich schämt. Wir müssen mit unserem Wort und unserem Leben verkünden, daß Jesus Christus der Herr ist. Von seinem Kreuz aus wird er nach seinem Versprechen alles an sich ziehen, mit der Kraft der Wahrheit und der Liebe.

Ich möchte die Gedächtnisfeier dieses großen Papstes am heutigen Dreifaltigkeitssonntag, Apotheose des Kirchenjahrs und des christlichen Glaubens, mit dem Gebet schließen, das ihm so lieb und teuer war: „Ich verehre Euch, mein Gott, Heiligste Dreifaltigkeit, Vater, Sohn und Heiliger Geist, drei Personen in einem Gott. Ich setze alle meine Hoffnung auf Euch. Alles was ich in diesem und im kommenden Leben an Gutem haben kann, alles soll nur aus Eueren Händen kommen. Das ersehne und wünsche ich, mein Gott, mein Leben und meine einzige Hoffnung." Aus diesen Worten des Glaubens und der Liebe spricht der Heilige!

VON JOHANNES XXIII. ZU JOHANNES PAUL II.

1. Zwei Päpste von historischer Bedeutung

Wir haben uns in dieser Basilika versammelt, um zwei für das Leben der Kirche unserer Tage wichtige Ereignisse zu feiern: den Beginn des Pontifikates von Papst Johannes XXIII. vor nunmehr 30 Jahren, der im Gedächtnis und im Herzen derer, die das Glück hatten, ihn zu kennen, lebendig bleibt und den 10. Jahrestag des apostolischen Dienstes des jetzigen Papstes, auf den man auf der ganzen Welt mit wachsender Bewunderung blickt, weil er sich mutig für die Sache Gottes und für den Menschen einsetzt, den er als Abbild Gottes sieht und liebt.

Wenn man von „historischer Bedeutung" dieser beiden Päpste spricht, so geschieht dies keineswegs aus rein rhetorischen Gründen. Es wird nämlich nicht möglich sein, das Ende dieses Jahrtausends zu betrachten und zu untersuchen, ohne bei dem von ihnen geschaffenen Werk und dessen Folgen von weltweiter Bedeutung sowohl im kirchlichen als auch im zivilen Bereich zu verweilen. Der Gläubige sieht in der Tatsache, daß diese beiden Männer Päpste geworden sind, ein Zeichen der wachsamen Gegenwart der Vorsehung, die es versteht, in jeder Epoche der Geschichte, und besonders in Zeiten, die vom Schmerz tiefgreifender und erlittener Umwälzungen gekennzeichnet sind, Hirten hervorzubringen, die fähig sind, der Kirche, die von gegensätzlichen Sichtweisen beeinflußt wird, den rechten Weg zu weisen, um das Ziel nicht zu verfehlen.

2. Zeit der Neuerungen

Die Epoche, in der wir leben, gehört sicherlich zu jenen, die die meisten Zeichen der Neuerung aufweisen, von denen viele gewiß nicht positiv sind. Man denke nur an die unglückseligen Anlässe, die zu den beiden Weltkriegen führten, und an den dramatischen Ausgang des Zweiten Weltkrieges im apokalyptischen Leuchten der ersten — der ersten, und hoffen wir der letzten — atomaren Explosion; man denke an die Konzentrationslager und

---

Predigt anläßlich des 30. Jahrestages des Beginns des Pontifikates Johannes XXIII. und des 10. Jahrestages des Pontifikates Johannes Pauls II.. Basilika des Hl. Antonius, Padua, 6. November 1988.

an die unerhörten Erniedrigungen, die den Menschen dort widerfahren sind; man denke an die besorgniserregenden Formen der Diskriminierung von Rassen, der religiösen Intoleranz, des freien Gewährenlassens, des Terrorismus, die auch heute noch in der Welt blühen und gedeihen.

Zum Glück fehlen aber — neben diesen negativen Erscheinungen — auch viele positive und offensichtliche Phänomene nicht, wie z. B. ein Durst, ja gleichsam eine Sehnsucht nach dem Spirituellen, nach dem Übernatürlichen; das weitverbreitete Streben nach dem Frieden, die größere Sensibilität für die Rechte der Person und für die Bedürfnisse nach sozialer Gerechtigkeit, die fortlaufende Überwindung politischer und ideologischer Schranken zwischen den Nationen; die Tatsache, daß sich immer mehr Formen intensiver internationaler Zusammenarbeit durchsetzen; das steigende allgemeine Bildungsniveau, aus dem eine immer bewußtere Beteiligung der Bürger an der Führung des Staates resultiert, und zwar sowohl auf mittlerer als auch auf höchster Staatsebene.

Die eingehende Untersuchung der komplexen Symptomatik der Welt von heute veranlaßte viele dazu, von unserer Zeit als einer Zeit des Übergangs zu einer neuen Form der Gesellschaft zu sprechen. Der geweihte Boden, auf dem wir uns befinden, diese Umgebung, in der alles von jenem Heiligen spricht, dessen Name untrennbar mit dieser Stadt verbunden ist, läßt mich ganz spontan an all die Jahre denken, in denen Antonius hier lebte und wirkte. Auch seine Zeit war eine Zeit des Übergangs: unter der Herrschaft der deutschen Kaiser, die fast immer im Kampf mit den Päpsten waren, ging der Feudalismus seinem Ende zu; es entstanden die Demokratien, und im Volk kam es langsam zu jenem Wiedererwachen, das der Beginn einer neuen Denk- und Lebensweise sein sollte. Auch damals schickte die Vorsehung außergewöhnliche Menschen — in der Leitung der Kirche und in der Kirche — mit dem Auftrag, ihren Zeitgenossen den rechten Weg zu zeigen. Antonius war einer dieser Menschen.

Sein Handeln hatte einen entscheidenden Einfluß auf die Ausrichtung der eben erst entstandenen franziskanischen Bewegung und durch sie auf das geistliche Leben unzähliger Scharen von Anhängern, die im Laufe der Jahrhunderte im Dienste des christlichen und menschlichen Wachsens ihrer Brüder wirkten.

3. Johannes XXIII. — Papst der Erneuerung

Wir denken heute darüber nach, welchen Einfluß jener charismatische Mensch, der Papst Johannes XXIII. zweifellos war, auf die Zeit des Übergangs ausübte, in der wir selbst gelebt haben und leben. Als er seinen pastoralen Dienst am Stuhl Petri begann, war er schon fast 80 Jahre alt.

Dieses Ziel, so heißt es in einem Psalm, ist nur den „robustesten" vorbehalten (Ps 89/90, 10). So manch einer bezeichnete ihn voreilig als „Übergangspapst", der sich sozusagen um die normale Verwaltung zu kümmern habe und auf einen jüngeren Nachfolger mit mehr Energien warten solle.

Sehr bald aber bemerkte man, daß Gott mit ihm eine jener Überraschungen vorbereitet hatte, mit denen er von Zeit zu Zeit menschliche Erwartungen und Berechnungen zu umgehen und zu übertreffen pflegt. Und in der Tat kam mit Papst Johannes ein neuer, frischer Wind in die Kirche und bewirkte in ihr ein derart ungestümes Wiedererwachen des Lebens, daß man zu Recht von einem echten Frühling sprechen konnte.

Die bedeutsamste Erneuerung, die dieser fast achtzigjährige Papst gebracht hat, war sicherlich die Entscheidung, das ökumenische Konzil einzuberufen. Sie war aber nicht die einzige. Alles an ihm war sozusagen neu. Sein nicht strenges priesterliches Aussehen, das jedoch gekennzeichnet war von Ruhe und Beherrschung, die einem Menschen eigen sind, der es gewohnt ist, in Gott gesammelt zu sein; seine einfachen und zurückhaltenden Gesten, die typisch sind für die bäuerliche Bevölkerung, aus der er stammte; das entspannte Gesicht auf dem sehr leicht ein gutmütiges und vertrauenerweckendes Lächeln erstrahlte; seine Bereitschaft, den Menschen zu begegnen in der Unmittelbarkeit eines spontanen Gesprächs, das er bei Gelegenheit mit einem geistreichen Spruch oder einem gutmütigen Witz würtzte. Zwischen Papst Johannes und den Menschen baute sich ein unmittelbares und spontanes Einvernehmen auf, das im Laufe seines ganzen Pontifikates nie weniger wurde. Jeder hatte das Gefühl, von diesem ungewöhnlichen Papst verstanden zu werden, in welcher Situation auch immer er stehen mochte.

Auch die Gefangenen von „Regina Coeli", die er bei einem seiner ersten Ausgänge aus dem Vatikan besuchen wollte, fühlten sich von ihm verstanden, so wie auch die Jugendlichen der Jugendstrafanstalt Rom, die von seiner Güte und seinen Worten begeistert waren. Von ihm fühlten sich auch die „Fernstehenden", die „feindlich Gesinnten", verstanden, die ihre Feindschaft wie Eis unter der unerwarteten Sonne dahinschmelzen fühlten.

Als der Patriarch von Kontantinopel Athenagoras den neuen Papst mit den Worten des Johannesprologs beglückwünschte: „Es trat ein Mensch auf, der von Gott gesandt war; sein Name war Johannes" (Joh. 1, 6), so drückte er, aufgrund einer glücklichen Intuition nur das aus, was die darauf folgenden Ereignisse reichlich bestätigen sollten.

Papst Johannes erschien allen als der Mensch, der von Gott gesandt wurde, damit er — um die Worte Jesaias, die wir kurz vorher gehört haben, zu verwenden — „den Armen die frohe Botschaft bringe, und alle heile, deren Herz zerbrochen ist ... damit er ein Gnadenjahr des Herrn ausrufe" (Jes. 61, 1-2).

Enzykliken wie „Mater et Magistra“ und „Pacem in terris“ bleiben uns als beredter Beweis eines pastoralen Eifers, der nicht Halt macht vor Unverständnis und Feindschaft, sondern der unterscheidet zwischen Irrtum und dem Irrenden und es versteht, die Elemente der Wahrheit und Rechtschaffenheit zu suchen, die auch in demjenigen zu finden sind, der heute ein Gegner ist, morgen aber dieselben oder ähnliche Ideale teilen kann.

Man kann sich fragen, wie weit sich Papst Johannes in dem Augenblick, als er das Konzil einberief, der komplexen Probleme bewußt gewesen ist, die dieses historische Ereignis mit sich bringen würde. Vielleicht muß die prophetische Dimension dieser seiner Handlung auch im Hinblick auf das große Vertrauen gesehen werden, mit dem er dieses Unternehmen begann, indem er es Dem, der es ihm von oben eingab, überließ, die Fäden in der Hand zu halten.

Ein angesehener und bedeutender Protagonist jener Tage bezeugt: „Der Sturm, der im Zusammenhang mit dem Konzil ausbrach, war nicht gewollt von Papst Johannes, der zutiefst darunter litt; das kann ich persönlich bezeugen.

Die wahre Größe Johannes XXIII. bestand in der frohen und christlichen Art und Weise, wie er, der die Schwere und Bedeutung der Probleme voll und ganz ermessen konnte, demütig sein Kreuz annahm bis zu seinem Tod.“ (Kard. Giuseppe Siri, Il dovere dell'Ortodossia, Pisa 1987, S. 215).

25 Jahre nach dem Tag, an dem die Welt stillzustehen schien, um teilzunehmen am Todeskampf dieses demütigen Sohnes aus Bergamo, gedenken wir in unveränderter Bewunderung seines Werkes im Dienst der Kirche und der Welt und danken Gott, daß er ihm so großzügig jene „Weisheit des Herzens“ geschenkt hat, dank der er inmitten der einander gegenüberstehenden Parteien Prophet des Friedens und der Hoffnung sein konnte.

4. Johannes Paul II. — Papst der Ermahnung und des Gebets

Und wir danken Gott, daß er uns, nach der kurzen lichtvollen Zeit Johannes Pauls I., diesen seinen Nachfolger geschenkt hat. Als vor nunmehr schon 10 Jahren vom Balkon des Petersdoms der Welt die Wahl des jetzigen Papstes — „eines Bischofs, der, wie er sich selbst bezeichnete, „von einem fernen Land gerufen worden ist“ — verkündet wurde, waren nur wenige imstande, vorauszusehen, welche Welle von Neuerungen er bringen würde.

Außerhalb der Grenzen Polens wußten nämlich nur wenige, wer er war und welchen Reichtum an Charismen er in sich trug. Es genügten jedoch die wenigen Worte, die er an die Menge richtete, die den wunderbaren Platz füllte, um mit ihr jenes tiefe Einvernehmen herzustellen, das nach und nach auf beeindruckende Weise immer mehr gewachsen ist.

Von jenem Abend des 16. Oktober 1978 begann zwischen dem neuen Papst und der Menge ein Dialog, der auch in der Folge nicht abbrechen sollte. Der Papst selbst formulierte das Hauptthema dieses Gesprächs, als er am Tag des feierlichen Beginns seines pastoralen Dienstes vom Petersplatz aus der ganzen Welt zurief: „Habt keine Angst! Öffnet vielmehr Christus die Tore, macht sie weit auf! Öffnet die Grenzen der Staaten, die Wirtschaftssysteme und die politischen Systeme, das weite Gebiet der Kultur, der Gesellschaft, der Entwicklung seiner erlösenden Macht. Habt keine Angst! Christus weiß, was im Menschen vorgeht. Er allein weiß es!"

Diese kurzen und bündigen Worte wiesen auf jene Linie hin, an der er sein Pontifikat orientieren sollte.

Sie drückten den Wunsch aus, den er als eine dringende Verpflichtung auffaßte — nämlich Christus bekannt zu machen, allen die Kunde vom Evangelium zu bringen und gleichzeitig ganz klar die konkreten Folgen für das Leben sowohl des Einzelnen als auch einer ganzen Gemeinschaft aufzuzeigen.

Sie drückten die apostolische Sorge Johannes Pauls II. aus, die ihn später dazu drängen sollte, auf den Straßen der Welt den Menschen aller Kulturkreise, jeden Glaubens und aller Rassen entgegenzugehen.

Johannes Paul II. weiß, daß er im Namen Christi und im Namen der Menschen sprechen muß, damit die Wahrheit des Evangeliums nie verdunkelt werde, sondern fortleuchte für all jene, die sie mit aufrichtigem Herzen suchen. Deshalb schont er sich nicht bei der Erfüllung dieser Aufgabe und trotzt auch der möglichen Verständnislosigkeit und Feindschaft. Er hört nicht einmal dann auf, wenn es soweit kommt, daß blinder Haß sich sozusagen vergegenständlicht und zur Waffe wird, deren Kugeln sein Fleisch zerfetzen, und sein Leben auf dem Spiel steht. Da fallen einem die Worte des Apostels Paulus wieder ein, die vorher vom Lektor vorgetragen wurden: „Daher erlahmt unser Eifer nicht in dem Dienst, der uns durch Gottes Erbarmen übertragen wurde. Wir haben uns von aller schimpflichen Arglist losgesagt; wir handeln nicht hinterhältig und verfälschen das Wort Gottes nicht, sondern lehren offen die Wahrheit. So empfehlen wir uns vor dem Angesicht Gottes jedem menschlichen Gewissen." (2 Kor. 4, 1-2).

Diese Worte spiegeln zutiefst die Haltung dieses Papstes wider, der eben diesen beständigen Drang verspürt, nämlich „offen die Wahrheit zu verkünden".

5. *Ein Papst für alle*

Der Stil dieses Papstes hat die Geographie der apostolischen Kontakte durcheinander gebracht, weil er darum besorgt ist, allen Völkern nicht nur das Wort, sondern, wenn es möglich ist, auch seine persönliche Gegenwart zu bringen. Er ist ein Papst, der die Welt kennt. In ihm ist mit einzigartiger Klarheit jener Auftrag verwirklicht, den Jesus, bevor er in den Himmel auffuhr, den Aposteln erteilte: „Darum geht zu allen Völkern und lehrt sie" (Mt 28, 19).

Um in die Situation der Kirche und Menschen überall in der Welt einzugreifen, dienen ihm die apostolischen Reisen in die verschiedenen Länder, so wie, unter anderem, auch die „ad Limina"-Visitationen der Bischöfe, die mit einzigartigem Einsatz und einheitlich durchgeführt werden und das gemeinsame Erforschen lokaler Probleme der Seelsorge und die Erstellung eines einheitlichen Interventionsprogramms unterstützen sollen.

Der Drang, Christus zu verkünden, erklärt auch die besondere Aufmerksamkeit Johannes Pauls II. für die Jugend. In ihr ist die Zukunft bereits Gegenwart. Die Jugendlichen mit ihren Entscheidungen, Vorschlägen und Initiativen werden die Welt von morgen aufbauen. Von ihnen hängt auch die Zukunft der Kirche ab. Deshalb sind sie so wichtig! Deshalb haben sie auch eine so große Verantwortung. Und der Papst unterläßt es nicht, sie immer wieder daran zu erinnern, indem er ihnen Einsatz, den es zu leisten gilt, Mühe und Opfer vor Augen hält. Jemand bezeichnete ihn kürzlich als aufrichtigen Freund; als Freund, der auch etwas fordert.

Er lädt die Jugendlichen ein, weit zu denken, die Aufgabe wahrzunehmen, ihre Zeit zu beleben, Hand anzulegen beim Aufbau einer neuen Gesellschaft im Zeichen der Liebe und der Solidarität. Die Jugendlichen verstehen, und trotz der Härte all dessen, was ihnen in Aussicht gestellt wird, kommen sie immer sehr zahlreich zu den Begegnungen, die der Papst bei jeder seiner Reisen für sie vorbehalten haben will.

Der pastoralen Aufmerksamkeit des Papstes entgeht jedoch niemand, welcher Schicht oder Kategorie er auch angehören mag.

Um den Reichtum und die Neuheit der in seiner Lehre enthaltenen Anregungen zu verstehen, müßte man alles — und das ist beeindruckend viel — was er bezüglich Evangelisierung, Friede, Menschenrechte, Schutz des Lebens, soziale Gerechtigkeit, Solidarität, Familie, Wissenschaft, Kultur, soziale Kommunikation, Dialog mit anderen christlichen Religionen ... sagt, Revue passieren lassen. Dann erst könnte man die Bedeutung des Beitrags ermessen, den dieser Papst — schon in seinem ersten Jahrzehnt des Dienstes auf dem Stuhle Petri — für die Kirche und die Menschheit am Ende dieses 20. Jahrhunderts leistet.

Ein besonderes Kapitel, das wir erwähnen müßten, betrifft seine Öffnung auf die restliche christliche Welt und, was für ihn ja so kennzeichnend ist, auf die Ostkirchen hin, die, wie er selbst sagt, die zweite Lunge sind, mit der die Christenheit atmet.

Aus welcher tiefen Quelle schöpft der Papst die Inspiration für seine unermüdliche Kreativität und die Kraft für eine so intensive apostolische Dynamik, daß selbst seine Mitarbeiter sie nur schwer tolerieren können? Wer ihn näher kennt, der weiß, daß diese Quelle das Gebet ist: ein Gebet, das durch Christus an den Vater gerichtet ist und auf der Liebe gründet, die der Hl. Geist in das Herz des Gläubigen gießt.

Die Enzykliken „Redemptor hominis", „Dives in misericordia", „Dominum et vivificatem" sagen etwas darüber aus, wie sehr die Spiritualität dieses Papstes, der in Maria sein vollkommenes Modell sieht, in der Dreifaltigkeit verankert ist; Maria, die, offen für den Entschluß des Vaters, im Glauben das Wirken des Hl. Geistes angenommen hat und so Mutter des Erlösers wurde. Man könnte sagten, daß der Papst von Maria, der „Magd des Herrn", jeden Tag lernt, sein Amt als „Diener der Diener Gottes" in die Tat umzusetzen.

6. Zwei Päpste — ein Petrusamt

Johannes XXIII., Johannes Paul II.: Zwei verschiedene Persönlichkeiten, eine einzige Mission. Der erste ruht nun schon im Frieden Gottes nach den Mühen des langen Erdenlebens, der zweite hält das Steuer des Bootes Petri fest in der Hand, und wir wünschen uns und bitten den Herrn, daß er ihn uns noch viele Jahre erhalten möge.

Wenn wir den Dienst betrachten, den sie uns erwiesen haben, so richten wir bei dieser Eucharistiefeier unseren Dank an Christus den Herrn, für all das, was Er durch sie der Kirche unserer Zeit geschenkt hat. Durch sie fuhr er fort, die Verheißung, die er dem Petrus „im Gebiet von Cäsarea Philippi" gab, zu verwirklichen: „Auf diesem Felsen werde ich meine Kirche bauen, und die Mächte der Unterwelt werden sie nicht überwältigen." (Mt 16, 18).

Heute wie gestern, wie morgen. Im Andenken an Johannes XXIII., in der freudigen Feier des ersten Jahrzehnts des Pontifikates von Johannes Paul II., erneuern wir das Bekenntnis unseres Glaubens an die siegreiche Gegenwart Christi, der in der Person des Nachfolgers Petri wirkt. Wir wollen mit dem Papst sein, um mit Christus zu sein und von ihm die ermutigenden Worte zu hören: „Habt Vertrauen: ich habe die Welt besiegt!„ (Joh. 16, 33).

PAUL VI. — PAPST DES DIALOGS

In Bronze gegossen, vom schöpferischen Hauch der Hand des Künstlers beseelt, nimmt heute die Statue Papst Pauls VI., des Bischofs von Rom und Stellvertreters Christi auf Erden, ihren gebührenden Platz in der Kathedrale der Diözese ein, welche die Ehre hatte, ihn der Kirche und der ganzen Welt zu schenken.

Hier steht er nun, in der frommen und feierlichen Haltung, wie wir ihn gesehen haben, als er an der Schwelle der Hl. Pforte kniete, die er am Heiligen Abend des Jahres 1974 im Atrium der Petersbasilika öffnete.

Diese Statue wird hier bleiben. Sie wird Gegenstand der Bewunderung sein, Gegenstand, zu dem man andächtig pilgert, als Erinnerung an eine Persönlichkeit, welche den Bewohnern von Brescia lieb und teuer ist und mit goldenen Lettern in die zweitausendjährige Geschichte der Kirche eingegangen ist.

Er wird für immer der Papst des Zweiten Vatikanischen Konzils sein, das mit prophetischem Geist von Papst Johannes XXIII. geplant und begonnen worden war und das er anschließend mit fester und weiser Hand bis zu seiner glücklichen Vollendung fortsetzen und später auch in den ersten turbulenten und manchmal aufgewühlten Jahren seiner Anwendung begleiten sollte.

Er wird jener Papst bleiben, der die eben von seinem fröhlich-lebhaften Vorgänger geschlossene Pforte wieder weit öffnete und wieder Kontakte mit den Ländern des sogenannten realen Sozialismus aufnahm.

Er wird der Papst bleiben, der als ein Mann von Geist und Kultur immer darunter litt, daß ihm die aufwendigen Aufgaben seines hohen Amtes nicht die Zeit für einen häufigeren Kontakt mit einer Welt ließen, die er so sehr liebte und bewunderte.

Eine ihm eigene und unverwechselbare Eigenschaft beeindruckte jedoch die Bewunderer und Kritiker dieses Papstes mit dem heiteren und tiefgründigen Blick, mit den zurückhaltenden und doch so liebenswürdigen und höflichen Gesichtszügen: „Was auch immer geschehen mag, sei es Erfolg oder sei es Mißerfolg, das Pontifikat Pauls VI. wird das Pontifikat des Dialogs mit allen Menschen sein", schrieb ein Schriftsteller, der ihn aus nächster Nähe kannte (Jean Guitton, Dialoghi con Paolo VI, Milano 1967, S. 204).

Ansprache zur Einweihung des Denkmals für Papst Paul VI. Brescia, 26. September 1984.

1. Die persönlichen Voraussetzungen Montinis für den Dialog

Paul VI., Papst des Dialogs. Das soll keine Definition sein, das wäre unglücklich und einschränkend. Dieser Ausdruck soll nur einen wirklich einzigartigen Blickwinkel aufzeigen, von dem aus ein Blick auf den apostolischen Dienst und noch mehr auf die Innenwelt dieses Papstes geworfen werden soll, dessen Persönlichkeit im Laufe der Jahre nicht verblaßt, sondern im Gegenteil immer mehr an Bedeutung gewinnt.

Papst Montini war schon allein durch die in der Familie genossene Erziehung für den Dialog prädisponiert. Zu Hause, in der Via delle Grazie, kamen zahlreiche Persönlichkeiten des damaligen Brescia zusammen: es waren Männer der Kirche und Laien, die kamen, um mit dem Vater des zukünftigen Papstes, dem Advokaten Giorgio, einem angesehenen Journalisten und aufstrebenden Politiker, zu diskutieren, um mit ihm Ideen, Projekte und Initiativen im Zusammenhang mit den verschiedenen Horizonten zu prüfen, die durch die Enzyklika „Rerum novarum" Papst Leos eröffnet worden waren. Diese Ereignisse nicht nur der Geschichte von Brescia fanden in jenen vier Wänden ein bereitwilliges und aufmerksames Publikum. Mit welcher Aufmerksamkeit verfolgte man dort die neuen kulturellen Strömungen, mit welcher Teilnehme analysierte man dort die neuen gesellschaftlichen Fermente, auf der leidenschaftlichen Suche nach einer evangelischen Antwort auf die großen Fragen, welche zu Beginn des neuen Jahrhunderts auftauchten!

Der kleine Giovanni Battista wuchs in jenem Ambiente auf, atmete jene Luft, bildete sich in täglichem Umgang mit jenen Männern und deren Ideen. Ist es also verwunderlich, wenn er später jenem gegenseitigen Erfahrungs- und Gedankenaustausch so viel Beachtung schenkte, der das eigentliche, das wahre Wesen des Dialogs ausmacht?

Der Mensch ist für den Dialog gemacht: das sollte seine grundlegende Überzeugung sein, die ihn auf seinem ganzen Lebensweg begleitete. Das Innenleben und der geistige und materielle Fortschritt werden von dieser Quelle gespeist. Die Geschichte des menschlichen Fortschritts ist nichts anderes als die Aufzeichnung der Ergebnisse, die der Mensch bei seinem Dialog mit den anderen, mit den Dingen, die ihn umgeben, mit den Menschen der vergangen Zeiten und in gewissem Sinne mit jenen der Zukunft, erzielte. Der Mensch, der nicht mit seinesgleichen spricht, der sich nicht der Realität der Dinge öffnet, der nicht hört, nicht antwortet, ist wie eine Pflanze, der die Nahrung des Erdreichs fehlt: er schließt sich selbst vom lebendigen Lauf der Geschichte aus und schließt sich in einer unfruchtbaren Isolation ab, wo Intelligenz und Herz Gefahr laufen, abzusterben.

Als der neue Papst sich mit seinem ersten offiziellen Dokument, der Enzyklika „Ecclesiam Suam", den Katholiken und der Welt vorstellt, widmet er dieses Dokument dem Thema des Dialogs: ein Dialog, der von einer tiefen pastoralen Sorge inspiriert und getragen ist. Er spricht nämlich vom „Problem“ des Gesprächs der Kirche mit den Menschen unserer Zeit und unterstreicht dessen „Notwendigkeit“; eine derartige Notwendigkeit, gesteht er, „bildet für Uns eine Last und zugleich einen Anreiz, ja ein ganz tiefes persönliches Anliegen.“ (Prol. 13).

Für Paul VI. war der Dialog nicht ein rein dialektisches Hilfsmittel oder eine didaktische Geschicklichkeit: er war Ausdruck des evangelischen Geistes, der versucht, sich allen zu nähern, alle zu verstehen und von allen verstanden zu werden.

2. Die Intentionen des Dialogs

Eine Berufung. Wer die Möglichkeit hatte, sich Paul VI. zu nähern und in ein direktes Gespräch mit ihm zu treten, der kann Zeugnis ablegen von der menschlichen Wärme, die aus seinem Blick sprach, von seinem Gesichtsausdruck, vom Ton seiner Stimme, von der Teilnahme, mit der er seinem Gesprächspartner entgegentrat. Er war ein Mensch, bei dem das Gespräch, das in erster Linie Öffnung des Herzens und Fähigkeit des Zuhörens ist, ein angeborenes Verhalten war.

Er führte das Gespräch vor allem mit sich selbst. Er befragte sich bis auf den Grund. Seine Ansprachen lassen oft erkennen, womit er sich in seinem Innersten beschäftigte. Da nimmt er Bezug auf Ideologien, Bewegungen, philosophische, theologische, literarische Richtungen. Dort prüft er die neuesten Tendenzen und Entwicklungen der zeitgenössischen Kultur insbesondere in ihren Beziehungen zu der Religion. Und das alles mit größtem Respekt vor Menschen und Ideen. Papst Paul VI. versuchte, sich in die Meinungen und Ereignisse hineinzudenken; er wollte alle ihre Aspekte erkennen mit der Absicht, deren positiven Kern zu erfassen, um ihn zu bewerten, zu vervollständigen und zur logischen Konsequenz zu bringen. Und wenn es notwendig war, etwas zu präzisieren, zu verbessern oder sogar zurückzuweisen, versäumte er es nicht, wenn es möglich war, demjenigen, der sich dafür eingesetzt hatte, gute Absichten zu bestätigen, die ihn vermutlich geleitet haben.

Eine solche Vorgangsweise verlangt natürlich von jedem viel Zeit. Insbesondere von Papst Paul VI., der sich seiner höchsten Verantwortung ja voll und ganz bewußt war. Diesbezüglich gab es manche, die von einem von Zweifel geplagten, schwankenden und unentschlossenen Charakter sprachen. In Wirklichkeit handelt es sich natürlich nicht um Zweifel, sondern um den Willen zur Vertiefung. Paul VI. hörte nicht auf, den Problemen auf den Grund zu gehen, und in dieser Phase der Untersuchung wollte er die verschiedenen Stimmen hören, um jeden Aspekt der Frage vor sich zu haben. Besteht nicht darin eine wichtige Komponente jedes wahren und aufrichtigen Gesprächs? Dann kam allerdings der Augenblick der Schlußfolgerung und der Entscheidung. Und der Papst stellte sich ihm und übernahm alle Verantwortung. Die Enzyklika „Humanae vitae" ist das klassische Beispiel dafür. Aber es ist nicht das einzige. Es genügt, das Glaubensbekenntnis, bekannt als das „Credo des Volkes Gottes", die Reform der Römischen Kurie, die Proklamation des Heiligen Jahres zu erwähnen. Die Öffnung für den Dialog verband sich im Herzen Pauls VI. mit dem heiteren Besitz von erleuchtenden Gewißheiten.

3. Das Wesen des Dialogs

In ein Gespräch zu treten, bedeutet nämlich nicht, auf die eigenen Überzeugungen zu verzichten. Im Gegenteil, es bedeutet zu versuchen, auch den anderen daran teilhaben zu lassen. In der Enzyklika „Ecclesiam Suam" gibt es eine interessante Seite, auf der Papst Paul VI. ein kurzes Bild von dem zeichnet, was seiner Meinung nach die Eigenschaften des authentischen Dialogs sind. „Vor allem die Klarheit. Der Dialog setzt die Verständlichkeit voraus und fordert sie, er ist eine Gedankenmitteilung, eine Einladung, die höheren Fähigkeiten des Menschen zu bestätigen (...) Eine andere Eigenschaft ist dann die Sanftmut (...) Der Dialog ist nicht hochmütig, verletzend oder beleidigend. Seine Autorität wohnt ihm inne durch die Wahrheit, die er darlegt, durch die Liebe, die er ausstrahlt, durch das Beispiel, das er gibt. Er ist weder Befehl noch Nötigung. Er ist friedfertig und meidet die heftigen Ausdrücke; er ist geduldig und großmütig. Das Vertrauen, das sowohl dem eigenen Worte innewohnt als auch in der Haltung des Zuhörens von seiten des Gesprächspartners zum Ausdruck kommt: Es fördert die Annäherung und die Freundschaft. Es verbindet die Geister in der gemeinsamen Bejahung eines Wertes, die jede egoistische Zielsetzung ausschließt. Schließlich die pädagogische Klugheit, die weitgehend die psychologischen und moralischen Voraussetzungen des Zuhörers berücksichtigt: ob es sich um ein Kind, einen Ungebildeten, Unvorbereiteten, Mißtrauischen oder Feindseligen handelt. Sie bemüht sich, dessen geistige Verfassung kennenzulernen sowie auch in vernünftiger Weise sich selbst und die Form der eigenen Darlegung anzupassen, um ihm gegenüber nicht undankbar und verständnislos zu sein. In einem so geführten Dialog verwirklicht sich die Verbindung von Wahrheit und Liebe, von Klugheit und Güte." (76-77).

Paul VI. kannte die Risiken, die damit verbunden waren, dem anderen zu begegnen, mit dem Wunsch, sich mit ihm zu verständigen. Er sprach darüber in der eben erwähnten Enzyklika und kam auch bei anderen Gelegenheiten darauf zurück. Aber trotz alledem blieb er immer von der unersetzbaren

Rolle überzeugt, die ein solches „Instrument" in den Beziehungen zwischen den Menschen zu spielen berufen ist; besonders heutzutage, in einer Zeit der ausgeprägten Vorliebe für Pluralismus, des stark gewachsenen, fast eifersüchtigen Bewußtseins der eigenen Würde. Der moderne Mensch will verstehen, und deshalb will er fragen, will er Einwände erheben können, will er seine eigene Meinung kundtun, bevor er seine Zustimmung gibt. Nur durch den offenen und ehrlichen Dialog ist es möglich, gemeinsam auf die Ziele der Wahrheit und des Guten zuzugehen.

4. Evangelisierung und Dialog

Nach Meinung des unvergeßlichen Papstes, der in dieser Stadt geboren wurde, ist es nötig, selbst beim Engagement der Evangelisierung auf den Dialog zurückzugreifen. Der gesamte dritte Teil der Enzyklika „Ecclesiam Suam" dreht sich um dieses Thema. Dort wird hervorgehoben, wie z. B. Gott selbst sich im Dialog anbietet. Ist nicht vielleicht die Offenbarung „in einem Dialog verwirklicht, wobei das Wort Gottes sich in der Menschwerdung und dann im Evangelium zum Ausdruck bringt"? (Eccl. Suam, 72). An Hand dieses transzendenten Dialogs zwischen Gott und dem Menschen muß sich auch der pastorale Dialog der Kirche mit der Welt aufbauen:

— Der Dialog des Heils wurde frei durch die Initiative Gottes eröffnet: an der Kirche liegt es nun, die Initiative zu ergreifen, ohne zu warten, bis sie gerufen wird;
— Die Güte hat Gott dazu bewogen, diesen Dialog mit dem Menschen zu eröffnen: nichts anderes als „eifrige und selbstlose Liebe" muß die Kirche bewegen;
— Der Dialog des Heils war nicht abhängig von Verdiensten und nicht einmal von Ergebnissen, auch jener der Kirche „soll keine Grenzen und keine Berechnungen kennen";
— Die Initiative Gottes zwingt niemanden, sie aufzunehmen; auch die Initiative der Kirche „wird nicht mit äußeren Zwangsmitteln vorgehen, sondern sie wird nur auf den zulässigen Wegen menschlicher Erziehung, innerer Überzeugung, gemeinsamer Besprechung, immer unter Achtung der persönlichen und staatsbürgerlichen Freiheit, das Geschenk des Heils anbieten";
— Der Dialog des Heils wurde für alle, ohne irgendeine Herabsetzung bestimmt; auch jener der Kirche „soll seiner Natur nach allgemein sein", und fähig, sich mit jedem einzulassen;
— Der Dialog des Heils hat naturgegebene Abstufungen; auch jener der Kirche „muß mit einem langsamen psychologischen und geschichtlichen

Reifungsprozeß rechnen und die Stunde abwarten, in der Gott ihm Erfolg verleiht“ (Eccl. Suam, 66-71).

Das sind die Prinzipien, welche der Papst im Dokument anwendet, das er einige Jahre später ausdrücklich diesem Problem widmen wird: die Apostolische Esortazion „Evangelii nuntiandi“, in der er mit scharfer Sicht der menschlichen und gegenwärtigen Wirklichkeit der Kirche den Weg aufzeigt, den sie gehen muß, um „den Menschen unserer Zeit, die von der Hoffnung beseelt, jedoch ebenso oft von Furcht und Angst geplagt sind, das Evangelium zu verkünden“ (Insegnamenti, XIII, 1975, S. 1439).

5. Dialog und Friede

Die Methode des Dialogs dient nicht nur der Ausbreitung des Reiches Gottes. Nach Meinung des Papstes ist er ebenso unentbehrlich für das Wachstum des Reiches des Menschen, und folglich für einen Aufstieg des Menschen, der eng an die Evangelisierung gebunden und zugleich deren Voraussetzung und Konsequenz ist.

Der Dialog ist vor allem für jenes fundamentale Gut des Menschen unentbehrlich, das der Friede ist. Wie sehr ihm dieses Gut am Herzen lag, gab Paul VI. von Anfang seines Pontifikantes an zu verstehen. Am Tag nach seiner Wahl auf den Stuhl Petri setzte er in seiner Botschaft an die Kirche und die Welt den Frieden zu den ersten Zielen seines Wirkens: „Praeterea curae cogitationesque nostrae eo quoque spectabunt ut, iuvante Deo, pax inter populos, quod omnium bonorum praestantissimum est, in tuto omnino sit posita.“ (Insegnamenti, I, 1963, S. 5). „Unser Werk will außerdem mit Gottes Hilfe jede Bemühung unternehmen, den Frieden unter den Völkern, das höchste aller Güter, zu bewahren.“ Zudem beeilte er sich, die Voraussetzungen für ein solches Gut zu beschreiben und sagt, daß der Friede die Furcht „eines konstruktiven und festen Willens, von Verstehen und Brüderlichkeit, vom deutlichen Beweis des guten Willens, vom unaufhörlichen Wunsch nach Eintracht ist“ (ebd.). Wer erkennt nicht in diesen Voraussetzungen die tragenden Elemente jedes echten Dialogs?

Und auf den Dialog als fundamentales Mittel zum Frieden wollte er ausdrücklich hinweisen, als er zu Weihnachten 1963, seinem ersten Weihnachtsfest als Papst, zu den Vertretern der Nationen sprach: „Um den Frieden unter den Menschen herrschen zu lassen“, sagte er, „ist es notwendig, Distanzen zu überwinden, Dialoge zu unternehmen und fortzuführen, die unter bestimmten Gesichtspunkten demütigend erscheinen können: es muß verhandelt werden, ohne Unterlaß verhandelt werden, damit jene größte Demütigung und zugleich unter den gegebenen Bedingungen größte Katastrophe vermieden werden kann: der Waffengebrauch.“ (Insegnamenti, I,

1963, S. 434 ff.). Wieviele Male kam er in den Begegnungen mit dem Diplomatischen Corps auf dieses Thema zurück: „Der Diplomat von heute", sagte er, „muß der Mann des Dialogs, und zwar des ehrlichen Dialogs sein", nur so kann er am Frieden unter den Nationen arbeiten, dem höchsten Gut, „das die anderen Güter bedingt und vervollkommnet" (vgl. Insegnamenti, VIII, 1970, S. 1201; VI, 1968, S. 11; VII, 1969, S. 560; XII, 1974, S. 31-32, usw.).

Der historische Besuch, den Paul VI. am 4. Oktober 1965 den Vereinten Nationen abstattete, muß ebenfalls unter diesem Gesichtspunkt interpretiert werden, um verstanden werden zu können: Als er diese hohe Versammlung würdigte, die er als „den unerläßlichen Weg der modernen Zivilisation und des Weltfriedens" begrüßt hatte, wollte der Papst „das große Prinzip" bekräftigen, „daß die Beziehungen zwischen den Völkern von Vernunft, von Gerechtigkeit, von Recht, von Verhandlungen, nicht aber von Stärke, von Gewalt, nicht von Krieg und nicht von Angst oder Betrug geregelt werden müssen" (Insegnamenti, III, 1965, S. 518). Auf denselben Gedanken kam der Papst anläßlich des 30. Jahrestages der Gründung der Vereinten Nationen in der Botschaft an den UNO-Generalsekretär U Thant zurück: „Dieser Gedanke", bemerkte der große Papst, „muß bekräftig und unterstützt werden, denn er ist für die Völker, die ihn teilen, eine Brücke zum Kontakt, ein Tisch zur Versammlung, eine Front, auf der die Sache der Gerechtigkeit und des Friedens verteidigt wird" (Insegnamenti, VIII, 1970, S. 996).

An die UNO-Vollversammlung, die zu einer Sondersitzung zusammengetreten war, um über das leidige Problem der Abrüstung zu diskutieren, sandte Paul VI., zwei Monate vor seinem Tod, noch eine Botschaft, welche ich die Ehre hatte, am 6. Juni 1978 vor den Vertretern der Nationen zu verlesen: in dieser Botschaft lud der Papst zu einer „außergewöhnlichen Anstrengung von Weisheit und politischem Willen" ein, um einen Weg zu finden, „das Gleichgewicht des Schreckens mit dem Gleichgewicht des Vertrauens zu ersetzen"; und als ersten Schritt auf dieses Ziel hin bezeichnete er das Engagement, „die Atmosphäre und die Realität der internationalen Beziehungen, vor allem jene der Supermächte und großen Blöcke, in gutem Glauben und mit gutem Willen zu verbessern" (vgl. Insegnamenti, XVI, 1978, S. 453 ff.). Eine neuerliche Einladung zum loyalen und konstruktiven Dialog.

Die geniale Initiative, ab Jänner 1968 jeden 1. Tag des Jahres als „Weltfriedenstag" zu begehen, wollte genau der Notwendigkeit entsprechen, in den Herzen die nötige Bereitschaft zu einem solchen Dialog zu wecken, der sonst Gefahr laufen würde, zu einem leeren und vielleicht zweckorientierten Formalismus zu schrumpfen, wenn er nicht von einem aufrichtigen Wunsch nach Einvernehmen und Zusammenarbeit genährt würde. „Der Friede", bemerkte Paul VI. in der Botschaft zur Einführung jenes Tages, „basiert auf einem neuen Geist, der das Zusammenleben der Völker, eine neue Mentalität dem Menschen und dessen Pflichten und Bestimmung gegenüber beseelen muß".

Die jährliche Wiederkehr dieses Tages, mit seiner Einladung zum Nachdenken und zum Engagement, sollte einen Beitrag „zum langen Weg“ leisten, „der noch gegangen werden muß, damit diese Mentalität überall auf der Welt wirksam werde“ (vgl. Insegnamenti, V, 1967, S. 621).

6. Dialog und Entwicklung

Der Friede ist ein fundamentales menschliches Gut, aber nicht das einzige. Im Gegenteil, damit er sich fest behaupten kann, muß gleichzeitig ein Einsatz für die Verwirklichung aller jener Werte geleistet werden, aus denen der echte soziale Fortschritt besteht. Paul VI. war davon zutiefst überzeugt. Darum verkündete er schon in seiner ersten Botschaft an die Kirche und die Welt, daß er sich mit aller Kraft für das Erreichen einer größeren sozialen Gerechtigkeit unter den einzelnen Menschen und unter den Nationen einsetzen werde (vgl. Insegnamenti, I, 1963, S. 5). Ein feierliches Engagement, das er nicht verabsäumte, mit bedeutsamen Gesten von prophetischem Wert und darüber hinaus mit vorbildlichen Beiträgen von bedeutendem theoretischen Inhalt zu würdigen. Unter letzteren tritt besonders die Enzyklika hervor, die, wie der Name schon sagt, vom Fortschritt handelt: „Populorum progressio“. Welches die Absicht des Papstes bei ihrer Abfassung war, läßt sich über die Lektüre des Textes hinaus aus einer handschriftlichen Anmerkung ersehen, die er auf das Dossier der vorbereitenden Unterlagen geschrieben hatte: „Studienmaterial für eine Enzyklika über die moralischen Prinzipien des menschlichen Fortschritts. Untersuchung, die aus einer Reise nach Indien, aus der Aktualität und Dringlichkeit des Problems, aus der Verflechtung mit den beiden Enzykliken Papst Johannes' XXIII. hervorgeht.“

Aufgrund einer Intuition, gemäß der „der Fortschritt der neue Name des Friedens ist“, zeigt die Enzyklika auf, wie ein echter Wachstumsprozeß mittlerweile nur mehr auf Weltebene erfolgen kann (die soziale Frage ist heute ein weltweites Problem), auf der Linie eines vollständigen Humanismus (ohne eine Verminderung von Werten wie Wahrheit, Kultur, Glaube) und eines universalen Humanismus (wobei die Unterschiede des Lebensstandards, die sozialen Konflikte, die aufsehenerregenden Ungleichheiten im Inneren der einzelnen Länder sowie in den Beziehungen unter den Völkern überwunden werden).

Ich beabsichtige nicht, hier den überreichen Inhalt der Enzyklika zusammenzufassen, der vom Papst in zahlreichen anderen Dokumenten und besonders im apostolischen Schreiben „Octogesima adveniens“ wiederaufgenommen und hervorgehoben wurde. Ich möchte unterstreichen, daß die grundlegende Methode, auf die der Papst verweist, um nach vorne zu blicken, immer noch der Dialog ist. In einem besonderen Paragraph der Enzyklika

„Populorum progressio" schreibt er: „Der offene Dialog zwischen den Kulturen wie den Menschen schafft Brüderlichkeit. Die Entwicklungshilfe bringt die Völker in der gemeinsamen Arbeit zur Verwirklichung von Vorhaben einander näher, wenn alle, angefangen von den Regierungen und ihren Vertretern bis zum letzten Fachmann, von brüderlicher Liebe beseelt und von dem aufrichtigen Verlangen erfüllt sind, eine Zivilisation weltweiter Solidarität zu bauen. Dann beginnt ein Gespräch über den Menschen, nicht über Lebensmittel und Technik. Es wird fruchtbar sein, wenn es den Völkern, die so ins Gespräch gekommen sind, die Möglichkeit, sich zu erheben und zu vergeistigen gibt; wenn die Techniker zu Lehrern werden, und wenn die Unterweisungen von solcher geistiger und sittlicher Kraft sind, daß sie nicht nur den wirtschaftlichen, sondern auch den menschlichen Fortschritt gewährleisten; dann bleiben auch nach Abschluß der Hilfeleistung die entstandenen menschlichen Beziehungen. Und wer sähe nicht, welche Bedeutung sie für den Frieden der Welt haben?"

7. Dialog und Kurienreform

Friede und Fortschritt als Frucht des Dialogs unter den einzelnen Menschen, den sozialen Klassen, den Nationen: das war der Vorschlag des großen Papstes, der in dieser eurer Stadt, liebe Bewohner von Brescia, das Licht der Welt erblickte. Es waren nicht nur Worte, und das wißt ihr. Paul VI. bemühte sich, vor der Welt das Beispiel ihrer konkreten Anwendung zu geben. Vor allem in seinen persönlichen Handlungsweisen, und schon das war kein kleines Verdienst; aber er tat es auch, und das hatte größere Bedeutung, in der Führung der Kirche. Er übernahm nämlich die Aufgabe, die Anweisungen, die er in den theoretischen Erklärungen darlegte, auf die entsprechenden kirchlichen Strukturen zu übertragen. Daraus folgte die Reform der Römischen Kurie, die in ihrem Umfang mit jener Papst Sixtus' im Jahre 1588 und jener des hl. Pius X. im Jahre 1908 vergleichbar ist.

In der Römischen Kurie sind die Ämter nun zeitlich begrenzt, die Mitarbeiter sind international, die Anpassung erfolgt laufend, da alle fünf Jahre neue Kardinäle und Bischöfe der verschiedenen Dikasterien ernannt werden.

Außerdem gibt es die neuen Strukturen, die geschaffen wurden, um den Dialog innerhalb und außerhalb der Kirche zu fördern. Für den inneren Dialog erwies sich die Bischofssynode, an der die Vertreter der Episkopate aus aller Welt teilnehmen, von einzigartiger Bedeutung. Bedeutend sind außerdem auch Organisationen wie die Internationale Theologische Kommission, der Laienrat, das Komitee bzw. der Rat für die Familie: dank ihrer Vermittlung kann zwischen den verschiedenen Strömungen in der Kirche und dem Heiligen Stuhl eine breite und systematische Beratung erfolgen.

Paul VI. gab zudem einen entscheidenden Anstoß zur Gründung von Institutionen für den Dialog mit jenen, die mit der katholischen Kirche nicht in voller Einheit stehen oder nicht einmal den christlichen Glauben teilen, bis hin zu jenen, die sich als Nichtglaubende erklären. Er verstärkte das Sekretariat zur Förderung der Einheit der Christen, das von Papst Johannes XXIII. im Jahre 1960 gegründet worden war, um den Dialog mit den getrennten Brüdern zu ermöglichen. Er schuf das Sekretariat für die Nichtchristen, das die Aufgabe hat, den Dialog mit den großen Weltreligionen vor allem im afro-asiatischen Raum zu intensivieren; er gründete das Sekretariat für die Nichtglaubenden mit dem Ziel, einen Kontakt mit all jenen herzustellen, die auf ehrliche Weise die Wahrheit suchen. Und schließlich gründete er die Päpstliche Studienkommission „Justitia et pax", der er die Aufgabe anvertraute, die Untersuchung und theoretische, pastorale und apostolische Vertiefung der Probleme in bezug auf die Gerechtigkeit und den Frieden voranzutreiben.

8. Dialog der Kirche mit der modernen Welt

Als Papst Paul VI. in der Enzyklika „Ecclesiam Suam" gestand, den Dialog „als eine Last, einen Anreiz und ein Anliegen" zu empfinden, gab er den Menschen in Wirklichkeit einen Schlüssel zur Interpretation seines Dienstes für die Kirche und für die Menschheit. Die Begegnung eines jeden Einzelnen und der Menschheit mit Gott und die Begegnung aller Menschen untereinander zu ermöglichen: das ist der Anreiz, der ununterbrochen seine Taten inspirierte und der ihn dazu führte, auf den Straßen der Welt zu wandern, auf den Spuren des Apostels der Völker, dessen Namen er — signifikanterweise — übernommen hatte. Ein Kapitel, jenes seiner apostolischen Reisen, galt damals als revolutionäre Neuheit, aber es verwunderte jene nicht, die die Sorge kannten, die in seinem Herzen brannte. Es genügte nicht, auf die verirrte und müde Menschheit zu warten; es galt, sie an den Orten ihres täglichen Lebens aufzusuchen, ihre existentiellen Probleme kennenzulernen, um so die richtigen Akzente zu finden, mit denen ihr die „Frohe Botschaft" mitgeteilt werden kann, die jedes Herz, auch ohne es zu wissen, erhofft. Papst Paul VI. schuf so jenen Dienst, der im Reisen besteht, der auch das hervorstechendste Merkmal des Pontifikats seines Nachfolgers, des heutigen Papstes, werden sollte.

Die Begegnung war nicht immer einfach; ebensowenig war der Dialog ohne Spannungen. Ideologische Barrieren, politische Trennungen, psychologische Widerstände behinderten nicht selten dessen Beginn und Entwicklung. Den Menschen fällt es schwer, die prophetischen Stimmen zu hören, wenn diese sich als unbequem erweisen, denn sie können versteckte Egoismen freilegen und unwegsame Straßen aufzeigen, die mit Verzicht und Opfern gepflastert sind. Wie alle Propheten, so erntete auch der Papst des Dialogs Unverständnis und Abweisung.

Heute jedoch, wo der Lauf der Zeit die Geister beruhigt und eine ungetrübtere und globalere Sicht seines Schaffens ermöglicht, werden die Urteile über ihn und sein Pontifikat immer vorsichtiger und respektvoller, wird die Anerkennung seiner großen Gestalt als Mensch, als Priester, Bischof und Papst immer einmütiger. Allgemeine Beachtung verdient insbesondere der Impuls, den er dem Dialog zwischen der Kirche und der modernen Welt gab.

Und aus diesem Grund werden die Historiker von morgen, wenn sie über die stürmischen und oft dramatischen Jahre unseres Jahrhunderts berichten, das von zwei Weltkriegen, aber auch von erstaunlichen Fortschritten gezeichnet ist, nicht umhinkommen, Papst Paul VI. unter die bedeutendsten Persönlichkeiten dieses Jahrhunderts einzureihen und den außergewöhnlichen Beitrag zu würdigen, den er geleistet hat, damit sich jene Art des menschlichen Zusammenlebens in gegenseitiger Öffnung, in Gerechtigkeit, Respekt und Solidarität durchsetzen konnte, die er mit dem treffenden Ausdruck als „Kultur der Liebe" bezeichnete (vgl. Insegnamenti, XIII, 1975, S. 1568).

PAUL VI. — EIN LEBEN FÜR DIE KIRCHE

„Ich habe die Kirche immer geliebt; und ich möchte, daß sie es weiß ...".

Diese Worte stehen am Sockel des Bronzebildnisses von Papst Paul VI., der betend, segnend und offen für alle, von heute an vom Sacro Monte in Varese aus über seine alte und geliebte Erzdiözese und, mehr noch, darüber hinaus über Italien und die ganze Welt wachen wird.

1. Die Liebe zur Kirche

Nach einem arbeitsreichen Leben in verschiedenen kirchlichen Ämtern und nach einem Pontifikat, das zu den denkwürdigsten der langen Kirchengeschichte zählt, schien ein seltsamer, ein unwahrscheinlicher Zweifel im Herzen des Papstes aufgekommen zu sein, welcher sich schon an der Schwelle des Todes befand.

„Ich könnte sagen, daß ich sie (die Kirche) immer geliebt habe, daß ich glaube, nur für sie und für nichts anderes sonst gelebt zu haben."

Mit diesen Worten bekannte er in seinem wunderbaren Werk „Pensiero alla morte" (Gedanken an den Tod. Anm. d. Übers.) voller Demut seine grenzenlose Liebe zur Kirche, deren Oberhaupt er 15 Jahre lang war. Und dann sein fast pathetischer Wunsch: „Ich möchte aber, daß die Kirche dies weiß; und ich wünschte, ich hätte die Kraft, es ihr zu sagen, ihr mein Herz anzuvertrauen, so, wie man es erst am Ende des Lebens zu tun wagt."

Durch die scheue Zurückhaltung, mit der er seine Gefühle zu überdecken pflegte, fürchtete Papst Paul VI. vielleicht, es nicht vermocht zu haben, das Feuer, das in ihm brannte, genügend zum Ausdruck gebracht zu haben; daß es der großen Masse der Gläubigen nicht gelungen sein könnte, das zu verstehen, was er fühlte, was er gab und was er zu geben wünschte.

Und dies verursachte im Grunde seines Herzens großes Leid: „Ich wünschte, ich hätte die Kraft, es ihr zu sagen", ihr, der Kirche: mit mutiger Anstrengung, wenigstens am Ende seiner irdischen Tage.

„Ich bitte den Herrn, daß er mir die Gnade schenke, aus meinem nahen Tod ein Geschenk der Liebe an die Kirche zu machen", schrieb er weiter. So,

---

Ansprache anläßlich der Einweihung des Denkmals für Papst Paul VI. Sacro Monte di Varese, 24. Mai 1986.

wie es Christus gemacht hatte, dessen Tod „die Offenbarung seiner Liebe zu den Seinen war: ‚in finem dilexit': er liebte bis zum Ende".

Wir danken Dir, Papst Paul VI., wir danken Dir für dieses letzte „Geschenk der Liebe"! Aber Dein ganzes Leben, Dein ganzes Wirken als Papst war ein „Geschenk der Liebe" an Deine Kirche.

Und die Kirche — das können wir Dir versichern — war und ist sich dessen bewußt. Sie war und ist Dir dankbar, auch wenn es manchmal an Unverständnis und falschen Urteilen nicht fehlte und auch heute noch nicht fehlt. Aber je mehr die Zeit der arbeitsamen Jahre Deines Amtes als Oberhirte der Familie der Katholiken vergeht, um so größer wird Dein Bild als Liebender und Diener der Kirche Christi werden.

2. Das Zweite Vatikanum

Den Händen dieses nach außen hin so zerbrechlichen, aber in Wirklichkeit einzigartig willens- und geistesstarken Mannes vertraute die Vorsehung in besonders fordernden Zeiten mit viel Verantwortung das Steuer des Bootes Petri an.

Da er das Erbe eines im Sinne des Evangelismus so mutigen Papstes, wie Johannes XXIII. es war, übernommen hatte, war auf seine Schultern die Last gefallen, das riesige Unterfangen des Zweiten Vatikanischen Konzils fortzuführen und zu einem guten Ende zu bringen. Es war eine große Zeit der Kirche, wie es nur wenige in ihrem zweitausendjährigen Bestehen gab. Es war eine Zeit der Erleuchtung des Geistes, aber auch der Konfrontation zwischen unterschiedlichen Ideen, Kulturen und Bestrebungen. Der Papst folgte dieser Entwicklung und führte sie als diskreter, aber aufmerksamer Teilnehmer, getragen vom Wissen um seine Verantwortung und sein Charisma als Stellvertreter Christi. Zu den schönsten Seiten des Konzils gehören jene über die Kirche.

Und dann, die Zeit nach dem Konzil: eine Epoche, die heute noch andauert und nicht weniger fordert als die Zeit davor.

Der Papst wacht, begleitet, greift ein: mit Worten und mit Taten.

In einem besonders heiklen Augenblick, als es um die moralischen Prinzipien ging, die das Handeln des Menschen in bezug auf die eigentlichen Quellen des menschlichen Lebens bestimmen sollen, vermochte er es, er, der so besonnen war und die Gedanken und Überzeugungen der anderen immer respektierte, sich mutig zu erheben und gegenüber der Kirche und der Welt eine Lehre zu verkünden, die heftig umstritten und bekämpft war: er, dem Christus die Unterstützung durch sein Gebet zugesichert hatte, „daß sein Glaube nicht schwinde" (vgl. Lk. 22, 32), und ihm die Sendung übertrug, „seine Brüder zu stärken" (vgl. ebd.).

3. *Erneuerung der Kirche*

Das Konzil hatte heftig auf die Notwendigkeit der „Erneuerung einer zweitausendjährigen Kirche" bestanden: und dabei stieß es auf Widerstände und rief übermäßige und ungeduldige Bestrebungen nach tiefgreifenden Veränderungen hervor.

In der Spannung zwischen diesen gegensätzlichen Kräften (die Namen bekamen, welche fast als Aushängeschilder fungierten: Traditionalismus — Progressismus) warnte der Papst: „Man kann nicht ein neues Christentum erfinden, um das Christentum zu erneuern"[1]; sondern „Im Herzen der Orthodoxie muß wie ein Lebensferment der Impuls zum neuen Leben gären"[2]. Und weiter: „Ein Zweig, der in neuen Frühlingsblüten aufblühen will, kann sich nicht vom Stamm, von der Wurzel lösen, von denen er seine Lebenskraft erhält."[3]; „Liebe, Gehorsam, Vertrauen und Eifer können sehr wohl den Stamm von der alten Struktur wiederbeleben, wie jenen eines alten Olivenbaumes, um eine neue Blüte echter christlicher Lebenskraft zu erhalten"[4].

4. *Papst des Dialogs*

Ein weiteres Erbe des Konzils, das Paul VI. besonders entspricht, ist eine für den Dialog, für das Gespräch offene Kirche. Der Papst machte sie zum Thema seiner ersten großen Enzyklika „Ecclesiam Suam".

Das respektvolle, loyale, auch freundschaftliche, aber immer offene Gespräch ohne Hintergedanken, die in irgendeiner Weise das wahre Antlitz der Kirche, ihre Lehre, ihre Forderung nach Wahrheit und Gerechtigkeit, ihre evangelische Sorge verhüllen könnten: das war es, was Paul VI. wollte und was er ununterbrochen, trotz Schwierigkeiten, Unverständnis und manchmal Enttäuschungen, versuchte, in die Tat umzusetzen.

Das Gespräch mit den Brüdern, die durch das Band des allen gemeinsamen Namens „Christ" verbunden sind, oder wenigstens durch die Anerkennung Gottes und der religiösen Dimension des Menschen; das Gespräch auch mit jenen, die sich der gemeinsamen Natur bewußt sind, welche aus allen Menschen eine große Familie macht, und die bereit sind, gemeinsam über die sittlichen Werte, über die Sorgen der Menschheit, über die Ansichten der Gegenwart und der Zukunft zu sprechen, welche — ob sie nun vielversprechend oder bedrohlich ist — unser aller Engagement erfordert.

---

[1] Ansprache bei der Generalaudienz am 12. August 1970.

[2] Ebenda.

[3] Ebenda.

[4] Ansprache an die Fastenprediger am 17. Februar 1970.

Kardinalstaatssekretär Agostino Casaroli und der Bundespräsident der Republik Österreich, Dr. Kurt Waldheim, während dessen offiziellen Besuch im Vatikan am 25. Juni 1987.

Begegnung von Kardinalstaatssekretär Agostino Casaroli mit dem Generalsekretär der KPdSU, Michail Gorbatschow, im Kreml am 13. Juni 1988.

Erkennen und sich selbst zu erkennen geben: um sich besser zu verstehen und den richtigen Weg für eine fruchtbare Zusammenarbeit zu finden.

Dieses für Papst Paul VI. so charakteristische Engagement wird heute mit fester Überzeugung von seinem Nachfolger Johannes Paul II. und von der gesamten Kirche fortgesetzt.

5. *Der reisende Papst*

Hier steht nun das Denkmal Pauls VI., des kühnen und wortgewandten Verkünders des Evangeliums! Nicht nur von seinem Lehrstuhl in Rom aus, sondern auch anderswo in der Welt.

Er begann, die Gegenwart, das Wort und die pastorale Tätigkeit des Papstes auch außerhalb Roms und Italiens zu bringen, was Papst Johannes Paul II. in so großem Ausmaß weiterentwickelte.

Das Heilige Land, Europa, Asien, Afrika, Amerika, Australien haben den schmächtigen und segnenden Papst aufgenommen, haben seine Stimme, die Verkünderin des katholischen Glaubens, vernommen.

Wegen dieses Dienstes, dessen kühner Pionier er war, ebenso wie wegen der anderen Aspekte seines pastoralen Wirkens, nannte der ökumenische Patriarch Athenagoras Paul nicht den VI., sondern den II.: als ob ein geistiger Faden ihn unmittelbar mit dem großen und unermüdlichen Apostel Paulus verbinden würde.

6. *Kirche in Not*

Die leidende Kirche! Die Kirche in Schwierigkeiten!

Paul VI. begnügte sich nicht damit, mit ihr zu leiden, an ihren Problemen teilzuhaben. Auf dem Weg, der durch die menschliche und vom Evangelium geprägte Wärme Papst Johannes' XXIII. eröffnet worden war, wollte er im Bemühen um direkten Kontakt fortfahren, sie zu unterstützen und ihr Hilfe zu geben.

Wissend, daß die Früchte auf sich warten lassen würden, säte er im Vertrauen auf Gott, auf die gute Sache und — warum nicht? — auf die Fähigkeit der Menschen, zu verstehen.

Dieses Wirken dauert auch heute noch fort. Und wir hoffen, daß Paul VI. es mit seinem Gebet von oben begleiten wird.

Ein mit wenigen, ja fast hastigen Pinselstrichen gemaltes Bild. Es läßt jedoch erkennen, wie groß für die Kirche dieser Mann der Kirche war und wie groß seine Liebe zu ihr war.

Lassen Sie mich mit dieser „Hymne“ enden, die Papst Paul VI. auf sie erhob:

> „Die Kirche ist das Fortdauern
> Christi in der Zeit“[5].
> „Sie glaubt, sie hofft, sie liebt.
> Christus ist mit ihr. Sie lebt, sie
> ist wahr“[6].
> „Ein Glaube bringt sie hervor, eine
> Autorität führt sie, ein Geist macht
> sie lebendig. Sie verdient unser
> Vertrauen, unsere Treue, unseren Dienst,
> unsere Liebe, die Kirche“[7].

Wir danken Dir, Papst Paul VI., für diese Worte, die wir eingemeißelt in unseren Herzen tragen werden.

[5] Ansprache bei der Generalaudienz am 12. August 1970.

[6] Ansprache bei der Generalaudienz am 22. Oktober 1969.

[7] Ebenda.

DOMENICO KARDINAL TARDINI — EIN DIENER DER KIRCHE

„Bonum est nos hic esse[4]
„Es ist gut, daß wir hier sind!" (Mk 9, 4)

1. Vom Tod zum Leben

Als am Abend des 2. August 1961 nach dem feierlichen, von Papst Johannes XXIII. in der majestätischen Vatikanbasilika zelebrierten Requiem der Sarg Domenico Kardinal Tardinis in die Stille dieser kleinen Kirche kam, muß sein hochherziger Geist — im Schweigen der nunmehr für jedes irdische Gespräch verschlossenen Lippen — wohl erleichtert und zufrieden diese Worte geflüstert haben: „Es ist gut, daß ich hier bin!" Gut für meinen Körper, der nicht so sehr von den Jahren als vielmehr von den Mühen, die er auf sich nehmen mußte, ausgezehrt ist.

Gut für mein Herz, das vor wenigen Tagen erschöpft aufgehört hat zu schlagen, das aber weiterhin das Herz jener Menschen schlagen hören wird, die nur in Liebe zu Gott und zum Nächsten entbrannt sind. Es ist gut, im mystischen Halbschatten ihr Gebet zu vernehmen, im Dunkel, das unterbrochen wird vom ewigen Flackern des kleinen Lichtes, das die Gegenwart meines Herrn verkündet und ihn ehrt; jenen Herrn, der angefleht wurde, mir mit gütigem und freudigem Antlitz entgegenzugehen, wenn ich an die Schwelle seiner ewigen Wohnung kommen werde, wo er mit dem Vater und dem Schöpfergeist lebt und herrscht von Ewigkeit zu Ewigkeit, und wo er, wie er es versprochen hat, die Seelen derer, die an ihn geglaubt und auf ihn gehofft haben, und die ihren Glauben und ihre Hoffnung in tätige Liebe, die viele Sünden zudeckt, umgewandelt haben, vielleicht nach der notwendigen Pein einer letzten Läuterung aufnehmen wird, damit sie an der Freude ohne Ende teilhaben.

Die Seelen, und dann auch die Körper, die — so wie der Körper Christi vor den verwunderten Augen von Petrus, Jakobus und Johannes — am Tag der Auferstehung umgewandelt werden. Und es ist gut, die Auferstehung hier zu erwarten, im Frieden, der nicht gestört ist von Geräuschen, die für mich nun keinen Wert und keine Bedeutung mehr haben.

Predigt zum Gedenken an den 100. Geburtstag von Domenico Kardinal Tardini. Karmel von Vetralla, 28. Februar 1988.

Diesen Frieden hatte sich Kardinal Tardini selbst gewünscht. 1952, am Vorabend seines 64. Geburtstages, schrieb er in seinem Testament:

„Ich wünsche, in jenem Grab beigesetzt zu werden, das ich mir in der Kirche der Schwestern vom Karmel von Vetralla bereitet habe." Und er fügte hinzu: „Die guten Schwestern werden für meine Seele beten." Das war mehr als ein Wunsch, das war seine Hoffnung; mehr noch — eine Sicherheit, die ihn mit vorweggenommener Heiterkeit und Ruhe erfüllte.

2. Der Karmel von Vetralla

Warum gerade in Vetralla? mag sich so mancher fragen. Warum nicht viel eher in der Kapelle von Villa Nazareth, die seinem Herzen entsprang, die er wie seinen Augapfel gehütet, die er ersehnt, verwirklicht und mit fast eifersüchtiger Zuneigung gepflegt hat?

Villa Nazareth — seine Zufluchtstätte als Priester und Vater, mit seinen Problemen, Sorgen, Enttäuschungen vielleicht auch, aber auch mit vielen Tröstungen und Hoffnungen? Die schöne Kapelle, die auf seinen Wunsch errichtet wurde, ein Ort der Sammlung auch inmitten des frohen Geschreis und der Spiele der Kinder, die sich freudig um „unseren Monsignore" drängten, wenn er sich für kurze Zeit den wichtigen Verpflichtungen seines Amtes entziehen konnte?

Es war, wie bereits richtig bemerkt wurde, gerade der Gedanke an diese seine Kinder, der ihn davon abhielt, ihnen die immer ein wenig traurige Gegenwart eines Leichnams aufzubürden, auch wenn es der Leichnam eines berühmten, eines liebenden und geliebten Menschen war. Und dann wären ja bald andere Jugendliche gekommen, für die „unser Monsignore" nur mehr ein Name gewesen wäre, der von Gruppe zu Gruppe überliefert und fast wie ein Mythos heraufbeschworen worden wäre. Wie viele von ihnen und wieviele der Besucher, die von der Einzigartigkeit des Erziehungsexperimentes und der Erinnerung an dessen Schöpfer angezogen waren, hätten im Gebet seiner gedacht?

Vetralla und sein Karmel!

Mons. Tardini fühlte sich auch hier ein wenig als Vater: unter dem materiellen Aspekt, aber auch wegen der großen Sorge, die er hegte und mit Beharrlichkeit zum Ausdruck brachte, damit nach der Zeit der „Diaspora" in Sutri, zu der es aufgrund der Zerstörungen durch den Krieg kam, im wiedererstandenen Karmel von Vetralla wieder treu gemäß der Regel des Institutes gelebt würde.

Im Oktober 1946 schrieb er: „Ich habe mit der Gnade Gottes den Karmel materiell aufgebaut — jetzt will ich mit der Gnade Gottes dazu beitragen, den Karmel geistig aufzubauen."

Mons. Tardini, der verliebt war in die Gestalt und in die wunderbare Spiritualität der kleinen Heiligen von Lisieux, einer der schönsten Sprosse des alten karmelitischen Stammes, wünschte sich von ganzem Herzen, daß hinter den Mauern der umgestalteten Villa Canonica neue Früchte der Heiligkeit heranreifen würden, und rief ein „geistiges Haus ins Leben" — um es mit seinen Worten auszudrücken —, „das viel schöner und viel wertvoller als das materielle Haus sein sollte" (Nov. 1947).

Ein Haus der Anbetung und des Gebetes. Und hier wollte Kardinal Tardini seine irdische Ruhestätte haben. So wurde er, gewissermaßen post mortem, Bürger von Viterbo, einer Gegend, die so reich an Geschichte, an menschlichen und christlichen Tugenden ist. Und alle, die ihn auch weiterhin lieben würden, seine Jugendlichen, viele alte und neue Freunde, würden hierher zu ihm kommen können, um seiner zu gedenken und sich im Gebet für ihn zu vereinen.

Und hierher sollte der treue Schüler und Fortsetzer seines Werkes, Kardinal Antonio Samoré, nachdem er oftmals das Grab des Meisters und Vaters besucht hatte, ihn begleiten, um zusammen mit ihm das Kommen des Herrn zu erwarten.

3. Diener dreier Päpste

Hier haben auch wir uns zum 100. Jahrestag seiner Geburt versammelt, um zu beten: um für ihn, für sein Werk und alles, was ihm am Herzen lag und gewiß immer noch am Herzen liegt, zu beten. Um für ihn zu beten: auch wenn der Gedanke an alles, was er in seinem Leben gewirkt hat, das Vertrauen rechtfertigt, daß er schon bei Gott den Lohn empfangen hat, den Er den guten und treuen Dienern, die in Ihm gestorben sind, versprochen hat: Opera enim illorum sequuntur illos.

Über das, was Kardinal Tardini im Dienste der Kirche Gottes tat, wurde vieles gesagt und geschrieben; und vieles wird man noch darüber sagen und schreiben. Er bleibt eine der herausragendsten Gestalten der Geschichte der Kirche — und nicht nur der Kirche! — von heute.

Er tritt als der große Mitarbeiter dreier großer Päpste — Pius XI., Pius XII., Johannes XXIII. — hervor.

Hier in der kleinen Kirche, wo sein Leib ruht, möchten wir uns an ihn als Priester erinnern. Er versuchte, Priester zu sein in seinem ganzen Leben bei allem, was er tat: im Geiste, in der Inspiration, bei seinen Zielsetzungen. Diplomatisches Handeln, Einschreiten in das politische Leben der Nationen und der Internationalen Gemeinschaft, Beziehungen mit Regierungen und deren Vertretern waren für ihn gleichsam der „Körper", der äußere, sichtbare

Aspekt seines täglichen, arbeitsamen Mühens: der „animus“ blieb dabei aber immer der eines Priesters. Als eben dieser Priester hatte er in den ersten Jahren nach seiner Weihe als Dozent im städtischen Kolleg und im Päpstlichen Seminar gewirkt, als Militärkaplan und auch an anderen Stellen, vor allem aber als geistlicher Assistent der Männer und später der Jugendlichen der Katholischen Aktion.

Echtes, tiefes Leben der Frömmigkeit, das auch zurückschreckte vor zu auffallenden Äußerlichkeiten — eine Art Scham, die dazu neigt, die innersten Gefühle zu verdecken — war das tägliche Brot seines geistlichen Lebens.

In seiner großartigen Gedenkrede für Pius XII., ein Jahr nach dessen Tod, erinnerte Kardinal Tardini ganz ergriffen an eine Photographie, die Pius XII. im Gebet versunken zeigt: er beschrieb es mit Bewunderung, ja man könnte sagen beinahe mit ein wenig Neid, weil dieser es so gut verstand, sich der Welt zu zeigen, ohne Prahlerei, ohne Scheu: „videant opera vestra bona et glorificent Patrem ...“. An jenem Sonntag, dem 5. Oktober 1958, am Fest der Madonna von Pompei, scheint der „Pastor Angelicus“ jenes Gebet auf den Lippen zu haben, das er selbst zur Verkündigung der Aufnahme Mariens in den Himmel formuliert hat: „Hingerissen vom Glanz deiner himmlischen Schönheit ...“.

Aber es gibt auch einige Bilder vom Kardinal, die gegen Ende seines Lebens gemacht wurden, die ihn mit einem ähnlichen Gesichtsausdruck darstellen, den der Photograph ihm beinahe unmerklich entlockt hat. Glaubwürdig und unwahrscheinlich zugleich für den, der ihn jahrelang gekannt hat.

Vielleicht hat auch er sich in jenem Augenblick an die Madonna des Vertrauens gewandt, an die Madonna, die ihn während seiner Zeit im Seminar begleitet hat und ihm immer lieb und teuer gewesen ist, an die „Mater orphanorum“, die er als Beschützerin für seine Kinder in der Villa Nazareth erwählt hat.

4. Opfer und Hoffnung

Von der Biographie Kardinal Tardinis hat mich jene Seite sehr getroffen, die der „letzten Messe“ seines Lebens gewidmet ist. Hier wird beschrieben, wie der Kardinal, der bereits den Todeskampf begonnen hatte, unbewußt die gewohnten Gesten der Feier des Hl. Opfers wiederholt. Unbewußt — ja vielleicht, aber in lebendiger Verbindung mit den Gedanken und Gefühlen, die ihn während seines ganzen Lebens als Priester begleitet haben.

Wir, die wir uns all dessen bewußt sind und vereint sind mit unserem Kardinal, mit Kardinal Samoré und allen Menschen, die ihnen lieb waren, erneuern nun verbunden mit der Gemeinschaft der Heiligen das Gedächtnis an den Erlösertod des Herrn, das Opfer von Golgotha.

Wir bitten Dich, unser Herr und Gott, für Deinen Diener Domenico, den wir in christlichem Vertrauen schon mit Dir vereint im unsterblichen Leben glauben: „ut Te revelata cernens facie, visu sit beatus Tuae gloriae"!

IM STAATSSEKRETARIAT IM DIENSTE DREIER PÄPSTE

1. Unter Pius XI.

Nach nunmehr 50 Jahren erinnere ich mich noch sehr gut an meine erste Begegnung mit der Persönlichkeit, die dann für ein Viertel Jahrhundert mein direkter Vorgesetzter sein sollte: Mons. Domenico Tardini[1].

Das war Anfang 1937. Ich war gerade als Schüler in die kirchliche Akademie eingetreten und wurde, obwohl ich noch nicht Priester war, als Lehrling in das Staatssekretariat aufgenommen. Er, Substitut der Zweiten Sektion, wie das Sekretariat damals bezeichnet wurde: ein Mann voller Kraft, sprühend vor Intelligenz und Lebenskraft, ein Mensch von großer, ja fast unbezähmbarer Dynamik; herzlich, aber energisch und immer in Eile; manchmal sogar etwas schroff, auch um keine kostbare Zeit zu verlieren.

Deshalb war ich etwas perplex, als ich in den im Archiv des römischen Seminars aufbewahrten Aufzeichnungen über den Schüler Domenico Tardini folgende Beurteilung las: „Liebenswürdiges, äußerst sanftes Wesen". Und in der Tat trat dieser liebenswürdige, sanfte Charakter häufig zutage, und zwar in seinem Umgang mit den Kindern von Villa Nazareth. Im Umgang mit uns kamen eher andere Gaben zum Vorschein und erweckten unsere Bewunderung. Die Kirche lebte damals im strahlenden Lichte eines großen Pontifikates, das aber bereits seinem Ende zuging. Körperlich ausgezehrt, aber geistig unbezähmbar setzte Pius XI. sein Werk fort. Zu dieser Zeit entstanden die Enzykliken „Mit brennender Sorge" und „Divini Redemptoris".

Mons. Tardini, der seinen Dienst im Staatssekretariat im Juli 1921 praktisch begann, als Kard. Achille Ratti Papst wurde, konnte das intensive Amt des Oberhirten von einem Beobachtungsposten aus und durch seine, in gewisser Weise privilegierte Zusammenarbeit mit ihm begleiten: er war zuerst Protokollführer und von Juni 1929 an Untersekretär der damaligen Kongregation für die außerordentlichen kirchlichen Angelegenheiten, der Ersten Sektion des Staatssekretariats.

Am 19. Dezember 1935 rückte er zum Substitut der Zweiten Sektion auf und wurde dann, zwei Jahre später, am 13. Dezember 1937, Sekretär für die

Vortrag anläßlich der 100. Wiederkehr des Geburtstages von Domenico Kard. Tardini. Rom, Lateran Universität, 29. Februar 1988.

[1] G. Nicolini, Il Cardinale Domenico Tardini, Padova 1980.

außerordentlichen Angelegenheiten. Die dadurch freigewordene Aufgabe übernahm Mons. Giovanni Battista Montini.

2. Unter Pius XII.

Als Substitut und danach als Sekretär für die außerordentlichen Angelegenheiten hatte Mons. Tardini die Möglichkeit, wenn auch vermittels des Kardinal-Staatssekretärs, der damals Eugenio Pacelli und von 1939 bis August 1944 Luigi Maglione war, direkte und fast gewohnheitsmäßig Kontakte mit dem Papst zu haben. Als Kard. Luigi Maglione frühzeitig starb, wollte Pius XII., was ja bekannt ist, keinen anderen Staatssekretär ernennen, so daß der Sekretär für die außerordentlichen Angelegenheiten und der Substitut in unmittelbarer und ständiger Beziehung zum Papst standen. Die Ernennung der beiden Prälaten zu stellvertretenden Staatssekretären am 29. November 1952 bekräftigte lediglich das Wesen dieser Beziehungen und verlieh ihnen allenfalls noch mehr Gewicht.

Als zwei Jahre später, im November 1954, Mons. Montini zum Erzbischof von Mailand bestellt wurde, machte Mons. Tardini mir gegenüber die Andeutung, daß der Papst ihm die Möglichkeit angeboten bzw. in Aussicht gestellt hatte, das gesamte Staatssekretariat unter seiner Führung zu vereinen. Er aber erzählte mir, er hätte sich entschuldigt: „Ich habe schon Mühe genug, mein Büro so gut wie möglich zu führen; ich wollte nicht noch mehr Verantwortung übernehmen."

3. Unter Johannes XXIII.

Vier Jahre später mußte er, auf das liebenswürdige Beharren des neuen Papstes Johannes XXIII. hin, das dann praktisch zu einem Befehl wurde, diese Verantwortung jedoch übernehmen.

Nicht das Wissen um seine eigenen Grenzen, das bei ihm weitaus weniger gerechtfertigt gewesen wäre als bei anderen, und auch nicht der eingestandene Wunsch, seine Tage „als Priester inmitten der Kinder von Villa Nazareth" zu beenden, waren die einzigen Gründe, die ihn dazu bewogen haben, sich gegen den Willen des Papstes zu wehren. In dem Gespräch mit dem Hl. Vater, zu dem es sofort nach dessen Wahl kam, hob er seine, vom Arzt bestätigte, Situation eines „alten, müden und kranken" Mannes hervor[2].

Das erste Stichwort aber lautete: „bereit zu gehorchen". Und an diese Bereitschaft appellierte der Papst und fügte hinzu — so erinnert sich sein Sekretär Mons. Loris Capovilla —: „Seit 40 Jahren stehen Sie im unmittel-

---

[2] Ibid., p. 176.

baren Dienst des Papstes; Sie sind Priester und ein treuer Diener; Sie kennen die Gegebenheiten, Sie haben das Vertrauen meines Vorgängers genossen ... Ich werde zu Ihnen stehen, Sie werden zu mir stehen. Der Herr wird uns führen"[3].

Jener etwas düster gefärbte Hinweis auf die „Loyalität" schien sich der Meinung einiger zufolge — aber ich persönlich kann mich an so etwas nicht erinnern — auf einige Begebenheiten während früherer Pontifikate zu beziehen, bei denen der Papst den eigenen Staatssekretär sozusagen „übergangen" haben soll. Deshalb fand sich unter den Stichworten auch folgender Satz: „Möchte angehört werden, maße mir aber nicht an, daß man mir zustimmt". Und im Gespräch mit dem Papst sagte er: „Ich werde Ihnen treu sein. Verbergen Sie mir nichts."

Klar abgegrenzte Positionen also. Und gegenseitiges Einvernehmen. Wenn Mons. Tardini sich vielleicht dazu gedrängt fühlte, scheinbar Ansprüche zu erheben, so spielte dabei ein gewisses letztes Zögern mit, ob ein vollkommenes gegenseitiges Vertrauen ohne die geringsten Hintergedanken wohl wirklich möglich wäre. Dem Papst nicht weniger als anderen war nämlich bekannt, daß der stellvertretende Staatssekretär für die außerordentlichen Angelegenheiten nicht dem Priester, dem Bischof und Kardinal, wohl aber dem Diplomaten Roncalli nicht gerade uneingeschränkte Begeisterung entgegenbrachte.

Derjenige, der Papst geworden war, war von überragendem Geist, und er war sich der Fähigkeiten und der einzigartigen Vorbereitung jenes Mannes bewußt, der ihm, mehr als jeder andere, bei der Ausübung seines neuen, enormen Amtes würde helfen können: mit heiterem Großmut bot er seinerseits „Loyalität" an und forderte sie auch.

Er erhielt sie. Zwischen den beiden großen Geistern herrschte sofort Übereinstimmung. Der Papst und sein erster Mitarbeiter verlangten danach, gemeinsam zu handeln, nicht sosehr im Hinblick auf die geringfügigen Probleme des Alltags, sondern im Hinblick auf die wichtigen Themen, die die Gegenwart und Zukunft der Kirche betrafen, von denen das ökumenische Konzil das wichtigste war.

Anfangs schien Mons. Tardini der Haltung des Papstes ihm gegenüber mißtrauisch gegenüberzustehen. Später war er davon ganz erbaut. „Dieser Papst muß wirklich ein guter Mensch sein", vertraute er in den ersten Tagen seinen engsten Freunden an, „wenn er so jemand wie mich zum Staatssekretär nimmt!" Und der Papst hatte in ihm einen Diener und treuen, unermüdlichen und großzügigen Mitarbeiter bis zu seinem Tode.

Fühlte er sich auch alt und krank, so schlug sich das jedoch keineswegs auf das Tempo und die Qualität seiner Arbeit nieder. Ganz im Gegenteil! Er

[3] Ibid., p. 179.

schien mit noch mehr Elan und Dynamik zu arbeiten, auch dank der Hilfe seiner beiden außergewöhnlichen Mitarbeiter Mons. Samoré und Mons. Dell' Acqua, die beide in der Folge Kardinäle der Heiligen Römischen Kirche wurden.

4. Diener dreier Päpste

1921 bis 1961. Eine lange Zeit im Dienst des Hl. Stuhls. Innerhalb dieser 40 Jahre gab es drei Phasen, in denen dieser Dienst immer unmittelbarer dem Papst galt und immer verantwortungsvoller wurde: 1935-1944, 1944-1958, 1958-1961.

Drei grundverschiedene Päpste, die aber dennoch untereinander verbunden waren, und zwar nicht nur durch die Liebe zur Kirche, die allen dreien gemeinsam war, sondern auch durch verschiedene persönliche Bande. Pius XI., zäh von seinem Wesen her, nach außen hin manchmal roh und sehr vehement, war ganz das Gegenteil vom beherrschten, auf natürliche Weise höflichen und zurückhaltenden Charakter dessen, den er dennoch als Staatssekretär erwählte, den er als solchen schätzte und mehrmals öffentlich lobte, wobei er ihn als den Nachfolger, wie er sich ihn erwartete, bezeichnete: Pius XII.

Pius XII. unterschied sich, was sein Temperament, seine Erziehung und seine Ausbildung für die Kurie und als Diplomat betrifft, vollkommen vom heiteren und wohlwollend — friedfertigen Sohn der bergamaskischen Erde: aber gerade er war es, der — fast auf eine prophetische Intuition hin — diesen in einem äußerst schwierigen Moment den Ufern des Bosporus gleichsam entreißen wollte, um ihn an die Ufer der Seine zu bringen, wodurch er ihm den ansonsten für ihn eher unbegehbaren Weg zur Kardinalswürde und später zum Pontifikat öffnete.

Ich denke, daß Mons. Tardini sich, was das Temperament betrifft, eher mit dem ersten verwandt fühlte: mit seinen harten Reaktionen, seiner entschlossenen und herrischen Miene, seinen Ausbrüchen, mit ihm, der, wenn es sein mußte, manchmal auch mit der Faust auf den Tisch schlug — aber er betrachtete es bei allen dreien als eine Ehre, ihnen seine ganze wertvolle und sehr geschätzte Mitarbeit anzubieten, wozu er auch die Gelegenheit fand.

5. Scheinfriede, Kommunismus und Nationalsozialismus

Die Zusammenarbeit gestaltete sich schwierig, weil die Zeit schwierig war.

Als Europa — und mit ihm für die ganze Welt — Ende 1918 der Erste Weltkrieg zu Ende war, trug es bereits die giftigen Keime für den Zweiten

Weltkrieg in sich, der 20 Jahre später ausbrechen sollte. Die Mittelmächte und die verbleibenden Verbündeten des Ottomanischen Reiches waren zerstört, und auf dem Schauplatz der Geschichte sah man nun neue oder erneuerte Nationalstaaten. Die Verzweiflung der Besiegten und die auf die Niederlage folgende wirtschaftliche und sozialpolitische Situation glommen wie das Feuer eines Vulkans unter dem Schein eines auferlegten, jedoch nicht aufgenommenen Friedens.

Im Osten Europas begann eine in der Menschheitsgeschichte noch nicht dagewesene Wirklichkeit sich immer mehr zu festigen; nach den „zehn Tagen", die, wie man immer wieder zu sagen pflegt, „die Welt verändert haben", behauptete sich die Union der Sozialistischen Sowjetrepubliken als Staat und ideologisches Zentrum.

Pius XI. behielt sie fest im Auge und im Herzen: Er wandte auch seinen Blick nicht von Mexiko jenseits des Ozeans und von Spanien, das dem Stuhle Petri so nahe stand, und dem, dank der Lösung der Römischen Frage, ein kleines Souveränitätsgebiet zum Schutz seiner vollständigen und sichtbaren Unabhängigkeit auf friedlichem Weg zuerkannt worden war.

Unterdessen wurde im Herzen Europas der Schatten des Nationalsozialismus auf bedrohliche Weise riesengroß: Der Papst sah, beurteilte und sprach — auch in der feierlichen Form der Enzykliken.

Aber die Situation entwickelte sich immer mehr in eine gefährliche Richtung. Im Augenblick der Krise von München, im September 1938, formulierte der Sekretär für die außerordentlichen Angelegenheiten den Entwurf für einen Appell des Hl. Stuhls an die Regierenden der Welt und legte ihn, im Einverständnis mit dem Kardinal-Staatssekretär, der gerade in die Schweiz abgefahren war, dem Papst vor.

Pius XI. nahm ihn an und machte ihn sich zu eigen. Er setzte ihn um in die unvergeßliche Botschaft, die er selbst am 29. September im Radio Vatikan verlas, an dem Tag, an dem der „kranke und müde Arbeiter" Gott „das unschätzbare Geschenk seines Lebens" anbietet, aber gleichzeitig auch bereit ist zu sehen, „daß die Tage der Arbeit noch länger andauern"[4].

Was der Papst dann über die Münchner Abkommen zwischen Deutschland, Großbritannien und Frankreich dachte, kommt in dem schroffen Kommentar zum Ausdruck, der uns durch Mons. Tardini überliefert ist: „Das ist keine Kapitulation, das ist der totale Zusammenbruch!"[5]

Das ist nur ein, wenn auch sehr bedeutsames Beispiel für die intensive Zusammenarbeit des Staatssekretärs und des Sekretärs für die außerordentlichen Angelegenheiten mit dem Hl. Vater, die sich Tag für Tag im immer

---

[4] AAS, Vol. XXX (1938), cfr. p. 309.

[5] G. Nicolini, op. cit., p. 92.

heftiger werdenden Sturm weiterentwickelte, und innerhalb der Mons. Tardini sich immer mehr engagierte und seine Erfahrung und seinen „Sensus Ecclesiae“ dem Papst zur Verfügung stellte für seinen Dienst an der Sache des Friedens und bei der Bewältigung der Probleme des Hl. Stuhls und der Kirche im Hinblick auf ihre Beziehung zu den Staaten.

Dieses Engagement bot auch Gelegenheit zu häufigen, persönlichen, ja fast privaten Kontakten mit einem Papst, der viel forderte, der es aber auch verstand, dem, der es verdiente, trotz mancher Verweise und Ablehnung, seine Wertschätzung zum Ausdruck zu bringen. Mons. Tardini selbst erzählte dies, als er, unter anderem, an seinen Versuch erinnerte,die Abteilung für das Chiffrierwesen der Staatssekretäre zu verstärken (er war damals Substitut und als solcher Sekretär der Abteilung für das Chiffrierwesen). Pius XI. war nicht sehr überzeugt von deren Nützlichkeit und verbarg dies auch nicht. Der Substitut wollte auf die klassische Weise an den Papst herantreten („Videtur quot ... sed contra ...“), und begann so: „Hl. Vater, es stimmt, daß es nicht viele Fachleute für das Chiffrierwesen gibt, sondern ...“, „sondern wenige“, schnitt ihm der Papst das Wort ab. Er machte kurzen Prozeß, und dabei blieb es. Für den Augenblick. Später war man durch den Krieg leider dazu gezwungen, immer mehr zu einem Kommunikationssystem zu greifen, das wohl den Schreibern von Spionagebüchern zur Freude gereichte, nicht aber uns, uns jüngeren, möchte ich sagen, die wir gezwungen waren, manchmal endlose Seiten formloser „Gruppen“, die kamen und gingen, zu kontrollieren.

6. Zweiter Weltkrieg und Kalter Krieg

Als Pius XII. sein Pontifikat antritt, ist die Tragödie nicht mehr weit. Und bald wird die Weiße Taube seines Wappens gezwungen sein, sich inmitten des Waffengetöses zu erheben, ohne zu wissen, wo sie landen kann, bis sie dann erschöpft ihren Flug auf den rauchenden Ruinen einer Welt in Trümmern beendet.

Die ersten sechs Jahre des Pontifikates von Pius XII. sind — natürlich ohne sie auf diese eine Dimension reduzieren zu wollen — gekennzeichnet von einer ganzen Reihe von Bemühungen, den Frieden zu wahren, den Konflikt einzudämmen, die Schrecken zu lindern, die Welt wieder zur Vernunft zu bringen. Die Sammlung der „Akten und Dokumente des Hl. Stuhls in bezug auf den Zweiten Weltkrieg“ ist ein umfangreicher und eindrucksvoller Beweis dafür.

Darin erscheint die Präsenz der aktiven, nachdenklichen, scharfsinnigen und hellsichtigen Person Mons. Tardinis besonders interessant, und zwar sowohl unter dem geschichtlichen Aspekt als auch, was aber nebensächlicher ist, vom Blickwinkel seiner Persönlichkeit her, der es manchmal vor allem bei einem offiziellen Tadel gelingt, sich sogar ein wenig sonderbar zu zeigen, wenn während eines ernsten Gesprächs so mancher unvorbereitete Gesprächspartner seinen Sinn für Komik oder seine Geduld zu sehr auf die Probe stellt. Es wäre schwierig, zusammenfassend etwas über eine derart vielfältige und langandauernde Zusammenarbeit zu sagen und der wichtigen Rolle, die dabei natürlich nicht nur der Hl. Vater, sondern auch der Hauptverantwortliche des Staatssekretariats spielte, immer Genüge zu tun.

Als Kard. Maglione stirbt und Mons. Tardini dessen Aufgabe im Sektor der außerordentlichen Angelegenheiten übernimmt, erlangt diese Zusammenarbeit noch mehr Bedeutung. Und so wird es sein bis zum Tod des Papstes, von der Endphase des Weltkrieges an bis zur langen Nachkriegszeit, einer Zeit, die für viele Teile der Welt eine Zeit des Verfalls, eine Zeit politischer und sozialer Erschütterungen, eine Zeit des Elends und langsamer und mühevoller Erholungsversuche war, in der die Internationale Gemeinschaft und vor allem Europa sich auf dramatische Weise in zwei Blöcke spaltete und ein neuer Krieg begann, ein kalter Krieg, wie man ihn nannte. Eine Zeit, in der zahlreiche neue Staaten voller Hoffnung, aber auch mit Schwierigkeiten aus den Trümmern des alten Kolonialismus hervorgingen. Wenn der Kolonialismus eine Herausforderung war, die die Kirche und der Hl. Stuhl sehr wohl angenommen haben, so stellte die politische, militärische und vor allem ideologische Spaltung, von der ich gesprochen habe, sie vor äußerst schwierige Probleme, die nicht nur theoretischer Natur waren, sondern ganz konkrete Probleme, die das Leben der Kirche in Ländern alter christlicher Kultur betrafen.

Sehr häufig erhob der Papst seine Stimme, um der Welt die Wege des Friedens und eines gerechten und geordneten internationalen Zusammenlebens zu zeigen, um die Rechte der Kirche zu fordern, die Rechte des religiösen Gewissens und der Würde des Menschen. Er redete und handelte: so viel und so gut er konnte. Und dabei war er überzeugt von der Notwendigkeit einer klaren und feststehenden Lehre, damit, wenn die Zeit reif wäre und die Menschen sich vielleicht geändert hätten, Dialog und Verhandlungen möglich wären.

Im großen Bereich der Hilfe zur Linderung des Leides und zur Förderung des Wiederaufbaus sowie im immer aktueller werdenden sozialen Bereich war er Apostel und Förderer.

7. Vielfältige Pflichten

Mons. Tardini war Papst Pius XII. ein großzügiger und überzeugter Mitarbeiter, der nicht selten über seinen spezifischen Kompetenzbereich hinaus wirkte, auch weil der Papst die Zahl seiner Gesprächspartner immer mehr verringerte und sich immer mehr auf den stützte, der ihm am nächsten stand und am meisten sein Vertrauen genoß. Auch im Hinblick auf Dokumente, die die Lehre betrafen, schätzte er das scharfsinnige und ausgewogene Urteil dieses seines Mitarbeiters derart, daß er — und davon war ich selbst öfters Zeuge — auf eine von diesem durchgeführte letzte Gesamtrevision zurückgriff, um ganz sicher gehen und ruhig sein zu können.

Aber Mons. Tardini wirkte natürlich in erster Linie im Bereich der außerordentlichen Angelegenheiten der Kirche; deren gab es viele, sehr unterschiedliche und manchmal außerordentlich schwierige. Hier fühlte er sich unter dem Papst wirklich souverän, hier entfaltete er seinen Blick und sein Gefühl für die Kirche voll und ganz, wobei er sich nicht damit begnügte, auf Situationen nur zu „reagieren", sondern er „agierte", er tat etwas, um sie zu verhindern oder um sie in die richtige Richtung zu lenken. Diesen „Aktivismus" forderte er in gleicher Weise auch von seinen Mitarbeitern ihm gegenüber. („Ich brauche Motoren, nicht Anhänger!", hörte ich ihn sagen.) Problemen auf den Grund gehen, in die Ursachen eindringen, Konsequenzen vorhersehen — mit ihm zu arbeiten war eine Schulung.

Gefühl für die Kirche, sagte ich. Die Aktivität im diplomatischen Bereich, die Beziehung zu Staaten, Regierungen und internationalen Organisationen waren für ihn nur ein Mittel, um der Kirche und den wichtigen Fragen des Menschen, die die Kirche als die ihren betrachtete, zu dienen.

Und er wollte, daß dies für alle so sei, die auf diese Weise in der Kirche engagiert waren. Das galt auch für eine so typisch „außerordentliche" Angelegenheit wie den Abschluß oder die Revision der Konkordate (und die Zeit Pius XI. sowie auch die Pius XII. war reich davon).

Weiter wollte Mons. Tardini, daß bezüglich der Bischofssendungen in Länder, in denen der Hl. Stuhl, aufgrund eines alten Privilegs oder aufgrund eines noch nicht überwundenen Mißbrauchs, „cum Civili Gubernio agere" mußte, besonders große Sorgfalt walten sollte. Es war — und ist auch noch — klar, daß es sich dabei um eine für die Kirche lebenswichtige Frage handelte.

Mit einer Regierung Beziehungen unterhalten zu müssen, kann klarerweise nicht bedeuten, daß man dabei Kriterien folgt, die sich von den sonst gültigen unterscheiden: es bringt viel mehr mit sich, keine Anstrengung zu scheuen und wenn nötig zu kämpfen, um auf bestmögliche Weise die Kriterien der Kirche geltend zu machen, und zwar auch in manchmal dramatischen Situationen, die sich von Situationen uneingeschränkter Freiheit unterscheiden.

Das sind nur einige Beispiele für einen Geist, den Mons. Tardini beständig schärfte und gleichsam eifersüchtig für seine eigene langjährige Tätigkeit als Diener der Kirche beanspruchte.

8. Staatssekretär

Es war bestimmt das Wissen um diese Eigenschaft, die in den Augen Papst Johannes XXIII. weitaus wichtiger war als die, obgleich einzigartigen, Gaben der Intelligenz und Ausbildung, das ihn dazu bewog, ohne zu zögern, Mons. Tardini als seinen ersten Mitarbeiter auszuwählen.

Von der Qualität dieser Zusammenarbeit habe ich bereits gesprochen. Der Papst bezeichnete diese Zusammenarbeit gern als „einander Gesellschaft leisten". „Wir werden einander ausgezeichnet Gesellschaft leisten", hatte er gesagt, als er dem Auserwählten zum ersten Mal seine Entscheidung mitteilte[6]. Daß „wir einander in diesen ersten Jahren des leidenschaftlichen und ruhigen Dienstes am Hl. Stuhl und an der Universalkirche so gut Gesellschaft geleistet haben", davon sprach er auch in seinem kurzen Brief, den er ihm 1960 zu seinem Namenstag schrieb[7].

„Ruhig" war dieser Dienst vielleicht für den Hl. Vater. Für Kard. Tardini war er eher der „leidenschaftliche" und, vor allem nach dem ersten Infarkt im Jänner des Jahres davor, zweifellos auch ein mühsamer.

Ein Jahr noch blieb ihm bis zu seinem Lebensende. In der Zwischenzeit hatte er eifrigst gearbeitet — und fuhr fort zu arbeiten — für die Vorbereitungen des großen Ereignisses, des ökumenischen Konzils. Und dies zusätzlich zur laufenden Arbeit im Staatssekretariat, bei der sich der Papst ständig voll und ganz auf die Erfahrung und den Fleiß des Kardinals verließ.

Eine seiner letzten wichtigen Aufgaben war die Mitarbeit bei der Vorbereitung der lichtvollen Enzyklika „Mater et magistra". Die Ergebenheit dem Papst gegenüber und sein persönliches Interesse an einem Thema, das ihn faszinierte, drängten ihn dazu, es gleichsam als seine Sache zu betrachten. Er scheute keine Mühen, damit alles auch in redaktioneller Hinsicht bestens sei. Er verausgabte sich dabei komplett. Während sich eine Zeit besonderer Schwierigkeiten in den internationalen Beziehungen anbahnte, denen der Hl. Stuhl seiner Meinung nach verpflichtet war, seine ganze Aufmerksamkeit zu schenken, hörte am 30. Juli 1961 das Herz Kard. Tardinis zu schlagen auf. Er war 73 Jahre und 5 Monate alt.

9. Leben als Dienst

Johannes XXIII. selbst verkündete seinen Tod: „Heute morgen ist der Todesengel in den päpstlichen Palast eingedrungen und hat den Kardinal-Staatssekretär Domenico Tardini mit sich genommen, der die unmittelbarste

[6] Ibid., p. 179.

[7] Ibid., p. 201.

Kardinalstaatssekretär Agostino Casaroli unter der Bevölkerung, Kreml, im Juni 1988.

Besuch Papst Johannes Pauls II. bei Kardinalstaatssekretär Agostino Casaroli an dessen Namenstag am 28. August 1988 in Castelgandolfo.

und größte Hilfe für den Papst bei der Leitung der Heiligen Kirche war." Und dann sagte der Papst: „Das ganze Leben Kard. Tardinis war ein großer Dienst."

Auf seinem Grab in der Kapelle des Karmels von Vetralla, wo er beigesetzt werden wollte, findet man die einfache Inschrift: „Dominicus Card. Tardini — a publicis Ecclesiae negotiis — romanus ..."

Ein Römer. Ja, das war er: ein Römer von Geburt, in seinem Herzen und in seinem Geist. Er war es aufgrund des Geistes der Universalität, der der römisch katholischen apostolischen Kirche eigen ist und der aus jedem ihrer Kinder, vom Papst bis zum einfachen Gläubigen, einen Bürger jenes Roms machte, „in dem" (und hier bitte ich um Verzeihung, daß ich bewußt auf eine allgemeine Interpretation des berühmten dantischen Verses „di quella Roma onde Cristo è romano" zurückgreife) „Christus ein Römer ist".

LEBEN UND WIRKEN ANTONIO KARDINAL SAMORÉS

„In jener Zeit wurde der Engel Gabriel von Gott in eine Stadt in Galiläa namens Nazareth zu einer Jungfrau gesandt. Sie war mit einem Mann namens Josef verlobt, der aus dem Haus David stammte. Der Name der Jungfrau war Maria.“

1. Die Berufung Mariens

Diese Erzählung, die viele Generationen von Menschen inspiriert hat, geht uns auch heute noch zu Herzen und fasziniert uns: aber noch mehr läßt sie unseren Glauben erbeben, indem sie ihn ins Zentrum der Geschichte der Menschen zurückführt, so wie die Offenbarung sie uns in ihrem Mysterium enthüllt.

Denn die Nacht war vorgeschritten und der Morgen des neuen Tages — des Tages der Erlösung — brach an.

Der Engel sagte zu der Jungfrau, die über seinen Gruß erschrocken war: „Fürchte dich nicht. Siehe, du wirst ein Kind empfangen, einen Sohn wirst du gebären. Ihm sollst du den Namen Jesus geben. Er wird groß sein und Sohn des Höchsten genannt werden ... und sein Reich wird kein Ende nehmen.“

Das Mädchen zögert. Wie soll das möglich sein? Sie hat Gott ihre Jungfräulichkeit geweiht. Aber — das versichert ihr der Engel — der Hl. Geist wird über sie kommen, und die Kraft des Allerhöchsten wird sie überschatten: daher wird der, der aus ihr geboren wird, Sohn Gottes genannt werden.

Der hl. Bernhard stellt auf einer Seite wunderbar die Menschheit dar, die gleichsam im kleinen Haus von Nazareth gegenwärtig ist und teilnimmt an der Größe jenen Augenblicks: „Hast du gehört, Jungfrau. ... Der Engel erwartet eine Antwort ... Auch wir, oh liebe Frau, erwarten ein Wort des Mitleids ... Siehe, dir wird der Preis für unsere Erlösung geschenkt, wenn du zustimmst, werden wir sofort befreit sein ... Die ganze Welt ist in Erwartung, kniet vor dir; von deinem Mund hängt die Rettung aller Kinder Adams ab. O Jungfrau, antworte bald. Antworte bald dem Engel, ja vielmehr durch den Engel dem Herrn ... Warum zögerst du? Warum fürchtest du dich? Oh selige

Predigt bei der Gedenkmese für Antonio Kardinal Samoré. Bardi, 2. Juli 1983.

Jungfrau, öffne dein Herz dem Glauben, deine Lippen zur Zustimmung, deinen Schoß dem Schöpfer ...

Siehe, der, nach dem alle Völker sich sehnen, steht vor der Tür und klopft an ... erhebe dich, auf, laufe, öffne ihm!“

(aus „Homilien über die Madonna“, Om. 4, 8-9 Röm. Brevier, 20. Dezember, 2. Lesung)

Und Maria antwortet dem Engel mit den Worten:

„Siehe, ich bin die Magd des Herrn, mir geschehe, wie er gesagt hat.“ „Und das Wort ist Fleisch geworden und hat unter uns gewohnt“ (Joh. 1, 14): die Weisheit, die gezeugt wurde „als die Urmeere noch nicht waren --- als es die Quellen noch nicht gab, die wasserreichen“ (aus der ersten Lesung, Sprichwörter 8, 24) kam herab, und ihre Freude war es bei den Menschen zu sein! (ib. 8, 31).

In seiner fast feierlichen Heiterkeit steht der marianische Charakter dieser Liturgiefeier, die gerade an diesem Tag begangen wird, an dem die christliche Frömmigkeit der Mutter des Herrn gedenkt, nicht im Widerspruch zur Trauer und Fürbitte, die die Begegnung kennzeichnen, welche die Stadt Bardi heute organisieren wollte, um Kardinal Antonio Samoré, einen ihrer großen Söhne, der erst kürzlich von uns genommen wurde, zu ehren.

Uns alle aber, die wir noch voll Schmerz über sein Hinscheiden sind, tröstet das Bewußtsein, daß Diejenige ganz besonders unter uns gegenwärtig ist, die den verstorbenen Kardinal stets begleitet hat auf seinem arbeitsreichen Erdenweg. Uns tröstet die Gewißheit, daß die jungfräuliche Gottesmutter sich unserem Gebet um Ruhe für seine Seele anschließt und es bekräftigt.

Das Evangelium, das wir gehört haben, lädt uns auch ein nachzudenken, während wir in herzlicher Freundschaft eines überragenden Mannes gedenken, der in dienender Haltung und mit nie endendem Schwung sein ganzes Leben der Kirche gewidmet hat.

2. Die Berufung Samorés

Ein Mann der Kirche!

Das war stets die Charakteristik des Wesens und Handelns Kardinal Samorés. Das war seine Berufung, die er erkannt und gepflegt hat und der er mit Liebe und Begeisterung nachgegangen ist.

Auch für ihn, wie für viele andere in der Vergangenheit und Gegenwart der Kirche — und dieser Vergleich soll nicht weit hergeholt oder wenig ehrerbietig erscheinen — gab es den Tag der „Verkündigung“. Es war kein Engel, der zu ihm sprach, aber sicherlich eine Stimme, die im Herzen des frommen und klugen Kindes erklang, das die Mutter immer mit sich nahm, wenn sie in die Pfarrkirche von Bardi zum Gebet ging, was in seiner Erinnerung immer ganz lebendig war.

Es war eine geheimnisvolle Stimme, eine von denen, über die der hl. Augustinus schreibt: „War ich es, der sprach, oder sprach da ein anderer in mir?" Und diese Stimme rief ihn zu einem Leben der Hingabe, des Verzichts, des Opfers, das aber so edel, schön und einladend war.

„Komm und folge mir!" Die Stimme wurde immer klarer und deutlicher; und sie verlangte nach einer Antwort. Ich weiß nicht, ob damals oder später der Gerufene so manchen Zweifel oder so manches Zögern verspürte. Auf jeden Fall war seine Antwort klar, er änderte seine Meinung nicht und trauerte nichts nach: Siehe, ich bin Dein Diener; mit mir geschehe, wie du gesagt hast!"

Kardinal Samoré lebte in ungebrochener und freudiger Treue die langen — und doch so kurzen — Jahre seines Priestertums. Die zahlreichen Aufgaben auf verschiedenen Gebieten, die ungewöhnlichen Aufträge, die er erhielt, die Ehren, die ihm zuteil wurden: nichts konnte uns diese seine grundlegende Charakteristik, die auf unmißverständliche Weise all sein Tun kennzeichnete und ausmachte, auch nur im geringsten verdecken. Priester, Diener Gottes und der Kirche. Das war Kardinal Samoré, so kannten ihn alle.

3. Persönliche Erinnerung an Samoré

Erlauben Sie mir eine persönliche Erinnerung an ihn: Es war im Oktober 1929. Ich verließ das Seminar vom nahegelegenen Bedonia, wo ich die Unterstufe des Gymnasiums abgeschlossen hatte, und ging nach Piacenza ins Alberoni-Kolleg, wo ich die Oberstufe absolvierte und Theologie studierte.

Erster Akt: eine Exerzitienwoche, die zu Beginn jedes Schuljahres abgehalten wurde. Es war für mich eine ganz neue Umgebung und ich war etwas befangen. Ich befand mich mitten unter Studenten, die älter waren als ich und unter den unbekannten „Herren der Mission", die ebenfalls sehr gesammelt waren in der Stille jener Tage der Meditation und des Gebetes.

Zwei unter den vielen Menschen machten mich betroffen, und dieser Eindruck blieb und bleibt in mir lebendig. Der erste war der damalige Leiter des Kollegs, Herr Alcide Marina, der dann zuerst im Iran und später in der Türkei Apostolischer Gesandter war und daraufhin Apostolischer Nuntius im Libanon, wo er frühzeitig starb. Wer die großen Fähigkeiten des Menschen und Priesters Mons. Marina kannte, die auch in seiner stattlichen Erscheinung und würdevollen Haltung zum Ausdruck kamen, der wird leicht verstehen, welchen Eindruck er — auch weil er mein neuer Oberer war — auf den Jüngling machte, der eben erst in das Alberoni-Kolleg eingetreten war, in jenes eindrucksvolle Zentrum der Spiritualität und Kultur.

Eine zweite Person zog jedoch meine Aufmerksamkeit auf sich, weil sie so einzigartig war und sich so deutlich von allen anderen unterschied: ein junger Priester, der im Begriff war, das Kolleg zu verlassen und für den die Exerzitien als Vorbereitung auf sein Leben im Priesteramt dienen sollten; die tiefe Frömmigkeit, die fast strenge Sammlung, das gelassene Antlitz, ein gewisser natürlicher Anschein von Überlegenheit, der jedoch gemäßigt wurde durch ein offensichtliches und aufrichtiges Gefühl der Demut, machten ihn in meinen Augen so bewundernswert einzigartig: er war ein Priester, wie auch ich einer zu werden träumte! Ich fragte ihn damals nicht nach seinem Namen, der mir später so vertraut wurde, so wie mir auch seine so überreiche Persönlichkeit vertraut wurde, in der ich immer das hervorstechende Kennzeichen des Priesters bewundern konnte, das mich in jener Woche, die wir gemeinsam hinter den Mauern des Kollegs verbracht hatten, an ihm so beeindruckt hat.

4. Der Mensch Samoré

Das tiefe geistliche Leben des Kardinals erleuchtete und verstärkte die menschlichen Fähigkeiten, mit denen ihn die Vorsehung so reich bedacht hatte: Scharfsinn, der unterstützt wurde von einem ungewöhnlich guten Gedächtnis, die Fähigkeit, Probleme rasch zu erfassen und vernünftig zu lösen, Zähigkeit, die unermüdlich und manchmal fast starrsinnig erschien, wenn der Umfang der Arbeit oder eine Störung seines Gesundheitszustandes eine Pause oder zumindest ein Leisertreten zu verlangen schien. Klarheit bei der Bewältigung selbst der kompliziertesten Situationen und Probleme und außerordentliche Fähigkeit zu handeln. Der starke übernatürliche Geist half ihm, so manche Schwierigkeit und die Versuchung, bedrückt zu sein, zu überwinden, die manchmal durch seine übergroße Empfindsamkeit entstanden. Er war anderen gegenüber immer feinfühlig und empfand es als schmerzhaft, wenn die anderen ihm gegenüber weniger feinfühlig waren. Doch er konnte aufgrund einer angeborenen Großzügigkeit und eines natürlichen Bedürfnisses nach Freundschaft schnell vergessen, so wie er es auch verstand, jede herzliche, freundschaftliche Geste zu schätzen.

Da trat eine Fähigkeit hervor, die man normalerweise hinter seinen Gesten und Worten nicht vermutet hätte: die Fähigkeit zur Begeisterung, die manchmal Züge jugendlicher Frische trug und sein Gesicht mit einem Lachen erhellte. Auch wenn es nach außen hin nicht so aussah — er tat alles mit Begeisterung: aus einer natürlichen Leidenschaft und vor allem aus einem übernatürlichen Pflichtbewußtsein heraus.

Und das erklärt die Fruchtbarkeit der Ergebnisse und Leistungen, der Zuneigungen und auch der Werke, die Kardinal Samoré als Erbe hinterläßt.

5. Der Mann der Kirche

Ich merke gerade, daß ich mich von der Fülle meiner Erinnerungen habe mitreißen lassen. Wir waren bei dem Augenblick stehengeblieben, als der Kardinal das Kolleg verließ, wo er seine Formung erhalten hatte. Als junger Priester mit dem Doktorat der Theologie wurde er als Vice Pfarrer in die Pfarre San Savino in Piacenza gesandt. So begann ein Leben, das ganz der pastoralen Tätigkeit gewidmet schien. Aber bald erging ein anderer Ruf an ihn. Der Apostolische Nuntius der Baltischen Republiken, der aus Piacenza stammende Mons. Antonino Arata, suchte im Namen des Hl. Stuhls beim Diözesanbischof um ihn als Mitarbeiter an. Noch einmal sagte der Kardinal „Ja", und das war eine radikale Veränderung der Ausrichtung seiner ganzen Existenz. Die Inspiration und die besondere Charakteristik seines priesterlichen Dienstes, die den Beginn seines Amtes gekennzeichnet haben, blieben aber immer erhalten. Nur daß dieser Dienst sich nun auf ein vollkommen unerwartetes Gebiet bezog und ein vollkommen unerwartetes Ausmaß annahm. Ich werde hier nicht die einzelnen Etappen nennen. Nach Kaunas und einer kurzen Zeit in Bern folgte Rom, wo er in der damaligen Kongregation für die außerordentlichen Angelegenheiten der Kirche unter der hervorragenden Leitung Mons. Domenico Tardinis, der später Kardinal-Staatssekretär wurde, arbeitete. Es folgte eine Zeit bei der päpstlichen Delegation in Washington, und dann wurde er zum Apostolischen Nuntius in Kolumbien ernannt. Welche Spuren diese kurze, aber intensive Zeit hinterließ, können uns die Archive des Hl. Stuhls sagen. Aber auch das ihm gewidmete Viertel „Mons. Samoré" der kolumbianischen Hauptstadt Bogotà spricht davon.

1953 ist er wieder in Rom — diesmal als Sekretär der Kongregation für die außerordentlichen Angelegenheiten der Kirche, in der er ja schon lange gearbeitet hatte. Es war dies unter anderem die Zeit der ersten Generalversammlung des lateinamerikanischen Episkopats in Rio de Janeiro und der Gründung der lateinamerikanischen Bischofskonferenz (CELAM) und der päpstlichen Kommission für Lateinamerika (CAL): Lateinamerika war damals das bevorzugte Betätigungsfeld Kardinal Samorés. Er vernachlässigte jedoch auch keinen der anderen Bereiche, die ihm anvertraut waren. Der große katholische Kontinent, der von Mexiko bis in den äußersten Süden Amerikas reicht, kann jedoch zurecht Kardinal Samoré zu seinen besten Freunden und treuesten Dienern zählen, die er im Verlauf der Jahrhunderte hatte!

1967 — die Ernennung zum Kardinal. Eine weitere Phase rastloser Aktivität als Präfekt der Kongregation für die Sakramente und später als Bibliothekar und Archivar der heiligen römischen Kirche. Derjenige, der glaubt, daß der Dynamik des Kardinals bei dieser seiner letzten Aufgabe die Flügel beschnitten worden wären, der irrt.

Ganz im Gegenteil! Er arbeitete mit der gewohnten Begeisterung und brachte einen lebendigen, erneuernden Geist mit. In dieser seiner letzten Phase seines Lebens geschah es, daß die Einladung des Papstes an ihn erging, eine der vielleicht untypischsten, aber auch eine der seiner diplomatischen Formung am meisten entsprechenden Aufgabe zu übernehmen: Vertreter des Papstes bei den Vermittlungen zwischen den beiden großen Schwester-Republiken Argentinien und Chile, in der weltweit unter dem Namen Beagle-Kanal bekannten Kontroverse zu sein. Eine Mission des Friedens und der Versöhnung. Es ging um große Dimensionen und um nicht weniger große Schwierigkeiten. Der Tod ereilte unseren Herrn Kardinal, als sein Werk noch nicht vollendet war: aber doch hatte es bereits wertvolle Ergebnisse gezeitigt und vor allem den Weg vorgezeichnet, auf dem man zum wünschenswerten und erwünschten positiven Ende gelangen sollte. Die Tatsache, daß hier, wie auch bei der Beerdigung des Kardinals in Rom, Vertreter der beiden Nationen anwesend sind, ist Zeugnis für die Wertschätzung und die herzliche Dankbarkeit. Gebe es Gott, daß soviele Bemühungen so schnell wie möglich mit Erfolg gekrönt seien. Auf jeden Fall wird diese Seite des Lebens Kardinal Samorés zu den leuchtendsten Seiten der Geschichte des modernen Papsttums zählen und in die Geschichte Chiles und Argentiniens eingehen.

6. Sonstiges Wirken Samorés

Jetzt bliebe nur noch, vom Wirken Kardinal Samorés auf dem Gebiet der Caritas und der Fürsorge zu sprechen: in Rom, hier in Bardi und anderswo. Aber das würde zu weit führen. Es wäre für die hier Anwesenden großteils überflüssig: Es handelt sich ja um bekannte und in gewissem Maß gelebte Dinge. Leichter vergißt man jedoch — auch weil der Kardinal selbst nicht viel davon gesprochen hat — seine Aktivität im Bereich der Gefangenenbetreuung im Gefängnis Regina Coeli in Rom und besonders die Betreuung einiger zum Tode Verurteilter während der tristen Kriegs- und Nachkriegszeit.

All dies ist im großen Buch Gottes aufgeschrieben. Uns genüge es, dieses Kapitel zumindest gestreift zu haben. Es tröste und erbaue uns.

7. Marianischer Lobpreis

Zum Schluß möchte ich noch einmal auf die Jungfrau Maria zurückkommen. Nach ihrem Beispiel hat Kardinal Samoré es verstanden, die Einladung seines Herrn anzunehmen, der ihn zu „Großem" berufen hat. Groß war auch die Verantwortung, die er übernommen hat. Im Bewußtsein all dessen loben wir Gott für die Gaben, die er seinem Diener verliehen hat, und für die Werke, die zu vollbringen er ihm aufgetragen hat. Wir erheben unser Gebet für ihn und bitten um die göttliche Vergebung für die menschlichen Schwächen und Unzulänglichkeiten, denen niemand, auch nicht der Beste, leicht entrinnen kann. Unser letztes Wort aber muß ein Wort des Dankes, der Hoffnung und der Freude sein. Im Vertrauen auf die mütterliche Fürsprache der Madonna, der „Mater Gratiae", stimmen wir mit ihr und mit unserem unvergeßlichen Kardinal voll Freude in den Gesang ein:

„Meine Seele preist die Größe des Herrn,
und mein Geist jubelt über Gott, meinen Retter.
Denn der Mächtige hat Großes an mir getan,
und sein Name ist heilig.
Er erbarmt sich von Geschlecht zu Geschlecht
über alle, die ihn fürchten."

Amen!

WEDER VERZUG NOCH AUFSCHUB DULDEND — DAS LEBEN UND STERBEN VON GIOVANNI KARDINAL BENELLI

Mit großer innerer Bewegung ergreife ich hier in diesem festlichen Raum voll Kunst und Geschichte, wo Giovanni Kardinal Benelli seine Kathedra hatte, das Wort. Er scheint seine klaren und majestätischen Gewölbe über die Bahre zu neigen, die seine sterbliche Hülle birgt. Ich bin tief betrübt und betroffen wie die Zahl der Behördenvertreter, der Klerus und das Volk, das die Kirche füllt, und doch durchströmt von erregender Hoffnung, die sich fast in Freude verwandelt: wir haben eben das Halleluja gesungen.

Ich stehe hier im Auftrag und in Vertretung des Heiligen Vaters Johannes Paul II. Er wird morgen früh unter dem strengen Blick des barmherzigen Richters, wie ihn Michelangelo auf dem unvergleichlichen Fresko in der Sixtinischen Kapelle gemalt hat, selbst ein Requiem für den langjährigen Mitarbeiter seines Vorgängers Paul VI. und seinen Bruder im Bischofsamt dieser altehrwürdigen Erzdiözese des hl. Zanobius und des hl. Antoninus zelebrieren.

1. Gemeinsame Tätigkeit

Aber ich bin hier auch als Freund aus noch nicht allzu ferner Zeit: ich war mit eurem verstorbenen Erzbischof durch zehn Jahre gemeinsamen Dienstes für Papst Paul VI. verbunden, der von der Vorsehung die Aufgabe erhalten hatte, das soeben begonnene Zweite Vatikanische Konzil als Erbe zu übernehmen, zu Ende zu führen und dann seine Integrierung in das tatsächliche Leben einer Kirche einzuleiten, die durchdrungen war von den gewaltigen Antrieben des Geistes, aber auch bedroht von der Gefahr mystifizierender Pseudo-Erneuerung oder vom stillen Widerstand gegen das wiederbelebende Wirken des in der Geschichte seines Volkes tätigen Gottes.

Zehn Jahre intensiver Arbeit: sie folgten für ihn auf die lange Zeit im diplomatischen Dienst des Apostolischen Stuhls, als persönlicher Sekretär des Substituts im Staatssekretariat, des damaligen Mons. Giovanni B. Mon-

Predigt beim Requiem für den verstorbenen Erzbischof von Florenz, Giovanni Kardinal Benelli, im Dom von Florenz am 29. Oktober 1982.

tini, dann in den päpstlichen Vertretungen in Irland, Frankreich, Brasilien und Spanien, danach als Ständiger Beobachter des Hl. Stuhls bei der UNESCO in Paris und schließlich als Apostolischer Pro-Nuntius im Senegal. Zehn Jahre, die uns zwar auf verschiedenen, doch einander nahestehenden und vielfach miteinander verbundenen Gebieten im Einsatz sahen, in einer offenen und loyalen Dialektik von Ideen und Wertbestimmungen, die die gleiche Inspiration und die gleichen Zielsetzungen stets brüderlich und fruchtbar machten.

Dann trennten sich unsere Wege gewissermaßen, ohne daß aber darum die gefühlsmäßige Verbundenheit und die Ziele der Zusammenarbeit im Dienst der Kirche nachgelassen hätten, die sich in einem Jahrzehnt täglichen Kontaktes im väterlichen Schatten des großen Papstes gefestigt hatten, der mit sanfter und erleuchteter Festigkeit das Vorhaben vorantrieb, das sein Pontifikat so denkwürdig machen sollte.

2. Der Erzbischof

Heute vor seinem Sarg würden mich die Freundschaft und das Wissen um seine überdurchschnittlichen Begabungen und seine unbezähmbare, in einem verhältnismäßig kurzen Zeitraum von ihm entfaltete Aktivität verleiten, eine Lobrede auf ihn zu halten, die aber seinem lauteren und mitunter geradezu schroff anmutenden spröden Empfinden sicher nicht angemessen wäre.

Ich ziehe es darum vor, mich bei dem warnenden Hinweis aus dem Evangelium aufzuhalten, den wir vorhin gehört haben: „Wenn das Weizenkorn nicht in die Erde fällt und stirbt, bleibt es allein; wenn es aber stirbt, bringt es reiche Frucht" (Joh. 12, 24).

Ein geheimnisvolles Wort, das Christus auf sich selbst anwandte, um das Geheimnis der künftigen Fruchtbarkeit seines Wirkens, die wunderbare Eroberung einer Welt zu erklären, die, um zu ihm hingezogen zu werden, zuerst auf seinen Abstieg in die Tiefen der Hölle warten mußte; und um uns hinzuweisen auf das Geheimnis des fruchtbaren Wirkens seiner Jünger im Laufe der Geschichte.

Kardinal Benelli hat gezeigt, daß er das gut begriffen hat, als er dieser Erzdiözese den Pastoralbesuch ankündigte, den er ihr abstatten wollte und den der Tod auf dem halben Weg der Verwirklichung abbrach, und u. a. schrieb: „Ich schulde euch alle meine Kräfte und selbst mein Leben."

Das ist das Programm des guten Hirten: sein Leben hinzugeben für jene, die Gott seiner Sorge anvertraut hat.

3. Dienender

Von Kardinal Benelli kann man ohne Anflug von Schönfärberei sagen, daß er wirklich durch den Einsatz seiner Zeit, seiner Kräfte, seiner Gesundheit sein Leben für den Dienst der Kirche hingegeben hat.

Er hat das in den fünf Jahren seines Bischofsamtes in dieser Erzdiözese getan. Er hatte das in den zehn Jahren vom Juni 1967, als er von Papst Paul VI. zum Substituten im Staatssekretariat und ich zum Sekretär des damaligen Rates für die außerordentlichen Angelegenheiten der Kirche ernannt wurde, bis zum Juni 1977 getan, als er in das Kardinalskollegium aufgenommen und ihm die Ausübung eines Amtes aufgetragen wurde, das seiner Ausbildung eher fremd scheinen konnte, das aber ganz dem tiefen Streben seines priesterlichen Herzens entsprach.

Wer ihn in jenen zehn Jahren kennenlernte, hatte tatsächlich den Eindruck, daß er das Wort des Evangeliums wortwörtlich auf sich anwenden wollte: „Wer sein Leben in dieser Welt gering achtet, wird es bewahren bis ins ewige Leben" (Joh. 12, 25).

4. Der Mensch

Seine Begeisterung und Bereitschaft zur Arbeit kannte weder Maß noch Grenzen und war so groß, daß es wirklich den Anschein haben konnte, er verachte, was normalerweise das Dasein etwas weniger belastend und bequemer mache: Erholung, Zerstreuung, Ausspannen nach pausenlosem Arbeitseinsatz.

Es fehlte natürlich nicht an Stimmen, die das dem Ehrgeiz oder Machtstreben zuschrieben. Aber dieser Sarg — der ihn aufnahm, als weder besonderer Ehrgeiz und schon gar nicht Machtdurst Kardinal Benelli hätten verleiten können, seine Gesundheit und sein Leben dermaßen zu vernachlässigen — überzeugt uns, daß es eine ganz andere Kraft gewesen ist, die ihn antrieb und unterstützte in seinem Dienst als hoher Verantwortlicher der Römischen Kurie ebenso wie als Bischof.

Er hatte einen ausgeprägten „Sinn für die Kirche". Er bemühte sich, ihre Situation, ihre Probleme kennenzulernen und nach einer geeigneten Lösung für sie zu suchen. Und wenn ihn sein Gewissen auf den Weg hinwies, dem zu folgen er für richtig hielt, erwies er sich als beharrlich bis zur Unbeugsamkeit.

Auch wer in bestimmten Fällen seine Urteile und seine Schlußfolgerungen nicht zu teilen vermochte, konnte deren hohe Inspiration und Aufrichtigkeit nicht verkennen, die verbunden waren mit einer Schärfe der Analyse und einer Kraft der Beweisführung, die nicht geringer waren als die Willenskraft, mit der der verstorbene Kardinal diese Beweise zu unterstützen vermochte.

Sein Interesse für die allgemeinen Probleme der Kirche, besonders auf nationaler Ebene, hinderte ihn natürlich nicht daran, seine Bemühungen als Bischof dieser seiner Erzdiözese zu widmen, in die ihn das Zeugnis Pauls VI. begleitete: „Mit Fleiß hat er unseren Willen ausgeführt, ohne Zeit und Kräfte zu sparen, ununterbrochen, unermüdlich. Und auch wenn es uns viel gekostet hat, uns seiner Mitarbeit zu berauben, so haben wir an das Wohl gedacht, das der Kirche von Florenz dadurch zukommen wird, der wir seine Begabungen, seine Entsagungs-, seine Opferbereitschaft zum Geschenk machen."

Ihr Florentiner habt seinen Schwung und seine zähe Ausdauer, seinen klaren Verstand und sein selbstloses Herz, seinen glühenden Eifer und sein unermüdliches Wirken kennengelernt, das ihm neben seiner Sorge als Bischof auch die Teilnahme an den Arbeiten der römischen Dikasterien erlaubte, denen er als Mitglied angehörte.

Besser als ich könnt ihr eine Bilanz der fünf intensiven Jahre seines bischöflichen Dienstes unter euch (auf Diözesanebene, in den Pfarreien, mit den Ordensgemeinschaften und Institutionen, in den persönlichen Beziehungen zu den Priestern, den Laien und ihren Organisationen) zu ziehen versuchen, eine Aufstellung der Initiativen, die von ihm ergriffen oder von ihm unterstützt, ermutigt und gefördert wurden.

Seine starke Konstitution wurde in diesem Feuer verzehrt: er schien dem überhaupt keine Beachtung zu schenken und noch weniger sich zu schonen.

Er hat sein Leben so beendet, wie er es gelebt hatte: rasch, mit Entschiedenheit, weder Verzug noch Aufschub duldend.

Die allgemeine Welle der Trauer, der Hochachtung, des Schmerzes und der Zuneigung, mit der ihr seine sterbliche Hülle umgebt, gleicht eher einem Triumph und erinnert an den begeisterten Empfang an jenem vierten Juli vor fünf Jahren, als er — das habe ich noch in lebendiger Erinnerung — seinen feierlichen Einzug in diese großartige Kathedrale von S. Maria del Fiore hielt.

5. *Eine Spur in der Geschichte*

Und gewiß erinnert ihr euch an das, was der neue Erzbischof euch bei dieser Gelegenheit sagte: „Ich habe euch nichts anderes zu geben als viel Liebe. Gott hat euch mir anvertraut, und ich nehme euch aus seinen Händen an, um euch mit allen meinen Kräften zu lieben."

Nein! Kardinal Benelli hatte seiner Kirche natürlich nicht nur Liebe anzubieten: seine Diözesanen wußten das und konnten sich mehr und mehr davon überzeugen, je schneller die Tage, die Monate seines Episkopates in ihrer Mitte dahingingen. Aber er war ehrlich genug, es auszusprechen; und Liebe blieb die Triebfeder seines Handelns.

Eine Liebe, der es vielleicht an gewissen äußeren, seinem Charakter fremden Bekundungen fehlte, die aber stark und ehrlich war und nicht mit Worten, sondern mit Taten bezeugt wurde; bestätigt heute von seinem höchsten Opfer.

Aus einem geradezu fieberhaften Wirken im Dienst der Kirche ist er jetzt in den feierlichen Frieden des Todes eingegangen.

Sein durch schweres Leiden geläuterter Geist ist vor Gottes Gericht erschienen. Wir begleiten ihn mit unserem brüderlichen Gebet.

Sein Andenken wird kaum in Vergessenheit geraten: Kardinal Benelli ist eine jener Gestalten, die in der Geschichte eine Spur hinterlassen. Neben dem Namen Papst Pauls VI. wird untrennbar der Name dessen in Erinnerung bleiben, der ihm so sehr und so lange nahestand als einer der bekanntesten und eifrigsten Mitarbeiter des großen Papstes, um dann von diesem zum Vater und Oberhirten der Erzdiözese Florenz eingesetzt zu werden.

Wie alle Menschen von starker Willens- und Entschlußkraft, besonders in Zeiten — auch wohltuender — Spannungen und Gegensätze, wird er auch in Zukunft leicht Zielscheibe widersprechender Urteile und verschiedener Gefühle sein.

Jeder wird sich jedoch ehrfurchtsvoll vor diesem echten Mann der Kirche verneigen müssen: offen, wie die Kirche offen ist, auch für alles, was den Menschen berührt, interessiert, bedroht: Völker, soziale Stände, Familien, Einzelne.

6. Fortdauernde Wertschätzung

Wir, die wir ihn aus nächster Nähe gekannt haben, verbinden mit der Achtung und Wertschätzung die Liebe von Freunden: so wie er, auch wenn er von der unaufhörlichen Spirale von Arbeit und Sorge erfaßt wurde, es auch uns gegenüber war.

Der Dank derer, die seine geistigen Kinder waren, möge nie verlöschen. Die Lehre seines Lebens möge nie in Vergessenheit geraten: das Leben ist ein Talent, das mit absoluter Treue und in vollkommener Entsagung, im Dienst an Gott und den Brüdern eingesetzt werden soll; worauf es vor Gott und auch vor den Menschen ankommt, ist die Echtheit und Intensität der Liebe; daß das Ziel unseres Lebens, unseres Handelns, unseres Leidens die Begegnung mit Christus am Ende unseres Erdenweges ist, um von Ihm in jene himmlische Stadt aufgenommen zu werden, wo, wie sich der hl. Augustinus ausdrückt, „die Wahrheit regiert, das Gesetz die Liebe ist, das Maß die Ewigkeit" (Epist. 138, 17).

Um dieses Ziel zu erreichen, um wirklich unser Leben sicherzustellen, muß man es verlieren: so wie das Weizenkorn stirbt und in der Erde vergeht, um reichlich Frucht zu bringen.

Und reiche Frucht für sich und für die anderen hat der Bischof, der Mitbruder, der Freund Kardinal Benelli gebracht: bereits in seinen intensiven Erdentagen und — das ist unsere Hoffnung, darum beten wir — in jenem unvergänglichen Leben im Hause des Vaters.

PAPSTAMT UND BISCHOFSKOLLEGIALITÄT

1. Kardinal Höffner — der Vater

Am gestrigen Samstag, dem Vorabend des Festes des Heiligen Familie, beging die Erzdiözese Köln in einer großen Familienfeier den 80. Geburtstag ihres geliebten Oberhirten. In der Lesung der heutigen Festmesse aus dem Buch Jesus Sirach befiehlt der Herr ausdrücklich den Kindern, „ihren Vater zu ehren". Die christliche Tradition und das Zweite Vatikanische Konzil berechtigen uns, diese Worte auch auf unseren hohen Jubilar anzuwenden. Sie verdeutlichen nämlich das Verhältnis des Bischofs zu seinem Bistum durch den Vergleich mit einem Hausvater.

An dieser Freude der Bistumsfamilie und an der Ehrung ihres Erzbischofs Joseph Kardinal Höffner, den schon als Professor seine Studenten in besonderer Wertschätzung „Vater Joseph" genannt haben, beteiligt sich heute die ganze Kirche in Deutschland zusammen mit zahlreichen hohen Vertretern aus Staat und Gesellschaft. Die glückliche Fügung will es, daß uns das heutige Festevangelium gerade vom großen Namenspatron unseres Jubilars, dem hl. Joseph, berichtet und — wie mir scheint — uns durch dessen Verhalten einen Zugang zum Geheimnis des Lebens und Wirkens des Herrn Kardinals selbst eröffnet, mit dem zusammen wir in dieser Stunde in Dankbarkeit auf ein langes und gesegnetes Leben im Dienst Jesu Christi und der Kirche zurückblicken.

Zweimal erhält der hl. Joseph durch einen göttlichen Anruf eine konkrete Anweisung für seinen sorgenden Dienst als Haupt der Heiligen Familie. Zweimal bemerkt der Evangelist gleichlautend: „Da stand Joseph auf ...", und er führt unverzüglich aus, was ihm der Engel aufgetragen hatte. Es könnte uns fast wie ein Kommentar zu diesem Verhalten Ihres Namenspatrons erscheinen, was Sie, lieber Herr Kardinal, bei der Feier Ihres 75. Geburtstages als eine der wichtigen Erfahrungen Ihres eigenen langen Lebensweges bezeichnet haben, nämlich: „Es ist richtig, nicht selber Vorsehung spielen zu wollen, sondern den Ruf auf sich zukommen zu lassen, dann aber nicht zurückzuweichen."

Predigt aus Anlaß des 80. Geburtstages des Erzbischofs von Köln, Joseph Kardinal Höffner, im Dom zu Köln, 28. Dezember 1986.

2. *Kardinal Höffner — der Bischof*

Wir sind heute hier im Hohen Dom von Köln zur festlichen Eucharistiefeier versammelt, um gemeinsam Gott zu danken, daß er unseren Mitbruder in all den Jahren mit seiner Gnade so gütig geführt und in solch geistiger und körperlicher Frische bis zu diesem Tag geleitet hat. In unbeirrbarer Treue zum Rufe Gottes ist der Christ, Priester und Bischof Joseph Höffner wie sein heiliger Namenspatron viele Male aufgebrochen, um immer neue und verantwortungsvollere Aufgaben in Kirche und Gesellschaft zu übernehmen, die ihm in Anerkennung seiner außergewöhnlichen menschlichen, geistigen und priesterlichen Fähigkeiten von verschiedenen Seiten angeboten wurden.

Unsere dankbare Verehrung gilt heute dem Oberhirten einer der größten Diözesen der Kirche, der sein Bistum seit vielen Jahren nach dem Beispiel des Guten Hirten leitet; dem mutigen Glaubenszeugen, der „gelegen oder ungelegen" die unverkürzte Frohbotschaft Jesu Christi verkündet, der unerschrocken für die Wahrung der sittlichen Grundwerte in Staat und Kirche eintritt und dem der Schutz der Familie und des geborenen und ungeborenen Lebens ein vordringliches Herzensanliegen ist. Unsere Verehrung gilt dem langjährigen Vorsitzenden der Deutschen Bischofskonferenz, der sich durch sein entschlossenes Eintreten für die Sendung der Kirche in der Welt von heute, für die gerechten Belange der Menschen, für Frieden und Gerechtigkeit unter den Völkern und durch die großzügigen Hilfeleistungen der deutschen Katholiken, die er so würdig vertritt, über alle konfessionellen und geographischen Grenzen hinaus Achtung und Anerkennung erworben hat. Sie gilt ebenso dem verdienten Kardinal, der durch seine unermüdliche Mitarbeit in zahlreichen Ämtern und Initiativen des Heiligen Stuhls wichtige Anliegen des Heiligen Vaters und der Weltkirche mit seinem erfahrenen Rat und seiner stets großzügigen Hilfsbereitschaft tatkräftig unterstützt. Ich persönlich war bei vielen solchen Begegnungen, Gesprächen und Beratungen oft Zeuge seiner großen Sachkompetenz und der hohen Wertschätzung, deren sich Kardinal Höffner im Kardinalskollegium und im Weltepiskopat erfreut.

Der Heilige Vater hat Ihnen, lieber Herr Kardinal, schon zur Feier Ihres Goldenen Priesterjubiläums geschrieben: „Gott hat Dir große Gunst erwiesen und durch Deinen Dienst auch der ganzen Kirche". Er hat mich beauftragt, den Ausdruck seiner besonderen brüderlichen Verbundenheit und seinen tiefempfundenen Dank auch in diese Feier mit einzubringen, den er Ihnen für Ihr beispielhaftes bischöfliches Wirken und für Ihre verantwortungsbewußte und umsichtige Weise, in der Sie als Vorsitzender die Deutsche Bischofskonferenz leiten, entgegenbringt. Der Dank des Heiligen Vaters ist durch Sie zugleich auch ein Dank an Ihre Bischofskonferenz und an die ganze Kirche in Ihrem Land.

3. *Die Bischofskonferenzen*

Die Außerordentliche Bischofssynode, die der Heilige Vater im vergangenen Jahr zwei Jahrzehnte nach dem Abschluß des Zweiten Vatikanischen Konzils nach Rom einberufen hatte, gab in ihrem Abschlußdokument die nachfolgende Empfehlung: „Da die Bischofskonferenzen so nützlich, ja notwendig für die Seelsorgetätigkeit der Kirche von heute sind, soll man ihren theologischen Ort untersuchen und besonders die Frage ihrer Lehrautorität klarer und tiefer entfalten." Wir erkennen dankbar an, daß sich die theologische Forschung in den letzten Jahren verstärkt mit dem Fundament, das die Bischofskonferenzen in der Glaubenslehre haben, beschäftigt hat. Sie hat sich besonders mit einem Themenkreis befaßt, der für die Bischofskonferenzen und darüber hinaus für die gesamte Kirche von Bedeutung ist, und zwar die Kollegialität der Bischöfe innerhalb der Communio-Struktur der Kirche, die in den Konzildokumenten so eindrucksvoll herausgestellt wird.

4. *Papstamt und Bischofsamt*

Was bedeutet der Gedanke der Communio? Im Apostolischen Glaubensbekenntnis beten wir: „Ich glaube an den Heiligen Geist, die heilige katholische Kirche, Gemeinschaft der Heiligen ...". Mit „Gemeinschaft der Heiligen" ist ein vielschichtiges Bekenntnis ausgesprochen. Ursprünglich ist wohl darunter die gemeinsame Anteilnahme aller Christen, die zur heiligen katholischen Kirche gehören, an den Sakramenten der Taufe und der Eucharistie gemeint; an jenen Sakramenten also, die die Kirche aufbauen. Die Taufe ist das Eingangstor zum sakramentalen Leben der Kirche und die Eucharistie die Quelle und der Höhepunkt des christlichen Lebens (vgl. LG 11). Durch die Taufe der Einzelnen wird die Gemeinschaft der Kirche am Ort grundgelegt. Diese Gemeinschaft findet in der gemeinsamen Feier der Eucharistie ihren vollkommensten Ausdruck.

Allerdings muß sich die Kirche am Ort mit allen anderen Ortskirchen, die ebenfalls an der einen Taufe und der einen Eucharistie teilhaben, in Gemeinschaft befinden. Sichtbares Zeichen für diese Gemeinschaftsstruktur der Kirche ist das Papstamt und das Bischofsamt. „Der Bischof von Rom ist als Nachfolger Petri das immerwährende, sichtbare Prinzip und Fundament für die Einheit der Vielheit von Bischöfen und Gläubigen. Die Einzelbischöfe hinwiederum sind sichtbares Prinzip und Fundament der Einheit in ihren Teilkirchen, die nach dem Bild der Gesamtkirche gestaltet sind" (LG 23). Zur Communio, zur Gemeinschaft der Kirche, gehört gleichermaßen Einheit und Vielheit. Diese Gemeinschaft weist zugleich über ihre Grenzen hinaus. Die Kirche ist Zeichen und Werkzeug der Einheit der ganzen Menschheit, in der die Gegensätze nicht einfach aufgehoben, sondern in einer neuen gerechten

Ordnung der Liebe versöhnt werden sollen. Damit ist auch der Weg beschritten, der nach dem Willen Jesu Christi hinführt zum eschatologischen Gottesvolk, das im Reich Gottes vereint wird. Die Gemeinschaft der Kirche ist schon jetzt im tiefsten Abbild der dreifaltigen Gemeinschaft von Vater, Sohn und Heiligem Geist. Nach einem berühmten Wort des Kirchenvaters Cyprian von Karthago, das das Konzil in seine Dokumente aufgenommen hat, erscheint die ganze Kirche als „das von der Einheit des Vaters und des Sohnes und des Heiligen Geistes her geeinte Volk" (vgl. LG 4).

5. Kollegiales Handeln

Diese hier nur kurz angedeutete Communio und Gemeinschaftsstruktur der Kirche bildet den Rahmen für die Kollegialität der Bischöfe. Wer die Geschichte des Zweiten Vatikanischen Konzils etwas verfolgt hat, der weiß, daß die Lehre von der Kollegialität zu den auf dem Konzil am meisten erörterten Themen gehört: Das Fundament der Kollegialität der Bischöfe ist das Sakrament der Bischofsweihe. Deshalb ist sie Ausdruck einer sakramentalen Gemeinschaft. Nach der Lehre des Konzils kommt dem gesamten Episkopat mit seinem Haupt, dem Bischof von Rom, die höchste und volle Gewalt über die ganze Kirche zu. Auf anderer Ebene, von nicht gleicher Tragweite, heißt es dann in der Dogmatischen Konstitution „Lumen gentium", daß in unserer Zeit „die Bischofskonferenzen vielfältige und fruchtbare Hilfe leisten können, um die kollegiale Gesinnung zu konkreter Verwirklichung zu führen" (LG 23). Durch die Bischofskonferenzen können „die Bischöfe eines bestimmten Landes oder Gebietes ihren Hirtendienst gemeinsam ausüben" (CD 38).

Solche Gemeinschaft und gemeinsames Handeln sind erforderlich, schon weil in der heutigen Zeit die Bischöfe, wie das Konzil weiter betont, ihr Amt oft nur dann angemessen und fruchtbar ausüben können, wenn sie ihr Wirken mit anderen Bischöfen immer enger gestalten und miteinander abstimmen. Sie sollen sich zu bestimmten Zeiten treffen, damit durch gegenseitigen Erfahrungsaustausch und gemeinsame Beratungen „ein heiliges Zusammenwirken der Kräfte zum gemeinsamen Wohl der Kirche zustande kommt" (CD 37). Durch die Bischofskonferenz soll der einzelne Bischof nicht als der authentische Künder und Lehrer des Glaubens ersetzt werden. Ihm obliegt nach wie vor diese unvertretbare Aufgabe. Dennoch haben die Bischofskonferenzen im Leben der Ortskirchen eine vitale Bedeutung. Sie sind nicht nur rein pastorale Beratungsgremien und -organe, sondern üben auch de facto eine bedeutende Lehrtätigkeit aus.

6. Die Vorbildfunktion der Deutschen Bischofskonferenz

Während in den meisten Ländern die Bildung nationaler Bischofskonferenzen eine der kostbaren Früchte des Zweiten Vatikanischen Konzils ist, hatte die entsprechende Entwicklung in Deutschland schon lange vorher eingesetzt. Die Anfänge der Deutschen Bischofskonferenz reichen bekanntlich bis in die Mitte des 19. Jahrhunderts zurück. Auf der Grundlage und im Geist des Konzils hat aber auch die Tätigkeit Ihrer Bischofskonferenz in den zwei letzten Jahrzehnten an Umfang und Bedeutung beachtlich zugenommen und nimmt im heutigen Leben der Kirche mit den beiden jährlichen Vollversammlungen und ihren vielfältigen Einrichtungen und Initiativen einen nicht mehr wegzudenkenden Platz ein. Ihre Verlautbarungen zu Fragen der Glaubens- und Sittenlehre, zu Frieden und Gerechtigkeit in der Welt finden weit über die Grenzen Ihres Landes hinaus große Aufmerksamkeit und Beachtung. Von besonderer Fruchtbarkeit sind die Kontakte der jeweiligen Experten mit den zuständigen Stellen in Staat und Gesellschaft, wodurch die Kirche sich maßgeblich an der rechtmäßigen und menschenwürdigen Gestaltung des sozialen und öffentlichen Lebens in Ihrem Land beteiligt.

Anerkennend erwähnen möchte ich in diesem Zusammenhang auch die Mitverantwortung, die die Deutsche Bischofskonferenz für die großen Anliegen der Weltkirche übernommen hat. Durch Besuche, geistliche und materielle Hilfe haben die deutschen Bischöfe immer wieder die Kollegialität im Weltepiskopat gefördert und gestärkt. Dankbar erinnere ich ferner an die ökumenischen Kontakte und Gespräche, die wichtige Dokumente zur Kirchengemeinschaft hervorgebracht haben. In dem Land, in dem Martin Luther gelebt und gewirkt hat, hat die betreffende Bischofskonferenz für die Förderung der Einheit der Christen eine besondere Verantwortung. Das ersehnte Ziel ist, wie die Bischofssynode 1985 erneut unterstrichen hat, daß die leider nur unvollkommen bestehende Gemeinschaft zwischen der katholischen Kirche und den anderen christlichen Kirchen und Gemeinschaften durch Gottes Hilfe und durch unser aufrichtiges gemeinsames Bemühen zur vollen Einheit im Glauben heranreife.

7. Kardinal Höffner — Vorsitzender der Deutschen Bischofskonferenz

Wenn ich, liebe Brüder und Schwestern, bei der heutigen Feierstunde mit Dank und Anerkennung des verdienstvollen Wirkens der Deutschen Bischofskonferenz gedenke, so würdige ich damit in besonderer Weise zugleich das kraftvolle und freimütige Wirken ihres derzeitigen Vorsitzenden, des Kölner Erzbischofs Joseph Kardinal Höffner. Es sind zehn Jahre her, daß Sie, lieber Herr Kardinal, nach dem plötzlichen Tod des unvergessenen Kardinals Julius Döpfner dieses hohe Amt übernommen haben und es seither mit Umsicht und großem Geschick wahrnehmen. Ihre Mitbrüder in der Bischofskonferenz schätzen besonders Ihren brüderlichen und kollegialen Führungsstil und haben dieses auch immer wieder zum Ausdruck gebracht. Mit ihnen allen zusammen sind wir heute anläßlich der glücklichen Vollendung Ihres 80. Lebensjahres hier im Hohen Dom, in Ihrer Bischofskirche, versammelt, um Ihr so überreiches Lebenswerk im Dienst der Kirche in der gemeinsamen Eucharistiefeier Gott dankbar anzuempfehlen. Möge sich für Sie, sehr verehrter, lieber Herr Kardinal, der Segenswunsch des Psalmisten in der heutigen Messe auf Ihrem weiteren Lebensweg mit Gottes Hilfe erfüllen:

> „Wohl dem, der den Herrn fürchtet und auf seinen Wegen geht.
> Den Ertrag deiner Hände kannst du genießen:
> wohl dir, es wird dir gut ergehen.
> Es segne dich der Herr von Zion her,
> daß du das Glück Jerusalems schaust dein Leben lang!"

Von Herzen erbitten wir Ihnen vom Herrn, dem Geber alles Guten, noch viele gesunde Jahre und die Fülle der Gaben des Heiligen Geistes im Dienste Jesu Christi, des Guten Hirten und Ewigen Hohenpriesters, zur größeren Ehre Gottes und für das Kommen seines Reiches unter den Menschen. Amen.

V. Zur Person

RÜCKBLICK AUF SIEBZIG LEBENSJAHRE

Ich muß bekennen, daß mir nach so vielen Lebensjahren noch etwas von der einfachen Denkweise des jungen Menschen geblieben ist. Ich hatte mir nämlich vorgestellt, daß ein so unbedeutendes Datum wie mein siebzigster Geburtstag — abgesehen von einigen engeren Bekannten — für die meisten unentdeckt vorübergehen würde.

1. Danksagung

Ich hatte dabei aber nicht mit der großen Zahl und dem Dynamismus der Freunde aus diesem doch langen Zeitraum gerechnet. Was den Dynamismus angeht, so hat Herr Professor Dr. Herbert Schambeck, Stellvertretender Vorsitzender des Österreichischen Bundesrates, sich nicht nur wiederholen, sondern sogar übertreffen wollen. Er hat sich nicht nur selbst engagiert, sondern auch eine Reihe von geschätzten Persönlichkeiten dazu gewonnen, sich an dieser breiten Initiative zu beteiligen, deren Frucht mir heute dargeboten wird.

Von einer solchen Initiative hatte ich bisher nur in fernen Andeutungen vernommen, die ich aber nicht hatte vertiefen wollen. Das Geheimnis ist gut gewahrt geblieben; so ist meine Überraschung aufrichtig, wenn ich heute einen Band dieses Umfanges entgegennehme, der reich ist an so vielen hervorragenden Namen und an Beiträgen von solch hoher Qualität. Nicht weniger aufrichtig ist meine Dankbarkeit — und auch meine Verlegenheit — für diese Ehrung, die bei weitem übersteigt, was ich verdient zu haben meine, und die meine schuldige Zurückhaltung in einem gewissen Maße auf die Probe stellt.

Aber der Freundschaft kann man viel verzeihen; und der Freundschaft muß ich zweifellos diese außerordentliche Gabe zurechnen.

Mein Dank geht an Herrn Professor Dr. Schambeck und an alle, die dabei mit ihm zusammengewirkt haben, an alle, die so freundlich waren, ihren Namen und ihre Feder für diese Festschrift zur Verfügung zu stellen.

Ansprache aus Anlaß der Präsentation der Festschrift „Pro Fide et Iustitia" zum 70. Geburtstag von Kardinalstaatssekretär Agostino Casaroli. Rom, Hotel Columbus, 7. Dezember 1984.

Es sei mir gestattet, ein besonderes Gedenken auch dem verehrten Herrn Professor Dr. Johannes Broermann zu widmen, der — wie mir berichtet wurde — noch in den letzten Tagen seines Lebens sich um die Herausgabe dieses Bandes gekümmert hat. Der Witwe, Frau Friedel Broermann, möchte ich noch einmal meine tiefe Anteilnahme an ihrem Schmerz bekunden und sie und ihre Familie meines Gebetes versichern.

2. Rückblick

Die Vollendung von siebzig Lebensjahren lädt zum Nachdenken ein, besonders wenn man sich — wie ich — an die bekannten Worte des Psalmisten erinnert: „Unser Leben währt siebzig Jahre; für die Robusteren kann es achtzig währen" (Ps 90, 10). Es ist wohl wahr, daß heute die Altersmedizin fortwährend darum bemüht ist, jene Bedingungen für Leben und Gesundheit zu verbessern, auf denen die Vorhersagen des Psalmisten über das Lebensalter des Menschen seiner Zeit gründeten. Aber auch siebzig Jahre sind auf jeden Fall schon eine gute Zeitspanne, zum Guten wie zum Bösen.

Gewiß darf ich Ihnen hier meine Gewissenserforschung ersparen; sie hätte ja für Sie nicht das gleiche Interesse wie für mich. Um aber die Freundlichkeit, die mir hier zuteil wird, in etwa zu erwidern, möchte ich gleichwohl mein Herz öffnen für ein vertrauliches Wort, das mir das freundschaftliche Klima dieser Begegnung zu erlauben scheint. Mehr als um ein Bekenntnis handelt es sich um eine Erinnerung, die mir bei dieser Gelegenheit in den Sinn kommt.

So möchte ich zum Beispiel kurz darauf hinweisen, wie die entscheidenden Wendungen in meinem beruflichen Leben meist nicht von einer Wahl meines Willens bestimmt worden sind.

Nachdem ich mit der Illusion nach Rom gekommen war, mich dem Studium und Lehramt der Philosophie widmen zu können, bin ich geradewegs, und ohne mir dessen recht bewußt zu werden, an den Ufern der Diplomatie gelandet.

Wie meine Kollegen von der Päpstlichen Diplomatenakademie dazu bestimmt, im Dienst der verschiedenen päpstlichen Vertretungen die Welt zu bereisen, hat mich eine gewisse Schwäche meiner Gesundheit zu einem anderen Dienst geführt, nämlich zum Staatssekretariat seiner Heiligkeit — ohne deshalb davor bewahrt geblieben zu sein, später mehr als erwartet reisen zu müssen.

Nachdem ich zwanzig Jahre lang für den lateinamerikanischen Bereich gearbeitet hatte, erweiterte die Ernennung zum Untersekretär der damaligen Kongregation für die außerordentlichen Angelegenheiten der Kirche im Jahre 1961 natürlich meinen Arbeitsbereich beträchtlich; zugleich aber bildete sie die Voraussetzung für die Anweisung von Papst Johannes XXIII. im Mai 1963, mich zunächst nach Budapest und dann nach Prag zu begeben und so den Anfang zu setzen für eine intensive Periode von Kontakten und Gesprächen mit den Regierungen der verschiedenen Länder Osteuropas. Gegenstand dieser Tätigkeit waren die Situation der Kirche und ihre Beziehungen zu den jeweiligen Staaten. Mehr möchte ich jetzt nicht sagen zu diesen Seiten des nunmehr schon recht umfangreichen Buches meines Lebens, das mir die Vorsehung geschenkt hat.

Selbstverständlich war die Ernennung zum Sekretär des Rates für die öffentlichen Angelegenheiten der Kirche und dann zum Kardinalstaatssekretär ebenfalls nicht meine Wahl; diese verdanke ich der Güte von Papst Paul VI. und dann der Hochherzigkeit von Papst Johannes Paul II., denen mein herzliches und dankbares Gedenken gilt.

3. Maßstäbe

In diesem langen und vielfältigen Dienst habe ich mich, so glaube ich, stets von einigen grundlegenden Kriterien leiten lassen:

— Vor allem eine diplomatische Aktivität, aufgefaßt als priesterlicher Dienst für die Kirche — besonders dort, wo diese größere Probleme hat und mehr Schwierigkeiten erfährt — wie auch für die Menschheit.

— Dann eine absolute Treue zu den Päpsten, die mich zur ehrenvollen Aufgabe, ihr Mitarbeiter zu sein, berufen haben, wobei ich ihnen freimütig und redlich meine bescheidene Meinung eröffnet und dann ihre Anweisungen gewissenhaft ausgeführt habe.

— Weiter eine tiefe Liebe für die Sache des Friedens und die Zusammenarbeit unter den Nationen und auch innerhalb der Völker selbst, getragen von der Überzeugung, daß es sich hierbei um eine moralische Verpflichtung und um eine Notwendigkeit handelt für das Überleben der Menschheit heute; eine Liebe und Überzeugung, die stets inspiriert waren von den Worten und Taten der Päpste, denen ich gedient habe und diene. Sie haben auch immer die Bedingungen hervorgehoben — Gerechtigkeit, Liebe, Achtung der Rechte der Menschen und Völker —, ohne die Frieden nicht möglich ist; und ich bin ihnen und der Vorsehung dankbar, mir die Gelegenheit gegeben zu haben, zum Wirken des Heiligen Stuhles in so wichtigen Vorgängen meinen bescheidenen Beitrag zu leisten.

— Schließlich das Vertrauen zum Dialog als Leitlinie und vornehmster Methode, nicht nur um dem Frieden zu dienen, sondern auch, um die Wirkung und die Ergebnisse der diplomatischen Tätigkeit günstig zu beeinflussen. Die Päpste Paul VI. und Johannes Paul II. haben die Eigenschaften und Bedingungen des wahren Dialogs klar dargestellt:

Festigkeit in der Wahrheit und in der Verteidigung der Rechte, Achtung vor den Personen.

4. Wahrheit und Liebe

Darf ich Ihnen zum Abschluß eine ganz persönliche Erinnerung hierzu mitteilen?

Zum Abschluß der Verhandlungen für die Unterzeichnung der Übereinkunft mit der ungarischen Regierung im September 1964 wollte der Leiter der Regierungsdelegation einige freundliche Worte an die vatikanische Delegation richten. Als er seine Wertschätzung für die vatikanische Diplomatie ausdrückte, fügte er mehr oder weniger folgendes hinzu: Von dieser Diplomatie haben wir im besonderen gelernt, wie man auch unangenehme Dinge sagen kann, ohne zu beleidigen. Das war offensichtlich ein Kompliment, und so antwortete ich ein wenig im Scherz, daß es mir lieber gewesen wäre, lauter angenehme Dinge zu sagen, wenn auch ausgesprochen mit weniger angenehmen Worten. Ich muß immer wieder an jene Worte denken: jetzt nicht mehr so sehr ein Kompliment, sondern eher eine Mahnung! Wird der Vertreter des Heiligen Stuhles und der Kirche nicht durch sie in seltsamer Weise an den lapidaren Ausdruck des heiligen Paulus erinnert: Veritatem facientes in caritate — die Wahrheit tun in der Liebe!

Ich danke für Ihre Geduld und bitte um Verzeihung, wenn ich diese ein wenig mißbraucht haben sollte.

Und noch einmal mein herzlicher Dank an alle „Schuldigen" — angefangen beim unermüdlichen Herrn Professor Schambeck — für die unverdiente Ehre, die mir zuteil geworden ist; Dank an alle, die mich hier durch ihre Anwesenheit beehren.

PRIESTER UND STAATSSEKRETÄR

Wenn es nicht zu kühn wäre, und wenn es nicht wenig ehrfürchtig erscheinen würde, würde ich heute gerne jene Worte wiederholen, die Jesus beim Letzten Abendmahl, dem letzten Paschamahl des Alten und dem ersten des Neuen Testamentes, gesprochen hat:

„Desiderio desideravi hoc Pascha manducare vobiscum".

Aber eigentlich möchte ich am 50. Jahrestag meiner Priesterweihe niemand belästigen, am allerwenigsten jene, die mir am nächsten stehen und am teuersten sind.

1. Das Geschenk des Priestertums

Ich möchte sie lediglich um die Güte bitten, mich auch bei der Bitte um Vergebung mit einem Gebet zu begleiten. Die Bitte um Vergebung ist aber nicht wichtiger als der Dank, denn ich bin überzeugt, daß Gottes Güte viel größer ist als unser Fehlen und daß es wichtiger ist, für die Geschenke, die er uns macht, vor allem für ein so großes, wie es das Priestertum ist, zu danken, als um Vergebung zu bitten für die Unzulänglichkeiten, die bei der Ausübung dieses Amtes vorgekommen sein können und ganz gewiß vorgekommen sind. Ich bitte also meine Freunde um ihr Gebet für die Gegenwart und für das, was der Herr mir noch an Zukunft gewähren will. Aber es war wirklich unmöglich, der Freundlichkeit, Aufmerksamkeit und Herzlichkeit so vieler Menschen, die mehr oder weniger mit mir verbunden sind, zu widerstehen.

Und gewiß ist mir — nach meinen Verwandten — niemand näher als ihr, meine lieben Freunde, und ich fühle auch niemand näher als euch, die Ihr mit mir zusammen eine einzige Familie bildet, eine Familie, in der man arbeitet und dient.

Und da ich euch ja auf jeden Fall belästigen hätte müssen, äußerte ich den Wunsch, dies auf diese Weise zu tun: durch eine uns vorbehaltene Begegnung, durch die Konzelebration und die Teilnahme am Leib und am Blut des Herrn.

Predigt anläßlich des 50jährigen Priesterjubiläums. Vatikan, Sixtinische Kapelle, 30. Mai 1987.

Ich werde vor allem über das Priestertum sprechen, aber ich glaube, daß alles, was man über dieses Geschenk sagen kann, in gewisser Weise auch auf jene anwendbar ist, die das Geschenk des Priestertums nicht empfangen haben, aber am universellen Priestertum aller Getauften und Gefirmten teilhaben. Das ist ein großes Geschenk, das große Verantwortung nach sich zieht.

Und ich frage mich, aber ich glaube, jeder von euch, liebe Freunde, kann sich das selbst fragen: Was habe ich aus diesem Geschenk gemacht? Was haben wir damit gemacht, die wir ein scheinbar von der Bürokratie bestimmtes Leben führen, ein Leben, das also nicht direkt verbunden ist mit dem heiligen Dienst, wie dies bei einem Pfarrer, bei einem Bischof der Fall ist. Wie haben wir unser Amt ausgeübt? Wie können und müssen wir es ausüben? Es ist gewiß eine sehr schöne Tradition der ganzen Kurie, des Sekretariates und des Rates, daß die Mitglieder dieser bürokratischen Einrichtungen dennoch — je nach ihren Möglichkeiten — mehr oder weniger Raum finden, um als Priester oder engagierte Laien, als Ordensmänner und Ordensfrauen diesen heiligen Dienst direkt auszuüben: z. B. mit den Jugendlichen, mit den alten Menschen, den Kranken, als Unterstützung der Pfarrer, bei den Beichten, bei der Feier der heiligen Geheimnisse mit dem pulsierenden Leben der Kirche von Rom und der Universalkirche.

Auch ich muß dem Herrn dafür danken, daß er mir nicht nur den Raum, der, um ehrlich zu sein, jetzt sehr begrenzt ist, gegeben hat, sondern auch den Wunsch in mich hineingelegt hat, diesen Kontakt mit unseren Brüdern zu haben, die es brauchen.

Aber klarerweise kann sich die Ausübung unseres Priestertums, oder ein engagiertes christliches Leben oder ein Leben in einem Orden nicht darin erschöpfen.

2. Der Dienst in der Kurie

Unser Dienst an der Kirche, der ein heiliger Dienst ist, besteht darin, den Papst, den Stellvertreter Christi, das Oberhaupt, den Vater und Hirten der gesamten Kirche, bei der Ausübung seines Amtes zu unterstützen. Wir müssen in gewisser Weise seine Augen sein, um die vielen Informationen und Bittschreiben, die zu ihm gelangen, zu lesen; wir müssen sein Ohr sein, um die Worte der vielen zu hören, die nicht bis zu ihm direkt kommen können; wir müssen seine Hände sein, um das auszuführen, was er tun möchte. Wir müssen, und das möchte ich besonders betonen, auch ein wenig sein Herz sein, denn das Amt des Stellvertreters Christi ist ein Lehramt; er ist der Lehrer der geoffenbarten Wahrheit. Seine Aufgabe ist auch die Leitung der Kirche, damit alles wohlgeordnet sei und nach dem Willen des Gründers der Kirche vor sich gehe, zum Heil der Welt und der einzelnen Menschen. Es ist eine Mission der Heiligung, des Gebetes.

Der Papst dient der Kirche und leitet sie nicht weniger durch das Gebet als durch seine Aktivität, durch seine Worte und seine Taten als ihr Leiter. Es ist eine Mission der Liebe. Deshalb stellt Christus, bevor er die Mission des Petrus besiegelt, diesem jene eigenartigen und für ihn ein wenig peinlichen Fragen: „Simon, Sohn des Johannes, liebst du mich?“ Und er bringt ihn noch mehr in Verlegenheit: „Liebst du mich mehr als diese mich lieben?“, und dem armen Petrus, dem die Erinnerung an den dreifachen Verrat noch in der Seele brennt, wird bewußt, das Jesus von ihm eine dreifache Liebesbezeigung möchte. Er wagt nicht, es ihm zu sagen, sondern fleht: „Herr, du weißt alles, du weißt, daß ich dich liebe.“ Und dann „Weide meine Lämmer, weide meine Schafe.“ Wie sagte doch der hl. Augustinus (— dies galt für Petrus, und es gilt auch für uns):

„Sit ergo amoris officium pascere domini gregem.“

Es geht nicht um Herrschaft, um Autorität, es geht auch nicht um Führungsqualitäten; es geht um die Liebe.

Wir, deren spezifische Aufgabe es ist, dem Papst bei der Ausübung seines höchsten Amtes zu helfen, müssen auch an seinen Eigenschaften teilhaben.

3. Absolute Treue zum Papst

Vor allem ist von uns natürlich die größte, absolute Treue zum Papst gefordert. Wenn dies schon von allen Bischöfen, Priestern, von allen Mitgliedern der Kirche gefordert ist, dann um so mehr von uns, und für uns, so glaube ich, kann es die Unterscheidung nicht geben, die man so leicht macht, zwischen dem, was der Papst als unfehlbarer Lehrer des Glaubens sagt und lehrt, und dem, was er als Lehrer des Glaubens mit Hilfe des Hl. Geistes, aber ohne das ausdrückliche Kennzeichen der Unfehlbarkeit lehrt, und was daher theoretisch der Prüfung und einer respektvollen theologischen Kritik ausgesetzt ist.

Denn wir wissen, daß der Papst das, was er lehrt, in Ausübung seiner Verantwortung als Lehrer des Glaubens, des Lichtes der Kirche, geführt vom Hl. Geist, lehrt. Der Papst akzeptiert, er sucht Rat, fordert eingehende Prüfungen, aber wenn er schließlich im Bewußtsein seiner Verantwortung und weniger seiner Autorität, offen und feierlich der Kirche eine Wahrheit vorschlägt, so müssen wir die ersten sein, die sie in gläubiger Ehrfurcht annehmen, die nichts mit Heuchelei zu tun hat, daß man so tut, als würde man sie akzeptieren und ehrfürchtig schweigt; nein, sondern wir müssen mit ganzem Herzen nicht einem Menschen, sondern Christus folgen, der seine

Kirche durch Menschen führt, denen er jeweils die Verantwortung überträgt, seine Stellvertreter zu sein.

Absolute Treue. Ich glaube, das muß das Hauptkennzeichen der gesamten Römischen Kurie sein, das allererste Kennzeichen derer, würde ich sagen, die dazu berufen sind, dem Hl. Vater aus der Nähe und direkter zu dienen, nicht nur im Hinblick auf die Leitung der Universalkirche, sondern auch im Hinblick auf seine Beziehungen mit der Kurie. Treue, die keinen Schatten kennt. Treue, die nicht wankt.

Bestimmt werden wir, je nach unseren Aufgaben, je nach unserer Verantwortung und Ausbildung unsere eventuelle Unschlüssigkeit, unsere Argumente, unsere Zweifel vorbringen — so wie ein Sohn dem Vater —. Aber wenn dann der Papst in Ausübung seiner Verantwortung es für gut hält, theoretisch oder praktisch, Stellung zu nehmen hinsichtlich dessen, was getan werden muß (und da ist die Möglichkeit einer Kritik oder eines Zweifels leicht gegeben), wenn der Papst entschieden hat, müssen wir, die wir als treue Ausführende um ihn sind, als erste nicht nur äußerlich, sondern aus vollem Herzen gehorchen. Wir müssen auch versuchen, so weit es möglich ist, an den Charakteristiken des Petrusamtes teilzuhaben: Petrus ist in erster Linie Lehrer.

Auch wenn wir nicht alle Theologen sein können und auch wenn es uns, zumindest aus zeitlichen Gründen, nicht möglich ist, gewisse theologische Studiengebiete wie Dogmatik, Moral, Bibelforschung zu vertiefen, so müssen wir doch versuchen, uns so gut wie möglich auf dem laufenden zu halten, um die Lehren des Papstes nicht nur akzeptieren zu können, sondern sie auch zu verstehen und sie weitergeben zu können als Menschen, die wissen, was der Papst sagt und lehrt.

Und was die Leitung der Kirche betrifft — wie oft muß der Papst sich da der Hilfe seiner Mitarbeiter anvertrauen?

Ich erinnere mich, daß ich in den ersten Jahren meines Dienstes im Staatssekretariat — da war ich noch jung! — hohe Persönlichkeiten empfangen mußte. Sie wandten sich an den Hl. Stuhl, und weil es oft aus Zeitgründen nicht anders möglich war, konnten sie nicht vom Papst und auch nicht vom Staatssekretär empfangen werden, sondern vom Sekretär des Rates, vom Vertreter des Staatssekretärs, vom Untersekretär (als nächste Stufe folgte dann auch der Assessor), und manchmal war es auch der Protokollführer, der die Verantwortung übernehmen mußte, diese Persönlichkeiten anzuhören. Sie sollten ihnen gewiß keine persönlichen Weisungen erteilen, sondern mußten imstande sein, was sie sagten, weiterzuleiten und die Weisungen zu übermitteln. Mag es sich dabei um Bischöfe, um andere Persönlichkeiten der Kirche oder auch um Regierungsvertreter handeln ... vor allem auf diesem Gebiet müssen wir das Beispiel des liebevollen, überzeugten und großzügigen Gehorsams gegenüber den Anweisungen des Papstes geben.

Und wieviel können und müssen wir, um an seinem Werk der Heiligung teilzuhaben, in Einheit mit dem Papst und um ihm zu helfen tun! Und zwar, indem wir für ihn, für unsere Mitbrüder, mit denen wir arbeiten, für die katholische Kirche beten.

Ich glaube, das ist eine unserer größten Pflichten: den Papst zu begleiten bei seinem unaufhörlichen Beten für die Kirche und für die Welt; das ist die Medidation, die ich für mich machen wollte und die vielleicht auch für euch ein wenig von Nutzen sein kann.

4. 50 Jahre im Dienst des Hl. Stuhls

50 Jahre bringen natürlich für die Menschen viele Erinnerungen mit sich. Was manchmal erst gestern gewesen zu sein scheint, liegt in Wirklichkeit fünf Jahrzehnte zurück. Wer die ersten Augenblicke seines Priesterseins, in denen einige von euch sich glücklicherweise noch befinden, wiedererlebt, der erinnert sich an die Umgebung, in der er aufgenommen wurde, an seine Oberen; ich meine hier nicht die Päpste, auch wenn für jemand, der in der Kurie und vor allem dem Staatssekretariat arbeitet, die Päpste wirklich ziemlich unmittelbare Obere sind. Als ich 1937, als ich noch nicht Priester war, in das Staatssekretariat, das damals zweite Sektion hieß, gekommen war, waren es andere ebenso große und edle Persönlichkeiten. Vertreter des Staatssekretärs war damals einer, der tiefe Spuren in der Geschichte der Kirche von heute hinterlassen hat: Mons. Tardini; und neben ihm als Protokollführer oder wie man damals, da es noch keine Assessoren gab, sagte, als Erster Protokollführer, jemand also, der die rechte Hand des Substituts war und ihn manchmal auch vertrat, wurde eine weitere Persönlichkeit in der Kirche berühmt: Giovanni Battista Montini.

Und im Laufe der Zeit wurden dann Kardinalstaatssekretär Pacelli Papst; Kardinal Maglione sein Mitarbeiter als Staatssekretär, dann folgte eine Zeit ohne einen Staatssekretär — die Zeit vor und während der Kriege.

In der Nachkriegszeit mit all ihren Problemen sind dann zumindest mir, aber auch vielen von euch andere Persönlichkeiten lieb geworden und ans Herz gewachsen: Kardinal Dell' Acqua, Kardinal Samoré, Kardinal Benelli: Menschen, die sich selbst geopfert haben und von denen man sagen kann, daß sie auf dem Altar des Dienstes am Papst wirklich ihr Leben hingegeben haben.

Auch die Kardinäle Cicognani und Villot. Ich möchte hier gewiß keine vollständige Aufzählung machen, auch, um nicht Gefahr zu laufen, jemand zu vergessen.

Heute sind wir hier; wir sind diese Familie, die das Erbe der vergangenen Jahrzehnte empfangen hat und die dieses Erbe voranbringen muß, wenn möglich noch besser als unsere (aber es wäre richtiger zu sagen: als eure) Vorgänger es taten.

5. Dank und Bitte

Ich bitte euch um ein Gebet des Dankes, der Vergebung, aber auch der Bitte um Hilfe. Wir können nicht vergessen, daß wir in der Kirche wie das Licht auf dem Leuchter sind; wenn die Welt, die Bischöfe, die Regierungen, die Menschen auf uns schauen und in den Mitarbeitern des Hl. Vaters, besonders in den unmittelbarsten, einen echten Priester, einen echten Christen, einen echten Ordensmann, eine echte Ordensfrau sehen, so ist das gewiß für sie nicht nur erbauend, sondern ermutigt sie, dem Papst, dem Hl. Stuhl, der Kirche gegenüber auch selbst treuer zu sein. Das dürfen wir niemals vergessen.

Wir sind nicht unter den Scheffel gestellt, sondern auf den Leuchter; nicht immer und nicht leicht der Bewunderung, aber sehr leicht der Kritik ausgesetzt; wir müssen so handeln, daß den Menschen, wenn sie uns sehen, bewußt wird, daß die Unterscheidung zwischen dem Papst und seiner Kurie, die oft gemacht wird, nicht berechtigt ist, denn die Kurie lebt vom selben Geist, erfüllt denselben Dienst, hat dieselbe Liebe zur Kirche im Herzen und drückt sie in Werken aus — die Liebe zur Kirche, die Liebe zu Christus ist.

In diesen Kelch und auf diesen Hostienteller, die mir vom Staatssekretariat und vom Rat für die öffentlichen Angelegenheiten durch Seine Exzellenz, den Mons. Substituten, geschenkt wurden, werde ich Euch alle, Eure Lieben, das, wofür ihr Verantwortung tragt, Euren Dienst, hineinlegen und den Herrn bitten, er möge Euch jene Gnaden schenken, die ihr Euch wünscht und die ihr nötig habt, und zwar in der Fülle, mit der ich sie für Euch erbitte.

BRIEF VON PAPST JOHANNES PAUL II.

Meinem verehrten Bruder, Agostino Kardinal Casaroli, Staatssekretär.

Zum frohen Tag, da Sie den 50. Jahrestag Ihrer Priesterweihe begehen, möchte ich Ihnen meine herzlichsten Glückwünsche aussprechen. Wenn ich den Herren Kardinälen und Bischöfen gewöhnlich meine Verbundenheit und meine Glückwünsche zur Feier des Beginns ihres Priestertums ausspreche, so tue ich das besonders gern bei Ihnen, meinem ersten Mitarbeiter. Sie stehen ja an der Spitze des Staatssekretariates, dessen Aufgabe die unmittelbare Hilfe für den Papst bei der Leitung der Gesamtkirche ist; Sie bekleiden zugleich das Amt des Präfekten im Rat für die öffentlichen Angelegenheiten der Kirche und vertreten mich in der zivilen Leitung der Vatikanstadt: Ämter und Würden, die Ihnen mit Recht übertragen wurden, nachdem Sie lange Zeit hindurch diesem Apostolischen Stuhl den Reichtum Ihres Geistes, Ihre Gewissenhaftigkeit und Ihr Geschick in Fragen gezeigt haben, die zumal bei den internationalen Beziehungen besondere Klugheit erfordern.

Sie haben diese Gaben zugleich mit all Ihren Kräften in williger Hingabe und mit tiefem Pflichtbewußtsein in den Dienst des Heiligen Stuhls gestellt, und zwar nicht nur vorübergehend, sondern ihr ganzes priesterliches Leben hindurch. Ich brauche nicht die einzigartige providentielle Bedeutung der Tatsache hervorzuheben, daß Sie in solcher Nähe und so lange Zeit hindurch jenem Heiligen Stuhl dienen durften, der irgendwie das Herz der ganzen Kirche ist.

Da Sie nun einen Höhepunkt in Ihrem priesterlichen Leben erreicht haben, bietet mir dies eine willkommene Gelegenheit, in kurzen Zügen den Verlauf Ihres Weges bis heute in Erinnerung zu rufen.

Castel San Giovanni in der Diözese Piacenza ist der Ort, wo Sie geboren wurden und in einer sehr religiösen Familie aufgewachsen sind, die „gleichsam das erste Seminar" (Optatam totius 2) Ihrer Berufung für die Kirche gewesen ist. Nach Abschluß Ihrer Studien an Instituten jener Diözese, zumal am Collegio Alberoni, haben Sie in Rom das Studim des Rechtes und der diplomatischen Tätigkeit aufgenommen.

Am 27. Mai 1937 durften Sie mit großer Freude zum Priestertum aufsteigen, „einer unvergleichlich großen Ehre und Würde", um ein Wort des hl.

Brief Papst Johannes Paul II. an Kardinalstaatssekretär Agostino Casaroli anläßlich seines fünfzigjährigen Priesterjubiläums am 27. Mai 1987.

Epiphanius zu verwenden (vgl. Adv. octog. haer. Panarium, 59; 4; PG 41, 1023). Die Erinnerung an diesen Tag ist in Ihnen immer lebendig geblieben, doch heute, nach 50 Jahren, ist seine Wertschätzung gewiß nur noch intensiver und erfüllt Sie mit hoher geistlicher Freude, um Sie zugleich zu drängen, Gott, dem Geber alles Guten, Ihren vollen Dank auszusprechen.

Bald nach der Priesterweihe sind Sie in den Dienst des Heiligen Stuhles getreten, nämlich in die damalige I. Abteilung des Staatssekretariates. Gleichzeitig machten Sie einen Kurs für Weiterbildung bei der italienischen Gesellschaft für internationale Organisation mit, was Ihnen für die Sie erwartenden Aufgaben von großem Nutzen war. Später, im Jahre 1947, haben Sie in treuem Dienst des Heiligen Stuhles Ihre ersten Reisen durch die Welt unternommen. Doch schon bald wurden Sie eingeladen „höher hinauf zu rücken“: Mein Vorgänger seligen Andenkens, Papst Johannes XXIII., ernannte Sie zum Untersekretär der Kongregation für die außerordentlichen kirchlichen Angelegenheiten. In dieser Eigenschaft haben Sie die Delegation des Heiligen Stuhles geleitet, die in Wien an der Konferenz der Vereinten Nationen über die diplomatischen Beziehungen, und zwei Jahre später an der analogen Konferenz über die konsularischen Beziehungen teilgenommen hat. Dann haben Sie sich oft in die osteuropäischen Länder begeben und erreicht, daß zum Wohl der Kirche mit ihnen neue Kontakte aufgenommen wurden. Besonders gern denke ich hier an Ihre Reise in meine Heimat Polen, wo ich Sie zum ersten Mal getroffen und kennengelernt habe.

Im Jahre 1967 verlieh Papst Paul VI. Ihnen die Würde eines Titularerzbischofs von Karthago und vertraute Ihnen die Aufgabe des Sekretärs der Kongregation für die außerordentlichen kirchlichen Angelegenheiten an, die dann den Namen „Rat für die öffentlichen Angelegenheiten der Kirche“ bekam. Zu diesen Aufgaben kamen weitere in der römischen Kurie hinzu, ferner immer häufigere Reisen von großer Wichtigkeit, unter denen ich jene nach Jugoslawien, Ungarn, Tschechoslowakei, beiden Teilen Deutschlands, Bulgarien und Rußland erwähnen möchte — woe Sie 1971 in der Hauptstadt Moskau im Namen des Heiligen Stuhles das Abkommen über die Nichtverbreitung von Atomwaffen unterzeichnet haben — und Finnland, wo Sie in Helsinki als Chef der Delegation des Heiligen Stuhles an der Konferenz für Sicherheit und Zusammenarbeit in Europa teilgenommen haben. Besondere Erwähnung verdient die Tatsache, daß Sie bei der außerordentlichen Konferenz der Vereinten Nationen über die Abrüstung im Juni des Jahres 1978 den Aufruf Pauls VI. vorgetragen haben und 1982 den meinen für eine Strategie des Friedens.

Mit so vielen Verdiensten geschmückt, wurden Sie im Jahre 1979 von mir ins Kardinalskollegium berufen, und es wurden Ihnen die oben erwähnten bedeutsamen Aufgaben an der Spitze der römischen Kurie anvertraut. Bei der jetzigen feierlichen Gelegenheit erkenne ich mit Freude die überaus wichtige Arbeit an, die Sie an meiner Seite geleistet haben. Sie haben mir bei der mir anvertrauten Aufgabe immer mit weisem Rat, hinter dem auch stets ein besonderes Interesse an mir und dem römischen Stuhl stand, geholfen. Die innere Haltung, die Sie beseelt, sowie Ihre vielfältigen Gaben bieten die Gewißheit, daß Sie dem Heiligen Stuhl noch viele weitere Dienste werden leisten können.

Mehrfach und bei verschiedenen Nationen haben Sie meine Person als Kardinal-Legat bei bedeutsamen kirchlichen Feierlichkeiten vertreten. Erwähnen möchte ich unter ihnen wegen ihrer Einmaligkeit die im Juli 1985 in Jugoslawien und in der Tschechoslowakei zu Ehren des heiligen Cyrillus und Methodius.

Der Abschluß der wichtigen und schwierigen Verhandlungen zur Revision des Konkordates mit Italien, wie früher schon die Verhandlungen mit Tunis, Ungarn, Jugoslawien und auch Polen, stellen weitere bedeutsame Höhepunkte Ihres Dienstes für die Kirche dar.

Nicht vergessen sei auch die von Ihnen, gemeinsam mit dem verstorbenen Kardinal Antonio Samoré, geleistete Arbeit, und dann, zumal in der Schlußphase, die Mühe um den glücklichen Abschluß meiner Vermittlung beim „Südkonflikt“ zwischen Chile und Argentinien.

Alle diese anspruchsvollen Aufgaben haben Sie aber nie daran gehindert, auch vielfältige und eifrige Seelsorgearbeit zu tun und so ständig zu beweisen, daß Sie sich der priesterlichen Pflicht bewußt sind, die Geheimnisse Gottes auszuspenden (vgl. 1 Kor 4,1). Über das normale Apostolat der Priester hinaus haben Sie sich nämlich lange Zeit hindurch der Jugendlichen, zumal in den Gefängnissen, angenommen, um sie mit väterlicher Mahnung und Ermunterung zur Tugend zurückzurufen. Sie haben dieses Werk der Barmherzigkeit im Verborgenen geübt, um anderen nicht aufzufallen. Als kirchlicher Assistent haben Sie ferner dem Verband katholischer Unternehmer sehr geholfen, die in der heutigen Gesellschaft, die so sehr nach Gerechtigkeit dürstet, eine besondere Rolle spielen. Für die Gerechtigkeit ist aber die Anwendung der katholischen Soziallehre notwendig. Im übrigen leuchtet in Ihrem ganzen Priesterleben jene christliche Liebe hervor, die Sie veranlaßt hat, in Not geratenen Familien, Armen und Hilfsbedürftigen Hilfe und Trost zu schenken.

Wenn ich Ihnen also zum glücklichen Jubiläumstag meinen herzlichsten Glückwünsche ausspreche, so danke ich Ihnen für die wirklich unermüdliche Arbeit, mit der Sie sich gänzlich der Sache dieses Apostolischen Stuhles verschrieben haben. Ich möchte Ihnen nicht nur in meinem Namen danken, sondern — irgendwie als ihr Sprecher — auch im Namen meiner Vorgänger, Pius XII., Johannes XXIII., Paul VI., und Johannes Paul I., denen Sie mit großer Gewissenhaftigkeit in verschiedenen Aufgaben gedient haben, und die jetzt in der glücklichen Ewigkeit Ihnen gewiß dankbar sind und Gott für Sie in der Gemeinschaft der Heiligen bitten. Meinerseits bitte ich Gott, Sie noch lange bei guter Gesundheit zu erhalten und Ihnen die Fülle seiner schönsten Gaben zu schenken.

„Und da man die Priester mit besonderem Grund als Söhne der Jungfrau Maria bezeichnen kann" (Pius XII., Apost. Schreiben Menti nostrae, AAS 1950, S. 673), möge die Liebe zu dieser erhabenen Mutter Ihnen immer Stütze sein, Ihnen Kraft geben und Ihnen in allen Wechselfällen dieses irdischen Lebens Trost schenken.

Endlich erteile ich Ihnen, verehrter Bruder, zum Zeichen meiner Wertschätzung und Verbundenheit meinen besonderen Apostolischen Segen, den ich auch auf alle jene ausdehnen möchte, die Ihnen nahestehen und die Freude Ihres Priesterjubiläums teilen.

Aus dem Vatikan, am 27. Mai 1987, im neunten Jahr meines Pontifikates.

Johannes Paulus PP. II

Dies habe ich also zum glücklichen Anlaß geschrieben.

Meine Lieben, betet weiter für den Kardinal, den Papst, die Kirche und die Priesterberufe. Der christliche Glaube und die vom Kardinal noch kürzlich als Päpstlichem Delegaten in Pompei so sehr empfohlene Marienverehrung mögen stets euer Anliegen und euer Ruhm sein!

Euch allen gilt mein herzlicher Segen.

LEBENSLAUF

Agostino Kardinal Casaroli wurde am 24. November 1914 in Castel San Giovanni in der italienischen Diözese Piacenza geboren. Seine Familie lebte in bescheidenen Verhältnisen (sein Vater war Schneider) und wurde im Zweiten Weltkrieg hart getroffen, als sein Bruder an der russischen Front vermißt gemeldet wurde und eine Frau sowie eine kleine Tochter hinterließ. Zwei Onkel mütterlicherseits wurden bekannte Kirchenmänner. Monsignore Teodoro Pallaroni, der 1944 starb, war Bischof von Sarsina in der Romagna, und Monsignore Agostino Pallaroni war Rektor des bischöflichen Seminars in Piacenza und starb 1960.

Im Oktober 1929 trat der junge Agostino in das Collegium Alberoni in Piacenza ein, wo er die höhere Reife erlangte und danach Theologie studierte. Im November 1936 ging er nach Rom und nahm das Studium des kanonischen Rechts am Athenaeum Lateranense auf; 1939 erwarb er dort das Doktorat. In der Zwischenzeit war er im Jänner 1937 in die Päpstliche Diplomatenakademie eingetreten, um sich neben seinem Kirchenrechtsstudium auf eine Tätigkeit in der kirchlichen Diplomatie vorzubereiten.

Im Mai 1937 wurde Agostino Casaroli in seiner Heimatstadt zum Priester geweiht. 1940 trat er in den Dienst des Staatssekretariats, als Assistent in den Archiven der Ersten Sektion, damals die Heilige Kongregation für Außerordentliche Kirchliche Angelegenheiten genannt. 1947 nahm er an einem Kurs zur Spezialisierung im Bereich der internationalen Studien der Italienischen Gesellschaft für Internationale Organisationen teil.

Von diesem Zeitpunkt an begannen offizielle Aufgaben und Missionen, die einander mit zunehmender Häufigkeit folgten. Eine Auflistung derselben gibt einen gewissen Einblick in die Arbeit jener Jahre. 1955 begleitete er Kardinal Adeodato Giovanni Piazza, Sekretär der Heiligen Konsistorialkongregation, und Monsignore (nachmals Kardinal) Antonio Samoré nach Rio de Janeiro zur Ersten Generalkonferenz des Lateinamerikanischen Episkopats, an deren Vorbereitung er als Minutante für Lateinamerika mitgearbeitet hatte. Im Dezember 1958 wurde er als Päpstlicher Ablegat nach Spanien gesandt, um dem Erzbischof von Sevilla, Bueno y Monreal, das Kardinalsbirett zu überbringen.

1958 bis 1961 lehrte er auch als Professor für Diplomatischen Stil an der Päpstlichen Diplomatenakademie.

Im März 1961 ernannte ihn Papst Johannes XXIII. zum Untersekretär der Heiligen Kongregation für die Außerordentlichen Kirchlichen Angelegenheiten, zusammen mit Monsignore Giovanni Battista Scapinelli de Lèguigno. Im selben Monat ging er als Leiter der Delegation des Heiligen Stuhls zur Konferenz der Vereinten Nationen über Diplomatische Beziehungen.

1963 kam Agostino Casaroli wieder nach Wien, diesmal als Leiter der päpstlichen Delegation zur Konferenz der Vereinten Nationen über Konsularische Beziehungen. Nach der Unterzeichnung der Konvention blieb er in Wien, von wo aus er — über Anweisung des Papstes — verschiedenen osteuropäischen Staaten eine Reihe von Besuchen abstattete, um die Kontakte zwischen dem Heiligen Stuhl und den Regierungen, die dort nach dem Zweiten Weltkrieg gebildet worden waren, nach vielen Jahren der Unterbrechung wieder zu erneuern.

Im Juli 1964 war er für den Austausch der Ratifikationsurkunden des zwischen dem Heiligen Stuhl und Tunesien über die Lage der Kirche in diesem Land abgeschlossenen Modus vivendi in Tunis.

Am 15. September desselben Jahre unterzeichnete er in Budapest ein Teilabkommen zwischen dem Heiligen Stuhl und der ungarischen Regierung. Im Februar 1965 begab er sich nach Prag, um ein Abkommen in Zusammenhang mit der Bestellung von Bischof František Tomasek als Apostolischer Administrator „sede plena" der Erzdiözese Prag auszuhandeln. Dies folgte auf die Erhebung des seit 1951 in der Ausübung seines Amtes gehinderten Erzbischofs Josef Beran zum Kardinal.

Am 25. Juni 1966 war er zum Zwecke der Unterzeichnung des Protokolls zwischen dem Heiligen Stuhl und der Sozialistischen Föderativen Republik Jugoslawien, dessen Bestimmungen auch die Wiederaufnahme der 1952 abgebrochenen diplomatischen Beziehungen mit dem Austausch von Gesandten vorsahen, in Belgrad.

Im Herbst 1967 stattete Agostino Casaroli Polen eine Reihe längerer Besuche ab, um mit dem Episkopat und Vertretern von Klerus und Laien Kontakt aufzunehmen.

Am 4. Juli 1967 wurde er zum Sekretär der Heiligen Kongregation für Außerordentliche Kirchliche Angelegenheiten — im folgenden Jahr in Rat für die öffentlichen Angelegenheiten der Kirche umbenannt — bestellt und zum Titularerzbischof von Karthago ernannt; die Bischofsweihe erhielt er am 16. desselben Monats durch Papst Paul VI.

Vom 24. bis 27. August 1970 hielt er sich über Einladung des Staatssekretärs für Auswärtige Angelegenheiten aus Anlaß der Wiederaufnahme der diplomatischen Beziehungen zwischen dem Heiligen Stuhl und Jugoslawien zu einem offiziellen Besuch in diesem Lande auf. Dabei kam es zu Zusammentreffen mit dem Präsidenten der Republik, dem Staatssekretär für Auswärtige Angelegenheiten, dem Präsidenten der Bundeskommission für Religiöse Angelegenheiten sowie mit Vertretern der Regierungen der Teilrepubliken Kroatien und Slowenien. Beim gleichen Anlaß traf er zahlreiche Bischöfe und den Serbisch Orthodoxen Patriarchen.

Vom 24. Februar bis zum 1. März 1971 war er in Moskau, um die offizielle Erklärung der Unterstützung des Heiligen Stuhls für den Vertrag über die Nichtweiterverbreitung von Atomwaffen zu hinterlegen, gleichzeitig mit parallelen Vorgängen in London und Washington seitens der lokalen päpstlichen Vertreter. Bei dieser Gelegenheit hatte er Kontakte mit den Leitern des Außenministeriums und der Kommission für Religiöse Angelegenheiten der UdSSR. Dies war das erste Mal nach fast fünfzig Jahren, daß in Moskau Treffen auf diplomatisch-politischer Ebene zwischen einem Vertreter des Heiligen Stuhls und den Vertretern der Regierung dieses Landes stattfanden.

Vom 3. bis 7. Juli 1973 vertrat Agostino Casaroli in Helsinki den Heiligen Stuhl bei der Tagung der Europäischen Außenminister, nach der Vorbereitungsphase der erste offizielle Teil der Konferenz über Sicherheit und Zusammenarbeit in Europa.

Vom 4. bis 6. Februar 1974 stattete er über Einladung des polnischen Außenministers Warschau einen offiziellen Besuch ab, wo er mit dem Minister selbst, dem Vorsitzenden des Staatsrates, dem Ministerpräsidenten, dem Minister für Öffentliche Erziehung und dem Leiter des Amtes für Religionsfragen zusammentraf. Im Anschluß daran war er Gast des Kardinal-Primas von Polen und hatte auch Gespräche mit sachverständigen Vertretern des polnischen Episkopats.

Vom 27. März bis 5. April 1974 begab er sich über Einladung des lokalen Episkopats nach Kuba, wo er an Sitzungen der Bischofskonferenz teilnahm und alle Diözesen besuchte, wobei er mit den Bischöfen, dem Klerus und Laienführern zusammentraf. Er hatte auch Gespräche mit dem Präsidenten der Republik, dem Ministerpräsidenten, dem Außenminister und anderen Mitgliedern der Regierung.

Im März 1973 reiste Agostino Casaroli in die Tschechoslowakei, wo er in Nitra (in der Slowakei) und in Olmütz (in Mähren) die ersten vier Bischöfe weihte, welche der Heilige Stuhl nach dem Abbruch der diplomatischen Beziehungen mit der Regierung hatte ernennen können. Im Februar 1975 kehrte er über Einladung des Außenministers für einen Kurzbesuch in dieses Land zurück.

Am 9. Juni 1975 begab er sich über Einladung des Außenministers der Deutschen Demokratischen Republik nach Ostberlin. Nach dreitägigen Gesprächen mit Mitgliedern der Regierung und mit dem Präsidenten des Ministerrates verlängerte er seinen Aufenthalt in der Deutschen Demokratischen Republik als Gast der lokalen Bischöfe und besuchte einige der Diözesen.

Vom 30. Juli bis 1. August 1975 weilte er in Helsinki, wo er als Sonderdelegat Seiner Heiligkeit Papst Pauls VI. an der Abschlußphase der Europäischen Sicherheitskonferenz teilnahm und namens des Heiligen Stuhls die Schlußakte unterzeichnete.

Im Oktober 1975 traf er aus Anlaß eines Besuches in der Bundesrepublik Deutschland mit Bundeskanzler Dr. Helmut Schmidt in Bonn zusammen.

Am 24. September 1976 verlieh ihm das Calumet College in Hammond (Indiana, USA) das Ehrendoktorat in Diplomatie.

Im Herbst 1977 besuchte er Österreich und sprach am 17. November vor der Österreichischen Gesellschaft für Außenpolitik in Wien. Tags darauf hielt er eine Gastvorlesung am Institut für Staatsrecht und Politische Wissenschaften der Universität Linz. Anläßlich dieses Österreichaufenthaltes traf er auch mit Bundespräsident Dr. Rudolf Kirchschläger und Außenminister Dr. Willibald Pahr zu Geprächen zusammen.

Am 23. Jänner 1978 nahm er an einer ökumenischen Feier des Weltfriedenstages in der Kirche zur hl. Familie in New York teil, wo er über das vom Heiligen Vater vorgegebene Motto des Weltfriedenstages „Nein zur Gewalt, Ja zum Frieden“ sprach.

Aus diesem Anlaß reiste er auch nach Washington, wo er mit Außenminister Cyrus Vance und der Senatskommission für Menschenrechte zusammentraf. Am Institut für Strategische und Internationale Studien der Georgetown Universität sprach er über die Aktivitäten des Heiligen Stuhls in internationalen Angelegenheiten.

Im Juni desselben Jahres ging er nach New York, wo er vor der Sondersession der Generalversammlung der Vereinten Nationen über Abrüstung die von Papst Paul VI. an dieselbe gerichtete Botschaft verlas.

Vom 22. bis 26. März 1979 weilte er in Zusammenhang mit der Vorbereitung des Besuches Seiner Heiligkeit Papst Johannes Pauls II. in Polen.

Am 28. April 1979 wurde er zum Pro-Staatssekretär und zum Pro-Präfekten des Rates für die Öffentlichen Angelegenheiten der Kirche bestellt. Im selben Jahr kreierte und publizierte ihn Papst Johannes Paul II. im Konsistorium am 30. Juni zum Kardinal und wies ihm die Titelkirche zu den Zwölf Aposteln zu. Am 1. Juli ernannte ihn Seine Heiligkeit zum Staatssekretär und zum Präfekten des Rates für die Öffentlichen Angelegenheiten der Kirche. Gleichzeitig bestellte ihn Seine Heiligkeit zum Präsidenten der Päpstlichen Kommission für den Staat der Vatikanstadt.

Im Oktober 1979 ging er zur Weihe des Apostolischen Pronuntius in Liberien, Erzbischof Johannes Dyba, nach Köln. Dabei traf er auch mit Vizekanzler und Außenminister Hans Dietrich Genscher zusammen.

Im März 1980 weilte er zur Weihe des Apostolischen Pronuntius, Erzbischof Paul Tabet, im Libanon und wohnte zusammen mit dem Maronitischen Patriarchen den Sitzungen der Bischofskonferenz bei. Er traf dabei mit den Führern der verschiedenen religiösen Gemeinschaften in diesem Land sowie mit dem Präsidenten der Republik, Eliaf Sarkis, und Vertretern sozialer Gruppen zusammen.

Über Einladung der lokalen Bischöfe weilte er vom 27. bis 29. September 1980 in Ungarn, wo er den in Esztergom und Budapest abgehaltenen Feiern zur Erinnerung an die Geburt des hl. Gerard, Bischofs und Märtyrers, vor einem Jahrtausend präsidierte. Bei dieser Gelegenheit traf er auch mit Janos Kadar, dem Ersten Sekretär der Ungarischen Arbeiterpartei und Mitglied des Präsidiums, Pal Losonczi, dem Vorsitzenden des Präsidiums, und Imre Miklos, Staatssekretär und Vorsitzenden des Staatsamtes für Kirchenfragen, zusammen.

Am 19. Jänner 1981 wurde er zum Präsidenten der Verwaltung des Patrimoniums des Apostolischen Stuhles bestellt. Am 6. April 1984 übertrug ihm der Heilige Vater aus Anlaß des Entschlusses, dieses Amt zusammen mit dem eines Präsidenten der Päpstlichen Kommission für den Staat der Vatikanstadt anderen Kardinälen zu übergeben, die hohe Aufgabe, ihn in der zivilen Regierung des Staates der Vatikanstadt zu repräsentieren und die Rechte und Pflichten wahrzunehmen, die mit der territorialen Souveränität derselben verbunden sind.

Im Dezember 1981 wurde er von Seiner Heiligkeit Papst Johannes Paul II. zum Sondergesandten nach Mexiko City ernannt, wo er den Abschlußfeiern des 450. Jahrestages der Erscheinung Unserer Lieben Frau von Guadalupe, der Patronin beider Amerika, präsidierte.

Im Dezember 1981 hatte er in Washington, im August 1982 in Hartford und im November 1983 nochmals in Washington Treffen mit dem Präsidenten der Vereinigten Staaten, Ronald Reagan, mit Vizepräsident George Bush und mit Außenminister George Shultz.

Am 16. September 1983 verlieh ihm das Athenaeum der Universität Manila das Ehrendoktorat der Humanwissenschaften, und am 18. November desselben Jahres erhielt er eine entsprechende Ehrung auch seitens der Universität von San Francisco.

Am 18. Februar 1983 unterzeichnete er für den Heiligen Stuhl den Text der Revision des Konkordats mit Italien.

Im Oktober 1984 war er Legat Seiner Heiligkeit zum Achten Nationalen Eucharistischen Kongreß in Buenos Aires. Aus diesem Anlaß traf er außer mit den Bischöfen und Gläubigen auch mit dem Präsidenten der Republik, Raul Alfonsin, und anderen Regierungsmitgliedern zusammen. Am 18. Oktober 1984 wurde in seiner Gegenwart im Vatikan der Text des Abkommens gesiegelt, das zwischen Vertretern Chiles und Argentiniens durch die Vermittlung des Heiligen Vaters zustandegekommen war; und am 3. Juni 1985 präsidierte er namens des Heiligen Vaters der Unterzeichnung des Friedens- und Freundschaftsvertrages zwischen Chile und Argentinien.

Im Juli 1985 war er Päpstlicher Legat bei den Feiern zu Ehren der hl. Cyrill und Method, die zum elfhundertsten Jahrestag des Todes des hl. Method in Djakovo und Velehrad abgehalten wurden. Bei dieser Gelegenheit nahm er an Sitzungen der Jugoslawischen Bischofskonferenz teil und traf mit dem Vizepräsidenten der Föderativen Republik, Sinan Hasani, Ministerpräsident Frau Planinc und anderen Regierungsmitgliedern zusammen. In der Tschechoslowakei traf er mit den Bischöfen und Ordinarien zusammen und hatte Gespräche mit dem Präsidenten der Republik, Husak, dem Stellvertretenden Ministerpräsidenten Lucan und mit anderen Mitgliedern der Regierung.

Am 18. Oktober 1985 ging er aus Anlaß des vierzigsten Jahrestages des Inkrafttretens der Satzung der Vereinten Nationen nach New York, wo er vor der Generalversammlung die von Seiner Heiligkeit Papst Johannes Paul II. an dieselbe gerichtete Botschaft verlas.

Am 25. März 1985 erhob ihn der Papst zum Kardinalbischof von Porto und Santa Rufina, wobei er ihm gleichzeitig gestattete, den kardinalpriesterlichen Titel der Zwölf Apostel „in commendam" zu behalten.

Am 5. Februar 1986 erhielt er ein Ehrendoktorat der Katholischen Universität Louvain-La Neuve.

Im März 1986 kam er zur Feier des Päpstlichen Weltfriedenstages im Rahmen der Vereinten Nationen und anderer in Wien ansässiger internationaler Organisationen in die österreichische Hauptstadt und hielt über Einladung der dortigen Ständigen Vertretung des Heiligen Stuhls die Festrede zum Thema „Der Friede ist die Folge der Gerechtigkeit". Aus diesem Anlaß traf er auch mit Bundespräsident Dr. Kurt Waldheim zusammen.

Im Juni 1986 weilte er aus Anlaß der Weihe der Kapelle des neuen Amtsgebäudes der Apostolischen Nuntiatur in Griechenland, der ersten in der Geschichte dieses Landes, zu einer Reihe von Treffen auf kirchlicher, ökumenischer und politischer Ebene in Athen.

Am 2. Juni 1988 war er in New York, wo er vor der dritten Sondersession der Generalversammlung, die dem Thema Abrüstung gewidmet war, die vom Papst an diese gerichtete Botschaft verlas.

Vom 8. bis zum 13. Juni desselben Jahres weilte er in der Sowjetunion, wo er namens des Heiligen Vaters und zusammen mit anderen Mitgliedern der Delegation der Katholischen Kirche an den Tausendjahrfeiern der Christianisierung Rußlands teilnahm. Bei dieser Gelegenheit traf er mit Michail

Gorbatschow, dem Generalsekretär der Kommunistischen Partei der Sowjetunion, zusammen.

Im Februar 1989 besuchte er das Büro der Vereinten Nationen und die Spezialorganisationen in Genf, wo er eingeladen war, eine Ansprache an die Konferenz für Abrüstung und die Kommission für Menschenrechte zu halten.

Abschließend sollte auch seine Teilnahme an zahlreichen Apostolischen Besuchen der Päpste Paul VI. und Johannes Paul II. erwähnt werden.

Neben seinen diplomatischen und Regierungsaufgaben und seiner bevorzugten Freizeitbeschäftigung, klassische Musik, Geschichte und Literatur, findet er auch noch Zeit für einen im engeren Sinn pastoralen Dienst unter den Angehörigen des Staatlichen Zentrums für die Umerziehung von Jugendlichen in Rom, das er seit den weit zurückliegenden Jahren des Zweiten Weltkrieges wöchentlich besucht, um die Sakramente zu spenden, den Insassen zuzuhören und sie zu ermutigen, und wo er öfters die Knaben vergangener Jahre wiedertrifft, die zwischenzeitig Familienväter geworden sind.

Schließlich war Agostino Kardinal Casaroli von 1957 bis 1979 auch Moralischer Berater der Römischen Gruppe der Union der Geschäftsleute und Manager; seither führt er den Titel eines Ehrenberaters.

DER HERAUSGEBER

Herbert Schambeck, Dr. iur., o. Professor für öffentliches Recht, politische Wissenschaften und Rechtsphilosophie an der Universität Linz/Donau, Vizepräsident des Bundesrates der Republik Österreich.

Der Heilige Stuhl und die Völkergemeinschaft

Reden und Aufsätze
von Agostino Kardinal Casaroli

Eingeleitet und herausgegeben von
Herbert Schambeck

XXXII, 210 S. 1981. Lw. DM 48,–
ISBN 3-428-04791-5

Der Titel dieses Buches klingt nach einer kirchenrechtlichen oder völkerrechtlichen Monographie. In Wirklichkeit ist es eine höchst instruktive und umfassende, faszinierende Darstellung eines Aspekts des öffentlichen Wirkens der katholischen Kirche, der mit „päpstlicher Diplomatie" viel zu eng umschrieben wäre. Herbert Schambeck hat in diesem Werk eine Auswahl von Ansprachen, Vorträgen und Aufsätzen zusammengefaßt, die Agostino Casaroli zwischen 1971 und 1980 gehalten bzw. veröffentlicht hatte.

Die Furche, Wien

Reden und Aufsätze eines Kardinalstaatssekretärs werden immer von großer Bedeutung für die Abschätzung der Auffassungen und Einstellungen der Kirche überhaupt in einer Zeit, in der der Heilige Stuhl vielleicht deutlicher als früher außenpolitische Initiativen und Aktionen setzt . . . Nun ist mit A. Casaroli eine besonders ausgeprägte, starke Persönlichkeit in diese wichtige Funktion des Heiligen Stuhles berufen worden. Dementsprechend haben seine Aussagen über sein eigentliches Amt hinaus Inhalt und Gewicht. Vielfältig sind die Themenstellungen: Europa, Ostblock, Entspannung und Sicherheit — bis hin zum Sinn der Diplomatie erstrecken sich die Aussagen und geben insgesamt ein komplexes Bild einer wünschenswerten und möglichen Friedensordnung auf der Welt.

Politische Studien

Es ist das Verdienst des österreichischen Rechtsgelehrten und Politikers Herbert Schambeck, Reden und Aufsätze in deutscher Übersetzung erstmals in Buchform ediert zu haben, wodurch das Wirken von Kardinal Casaroli entsprechend beleuchtet wird. Der Sammelband kennzeichnet das Denken und Wollen des Diplomaten im Priestergewand . . . Es ist ein Buch entstanden, das die katholische Kirche von einer völlig anderen Seite, aber tief beeindruckend, zeigt.

Salzburger Nachrichten

Duncker & Humblot · Berlin

Pro Fide et Iustitia

Festschrift für Agostino Kardinal Casaroli zum 70. Geburtstag

herausgegeben von

Herbert Schambeck

LVI, 880 S. 1984. Lw. DM 298,–
ISBN 3-428-05678-7

Einer der bedeutsamsten Vorkämpfer der päpstlichen Friedenspolitik in den letzten Jahrzehnten ist Agostino Kardinal Casaroli, seit über 20 Jahren an hervorragender Stelle im diplomatischen Dienst des Hl. Stuhls tätig, seit 1979 Kardinalstaatssekretär. Die ihm zum 70. Geburtstag gewidmete Festschrift hebt nicht nur die nicht zu unterschätzende Bedeutung des Jubilars vor allem für die päpstliche Ostpolitik erneut ins allgemeine Bewußtsein . . . Darüber hinaus rollen die Beiträge ein umfassendes Bild von Lehre und Praxis der römisch-katholischen Kirche und des Hl. Stuhles in bezug auf das Beziehungsgefüge der Völkergemeinschaft auf.

Friedenswarte

Herausgeber und Verlag haben sich verdient darum gemacht, einen bedeutenden Kirchenmann unserer Zeit in weltweiter Verantwortung gerade dem deutschsprachigen Raum Europas vorzustellen. Hoffentlich liest man derartige Bücher auch in den Planungsabteilungen und bei Verhandlungsvorbereitungen in Staatskanzleien und Außenministerien. Der Vatikan ist nicht erst seit diesem Pontifikat eine geistliche Weltmacht von hohem Rang — bedeutsam für alle Art von auswärtiger Politik und interkontinentaler Politik für Frieden und Freiheit.

Die Welt

Nicht nur die Liste der 68 Beiträge und das Spektrum der behandelten Gegenstände, die in 5 Themengruppen präsentiert werden, ist beeindruckend, sondern auch und mehr noch die außergewöhnliche Spannweite des Mitarbeiterkreises und der Rang und Klang der darin figurierenden Namen.

Das Historisch-Politische Buch

Duncker & Humblot · Berlin